LA PENSÉE ET LE MOUVANT

*Du même auteur
dans la même collection*

LES DEUX SOURCES DE LA MORALE ET DE LA RELIGION
ESSAI SUR LES DONNÉES IMMÉDIATES DE LA CONSCIENCE
MATIÈRE ET MÉMOIRE
LE RIRE

BERGSON

LA PENSÉE ET LE MOUVANT

Présentation, notices, notes, chronologie et bibliographie
par
Pierre MONTEBELLO *et* Sébastien MIRAVÈTE

Édition établie sous la direction
de
Paul-Antoine MIQUEL

GF Flammarion

© Flammarion, Paris, 2014.
ISBN : 978-2-0812-8048-9

Note sur l'édition des œuvres de Bergson dans la collection GF

Henri Bergson, l'un des plus grands philosophes français, n'a jamais procédé autrement qu'en partant de l'analyse d'un problème. Or, qu'il s'agisse par exemple de la question de la différence entre durée et espace dans l'*Essai sur les données immédiates de la conscience* (1889), de la relation entre l'esprit et le corps dans *Matière et mémoire* (1896), ou du rapport entre vie et matière dans *L'Évolution créatrice* (1907), ces problèmes s'inscrivent dans un contexte spécifique.

Dans chacun de ses grands ouvrages, Bergson noue en effet un dialogue direct avec la science de son époque. Le concept de durée naît d'une analyse critique du temps conçu comme une ligne en mécanique classique. La question de la mémoire se pose du fait des difficultés suscitées par les assertions de la psychologie et de la neurologie, qui veulent traiter les souvenirs comme des objets susceptibles d'être rangés dans des boîtes. Si les sciences de la vie en sont finalement venues à s'intéresser au problème de l'évolution, encore faudrait-il qu'elles expliquent comment le temps biologique se dissocie du temps de la mécanique, voire de celui de la thermodynamique classique : qui d'autre que Bergson aurait pu oser aborder, en 1907, une question qui n'a même pas encore été traitée dans toutes ses dimensions aujourd'hui ? En 1922, dans *Durée et simultanéité*, il confronte son analyse de la durée aux concepts de la théorie de la relativité : quel philosophe se risquerait de nos jours à proposer un commentaire critique et métaphysique qui prendrait appui sur la « théorie des cordes » ? Quant aux questions de l'origine de la religion ou de la morale, elles sont ressaisies, dans *Les Deux Sources de la morale et de la religion* (1932), par le biais d'une discussion critique des apports de l'École sociologique française : ceux de Marcel Mauss, d'Émile Durkheim et de Lucien Lévy-Bruhl.

Le geste philosophique, dans chacun de ces cas, est double : il s'agit pour Bergson de prendre toute la mesure des apports scientifiques aux questions qui ont traversé l'histoire de la philosophie, et en même temps de mettre en lumière le fait que la métaphysique apporte une clarté nouvelle à chacune de ces énigmes.

Nous avons choisi dans cette édition de procéder à sa manière. Plutôt que de nous livrer à une simple exégèse ou à un commentaire interne, nous avons d'abord voulu mettre son œuvre en perspective en la resituant dans le contexte scientifique de son époque, qui fournit les clés indispensables pour comprendre sa philosophie. Nous avons également souhaité procéder d'une manière véritablement critique, en nous interrogeant certes sur sa réception immédiate, mais aussi, et surtout, sur le rôle qu'elle joue aujourd'hui encore.

C'est au présent donc, et en tournant sans complaisance notre réflexion vers le futur, que nous souhaitons nous adresser au lecteur. Tel est l'esprit des appareils critiques que nous proposons dans les différents volumes de la collection GF consacrés aux œuvres de Bergson : ils entendent moins viser l'exhaustivité et l'érudition que faire surgir les questions en montrant à quel point elles sont encore vivantes, tant pour la philosophie que pour les sciences de notre temps.

Paul-Antoine MIQUEL

Présentation

La Pensée et le Mouvant est l'ultime contribution de Bergson à la philosophie. Lorsque paraît ce recueil en 1934, Bergson a presque soixante-quinze ans. Il a alors publié quatre grands ouvrages consacrés à la conscience (*Essai sur les données immédiates de la conscience*, 1889)[1], à la psychophysique, c'est-à-dire au rapport entre esprit et matière (*Matière et mémoire*, 1896)[2], à l'élan vital (*L'Évolution créatrice*, 1907)[3], enfin à la morale et à l'expérience mystique (*Les Deux Sources de la morale et de la religion*, 1932)[4]. Depuis longtemps, il projette de réunir des études parfois traduites en plusieurs langues étrangères mais épuisées dans leurs éditions françaises, telle l'« Introduction à la métaphysique ». Un premier recueil d'articles, *L'Énergie spirituelle*, paraît en 1919. Dans son « Avant-propos », Bergson explique les principes selon lesquels il a choisi de réunir ses études, essais, articles ou conférences :

> Dans le premier sont groupés des travaux qui portent sur des problèmes déterminés de psychologie et de philosophie. Tous ces problèmes se ramènent à celui de *l'énergie spirituelle*, titre que nous donnons au livre. Le second volume comprendra les essais relatifs à la méthode[5]...

---

1. *Essai sur les données immédiates de la conscience*, éd. Emmanuel Picavet, GF-Flammarion, 2013.
2. *Matière et mémoire*, éd. Denis Forest, GF-Flammarion, 2012.
3. *L'Évolution créatrice*, éd. Arnaud François, PUF, « Quadrige », 2013.
4. *Les Deux Sources de la morale et de la religion*, éd. Bruno Karsenti, GF-Flammarion, 2012.
5. « Avant-propos », *L'Énergie spirituelle*, éd. Frédéric Worms, PUF, « Quadrige », p. V.

La Pensée et le Mouvant n'est autre que ce second volume annoncé en 1919. Cet ouvrage réunit des essais écrits de 1903 à 1930. Près de vingt-sept années séparent l'« Introduction à la métaphysique » rédigée en 1903 du dernier essai écrit, « Le Possible et le Réel [1] ». En dépit de leur étalement dans le temps, les études ici proposées obéissent cependant au principe exprimé en 1919 : elles portent soit sur la méthode philosophique (l'« Introduction », Première et Deuxième partie, « L'Intuition philosophique », l'« Introduction à la métaphysique », « Le Possible et le Réel », « La Perception du changement »), soit sur la méthodologie de lecture de philosophes qui ont été importants (« La Philosophie de Claude Bernard », « Sur le pragmatisme de William James », « La Vie et l'œuvre de Ravaisson »).

L'unité de cette œuvre ne fait donc pas de doute. Il serait même possible de rapporter chacun de ces articles à une question, et l'ensemble de ces questions à un même problème fondamental, celui de la nature de la philosophie. Quelle est la méthode véritable de la philosophie ? Que nous fait-elle connaître ? Par quoi commence-t-elle ? Comment doit-on lire un philosophe ? Sur quels paradoxes repose l'histoire de la philosophie depuis Zénon d'Élée ? Pourquoi la philosophie a-t-elle été le lieu de profondes illusions ? *La Pensée et le Mouvant* ne pose pas d'autre question que celle qu'un philosophe ne peut cerner qu'à la fin de sa vie : quelle est la nécessité de la philosophie ? Que fait-elle que ne fait pas la science ? Quelle est son action propre ?

On comprendra que l'auteur expose en dernier un tel questionnement, qui l'accompagna pourtant tout au long de sa réflexion. Au moment de leur écriture en 1922, la Première et la Deuxième partie de l'« Introduction »

---

1. « Le Possible et le Réel » fut d'abord le texte d'une conférence prononcée à Oxford en 1920 (« La Prévision et la Nouveauté »), repris augmenté pour un article publié en langue suédoise avant qu'il soit enfin donné en langue française en 1934.

insérées dans ce recueil se présentaient déjà comme un récapitulatif des positions décisives de Bergson. On y trouvera les fragments épars d'une autobiographie intellectuelle : contexte de naissance de sa philosophie, découverte du rôle du temps, auteurs qui jouèrent pour lui un rôle prépondérant... Bergson revient sur son parcours, reconstitue son cheminement, parle des moments décisifs de sa pensée : « Nous fûmes conduit devant l'idée de Temps » ; « Nous fûmes très frappé en effet de voir comment le temps réel [...] échappe aux mathématiques » ; « Bien vite nous reconnûmes l'insuffisance de la conception associationniste de l'esprit » ; « Telle était la direction préférée où nous nous engagions »[1]... Aussi pouvons-nous entendre la voix singulière de Bergson dans le débat philosophique de son temps.

Une philosophie postkantienne

Bergson appartient à ce fort courant de la philosophie française du XIXᵉ siècle que l'on a nommé « spiritualiste » par commodité, plus que par souci d'exactitude, tant il recouvre différentes approches du « spirituel ». Toutes les formes de spiritualisme ont cela de commun qu'elles affirment l'indépendance de l'esprit par rapport au corps et à la matière. Elles apparaissent comme une réaction à la domination du paradigme mécanistique qui réduit chaque entité à sa structure matérielle. Maine de Biran, Lachelier, Renouvier, Ravaisson, Tarde... sont les meilleurs représentants de cette tradition spiritualiste. Ils marquèrent profondément Bergson, qui ne manqua pas de leur rendre hommage en diverses occasions.

Une philosophie se caractérise toutefois autant par ses affinités que par ses lignes de rupture. Toute une part du spiritualisme français qui importe à Bergson a justement pris le parti d'un « réalisme » métaphysique contre

---

1. « Introduction », Première partie, *infra*, p. 46, 48, et 62.

Kant[1]. La présence singulièrement importante dans *La Pensée et le Mouvant* du penseur de Königsberg ne s'explique pas autrement : il est indispensable de débattre avec lui pour rendre à nouveau la métaphysique possible.

L'œuvre de Bergson ne s'éclaire que si nous la situons dans cette époque postkantienne. La répercussion de la *Critique de la raison pure* a été immense en ceci que les objets premiers de la métaphysique – l'âme, le monde, Dieu – ont été déclarés inconnaissables. Bergson entre en philosophie à un moment où la théorie relativiste de la connaissance, proposée par Kant, s'est érigée en dogme incontesté et quasiment incontestable :

> Ceux qui répudiaient le positivisme d'un Comte ou l'agnosticisme d'un Spencer n'osaient aller jusqu'à contester la conception kantienne de la relativité de la connaissance[2].

Cette théorie soutient que la « chose en soi » est inconnaissable, que nous ne connaissons pas les choses en elles-mêmes (puisqu'elles ne sont saisies qu'à travers les

---

1. Dans l'article, écrit avec Édouard Le Roy, « La Philosophie française » (1915), Bergson dresse le tableau d'une philosophie française inventive, originale, de Descartes à son époque. Parmi de nombreux autres philosophes du XIXe siècle, notons la présence particulière de Maine de Biran (1766-1824), « le plus grand métaphysicien » depuis Descartes et Malebranche, qui a montré « à l'opposé de Kant » que l'on peut atteindre « l'absolu » au moins sur un point : l'effort ; de Lachelier (1832-1918) qui se rattache à ce « réalisme » inauguré avec Maine de Biran ; de Renouvier (1815-1903) qui, parti du kantisme, va finalement rejoindre une sorte de « dogmatisme métaphysique » en affirmant « l'indépendance de la personne humaine » ; de Ravaisson (1813-1900) qui annoncera dans son célèbre *Rapport sur la philosophie française au XIXe siècle* (1868) un temps proche dont « le caractère prédominant » sera « un réalisme ou positivisme spiritualiste ». On remarquera dans l'évocation rapide de ces philosophies l'accent mis sur le réalisme métaphysique contre Kant : « Ces traits, en se composant ensemble, donnent à la philosophie française sa physionomie propre. C'est une philosophie qui serre de près les contours de la réalité extérieure, telle que le physicien se la représente, et de très près aussi ceux de la réalité intérieure, telle qu'elle apparaît au psychologue » (Bergson, *Mélanges*, éd. André Robinet, PUF, 1972, p. 1186-1187).

2. « Introduction », Première partie, *infra*, p. 63.

facultés de connaître du sujet connaissant) qu'il nous manque donc une « faculté intuitive ». La connaissance ne peut atteindre les objets métaphysiques, estime Kant, parce qu'ils transcendent le donné sensible et nos facultés de connaissance. Tant que la science reste arrimée à l'expérience, la connaissance est possible. Mais elle ne peut franchir le cercle de l'expérience. Elle n'a donc pas de contact avec l'être ou l'en-soi. Nous croyons par exemple penser quelque chose avec le concept « d'un être *absolument nécessaire* », mais nous ne pouvons prétendre connaître ou prouver l'existence de Dieu avec lui [1]. Comment pourrions prouver l'existence de Dieu, son infinité ou sa perfection, si nous n'avons de lui aucune intuition sensible, ni d'ailleurs aucune autre forme d'intuition ? Avec Kant, « la science serait légitime, mais relative à notre faculté de connaître, et la métaphysique impossible, puisqu'il n'y aurait pas de connaissance en dehors de la science [2] ».

C'est précisément ce que conteste Bergson. Nous assistons dans *La Pensée et le Mouvant* à un combat pied à pied contre cette théorie relativiste dominante d'où découle l'impossibilité d'une connaissance *absolue* de la réalité, et donc de la métaphysique. Si l'on veut dépasser le relativisme de la connaissance, nous dit Bergson, il va nous falloir un changement radical de méthode, c'est-à-dire expérimenter une autre manière de se rapporter au réel. Substituer en un mot une « métaphysique intuitive » à cette science intellectualiste, remplacer la méthode analytique par une nouvelle méthode, l'« intuition », seule

---

1. « On a de tout temps parlé de l'être *absolument nécessaire*, et l'on ne s'est pas donné autant de peine pour comprendre si et comment on peut seulement penser une chose de cette sorte que pour en démontrer l'existence » (Kant, *Critique de la raison pure*, livre II, « Dialectique transcendantale », chapitre III, Quatrième section, « De l'impossibilité d'une preuve ontologique de Dieu », dans Kant, *Œuvres philosophiques*, éd. Ferdinand Alquié, Gallimard, « Bibliothèque de la Pléiade », 1980, t. I, p. 1210).

2. « Introduction », Deuxième partie, *infra*, p. 107.

capable d'atteindre « l'esprit, la durée, le changement pur », « la conscience en général », le « vital », « l'univers » qui dure [1].

Car, selon Bergson, quelle situation résulte de la conception kantienne ? Il y a une conséquence immédiate au relativisme de la connaissance, c'est d'isoler le sujet connaissant du monde : l'« esprit humain » se retrouve seul, « relégué dans un coin, comme un écolier en pénitence », il ne participe plus au mouvement du réel, il n'est plus en contact avec la vie et l'univers [2]. De là ce paradoxe d'un esprit connaissant mais ne connaissant rien du fond du réel, rapportant toujours le monde à lui et à ses concepts, foncièrement convaincu de ce que la métaphysique est « une spéculation vide » parce que nous ne pouvons sortir de nous-mêmes et des formes de notre connaissance [3]. Pour avoir donné beaucoup trop à l'intelligence qui n'exprime au fond que notre volonté d'emprise sur la matière, le kantisme s'est coupé de la vie, du mouvement, du temps.

Bergson entreprend de reconstruire une pensée du monde où toutes nos expériences se recoupent à nouveau – vie, esprit, univers, Dieu. Les trois objets de la métaphysique que Kant avait déclarés inaccessibles et inconnaissables en soi – l'âme, le monde, Dieu – sont réintégrés dans la métaphysique bergsonienne : le moi dans l'*Essai sur les données immédiates de la conscience*, l'univers dans *Matière et mémoire* et *L'Évolution créatrice*, Dieu dans *Les Deux Sources de la morale et de la religion*. La philosophie de Bergson est ainsi postkantienne dans sa situation, mais aussi dans sa volonté farouche de dépasser la critique de la métaphysique opérée par Kant. Redonner crédit à l'ambition métaphysique, reconsidérer les objets métaphysiques passés au tamis de la *Critique de la raison*

---

1. *Ibid.*, p. 70.
2. *Ibid.*, p. 107.
3. « Introduction à la métaphysique », *infra*, p. 248.

pure, c'est là sa manière de rompre avec « une philosophie générale telle que le kantisme, et tout ce qu'on y rattachait [1] ».

La perspective philosophique change du tout au tout lorsque l'on inverse *méthodiquement* le sens de la « révolution copernicienne » proposée par Kant, c'est-à-dire lorsque l'on fait passer le sujet dans les choses au lieu de rapporter les choses à notre pouvoir de connaître. Telle sera la méthode intuitive défendue par Bergson [2]. Nous faisons directement l'expérience des choses, voilà pourquoi l'intuition est donnée, et non pas manquante, c'est pour cette raison qu'elle est une voie et non une impasse. Cette méthode réhabilite la possibilité d'une connaissance *absolue*, non seulement pour la science mais pour la métaphysique, parce qu'au fond toute expérience lui montre que nous sommes au contact du réel. Comment pourrions-nous ne pas entrer en sympathie avec d'autres êtres, ne pas coïncider avec mille autres durées, dès lors que, de part en part, nous sommes traversés par le mouvement du réel ? La méthode bergsonienne opère une puissante critique de la Critique kantienne. Ce n'est pas tant la métaphysique qui est une illusion, que le kantisme lui-même, parce qu'il a donné à l'intelligence une place centrale au détriment même de l'intuition, laquelle nous amène à prendre en compte tout autrement l'expérience de la conscience, de la vie, de l'univers, ou encore le témoignage mystique.

---

1. « Introduction », Première partie, *infra*, p. 64.
2. Il faut se souvenir que la *Critique de la raison pure* se présente elle aussi comme un « traité de la méthode ». Kant entend introduire dans la démarche philosophique « une complète révolution », semblable à celle que Copernic a proposée en astronomie en allant « chercher les mouvements observés (dans l'univers) non dans les objets du ciel, mais dans l'observateur » (Kant, « Préface de la deuxième édition », *Critique de la raison pure, op. cit.*, p. 743 et note). Si la révolution copernicienne consiste chez Kant à revenir de l'objet au sujet, la révolution bergsonienne veut, après Kant, refaire coïncider le sujet avec le réel.

Toutefois, la critique qu'il entreprend de Kant ne signifie pas que la position de Bergson soit prékantienne, ou que nous ayons à retourner à une métaphysique classique, objective, rationnelle. Il ne s'agit pas de revenir en arrière. L'absolu que Bergson s'efforce de nous faire toucher n'est plus celui de la métaphysique antique et classique. Il change de sens, il n'est plus statique ; c'est le temps lui-même dans sa force créatrice, et que Bergson nomme durée. Nous nous demandions ce que signifiait restituer « à l'esprit humain, par la science et par la métaphysique, la connaissance de l'absolu ». Répondons pour le moment : rien d'autre que considérer que ces objets sont légitimes, que la connaissance métaphysique ne nous enferme pas en nous-mêmes, que, comme la science, elle nous fait « toucher le fond de la réalité »[1].

Soulignons par ailleurs que Bergson n'est pas isolé dans sa tentative de redonner sens à la métaphysique après Kant. Une partie non négligeable de la philosophie de la fin du XIXe siècle et du début du XXe s'attachera à renouveler la question métaphysique. Pour des raisons au fond semblables, Schopenhauer, Nietzsche, Tarde, James, Whitehead, tous, à un titre ou à un autre, s'efforceront de rendre possible une métaphysique ou un pragmatisme postkantiens aux prises directes avec le réel – pour chacun d'eux, il s'agit de partir de l'expérience d'être qui nous constitue, expérience qui s'appuie sur notre existence corporelle, vitale, psychique.

Une métaphysique spiritualiste

Que veut dire Bergson lorsqu'il affirme que la métaphysique et la science touchent l'absolu ? Nous devons nous tourner vers le sens même du mot « spiritualisme » pour le comprendre. Bergson est-il spiritualiste ? Sans aucun doute, puisqu'il entend démontrer la réalité de l'esprit, la différence de nature de l'esprit et du corps. *La*

---

1. « Introduction », Deuxième partie, *infra*, p. 107.

Pensée et le Mouvant donne ainsi à la métaphysique cet objet clair et « limité », l'« esprit », et à la science cet autre objet clair et limité : la « matière ». Esprit et matière. Est-ce là une séparation radicale ? Le spiritualisme a une longue histoire, et on irait bien vite en besogne si l'on ne précisait pas la position tout à fait neuve de Bergson. Son spiritualisme ne cherche pas à s'assurer de la transcendance d'un esprit qui serait séparé et détaché de toutes choses. Il ne veut pas d'un dualisme tranché où l'esprit ne communique plus avec la matière. Il est plus ambitieux, il cherche à conquérir la vie, l'univers, la matière même.

« La Vie et l'œuvre de Ravaisson », véritable éloge placé tout à la fin de *La Pensée et le Mouvant*, ne doit pas s'entendre autrement. Évoquant *De l'habitude* (1838), Bergson dit que « toute une philosophie de la nature » y est en jeu [1]. Il est très intéressé par le fait que, chez Ravaisson, la nature est expliquée par une « expérience intérieure », à savoir l'habitude qui fait passer par degrés insensibles l'acte libre en automatismes, et retomber la conscience en inconscience [2]. La nature ne serait-elle pas de même « une conscience obscurcie et une volonté endormie », et la matière un « assoupissement de l'esprit » [3] ? Cette solution revient à ne plus opposer esprit et nature, sans les identifier pour autant, et surtout elle permet de s'affranchir d'un strict mécanisme qui réduit tout à la matière. Les thèses de Ravaisson « frappèrent les contemporains » parce qu'elles allaient à rebours du physicalisme dominant [4]. Dans l'analyse physique de la nature, on prétend en effet passer de la matière à la vie, puis à la conscience, comme si les causes matérielles ou physiques étaient premières, comme si l'on pouvait restituer la chaîne des êtres vivants, puis des êtres

---

1. « La Vie et l'œuvre de Ravaisson », *infra*, p. 289.
2. *Ibid.*
3. *Ibid.*, p. 289 et 296.
4. *Ibid.*, p. 290.

conscients, en détaillant toujours plus précisément l'enchaînement de ces conditions matérielles. Ravaisson propose de suivre le chemin inverse qui va d'une plus haute activité spirituelle à la matière. La nature est une activité spirituelle divine qui incline progressivement vers automatisme et mécanisme, par répétition de son acte libre. Quoi de plus étonnant, dit Bergson, pour ceux qui en restent au physicalisme, que cette inversion de perspective qui explique le bas par le haut, et non l'inverse : « Quoi de plus hardi, quoi de plus nouveau, que de venir annoncer aux physiciens que l'inerte s'expliquera par le vivant, aux biologistes que la vie ne se comprendra que par la pensée », aux esthètes que la beauté est la grâce du mouvement intime des choses, aux astronomes que l'univers se manifeste par un acte de « condescendance » divin qui est son origine [1] ?

Cette hardiesse, nous la retrouvons chez Bergson. C'est elle qui lui donne l'impulsion pour établir que la spiritualité n'est pas bornée à l'âme ou à Dieu mais s'étend à tout l'univers, à toutes les réalités. Bergson ne s'accommode pas du tout de la révolution scientifique du XVIe siècle qui a conduit à répartir l'esprit d'un côté et l'univers de l'autre. Le nouveau paradigme matérialiste qui, avec cette révolution scientifique, s'impose à tous les êtres de l'univers, est uniforme et global. Dans ses *Principes*, Descartes l'exprime simplement : « Il n'y a donc qu'une même matière en tout l'univers [2]. » C'est pourquoi il est conduit, afin de sauvegarder l'esprit, à diviser la réalité en deux continents dépourvus du moindre contact : d'une part la *res extensa*, ou substance étendue, matérielle ; d'autre part la *res cogitans*, ou substance pensante, spirituelle. Le nouveau paradigme physique a ainsi contraint les esprits à une existence fugitive, détachée de

---

1. *Ibid.*, p. 311 et 300.
2. Descartes, *Principes de la philosophie*, Seconde partie, § 23, dans *Œuvres philosophiques de Descartes*, éd. Ferdinand Alquié, Garnier, 1973, t. III, p. 168.

la matière et de l'univers, tels les « esprits errants et sans patrie » de Baudelaire. Un certain spiritualisme ne sera-t-il pas symptomatique de cette tendance à se réfugier hors du monde physique, à accorder à l'*ego* des propriétés étrangères à la matière, voire transcendantes ou transcendantales, pour se protéger du réductionnisme matérialiste ?

Jamais Bergson ne souscrira à une telle philosophie. Le spiritualisme ne signifie pas, selon lui, que nous nous éloignions des choses : bien au contraire, nous les retrouvons, nous les touchons aussi réellement que la science, en suivant cependant une autre méthode, intuitive. La métaphysique n'est pas supérieure à la science. Elle n'est pas l'abord d'une réalité plus épurée, plus complexe, plus délicate que celle traitée par cette dernière. L'une et l'autre embrassent le même réel, « l'une et l'autre portent sur la réalité même [1] », mais selon des méthodes bien distinctes. Alors que la science examine la nature matérielle des choses, la métaphysique nous les fait saisir selon une tout autre intuition : la vie et l'univers, loin de n'être que matière, ou d'être réductibles à des systèmes mécaniques clos, sont également durée [2].

« Contentons-nous du réel, matière et esprit », affirme avec force Bergson [3]. Et puisqu'il est désormais établi que science et métaphysique traitent du même réel, elles pourront à nouveau dialoguer. La métaphysique spiritualiste, en s'arrimant définitivement au réel, peut « faire

---

1. « Introduction », Deuxième partie, *infra*, p. 84.
2. « Si tout être vivant naît, se développe et meurt, si la vie est une évolution et si la durée est ici une réalité, n'y a-t-il pas aussi une intuition du vital, et par conséquent une métaphysique de la vie, qui prolongera la science du vivant ? » (*ibid.*, p. 70). De même, ajoute Bergson : « Par-delà l'organisation, la matière inorganisée nous apparaît sans doute comme décomposable en systèmes sur lesquels le temps glisse sans y pénétrer, systèmes qui relèvent de la science et auxquels l'entendement s'applique. Mais l'univers matériel, dans son ensemble, *fait attendre* notre conscience ; il attend lui-même. Ou il dure, ou il est solidaire de notre durée. »
3. *Ibid.*, p. 108.

avancer » la science, et lui ouvrir des voies d'exploration nouvelles. Bergson se réjouira ainsi d'avoir pu contribuer à apporter à la science de nouveaux *problèmes* :

> [...] nous pensons y avoir réussi, puisque la psychologie, la neurologie, la pathologie, la biologie, se sont de plus en plus ouvertes à nos vues d'abord jugées paradoxales [1].

La métaphysique cartésienne et postcartésienne espérait sauver l'esprit des menaces d'une vision mécaniciste du monde en le séparant tout à fait de la matière. Avec Bergson, la métaphysique refuse de se détacher de la « réalité » et prétend acquérir par là même une tout autre « précision » [2].

Science et métaphysique

En quoi les approches scientifique et métaphysique du réel se distinguent-elles ? Elles portent sur la même réalité, ainsi que nous l'avons vu, mais elles n'adoptent ni le même point de vue ni la même méthode : tandis que la science s'attache à l'intelligence, la métaphysique s'attachera à l'intuition. Bergson consacre à l'intelligence de très nombreuses pages dans *La Pensée et le Mouvant* : celle-ci n'est pas, selon lui, un absolu, car on doit la rattacher à l'évolution de la vie. On notera, à ce propos, les surprenants et puissants échos de sa pensée avec celle de Schopenhauer, et plus encore avec celle de Nietzsche [3].

---

1. *Ibid.*, p. 108.
2. « Ce qui a manqué le plus à la philosophie, c'est la précision » (« Introduction », Première partie, *infra*, p. 45).
3. On gagnerait beaucoup à ne pas isoler Bergson d'une profonde mutation du statut de l'intelligence qui a son origine chez Schopenhauer et Nietzsche. Schopenhauer, le premier, conteste le primat de l'intellect, retourne à la chose en soi comme élément spirituel – la Volonté –, fait de l'intellect une fonction vitale et cérébrale, associe connaissance intellectuelle et matérialité, considère qu'il faut en passer par une connaissance immédiate pour saisir le plan métaphysique de la Volonté, et enfin pense la philosophie comme une cosmologie (voir *Le Monde comme volonté et comme représentation* [1819], trad. Marianne Dautrey, Christian Sommer et Vincent Stanek, Gallimard, « Folio

« Il semble vraiment, à entendre certains théoriciens, que l'esprit soit tombé du ciel », déclare Bergson, comme si l'intelligence n'était pas avant tout « nécessaire à la vie », comme si elle ne répondait pas « aux exigences fondamentales de la vie », ne prolongeait pas l'action de la vie [1]. Croire que l'intelligence est par essence destinée à

---

essais », 2009, et *De la volonté dans la nature* [1836], trad. Édouard Sans, PUF, « Quadrige », 1969). Nietzsche suivra cette voie en substituant à la notion psychologique et personnelle de volonté la Volonté de puissance cosmologique qui concerne tous les ordres de la réalité, de l'inorganique à la vie, de l'homme à la civilisation. Dans ce cadre, l'intelligence n'est plus première, elle ne rend pas compte de la puissance créatrice et alogique à l'œuvre dans le monde : Volonté (chez Schopenhauer, même si ce philosophe n'accorde aucune importance à la nouveauté), Volonté de puissance (chez Nietzsche), durée (chez Bergson). Il y a chez Nietzsche de très nombreux textes d'une incroyable proximité avec ce que dit Bergson sur l'intelligence et son incapacité à saisir un devenir en train de se faire, et cette concordance nous montre que l'époque est en train de changer d'optique métaphysique, que d'une métaphysique substantialiste elle passe à une métaphysique du flux, du devenir, de la durée. « Nous opérons au moyen de quantités de choses inexistantes, de lignes, de surfaces, de corps, d'atomes, de temps et d'espaces indivisibles. Comment l'explication serait-elle possible dès que nous faisons de toute une représentation, *notre* représentation [...]. Un intellect capable de voir la cause et l'effet, non pas à notre manière en tant que l'être arbitrairement divisé et morcelé, mais en tant que *continuum*, donc capable de voir le fleuve des événements, rejetterait la notion de cause et effet, et nierait toute conditionnalité » (*Le Gai Savoir*, § 112, dans *Œuvres philosophiques complètes*, éd. Marc de Launay, trad. Pierre Klossowski, Gallimard, t. V, 1982, p. 142). « Il serait en soi possible que la *conservation du vivant* rende nécessaires justement des *erreurs fondamentales* et non pas des *vérités fondamentales*. On pourrait par exemple imaginer une forme d'existence *dans laquelle la connaissance même serait impossible*, parce qu'il y a une contradiction entre une *fluidité absolue* (*absolut Flüssigem*) et la connaissance : dans un monde ainsi fait, une créature vivante devrait d'abord *croire* aux choses, à leur durée, etc. pour pouvoir exister : *l'erreur serait sa condition d'existence*. Peut-être en va-t-il ainsi ? » (*Fragments posthumes*, 26 [58], *ibid.*, t. X, p. 186). « Notre intellect n'est pas construit pour la compréhension du devenir, il s'efforce de prouver la *fixité universelle*, pour être issu lui-même d'*images* » (*Fragments posthumes*, 11 [153], *ibid.*, t. V, p. 369).

1. « Introduction », Deuxième partie, *infra*, p. 94.

notre réflexion est l'erreur de toutes les théories de la connaissance. Pour Bergson, l'intelligence sert d'abord à agir, elle est simultanément « attention que l'esprit prête à la matière » et « faculté de manipuler la matière »[1]. La science et l'art mécanique manifestent corrélativement ces deux fonctions. Autant dire qu'*homo sapiens* n'est pas séparable des fabrications d'*homo faber* et que l'intelligence ne saurait se définir par une sorte de pouvoir spéculatif abstrait. L'intelligence prolonge l'action de la vie, sa capacité d'analyse géométrique et mathématique est au service de la vie, elle n'a nullement pour fonction de saisir le réel dans sa mouvance même.

À quoi ces analyses de Bergson nous conduisent-elles en effet ? En retirant à l'intelligence toute fonction spéculative, il produit un saisissant contraste avec la conception traditionnelle de l'intelligence. Si percevoir, concevoir, comprendre sont les fonctions essentielles de l'intelligence, et si ces fonctions nous servent principalement *à agir*, cela signifie en retour que ni les percepts, ni les concepts, ni les notions générales n'ont pour but de *penser* le monde, de nous le faire connaître, d'en pénétrer le fond. De là, l'immense méprise qui a consisté à s'appuyer sur l'intelligence pour prétendre saisir la réalité dans son mouvement même.

La philosophie n'a pas pris garde que les systèmes construits par l'intelligence portaient tous le même sceau : celui de la matérialité. À commencer par la science, « auxiliaire de l'action », et donc de notre action sur la matière[2]. Certes, la science ne divague pas lorsqu'elle analyse de plus en plus finement la matérialité. Justement parce que c'est là son objet. Bergson dit même qu'en se restreignant à la matière elle est dans le « vrai », elle touche un « absolu ». Que veut-il dire ? Que la matérialité est bien quelque chose, non le tout des choses,

---

1. *Ibid.*, p. 121 et 128.
2. « L'Intuition philosophique », *infra*, p. 172.

mais ce par quoi les choses sont choses justement, c'est-à-dire étendues, stables, permanentes, mathématisables. La science touche le réel à n'en pas douter, mais à son niveau le plus spatial. Le réel que la science nous décrit si bien, distribué en de multiples régularités, en un maillage de points stables, en un ordre toujours plus finement dessiné, exprime le monde à son niveau de durée le plus bas, dans son mouvement de s'étendre. Dans *L'Évolution créatrice*, l'interprétation que Bergson donnait du second principe de la thermodynamique allait déjà dans ce sens. L'entropie exprime un monde qui tend vers la spatialité [1]. La science et l'intelligence sont donc tout à fait dans leurs rôles lorsqu'elles se penchent sur cet aspect matériel du réel, qui se détend et s'étend en régularité et stabilité :

> [...] l'intelligence est dans le vrai tant qu'elle s'attache, elle amie de la régularité et de la stabilité, à ce qu'il y a de stable et de régulier dans le réel, à la matérialité. Elle touche alors un des côtés de l'absolu [2].

Cependant, cet aspect du réel n'est pas tout le réel. Pour saisir cette autre dimension du réel, l'intelligence doit laisser la place à l'intuition. C'est à elle que Bergson consacre sa conférence de Bologne en 1911, « L'Intuition philosophique ». Dans cette conférence, il livre une très belle réflexion sur l'activité philosophique. En quoi consiste-t-elle ? Comment commence-t-elle ? Toujours par une intuition, « une certaine expérience, confuse peut-être mais décisive », incompatible avec les faits, les raisons et les idées « couramment acceptées » [3]. Chaque

---

[1]. L'entropie « exprime essentiellement [...] que tous les changements physiques ont une tendance à se dégrader en chaleur, et que la chaleur elle-même tend à se répartir d'une manière uniforme entre les corps [...] ; elle est la plus métaphysique des lois de la physique, en ce qu'elle nous montre du doigt, sans symboles interposés, sans artifices de mesure, la direction où marche le monde » (*L'Évolution créatrice, op. cit.*, p. 244).
[2]. « Le Possible et le Réel », *infra*, p. 140.
[3]. « L'Intuition philosophique », *infra*, p. 156.

philosophie développe une intuition primordiale en un système de concepts. Chaque philosophie est l'écho d'une expérience fondamentale qui fait voir le réel sous un autre jour. Bergson, lorsqu'il rédige les deux parties de l'« Introduction » en janvier 1922, commence par un récit autobiographique qui rappelle que cette expérience fondatrice fut pour lui l'intuition du temps, la conviction que le temps n'était pris en compte ni par la pensée scientifique mathématique ni par la métaphysique :

> Nous fûmes très frappé en effet de voir comment le temps réel, qui joue le premier rôle dans toute philosophie de l'évolution, échappe aux mathématiques [1].

Cette intuition d'un temps non mathématique, d'une pure créativité produisant incessamment de l'imprévisible et du nouveau, recouvre ce qu'il nomme durée. Or, c'est par un autre contact avec le réel que cette intuition a pu émerger. Au fond, sciences et philosophie se distinguent par la manière dont elles font l'expérience du réel, l'une à travers l'espace, l'autre à travers le temps : « Il n'y aurait pas place pour deux manières de connaître, philosophie et science, si l'expérience ne se présentait à nous sous deux aspects différents », l'un prenant la forme d'une multiplicité numérique et spatiale, l'autre la forme d'une « pénétration réciproque » temporelle comme dans une mélodie où « le passé entre dans le présent et forme avec lui un tout indivisé », et où les notes, en fusionnant, modifient continuellement notre écoute [2]. Si le deuxième aspect du réel a été si peu pris en compte, voire ne l'a pas été du tout dans l'histoire de la philosophie, c'est parce qu'il a toujours été recouvert par le travail spatialisant de l'intelligence, dans le langage, la perception, les concepts, la société, la science.

L'intuition est en somme la méthode qui nous détourne du travail de l'intelligence, du monde utile et

---

1. « Introduction », Première partie, *infra*, p. 46.
2. « L'Intuition philosophique », *infra*, p. 170, et « Introduction », Deuxième partie, *infra*, p. 113.

pratique, pour nous faire retourner à la durée qui traverse toute chose[1]. C'est un tout nouvel aspect du réel qu'appréhende la métaphysique : le mouvement, le changement, la « continuité ininterrompue d'imprévisible nouveauté[2] ». La science s'en tenait à une conception matérialiste du réel ; la métaphysique lui adjoint une conception spirituelle. Ce sont les deux faces de la même réalité, les deux aspects d'un même absolu, répétition et création[3]. Décidément, l'esprit n'est plus transcendance, il est la créativité au cœur du réel, ce qui fait que les choses ne sont pas seulement spatiales, mais entraînées dans un mouvement créatif incessant. Nous le comprenons maintenant : intuitionner consiste à « penser en durée », à restituer à toutes les choses cette puissance créatrice qui n'est autre que l'esprit.

Monde mort et monde vivant

Le nouveau monde dessiné par cette métaphysique ne ressemble pas à l'ancien. À deux reprises Bergson trace un parallèle saisissant entre le monde que la science et l'intelligence construisent pour nos besoins et le monde que l'intuition nous dévoile[4]. Le premier est statique, figé, « il est froid comme la mort », répétitif et monotone[5]. C'est une sorte de présent qui recommence sans cesse, et qui n'a ni continuité ni nouveauté. Nous nous sommes façonnés à l'image de « cet univers artificiel », inattentifs au mouvement créatif qui traverse l'univers, la vie et l'esprit. Aussi un changement de perspective est-il non seulement nécessaire à la connaissance, mais aussi à

---

1. « Il s'agirait de *détourner* cette attention du côté pratiquement intéressant de l'univers et de la *retourner* vers ce qui, pratiquement, ne sert à rien » (« La Perception du changement », *infra*, p. 186).
2. « Introduction », Deuxième partie, *infra*, p. 72.
3. « La réalité, imprégnée d'esprit, est création.» (*ibid.*, p. 72).
4. Voir « Introduction », Deuxième partie, *infra*, p. 69-71 ; « L'Intuition philosophique », *infra*, p. 175.
5. « L'Intuition philosophique », *infra*, p. 175.

notre vie même. Il s'agit de transfigurer cette réalité morte et plus encore de nous « revivifier » par la création. Telle est au fond la seule éthique que propose *La Pensée et le Mouvant* : expérimenter la création qui traverse l'univers, imprimer ce mouvement à notre vie, vivre « *sub specie durationis* [1] ». Alors « nous serons surtout plus forts, car à la grande œuvre de création qui est à l'origine, et qui se poursuit sous nos yeux nous nous sentirons participer, créateurs de nous-mêmes [2] ».

Il y a autre chose encore. Le monde mort de l'intelligence est aussi un monde désarticulé, démembré, où rien ne communique. Dans tous ses essais, Bergson part de l'intuition que nous avons de notre vie intérieure, de notre durée. C'est une expérience primordiale, « à la portée de tous [3] ». En partant de son existence, chacun peut à nouveau, refaisant cette expérience, se placer dans « le flux de la vie intérieure », acquérir de lui-même une vision immédiate qui ne passe plus par la spatialisation du langage et de l'intelligence [4]. Mais l'intuition se borne-t-elle à notre existence ? « Ne va-t-elle pas plus loin ? N'est-elle que l'intuition de nous-mêmes [5] ? » Si tel était le cas, nous ne sortirions pas de nous-mêmes, nous serions comme enfermés dans une profonde solitude existentielle. La force du bergsonisme est au contraire de considérer que nous pouvons sympathiser avec les autres formes de réalité, quelles qu'elles soient, vitales et non vitales. Puisque la vie est connectée à notre conscience, comment « ne l'atteindr[i]ons-nous pas en ressaisissant par la conscience l'élan de vie qui est en nous [6] » ? La vie est une forme de durée elle aussi, et nous durons en elle ; nous pouvons donc en avoir l'intuition. De même, l'intuition de l'univers est possible, car « il est solidaire de notre

---

1. *Ibid.*, p. 175.
2. « Le Possible et le Réel », *infra*, p. 150.
3. « Introduction », Deuxième partie, *infra*, p. 113.
4. « Introduction », Première partie, p. 62.
5. « Introduction », Deuxième partie, p. 69.
6. *Ibid.*, p. 70.

durée », il dure lui aussi, et nous durons en lui. Rien n'est séparé, toutes les durées communiquent en notre existence. Nous devons en déduire que toute durée est un rapport de durées qui s'enchevêtrent et se tissent les unes aux autres, y compris l'univers matériel où la durée créatrice du monde croise la tendance à l'entropie. Bergson revient très vivement sur ce thème dans « L'Intuition philosophique » : la conscience « pénètre-t-elle plus avant dans l'intérieur de la matière, de la vie, de la réalité en général [1] » ? « On pourrait le contester », ajoute-t-il, si la conscience « s'était surajoutée à la matière comme accident », ou si « elle avait été mise à l'écart » dans la nature, sans rapport à rien. Mais c'est là l'optique du spiritualisme transcendant qui ne comprend pas que la conscience participe au monde. Dans le monde auquel Bergson cherche à redonner une cohérence, tout se lie, tout communique, matière, vie, conscience, univers, et si tout communique *en nous*, c'est bien parce que nous appartenons à « l'unité vraie, intérieure et vivante » du monde, comme il l'écrivait dans *L'Évolution créatrice*, et comme il le redit ici :

> [...] la matière et la vie qui remplissent le monde sont aussi bien en nous : les forces qui travaillent en toutes choses, nous les sentons en nous ; quelle que soit l'essence intime de ce qui est et de ce qui se fait, nous en sommes [2].

Plus nous nous habituons à penser « en durée » (sans viser l'utile), plus nous en retirons une forme de « joie », qui provient principalement du sentiment de réintégrer

---

1. « L'Intuition philosophique », *infra*, p. 171.
2. *Ibid.* « Dans l'absolu nous sommes, nous circulons et vivons. La connaissance que nous en avons est incomplète, sans doute, mais non pas extérieure ou relative. C'est l'être même, dans ses profondeurs, que nous atteignons par le développement combiné et progressif de la science et de la philosophie. En renonçant ainsi à l'unité factice que l'entendement impose du dehors à la nature, nous en retrouverons peut-être l'unité vraie, intérieure et vivante » (*L'Évolution créatrice, op. cit.*, p. 200).

un monde vivant et créatif, où les êtres ne sont plus séparés. Le monde se transforme. De mort, glacial et immobile qu'il était pour notre intelligence, il prend la forme d'une « éternité de vie » dans laquelle nous sommes immergés : « *In ea vivimus et movemur et sumus* [1]. »

Penser en durée l'histoire de la philosophie

Rappelons que les différents essais, articles ou conférences contenus dans le présent recueil « portent principalement sur la méthode » que Bergson croit « devoir recommander au philosophe » [2] : la pensée en durée, qu'il appelle aussi « intuition ». Bergson va agrandir la portée de cette méthode, et élargir son champ d'investigation, en y ayant recours pour traiter de l'histoire de la philosophie : il s'agit pour lui d'en montrer une nouvelle fois la portée en l'appliquant à l'acte d'interprétation d'une œuvre philosophique. *La Pensée et le Mouvant* propose ainsi une certaine manière de lire et de comprendre ces écrits, que l'on ne trouve dans aucun autre *opus*. C'est sans aucun doute l'apport le plus important et le plus original de ce recueil à la philosophie de Bergson. En effet, un texte est entièrement consacré à cette question de méthode (« L'Intuition philosophique »), et trois autres en sont l'application directe (« La Philosophie de Claude Bernard », « Sur le pragmatisme de William James », « La Vie et l'œuvre de Ravaisson »). Autrement dit, quatre des neuf textes qui composent ce livre exposent ou mettent en pratique cette approche qui n'est pas une adjonction, mais bien plutôt un prolongement de la philosophie bergsonienne.

---

1. « La Perception du changement », *infra*, p. 207. Bergson se sert de la formule bien connue de saint Paul, déjà utilisée dans *L'Évolution créatrice* (voir note précédente) : « En Lui [Dieu], nous vivons, et nous nous mouvons et nous avons notre être » (Actes des Apôtres, XVII, 28), mais il substitue à Dieu une « éternité de vie ».

2. « Avant-propos », *infra*, p. 43.

Cette méthode d'interprétation procède en trois temps [1]. D'abord, il importe de dégager les « thèses fondamentales [2] » de l'auteur et de les connecter. Puis il faut les laisser « s'entrepénétrer [3] ». La doctrine du philosophe devient ainsi semblable à un « organisme [4] », distinct d'un « assemblage [5] ». Enfin, on se doit de retrouver l'« intuition philosophique [6] », l'« âme [7] » de l'œuvre, autrement dit « ce que le philosophe a vu [8] ».

En effet, pour Bergson, tout philosophe est en contact immédiat avec une dimension du réel qui reste toute sa vie le centre de ses préoccupations. Cependant, il ne dispose que des mots et des idées de son temps pour la communiquer. Certes, le philosophe a souvent l'impression de construire au fur et à mesure un édifice, en assemblant progressivement de plus en plus de thèses. Il croit inventer sa philosophie petit à petit. En vérité, qu'il en ait conscience ou non, il dispose déjà de sa philosophie, c'est-à-dire de son intuition philosophique. Il n'apporte en fait de nouvelles thèses que dans le but de produire une organisation qui ressemble à celle qu'il a perçue dans le réel, « se rectifiant alors qu'il croyait se compléter [9] ».

Pour Bergson, toute œuvre philosophique cherche à exprimer spatialement ce contact avec le réel qui a été initialement pensé en durée. Mais elle n'y parvient jamais tout à fait :

---

1. Pour une illustration de ces trois temps, voir le cas de Berkeley (dans « L'Intuition philosophique », *infra*, note 3, p. 359 notamment).
2. *Ibid.*, p. 160.
3. *Ibid.*, p. 161.
4. *Ibid.*
5. *Ibid.*
6. *Ibid.*, p. 171. Lorsque Bergson, en historien de la philosophie, étudie Claude Bernard, James ou Ravaisson, il cherche à saisir leur intuition philosophique. Voir « La Philosophie de Claude Bernard », *infra*, p. 256, « Sur le pragmatisme de William James », *infra*, p. 265 et « La Vie et l'œuvre de Ravaisson », *infra*, p. 277.
7. « L'Intuition philosophique », *infra*, p. 166.
8. *Ibid.*, p. 155.
9. *Ibid.*

En ce point est quelque chose de simple, d'infiniment simple, de si extraordinairement simple que le philosophe n'a jamais réussi à le dire [1].

Renouer avec l'intuition philosophique d'un auteur exige donc de la part de l'historien un effort de même nature, un effort intuitif : pas d'histoire de la philosophie sans une pensée en durée de l'histoire de la philosophie. Cette approche seule permet de ne pas être dupe de l'« illusion [2] » qui consiste à faire de la production d'une œuvre philosophique un assemblage original de thèses qui lui préexistent, « un joli travail de mosaïque [3] ».

Une œuvre ne semble telle, à la vérité, qu'en raison de la réduction de chaque thèse à ce qu'elle a en commun avec celles d'autres auteurs. Il ne faut pas s'étonner, dès lors, de ce que l'œuvre paraisse n'être que la « synthèse plus ou moins originale des idées au milieu desquelles le philosophe a vécu [4] ». Prenons tous les chiffres d'une grille : nous pouvons en déduire tous les numéros, c'est-à-dire toutes les combinaisons de chiffres possibles. Imaginons à présent toutes les thèses d'une période : nous aurons l'illusion de pouvoir prédire toutes les œuvres, c'est-à-dire toutes les combinaisons de thèses pouvant être construites. Une œuvre ne serait ainsi qu'une des combinaisons qui se serait effectivement réalisée, elle ne serait qu'un possible actualisé. Est-il pourtant acceptable de réduire une œuvre à cela ? Certes, elle se compose des idées disponibles à l'époque de son auteur. Elle ne s'y réduit pourtant pas, car elle n'est pas une multiplicité

---

1. *Ibid.*, p. 155.
2. *Ibid.*, p. 157.
3. *Ibid.*, p. 157. Dans « La Philosophie de Claude Bernard », Bergson critique la réduction de la pensée de Claude Bernard, soit à la thèse, courante à son époque, selon laquelle le vivant n'est rien d'autre qu'un ensemble de phénomènes physiques et chimiques, soit à la thèse adverse, tout aussi courante, soit à la réunion des deux ou à l'hésitation entre les deux (voir *infra*, p. 258). Ce qui est critiqué dans ce cas précis illustre tout à fait ce qu'il appelle « un joli travail de mosaïque ».
4. « L'Intuition philosophique », *infra*, p. 154.

spatiale, mais une multiplicité inscrite dans la durée ; elle n'est pas un *assemblage*, mais une *organisation*.

Il importe ici de bien comprendre cette fine opposition établie par Bergson. Elle renvoie à une idée directrice de *La Pensée et le Mouvant* : tant que toute modification du réel se pense comme l'actualisation d'un possible, il ne peut y avoir de création au sein du réel. Imaginons à nouveau toutes les thèses d'une époque. Je peux certes en déduire toutes les combinaisons qu'elles peuvent constituer par leur juxtaposition. Mais je ne peux nullement prévoir les mélanges qu'elles occasionneront avant de les mélanger. Comment deviner que le vert naît du jaune et du bleu si on ne les laisse pas se pénétrer ? Au moment précis où les thèses sont réunies par un auteur pour former une œuvre, il se produit donc quelque chose de plus, quelque chose qui n'est pas que le passage à l'existence d'une combinaison possible. Cette création de nouveautés à partir d'éléments préexistants est une des propriétés exclusives de la durée.

Deleuze a mis en lumière, et a récupéré pour sa propre philosophie, cette opposition entre actualisation d'un possible et création. Elle recoupe cette opposition, centrale chez Deleuze, entre le possible et le virtuel [1]. Retenons donc toute l'importance de cette opposition dans *La Pensée et le Mouvant*, mais aussi dans l'histoire de la philosophie, comme l'avait déjà observé Canguilhem : la durée bergsonienne permet enfin de penser la notion de création. C'est pourquoi une histoire spatiale de la philosophie se trouve contrainte de supposer que tout est joué d'avance, et que la création philosophique n'existe pas. Au contraire, une histoire en durée de la philosophie permet de penser l'origine historique d'une œuvre, sans la réduire pour autant à son contexte. Produire une œuvre philosophique signifie *organiser* les thèses disponibles à son époque, afin de restituer le plus fidèlement possible cette dimension du réel qu'on veut exprimer et

---

[1]. Gilles Deleuze, *Le Bergsonisme*, PUF, 1998, p. 37.

qui est elle aussi une organisation inédite, non préformée dans le réel, autrement dit une multiplicité d'éléments qui se pénètrent.

L'historien de la philosophie peut ainsi voir dans une œuvre une organisation produite par pénétration d'une partie des thèses disponibles dans un contexte historique donné, qui tente de communiquer une organisation originelle indépendante de ce contexte. En ce sens, l'intuition philosophique précède toujours le contexte et l'organisation qu'elle engendre à partir de ce dernier pour se transmettre. C'est elle qui s'exprime par son époque, et non l'inverse.

> [...] une pensée qui apporte quelque chose de nouveau dans le monde est bien obligée de se manifester à travers les idées toutes faites qu'elle rencontre devant elle et qu'elle entraîne dans son mouvement ; elle apparaît ainsi comme relative à l'époque où le philosophe a vécu ; mais ce n'est souvent qu'une apparence. Le philosophe eût pu venir plusieurs siècles plus tôt ; il aurait eu affaire à une autre philosophie et à une autre science ; il se fût posé d'autres problèmes ; il se serait exprimé par d'autres formules ; pas un chapitre, peut-être, des livres qu'il a écrits n'eût été ce qu'il est ; et pourtant il eût dit la même chose [1].

L'histoire de la philosophie nous met donc en contact avec une intuition philosophique qui tente de se transmettre, quelle que soit sa situation historique. De cette façon, elle nous plonge dans un effort de création, dans ce mouvement qui part d'une vision du réel et qui crée une organisation pour se communiquer. C'est pourquoi la philosophie, comme l'histoire de la philosophie, peut « nous donner la joie [2] » – l'incomparable expérience réalisée, ou rejouée, d'un acte de création réussi. En ce sens, *La Pensée et le Mouvant* réaffirme une idée fondamentale de *L'Évolution créatrice* : la vie est une pensée créative et

---

1. « L'Intuition philosophique », *infra*, p. 158.
2. *Ibid.*, p. 175.

créatrice ; la méthode intuitive nous permet seule de le comprendre et d'en faire l'expérience.

Les paradoxes de Zénon d'Élée et les illusions de la métaphysique

Les paradoxes de Zénon reviennent systématiquement dans les quatre principaux livres de Bergson [1]. Pour cette raison, il n'est pas surprenant de les retrouver dans *La Pensée et le Mouvant*. Ils apparaissent dans la première partie de l'« Introduction », puis deux autres fois, dans « La Perception du changement ». Leur étude prend donc place entre *L'Évolution créatrice* (1907) et *Les Deux Sources de la morale et de la religion* (1932).

Par rapport aux autres ouvrages de Bergson, ces paradoxes ont, dans *La Pensée et le Mouvant*, une signification fort originale, qu'il importe de mettre en relief, car elle constitue l'une des caractéristiques de ce livre. Certes, Bergson rappelle rapidement le résultat de ses réflexions antérieures sur ces paradoxes. En ce sens, il répète ce qu'il a déjà écrit. Mais il apporte aussi une perspective nouvelle et inédite sur ceux-ci.

Bergson ne réexpose qu'un seul des quatre paradoxes [2] qu'il a traités auparavant. Il s'agit de celui que l'on nomme traditionnellement, depuis Aristote, « l'Achille » – le plus célèbre et le plus commenté dans l'histoire de la philosophie et des mathématiques. Bergson y revient une dernière fois, pour répéter ce qu'il a maintes fois expliqué depuis son premier livre, tant et si bien que nous pourrions être tentés de le négliger. Nous nous y attarderons cependant, car Bergson est le seul penseur à n'avoir pas confondu le paradoxe de l'Achille avec celui de la dichotomie – une confusion initiée par Aristote.

---

1. *Essai sur les données immédiates de la conscience*, *op. cit.*, p. 84-85 ; *Matière et mémoire*, *op. cit.*, p. 213-215 ; *L'Évolution créatrice*, *op. cit.*, p. 310-313 ; *Les Deux Sources de la morale et de la religion*, *op. cit.*, p. 32, 51, 72 et 207-208.
2. Voir les notes de fin 22, p. 374, et 27, p. 375.

Achille aux pieds légers, héros légendaire de la mythologie grecque, essaie de rattraper une tortue. Il doit commencer par rattraper la position qui le sépare de la tortue, puis la position que la tortue aura eu l'occasion de rejoindre pendant ce temps, et ainsi de suite. Observons alors que la fin de chacun des pas d'Achille coïncide avec le début du pas que la tortue vient d'effectuer. Certes, Achille réalise à chaque fois un pas plus grand que celui qu'est en train de faire la tortue. Mais le pas réalisé est toujours celui accompli par la tortue au moment précédent. C'est pourquoi les pas d'Achille ne sont rien d'autres que ceux de la tortue. Il les effectue simplement avec un tour de retard.

> Ce qui court le plus lentement ne sera jamais dépassé par le plus rapide ; car il est nécessaire que le poursuivant aille d'abord là d'où le fuyard est parti, de sorte qu'il est nécessaire que le plus lent ait quelque avance [1].

La représentation ordinaire du mouvement nous invite à décomposer la course d'Achille et de la tortue comme on divise communément et arbitrairement une grandeur d'espace – longueur, surface ou volume. Si l'on pense le temps ainsi, c'est-à-dire spatialement, l'intervalle de temps étudié – celui de la course – peut être indifféremment découpé par les mathématiques. Nous pouvons le diviser arbitrairement, c'est-à-dire où bon nous semble. C'est pourquoi Zénon a le droit de faire commencer les pas d'Achille là où commencent et s'achèvent ceux de la tortue. Zénon est donc en mesure de proposer une situation dans laquelle Achille est incapable de rattraper la tortue. Cette situation est équivalente à toutes celles dans lesquelles Achille est capable de rattraper la tortue. En effet, en mathématiques, une longueur divisée de n'importe quelle façon reste toujours la même longueur. Par conséquent, nous pouvons remplacer une division de

---

1. Aristote, *Physique*, VI, 9, 239b, trad. Pierre Pellegrin, GF-Flammarion, 2002, p. 346.

la course d'Achille par une autre. Zénon ne fait pas autre chose. Il substitue aux divisions réelles de la course d'Achille celles de la course de la tortue. Ainsi, Achille ne fait plus que des pas de tortue, avec un tour de retard. Certes, il est toujours possible de diviser la course d'Achille pour que celui-ci rattrape la tortue : il suffit par exemple que ses pas ne commencent plus où commencent et s'achèvent ceux de la tortue. Mais ces situations sont équivalentes à celles dans lesquelles Achille perd car, chaque fois, c'est la même grandeur qui a été divisée. Pour rendre ces situations non équivalentes, il faudrait qu'une grandeur ne soit plus la même lorsqu'on la divise d'une autre façon. Chose impossible en mathématiques : une grandeur est toujours égale à elle-même, quelle que soit la manière dont on la divise. On découvre alors une contradiction : tantôt Achille est en mesure de rattraper la tortue ; tantôt il en est théoriquement incapable. Tout le problème vient de ce qu'une conception spatiale du temps amène à croire les deux courses équivalentes : le plus rapide ne rattrape pas le plus lent, car la course d'Achille pourrait consister à être la même que celle de la tortue, avec un tour de retard. Il faut donc rompre ces équivalences contradictoires :

> [...] vous n'avez pas le droit de désarticuler [la course d'Achille] selon une autre loi, ni de la supposer articulée d'une autre manière [comme celle de la tortue]. Procéder comme le fait Zénon, c'est admettre que la course peut être décomposée arbitrairement [1].

Or, penser le temps en durée implique de renoncer à la division mathématique « arbitraire » du temps, caractéristique d'une pensée spatiale : la durée ne se laisse pas diviser où bon nous semble selon les commodités du calcul ou de l'action, elle possède sa propre « articulation », qui n'équivaut à aucune autre.

---

1. « La Perception du changement », *infra*, p. 193.

Il est remarquable enfin qu'à la différence de tous les philosophes et mathématiciens antérieurs Bergson ne confonde pas le paradoxe de l'Achille et celui de la dichotomie. Ce dernier décrit une course sans fin. Celle-ci comporte en effet un nombre infini d'étapes. Il reste donc toujours une nouvelle étape à franchir. Le mobile ne parvient donc jamais à la dernière étape puisque celle-ci n'existe pas, par définition. Dans l'Achille, au contraire, l'aporie ne résulte pas du nombre sans fin d'étapes, comme l'ont cru Aristote, Descartes, Leibniz ou Renouvier ; elle tient au tour d'avance qu'a pris la tortue sur le héros. Si l'on parvenait à fixer un nombre déterminé d'étapes, cela ne le rendrait pas plus victorieux.

Après deux mille cinq cents ans de confusion, Bergson saisit le premier la mécanique profonde du paradoxe de l'Achille, ce qui lui permet d'exposer et de justifier la dimension articulée de la durée. De fait, on ne peut expliquer la victoire d'Achille que s'il réalise des pas réels plus grands que ceux de la tortue. Or, dans une approche aristotélicienne, les pas d'Achille ou de la tortue n'existent qu'en puissance, fictivement. On ignore par conséquent de quelle façon, dans la réalité, Achille rejoint la tortue. Sa victoire n'est pas mieux expliquée dans la perspective de Zénon ou dans une perspective mathématique, car, comme nous venons de le voir, les pas étant divisibles à loisir, ceux d'Achille peuvent consister à reproduire avec un tour de retard ceux de la tortue. Seul le concept bergsonien de durée permet de conférer théoriquement à Achille une course articulée, c'est-à-dire des pas qui existent réellement – non comme ceux que lui confère Aristote –, et des pas qui ne coïncident jamais avec ceux de la tortue – contrairement à ce que prétend Zénon et contrairement aux solutions mathématiques semblables à celles de Descartes, Leibniz...

La Pensée et le Mouvant révèle un aspect original de la réflexion qu'inspirèrent à Bergson les paradoxes de Zénon : tandis que dans ses écrits antérieurs ou postérieurs, ceux-ci lui servent uniquement à rappeler les absurdités qui naissent de la représentation habituelle du mouvement et du changement, ce recueil souligne leur influence sur l'histoire de la philosophie.

> C'est Zénon qui, en attirant l'attention sur l'absurdité de ce qu'il appelait mouvement et changement, amena les philosophes – Platon tout le premier – à chercher la réalité cohérente et vraie dans ce qui ne change pas [1].

En dévoilant la contradiction et donc l'irrationalité inhérentes à la représentation ordinaire du mouvement et du changement, il a invité les philosophes à chercher dans l'immobilité l'essence même des choses : comment en effet penser, après lui, que le réel peut se mouvoir ?

> La métaphysique est née, en effet, des arguments de Zénon d'Élée relatifs au changement et au mouvement [2].

Rappelons que la métaphysique est cette discipline qui cherche le réel tel qu'il est (être), et non tel qu'il se présente contradictoirement dans notre perception journalière (apparence). Pour qu'une telle discipline naquît, il fallait donc qu'un penseur dévoilât pour la première fois les incohérences de notre perception courante du mouvant, et instaurât, pour des raisons d'ordre logique, la scission entre l'être et l'apparence qu'il prend pour nous. Pour Bergson, c'est Zénon qui, au Ve siècle avant Jésus-Christ, accomplit cette tâche historique.

Cependant, si Zénon invente sans le savoir la métaphysique, il enfante aussi la première de ses illusions durables : chercher l'essence véritable des choses, le réel, dans ce qui ne change pas. Il n'est donc pas surprenant que la métaphysique ait fini au cours de son histoire par prendre conscience du caractère artificiel de sa conception figée de la réalité.

---

1. *Ibid.*, p. 188-189.
2. *Ibid.*, p. 188. Voir également l'« Introduction », Première partie : « La métaphysique date du jour où Zénon d'Élée signala les contradictions inhérentes au mouvement et au changement » (*infra*, p. 51).

C'est ainsi que la métaphysique fut conduite à chercher la réalité des choses au-dessus du temps, par-delà ce qui se meut et ce qui change, en dehors, par conséquent, de ce que nos sens et notre conscience perçoivent. Dès lors elle ne pouvait plus être qu'un arrangement plus ou moins artificiel de concepts, une construction hypothétique [1].

Dans le récit bergsonien de l'histoire de la philosophie, Kant représente ce tournant historique où la métaphysique, influencée par Zénon, découvre son caractère fictif [2]. Une métaphysique qui s'en tient à l'immobile, aux essences immuables, c'est-à-dire à ce que Bergson appelle l'« espace », une métaphysique qui n'atteint pas le réel en tant que tel, mais une représentation statique de celui-ci. En définitive, Bergson réinterprète l'histoire de la philosophie à partir de sa propre conception du réel. Il assimile la philosophie de Zénon et de Kant à deux étapes majeures, grâce auxquelles la pensée humaine se rapproche du réel en prenant conscience de ce qui, précisément, l'en éloigne. Zénon saisit en quoi l'image ordinaire du réel est absurde. Kant ajoute, selon Bergson, que l'image rationnelle et figée que nous substituons à cette image ordinaire du réel, dans l'espoir d'échapper à ses incohérences, n'est finalement qu'une « construction hypothétique » qui n'atteint pas le réel en soi. Zénon disqualifierait l'image ordinaire du réel, Kant la représentation spatiale du réel construite par la métaphysique. Il ne reste donc plus qu'à abandonner cette dernière au profit d'une pensée en durée du réel. C'est la troisième étape, à laquelle correspond la pensée de Bergson, qui situe ainsi

---

1. *Ibid*, p. 51-52.
2. Rappelons que Bergson a découvert pour lui-même le caractère fictif des représentations spatiales du réel, et en particulier des modélisations mathématiques, par Charles Renouvier. Or Charles Renouvier est explicitement kantien. Aussi, Bergson a subi en toute connaissance de cause, par l'intermédiaire de Charles Renouvier, l'influence de Kant sur cette question. Il n'est donc pas étonnant qu'à ses yeux Kant symbolise cette prise de conscience.

son œuvre au sein de sa propre interprétation de l'histoire de la philosophie occidentale.

Après Zénon et Kant, la métaphysique de Bergson ne peut être qu'une autre métaphysique, c'est-à-dire une métaphysique autre que spatiale, différente de celle initiée par Zénon. La signification inédite des paradoxes de Zénon dans *La Pensée et le Mouvant* apparaît alors clairement. Ils servent à situer et à justifier historiquement la méthode intuitive inventée par Bergson : la métaphysique commence avec Zénon et emploie une approche spatiale pour éviter les contradictions de l'image ordinaire du réel ; la méthode intuitive permet de dépasser les limites qu'impose cette approche spatiale originelle, dans la mesure où cette dernière empêche, sans le savoir, d'accéder au réel. Échapper aux incohérences de l'image ordinaire du réel, sans recourir à une image spatiale, tel est l'enseignement que nous devrions tirer, selon Bergson, des paradoxes de Zénon.

Pierre MONTEBELLO et Sébastien MIRAVÈTE

*
* *

Comme le veut l'usage, nous avons reproduit, dans cette édition, les titres courants voulus par Bergson et, en marge du texte, la pagination de l'édition originale (Alcan, 1934).

En revanche, pour la commodité du lecteur, nous avons sciemment modifié les renvois de Bergson afin que ceux-ci correspondent à la pagination de notre édition.

Les notes de Bergson, désignées par des astérisques, figurent en bas de page. Nos notes, appelées par des chiffres, sont rassemblées en fin de volume, où le lecteur trouvera également des Notices explicatives pour chacune des neuf parties de La Pensée et le Mouvant.

LA PENSÉE ET LE MOUVANT

Avant-propos

Le présent recueil comprend d'abord deux essais introductifs que nous avons écrits pour lui spécialement, et qui sont par conséquent inédits. Ils occupent le tiers du volume. Les autres sont des articles ou des conférences, introuvables pour la plupart, qui ont paru en France ou à l'étranger. Les uns et les autres datent de la période comprise entre 1903 et 1923. Ils portent principalement sur la méthode que nous croyons devoir recommander au philosophe. Remonter à l'origine de cette méthode, définir la direction qu'elle imprime à la recherche, tel est plus particulièrement l'objet des deux essais composant l'introduction.

Dans un livre paru en 1919 sous le titre de *L'Énergie spirituelle* nous avions réuni des « essais et conférences » portant sur les résultats de quelques-uns de nos travaux. Notre nouveau recueil, où se trouvent groupés des « essais et conférences » relatifs cette fois au travail de recherche lui-même, sera le complément du premier.

Les *Delegates of the Clarendon Press* d'Oxford ont bien voulu nous autoriser à reproduire ici les deux conférences, si soigneusement éditées par eux, que nous avions faites en 1911 à l'université d'Oxford. Nous leur adressons tous nos remerciements.

H. B.

I

INTRODUCTION
PREMIÈRE PARTIE

Croissance de la vérité.
Mouvement rétrograde du vrai

De la précision en philosophie. – Les systèmes. – Pourquoi ils ont négligé la question du Temps. – Ce que devient la connaissance quand on y réintègre les considérations de durée. – Effets rétroactifs du jugement vrai. – Mirage du présent dans le passé. – De l'histoire et des explications historiques. – Logique de rétrospection.

Ce qui a le plus manqué à la philosophie, c'est la précision[1]. Les systèmes philosophiques ne sont pas taillés à la mesure de la réalité où nous vivons. Ils sont trop larges pour elle. Examinez tel d'entre eux, convenablement choisi : vous verrez qu'il s'appliquerait aussi bien à un monde où il n'y aurait pas de plantes ni d'animaux, rien que des hommes ; où les hommes se passeraient de boire et de manger ; où ils ne dormiraient, ne rêveraient ni ne divagueraient ; où ils naîtraient décrépits pour finir nourrissons ; où l'énergie remonterait la pente de la dégradation ; où tout irait à rebours et se tiendrait à l'envers. C'est qu'un vrai système est un ensemble de conceptions si abstraites, et par conséquent si vastes, qu'on y ferait tenir tout le possible, et même de l'impossible, à côté du réel. L'explication que nous devons juger satisfaisante est celle qui adhère à son objet ; point de vide entre eux, pas d'interstice où une autre explication puisse aussi bien se loger ; elle ne convient qu'à lui, il ne se prête qu'à elle. Telle peut être l'explication scientifique. Elle comporte la précision absolue et une évidence complète ou croissante. En dirait-on autant des théories philosophiques ?

Une doctrine nous avait paru jadis faire exception, et c'est probablement pourquoi nous nous étions attaché à elle dans notre première jeunesse. La philosophie de Spencer[2] visait à prendre l'empreinte des choses et à se modeler sur le détail des faits. Sans doute elle cherchait encore son point d'appui dans des généralités vagues. Nous sentions bien la faiblesse des *Premiers Principes*. Mais cette faiblesse nous paraissait tenir à ce que l'auteur, insuffisamment préparé, n'avait pu approfondir les « idées dernières[3] » de la mécanique. Nous aurions voulu reprendre cette partie de son œuvre, la compléter et la consolider. Nous nous y essayâmes dans la mesure de nos forces. C'est ainsi que nous fûmes conduit devant l'idée de Temps. Là, une surprise nous attendait.

Nous fûmes très frappé en effet de voir comment le temps réel, qui joue le premier rôle dans toute philosophie de l'évolution, échappe aux mathématiques[4]. Son essence étant de passer, aucune de ses parties n'est encore là quand une autre se présente. La superposition de partie à partie en vue de la mesure est donc impossible, inimaginable, inconcevable. Sans doute il entre dans toute mesure un élément de convention, et il est rare que deux grandeurs, dites égales, soient directement superposables entre elles. Encore faut-il que la superposition soit possible pour un de leurs aspects ou de leurs effets qui conserve quelque chose d'elles : cet effet, cet aspect sont alors ce qu'on mesure. Mais, dans le cas du temps, l'idée de superposition impliquerait absurdité, car tout effet de la durée qui sera superposable à lui-même, et par conséquent mesurable, aura pour essence de ne pas durer. Nous savions bien, depuis nos années de collège, que la durée se mesure par la trajectoire d'un mobile et que le temps mathématique est une ligne ; mais nous n'avions pas encore remarqué que cette opération tranche radicalement sur toutes les autres opérations de mesure, car elle ne s'accomplit pas sur un aspect ou sur un effet représentatif de ce qu'on veut mesurer, mais sur quelque chose qui l'exclut. La ligne qu'on mesure est immobile, le temps est mobilité. La ligne est du tout fait, le temps est ce qui se fait, et même ce qui fait que tout se fait. Jamais la mesure du temps ne porte sur la durée en tant que durée ; on compte seulement un certain nombre d'extrémités d'intervalles ou de *moments*, c'est-à-dire, en somme, des arrêts virtuels du temps [5]. Poser qu'un événement se produira au bout d'un temps t, c'est simplement exprimer qu'on aura compté, d'ici là, un nombre t de simultanéités d'un certain genre. Entre les simultanéités se passera tout ce qu'on voudra. Le temps pourrait s'accélérer énormément, et même infiniment : rien ne serait changé pour le mathématicien, pour le physicien, pour l'astronome. Profonde serait pourtant la différence au regard de la conscience (je veux dire, naturellement, d'une conscience qui ne serait pas solidaire des mouvements intracérébraux) ; ce ne serait plus pour elle, du jour au lendemain, d'une heure à l'heure suivante, la même fatigue d'attendre. De cette attente déterminée, et de sa cause extérieure, la science ne peut tenir compte : même quand elle porte sur le temps qui se déroule ou qui se déroulera, elle le traite comme s'il était déroulé. C'est d'ailleurs fort naturel. Son rôle est de prévoir. Elle extrait et retient du monde matériel ce qui est susceptible de se répéter et de se calculer, par conséquent ce qui ne dure pas. Elle ne fait ainsi qu'appuyer dans la direction du sens commun, lequel est un commencement de science : couramment, quand nous parlons du temps, nous pensons à la mesure de la durée, et non pas à la durée même. Mais cette durée, que la science élimine, qu'il est difficile de concevoir et d'exprimer, on la sent et on la vit. Si nous cherchions ce qu'elle est ? Comment apparaîtrait-elle à une conscience qui ne voudrait que la voir sans la mesurer, qui la saisirait alors sans l'arrêter, qui se prendrait enfin elle-même pour objet, et qui, spectatrice et actrice, spontanée et réfléchie, rapprocherait jusqu'à les faire coïncider ensemble l'attention qui se fixe et le temps qui fuit ?

Telle était la question. Nous pénétrions avec elle dans le domaine de la vie intérieure, dont nous nous étions jusque-là désintéressé. Bien vite nous reconnûmes l'insuffisance de la conception associationniste[6] de l'esprit. Cette conception, commune alors à la plupart des psychologues et des philosophes, était l'effet d'une recomposition artificielle de la vie consciente. Que donnerait la vision directe, immédiate, sans préjugés interposés ? Une longue série de réflexions et d'analyses nous fit écarter ces préjugés un à un, abandonner beaucoup d'idées que nous avions acceptées sans critique ; finalement, nous crûmes retrouver la durée intérieure toute pure, continuité qui n'est ni unité ni multiplicité[7], et qui ne rentre dans aucun de nos cadres. Que la science positive se fût désintéressée de cette durée, rien de plus naturel, pensions-nous : sa fonction est précisément peut-être de nous composer un monde où nous puissions, pour la commodité de l'action, escamoter les effets du temps. Mais comment la philosophie de Spencer, doctrine d'évolution, faite pour suivre le réel dans sa mobilité, son progrès, sa maturation intérieure, avait-elle pu fermer les yeux à ce qui est le changement même ?

Cette question devait nous amener plus tard à reprendre le problème de l'évolution de la vie en tenant compte du temps réel ; nous trouverions alors que l'« évolutionnisme » spencérien était à peu près complètement à refaire. Pour le moment, c'était la vision de la durée qui nous absorbait. Passant en revue les systèmes, nous constatons que les philosophes ne s'étaient guère occupés d'elle. Tout le long de l'histoire de la philosophie, temps et espace sont mis au même rang et traités comme choses du même genre. On étudie alors l'espace, on en détermine la nature et la fonction, puis on transporte au temps les conclusions obtenues. La théorie de l'espace et celle du temps se font ainsi pendant. Pour passer de l'une à l'autre, il a suffi de changer un mot : on a remplacé « juxtaposition » par « succession ». De la durée réelle on s'est détourné systématiquement. Pourquoi ? La science a ses raisons de le faire ; mais la métaphysique, qui a précédé la science, opérait déjà de cette manière et n'avait pas les mêmes raisons. En examinant les doctrines, il nous sembla que le langage avait joué ici un grand rôle. La durée s'exprime toujours en étendue. Les termes qui désignent le temps sont empruntés à la langue de l'espace. Quand nous évoquons le temps, c'est l'espace qui répond à l'appel[8]. La métaphysique a dû se conformer aux habitudes du langage, lesquelles se règlent elles-mêmes sur celles du sens commun.

Mais si la science et le sens commun sont ici d'accord, si l'intelligence, spontanée ou réfléchie, écarte le temps réel, ne serait-ce pas que la destination de notre entendement l'exige ? C'est bien ce que nous crûmes apercevoir en étudiant la structure de l'entendement humain. Il nous apparut qu'une de ses fonctions était justement de masquer la durée, soit dans le mouvement soit dans le changement.

S'agit-il du mouvement ? L'intelligence n'en retient qu'une série de positions : un point d'abord atteint, puis un autre, puis un autre encore. Objecte-t-on à l'entendement qu'entre ces points se passe quelque chose ? Vite il intercale des positions nouvelles, et ainsi de suite indéfiniment. De la *transition* il détourne son regard. Si nous insistons, il s'arrange pour que la mobilité, repoussée dans des intervalles de plus en plus étroits à mesure qu'augmente le nombre des positions considérées, recule, s'éloigne, disparaisse dans l'infiniment petit. Rien de plus naturel, si l'intelligence est destinée surtout à préparer et à éclairer notre action sur les choses. Notre action ne s'exerce commodément que sur des points fixes ; c'est donc la fixité que notre intelligence recherche ; elle se demande où le mobile est, où le mobile sera, où le mobile *passe*. Même si elle note le moment du passage, même si elle paraît s'intéresser alors à la durée, elle se borne, par là, à constater la simultanéité de deux arrêts virtuels : arrêt du mobile qu'elle considère et arrêt d'un autre mobile dont la course est censée être celle du temps. Mais c'est toujours à des immobilités, réelles ou possibles, qu'elle veut avoir affaire. Enjambons cette représentation intellectuelle du mouvement, qui le dessine comme une série de positions. Allons droit à lui, regardons-le sans concept interposé : nous le trouvons simple et tout d'une pièce. Avançons alors davantage ; obtenons qu'il coïncide avec un de ces mouvements incontestablement réels, absolus, que nous produisons nous-mêmes. Cette fois nous tenons la mobilité dans son essence, et nous sentons qu'elle se confond avec un effort dont la durée est une continuité indivisible. Mais comme un certain espace aura été franchi, notre intelligence, qui cherche partout la fixité, suppose après coup que le mouvement s'est *appliqué sur* cet espace (comme s'il pouvait coïncider lui mouvement, avec de l'immobilité !) et que le mobile *est*, tour à tour, en chacun des points de la ligne qu'il parcourt. Tout au plus peut-on dire qu'il y *aurait été* s'il s'était arrêté plus tôt, si nous avions fait, en vue d'un mouvement plus court, un effort tout différent. De là à ne voir dans le mouvement qu'une série de positions, il n'y a qu'un pas ; la durée du mouvement se décomposera alors en « moments » correspondant à chacune des positions. Mais les moments du temps et les positions du mobile ne sont que des instantanés pris par notre entendement sur la continuité du mouvement et de la durée. Avec ces vues juxtaposées on a un succédané pratique du temps et du mouvement qui se plie aux exigences du langage en attendant qu'il se prête à celles du calcul ; mais on n'a qu'une recomposition artificielle. Le temps et le mouvement sont autre chose *.

---

* Si le cinématographe nous montre en mouvement, sur l'écran, les vues immobiles juxtaposées sur le film, c'est à la condition de projeter sur cet écran, pour ainsi dire, avec ces vues immobiles elles-mêmes, le mouvement qui est dans l'appareil.

Nous en dirons autant du changement. L'entendement le décompose en états successifs et distincts, censés invariables. Considère-t-on de plus près chacun de ces états, s'aperçoit-on qu'il varie, demande-t-on comment il pourrait durer s'il ne changeait pas ? Vite l'entendement le remplace par une série d'états plus courts, qui se décomposeront à leur tour s'il le faut, et ainsi de suite indéfiniment. Comment pourtant ne pas voir que l'essence de la durée est de couler, et que du stable accolé à du stable ne fera jamais rien qui dure ? Ce qui est réel, ce ne sont pas les « états », simples instantanés pris par nous, encore une fois, le long du changement ; c'est au contraire le flux, c'est la continuité de transition, c'est le changement lui-même. Ce changement est indivisible, il est même substantiel. Si notre intelligence s'obstine à le juger inconsistant, à lui adjoindre je ne sais quel support, c'est qu'elle l'a remplacé par une série d'états juxtaposés ; mais cette multiplicité est artificielle, artificielle aussi l'unité qu'on y rétablit. Il n'y a ici qu'une poussée ininterrompue de changement – d'un changement toujours adhérent à lui-même dans une durée qui s'allonge sans fin.

Ces réflexions faisaient naître dans notre esprit beaucoup de doutes, en même temps que de grandes espérances. Nous nous disions que les problèmes métaphysiques avaient peut-être été mal posés, mais que, précisément pour cette raison, il n'y avait plus lieu de les croire « éternels », c'est-à-dire insolubles. La métaphysique date du jour où Zénon d'Élée signala les contradictions inhérentes au mouvement et au changement, tels que se les représente notre intelligence [9]. À surmonter, à tourner par un travail intellectuel de plus en plus subtil ces difficultés soulevées par la représentation intellectuelle du mouvement et du changement s'employa le principal effort des philosophes anciens et modernes. C'est ainsi que la métaphysique fut conduite à chercher la réalité des choses au-dessus du temps, par-delà ce qui se meut et ce qui change, en dehors, par conséquent, de ce que nos sens et notre conscience perçoivent. Dès lors elle ne pouvait plus être qu'un arrangement plus ou moins artificiel de concepts, une construction hypothétique. Elle prétendait dépasser l'expérience ; elle ne faisait en réalité que substituer à l'expérience mouvante et pleine, susceptible d'un approfondissement croissant, grosse par là de révélations, un extrait fixé, desséché, vidé, un système d'idées générales abstraites, tirées de cette même expérience ou plutôt de ses couches les plus superficielles. Autant vaudrait disserter sur l'enveloppe d'où se dégagera le papillon, et prétendre que le papillon volant, changeant, vivant, trouve sa raison d'être et son achèvement dans l'immutabilité de la pellicule. Détachons, au contraire, l'enveloppe. Réveillons la chrysalide. Restituons au mouvement sa mobilité, au changement sa fluidité, au temps sa durée. Qui sait si les « grands problèmes » insolubles ne resteront pas sur la pellicule ? Ils ne concernaient ni le mouvement ni le changement ni le temps, mais seulement l'enveloppe conceptuelle que nous prenions faussement pour eux ou pour leur équivalent. La métaphysique deviendra alors l'expérience même. La durée se révélera telle qu'elle est, création continuelle, jaillissement ininterrompu de nouveauté.

Car c'est là ce que notre représentation habituelle du mouvement et du changement nous empêche de voir. Si le mouvement est une série de positions et le changement une série d'états, le temps est fait de parties distinctes et juxtaposées. Sans doute nous disons encore qu'elles se succèdent, mais cette succession est alors semblable à celle des images d'un film cinématographique : le film pourrait se dérouler dix fois, cent fois, mille fois plus vite sans que rien fût modifié à ce qu'il déroule ; s'il allait infiniment vite, si le déroulement (cette fois hors de l'appareil) devenait instantané, ce seraient encore les mêmes images. La succession ainsi entendue n'y ajoute donc rien ; elle en retranche plutôt quelque chose ; elle marque un déficit ; elle traduit une infirmité de notre perception, condamnée à détailler le film image par image au lieu de le saisir globalement. Bref, le temps ainsi envisagé n'est qu'un espace idéal où l'on suppose alignés tous les événements passés, présents et futurs, avec, en outre, un empêchement pour eux de nous apparaître en bloc : le déroulement en durée serait cet inachèvement même, l'addition d'une quantité négative. Telle est, consciemment ou inconsciemment, la pensée de la plupart des philosophes, en conformité d'ailleurs avec les exigences de l'entendement, avec les nécessités du langage, avec le symbolisme de la science. *Aucun d'eux n'a cherché au temps des attributs positifs.* Ils traitent la succession comme une coexistence manquée, et la durée comme une privation d'éternité. De là vient qu'ils n'arrivent pas, quoi qu'ils fassent, à se représenter la nouveauté radicale et l'imprévisibilité. Je ne parle pas seulement des philosophes qui croient à un enchaînement si rigoureux des phénomènes et des événements que les effets doivent se déduire des causes : ceux-là s'imaginent que l'avenir est donné dans le présent, qu'il y est théoriquement visible, qu'il n'y ajoutera, par conséquent, rien de nouveau. Mais ceux mêmes, en très petit nombre, qui ont cru au libre arbitre, l'ont réduit à un simple « choix » entre deux ou plusieurs partis, comme si ces partis étaient des « possibles » dessinés d'avance et comme si la volonté se bornait à « réaliser » l'un d'eux. Ils admettent donc encore, même s'ils ne s'en rendent pas compte, que tout est donné. D'une action qui serait entièrement neuve (au moins par le dedans) et qui ne préexisterait en aucune manière, pas même sous forme de pur possible, à sa réalisation, ils semblent ne se faire aucune idée. Telle est pourtant l'action libre. Mais pour l'apercevoir ainsi, comme d'ailleurs pour se figurer n'importe quelle création, nouveauté ou imprévisibilité, il faut se replacer dans la durée pure.

Essayez, en effet, de vous représenter aujourd'hui l'action que vous accomplirez demain, même si vous savez ce que vous allez faire. Votre imagination évoque peut-être le mouvement à exécuter ; mais de ce que vous penserez et éprouverez en l'exécutant vous ne pouvez rien savoir aujourd'hui, parce que votre état d'âme comprendra demain toute la vie que vous aurez vécue jusque-là avec, en outre, ce qu'y ajoutera ce moment particulier. Pour remplir cet état, par avance, du contenu qu'il doit avoir, il vous faudrait tout juste le temps qui sépare aujourd'hui de demain, car vous ne sauriez diminuer d'un seul instant la vie psychologique sans en modifier le contenu. Pouvez-vous, sans la dénaturer, raccourcir la durée d'une mélodie ? La vie intérieure est cette mélodie même. Donc, à supposer que vous sachiez ce que vous ferez demain, vous ne prévoyez de votre action que sa configuration extérieure ; tout effort pour en imaginer d'avance l'intérieur occupera une durée qui, d'allongement en allongement, vous conduira jusqu'au moment où l'acte s'accomplit et où il ne peut plus être question de le prévoir. Que sera-ce, si l'action est véritablement libre, c'est-à-dire créée tout entière, dans son dessin extérieur aussi bien que dans sa coloration interne, au moment où elle s'accomplit ?

Radicale est donc la différence entre une évolution dont les phases continues s'entrepénètrent par une espèce de croissance intérieure, et un déroulement dont les parties distinctes se juxtaposent. L'éventail qu'on déploie pourrait s'ouvrir de plus en plus vite, et même instantanément ; il étalerait toujours la même broderie, préfigurée sur la soie. Mais une évolution réelle, pour peu qu'on l'accélère ou qu'on la ralentisse, se modifie du tout au tout, intérieurement. Son accélération ou son ralentissement est justement cette modification interne. Son contenu ne fait qu'un avec sa durée.

12 Il est vrai qu'à côté des consciences qui vivent cette durée irrétrécissable et inextensible, il y a des systèmes matériels sur lesquels le temps ne fait que glisser. Des phénomènes qui s'y succèdent on peut réellement dire qu'ils sont le déroulement d'un éventail, ou mieux d'un film cinématographique. Calculables par avance, ils préexistaient, sous forme de possibles, à leur réalisation [10].

Tels sont les systèmes qu'étudient l'astronomie, la physique et la chimie. L'univers matériel, dans son ensemble, forme-t-il un système de ce genre ? Quand notre science le suppose, elle entend simplement par là qu'elle laissera de côté, dans l'univers, tout ce qui n'est pas calculable. Mais le philosophe, qui ne veut rien laisser de côté, est bien obligé de constater que les états de notre monde matériel sont contemporains de l'histoire de notre conscience. Comme celle-ci dure, il faut que ceux-là se relient de quelque façon à la durée réelle. En théorie, le film sur lequel sont dessinés les états successifs d'un système entièrement calculable pourrait se dérouler avec n'importe quelle vitesse sans que rien y fût changé [11]. En fait, cette vitesse est déterminée, puisque le déroulement du film correspond à une certaine durée de notre vie intérieure, – à celle-là et non pas à un autre. Le film qui se déroule est donc vraisemblablement attaché à de la conscience qui dure, et qui en règle le mouvement. Quand on veut préparer un verre d'eau sucrée, avons-nous dit, force est bien d'attendre que le sucre fonde [12]. Cette nécessité d'attendre est le fait significatif. Elle exprime que, si l'on peut découper dans l'univers des systèmes pour lesquels le temps n'est qu'une abstraction, une relation, un nombre, l'univers lui-même est autre chose. Si nous pouvions l'embrasser dans son ensemble, inorganique mais entretissu d'êtres organisés, nous le verrions prendre sans cesse des formes aussi neuves, aussi originales, aussi imprévisibles que nos états de conscience [13].

Mais nous avons tant de peine à distinguer entre la succession dans la durée vraie et la juxtaposition dans le temps spatial, entre une évolution et un déroulement, entre la nouveauté radicale et un réarrangement du préexistant, enfin entre la création et le simple choix, qu'on ne saurait éclairer cette distinction par trop de côtés à la fois. Disons donc que dans la durée, envisagée comme une évolution créatrice, il y a création perpétuelle de possibilité et non pas seulement de réalité. Beaucoup répugneront à l'admettre, parce qu'ils jugeront toujours qu'un événement ne se serait pas accompli s'il n'avait pas pu s'accomplir : de sorte qu'avant d'être réel, il faut qu'il ait été possible. Mais regardez-y de près : vous verrez que « possibilité » signifie deux choses toutes différentes et que, la plupart du temps, on oscille de l'une à l'autre, jouant involontairement sur le sens du mot. Quand un musicien compose une symphonie, son œuvre était-elle possible avant d'être réelle ? Oui, si l'on entend par là qu'il n'y avait pas d'obstacle insurmontable à sa réalisation. Mais de ce sens tout négatif du mot on passe, sans y prendre garde, à un sens positif : on se figure que toute chose qui se produit aurait pu être aperçue d'avance par quelque esprit suffisamment informé, et qu'elle préexistait ainsi, sous forme d'idée, à sa réalisation ; – conception absurde dans le cas d'une œuvre d'art, car dès que le musicien a l'idée précise et complète de la symphonie qu'il fera, sa symphonie est faite. Ni dans la pensée de l'artiste, ni, à plus forte raison, dans aucune autre pensée comparable à la nôtre, fût-elle impersonnelle, fût-elle même simplement virtuelle, la symphonie ne résidait en qualité de possible avant d'être réelle. Mais n'en peut-on pas dire autant d'un état quelconque de l'univers pris avec tous les êtres conscients et vivants ? N'est-il pas plus riche de nouveauté, d'imprévisibilité radicale, que la symphonie du plus grand maître ?

Toujours pourtant la conviction persiste que, même s'il n'a pas été conçu avant de se produire, il *aurait pu* l'être, et qu'en ce sens il figure de toute éternité, à l'état de possible, dans quelque intelligence réelle ou virtuelle. En approfondissant cette illusion, on verrait qu'elle tient à l'essence même de notre entendement. Les choses et les événements se produisent à des moments déterminés ; le jugement qui constate l'apparition de la chose ou de l'événement ne peut venir qu'après eux ; il a donc sa date. Mais cette date s'efface aussitôt, en vertu du principe, ancré dans notre intelligence, que toute vérité est éternelle. Si le jugement est vrai à présent, il doit, nous semble-t-il, l'avoir été toujours. Il avait beau n'être pas encore formulé : il se posait lui-même en droit, avant d'être posé en fait. À toute affirmation vraie nous attribuons ainsi un effet rétroactif ; ou plutôt nous lui imprimons un mouvement rétrograde. Comme si un jugement avait pu préexister aux termes qui le composent ! Comme si ces termes ne dataient pas de l'apparition des objets qu'ils représentent ! Comme si la chose et l'idée de la chose, sa réalité et sa possibilité, n'étaient pas créées du même coup lorsqu'il s'agit d'une forme véritablement neuve, inventée par l'art ou la nature !

Les conséquences de cette illusion sont innombrables*. Notre appréciation des hommes et des événements est tout entière imprégnée de la croyance à la valeur rétrospective du jugement vrai [14], à un mouvement rétrograde qu'exécuterait automatiquement dans le temps la vérité une fois posée. Par le seul fait de s'accomplir, la réalité projette derrière elle son ombre dans le passé indéfiniment lointain ; elle paraît ainsi avoir préexisté, sous forme de possible, à sa propre réalisation. De là une erreur qui vicie notre conception du passé ; de là notre prétention d'anticiper en toute occasion l'avenir. Nous nous demandons, par exemple, ce que seront l'art, la littérature, la civilisation de demain ; nous nous figurons en gros la courbe d'évolution des sociétés ; nous allons jusqu'à prédire le détail des événements. Certes, nous pourrons toujours rattacher la réalité, une fois accomplie, aux événements qui l'ont précédée et aux circonstances où elle s'est produite ; mais une réalité toute différente (non pas *quelconque*, il est vrai) se fût aussi

---

* Sur ces conséquences, et plus généralement sur la croyance à la *valeur rétrospective* du jugement vrai, sur le *mouvement rétrograde de la vérité*, nous nous sommes expliqué tout au long dans des conférences faites à Columbia University (New York) en janvier-février 1913. Nous nous bornons ici à quelques indications.

bien rattachée aux mêmes circonstances et aux mêmes événements, pris par un autre côté. Dira-t-on alors qu'en envisageant *tous* les côtés du présent pour le prolonger dans toutes les directions, on obtiendrait, dès maintenant, tous les possibles entre lesquels l'avenir, à supposer qu'il choisisse, choisira ? Mais d'abord ces prolongements mêmes pourront être des additions de qualités nouvelles, créées de toutes pièces, absolument imprévisibles ; et ensuite un « côté » du présent n'existe comme « côté » que lorsque notre attention l'a isolé, pratiquant ainsi une découpure d'une certaine forme dans l'ensemble des circonstances actuelles : comment alors « tous les côtés » du présent existeraient-ils avant qu'aient été créées, par les événements ultérieurs, les formes originales des découpures que l'attention peut y pratiquer ? Ces côtés n'appartiennent donc que rétrospectivement au présent d'autrefois, c'est-à-dire au passé ; et ils n'avaient pas plus de réalité dans ce présent, quand il était encore présent, que n'en ont, dans notre présent actuel, les symphonies des musiciens futurs. Pour prendre un exemple simple, rien ne nous empêche aujourd'hui de rattacher le romantisme du XIXe siècle à ce qu'il y avait déjà de romantique chez les classiques. Mais l'aspect romantique du classicisme ne s'est dégagé que par l'effet rétroactif du romantisme une fois apparu. S'il n'y avait pas eu un Rousseau, un Chateaubriand, un Vigny, un Victor Hugo, non seulement on n'aurait jamais aperçu, mais encore *il n'y aurait réellement pas eu* de romantisme chez les classiques d'autrefois, car ce romantisme des classiques ne se réalise que par le découpage, dans leur œuvre, d'un certain aspect, et la découpure, avec sa forme particulière, n'existait pas plus dans la littérature classique avant l'apparition du romantisme que n'existe, dans le nuage qui passe, le dessin amusant qu'un artiste y apercevra en organisant la masse amorphe au gré de sa fantaisie. Le romantisme a opéré rétroactivement sur le classicisme, comme le dessin de l'artiste sur ce nuage. Rétroactivement il a créé sa propre préfiguration dans le passé, et une explication de lui-même par ses antécédents.

C'est dire qu'il faut un hasard heureux, une chance exceptionnelle, pour que nous notions justement, dans la réalité présente, ce qui aura le plus d'intérêt pour l'historien à venir. Quand cet historien considérera notre présent à nous, il y cherchera surtout l'explication de son présent à lui, et plus particulièrement de ce que son présent contiendra de nouveauté. Cette nouveauté, nous ne pouvons en avoir aucune idée aujourd'hui, si ce doit être une création. Comment donc nous réglerions-nous aujourd'hui sur elle pour choisir parmi les faits ceux qu'il faut enregistrer, ou plutôt pour fabriquer des faits en découpant selon cette indication la réalité présente ? Le fait capital des temps modernes est l'avènement de la démocratie. Que dans le passé, tel qu'il fut décrit par les contemporains, nous en trouvions des signes avant-coureurs, c'est incontestable ; mais les indications peut-être les plus intéressantes n'auraient été notées par eux que s'ils avaient su que l'humanité marchait dans cette direction ; or cette direction de trajet n'était pas plus marquée alors qu'une autre, ou plutôt elle n'existait pas encore, ayant été créée par le trajet lui-même, je veux dire par le mouvement en avant des hommes qui ont progressivement conçu et réalisé la démocratie. Les signes avant-coureurs ne sont donc à nos yeux des signes que parce que nous connaissons maintenant la course, parce que la course a été effectuée. Ni la course, ni sa direction, ni par conséquent son terme n'étaient donnés quand ces faits se produisaient : donc ces faits n'étaient pas encore des signes. Allons plus loin. Nous disions que les faits les plus importants à cet égard ont pu être négligés par les contemporains. Mais la vérité est que la plupart de ces faits n'existaient pas encore à cette époque comme faits ; ils existeraient rétrospectivement pour nous si nous pouvions maintenant ressusciter intégralement l'époque, et promener sur le bloc indivisé de la réalité d'alors le faisceau de lumière à forme toute particulière que nous appelons l'idée démocratique : les portions ainsi éclairées, ainsi découpées dans le tout selon des contours aussi originaux et aussi imprévisibles que le dessin d'un grand maître, seraient les faits préparatoires de la démocratie. Bref, pour léguer à nos descendants l'explication, par ses antécédents, de l'événement essentiel de leur temps, il faudrait que cet événement fût déjà figuré sous nos yeux et qu'il n'y eût pas de durée réelle. Nous transmettons aux générations futures ce qui nous intéresse, ce que notre attention considère et même dessine à la lumière de notre évolution passée, mais non pas ce que l'avenir aura rendu pour eux intéressant par la création d'un intérêt nouveau, par une direction nouvelle imprimée à leur attention. En d'autres termes enfin, les origines historiques du présent, dans ce qu'il a de plus important, ne sauraient être complètement élucidées, car on ne les reconstituerait dans leur intégralité que si le passé avait pu être exprimé par les contemporains en fonction d'un avenir indéterminé qui était, par là même, imprévisible.

Prenons une couleur telle que l'orangé*. Comme nous connaissons en outre le rouge et le jaune, nous pouvons considérer l'orangé comme jaune en un sens, rouge dans l'autre, et dire que c'est un composé de jaune et de rouge. Mais supposez que, l'orangé existant tel qu'il est, ni le jaune ni le rouge n'eussent encore paru dans le monde : l'orangé serait-il déjà composé de ces deux couleurs ? Évidemment non. La sensation de rouge et la sensation de jaune, impliquant tout un mécanisme nerveux et cérébral en même temps que certaines dispositions spéciales de la conscience, sont des créations de la vie, qui se sont produites, mais qui auraient pu ne pas se produire ; et

---

* La présente étude a été écrite avant notre livre *Les Deux Sources de la morale et de la religion*, où nous avons développé la même comparaison.

s'il n'y avait jamais eu, ni sur notre planète ni sur aucune autre, des êtres éprouvant ces deux sensations, la sensation d'orangé eût été une sensation simple ; jamais n'y auraient figuré, comme composantes ou comme aspects, les sensations de jaune et de rouge. Je reconnais que notre logique habituelle proteste. Elle dit : « Du moment que les sensations de jaune et de rouge entrent aujourd'hui dans la composition de celle de l'orangé, elles y entraient toujours, même s'il y a eu un temps où aucune des deux n'existait effectivement : elles y étaient virtuellement. » Mais c'est que notre logique habituelle est une logique de rétrospection. Elle ne peut pas ne pas rejeter dans le passé, à l'état de possibilités ou de virtualités, les réalités actuelles, de sorte que ce qui est composé maintenant doit, à ses yeux, l'avoir été toujours. Elle n'admet pas qu'un état simple puisse, en restant ce qu'il est, devenir un état composé, uniquement parce que l'évolution aura créé des points de vue nouveaux d'où l'envisager et, par là même, des éléments multiples en lesquels l'analyser idéalement. Elle ne veut pas croire que, si ces éléments n'avaient pas surgi comme réalités, ils n'auraient pas existé antérieurement comme possibilités, la possibilité d'une chose n'étant jamais (sauf le cas où cette chose est un arrangement tout mécanique d'éléments préexistants) que le mirage, dans le passé indéfini, de la réalité une fois apparue. Si elle repousse dans le passé, sous forme de possible, ce qui surgit de réalité dans le présent, c'est justement parce qu'elle ne veut pas admettre que rien surgisse, que quelque chose se crée, que le temps soit efficace. Dans une forme ou dans une qualité nouvelles elle ne voit qu'un réarrangement de l'ancien, rien d'absolument nouveau. Toute multiplicité se résout pour elle en un nombre défini d'unités. Elle n'accepte pas l'idée d'une multiplicité indistincte et même indivisée, purement intensive ou qualitative, qui, tout en restant ce qu'elle est, comprendra un nombre indéfiniment croissant d'éléments, à mesure qu'apparaîtront dans le monde les nouveaux points de vue d'où l'envisager. Il ne s'agit certes pas de renoncer à cette logique ni de s'insurger contre elle. Mais il faut l'élargir, l'assouplir, l'adapter à une durée où la nouveauté jaillit sans cesse et où l'évolution est créatrice.

Telle était la direction préférée où nous nous engagions. Beaucoup d'autres s'ouvraient devant nous, autour de nous, à partir du centre, où nous nous étions installé pour ressaisir la durée pure. Mais nous nous attachions à celle-là, parce que nous avions choisi d'abord, pour éprouver notre méthode, le problème de la liberté. Par là même nous nous replacerions dans le flux de la vie intérieure, dont la philosophie ne nous paraissait retenir, trop souvent, que la congélation superficielle. Le romancier et le moraliste [15] ne s'étaient-ils pas avancés, dans cette direction, plus loin que le philosophe ? Peut-être ; mais c'était par endroits seulement, sous la pression de la nécessité, qu'ils avaient brisé l'obstacle ; aucun ne s'était encore avisé d'aller méthodiquement « à la recherche du temps perdu [16] ». Quoi qu'il en soit, nous ne donnâmes que des indications à ce sujet dans notre premier livre, et nous nous bornâmes encore à des allusions dans le second, quand nous comparâmes le plan de l'action – où le passé se contracte dans le présent – au plan du rêve, où se déploie, indivisible et indestructible, la totalité du passé. Mais s'il appartenait à la littérature d'entreprendre ainsi l'étude de l'âme dans le concret, sur des exemples individuels, le devoir de la philosophie nous paraissait être de poser ici les conditions générales de l'observation directe, immédiate, de soi par soi [17]. Cette observation interne est faussée par les habitudes que nous avons contractées. L'altération principale est sans doute celle qui a créé le problème de la liberté – un pseudo-problème, né d'une confusion de la durée avec l'étendue. Mais il en est d'autres qui semblaient avoir la même origine : nos états d'âme nous paraissent nombrables ; tels d'entre eux, ainsi dissociés, auraient une intensité mesurable ; à chacun et à tous nous croyons pouvoir substituer les mots qui les désignent et qui désormais les recouvriront ; nous leur attribuons alors la fixité, la discontinuité, la généralité des mots eux-mêmes. C'est cette enveloppe qu'il faut ressaisir, pour la déchirer. Mais on ne la ressaisira que si l'on en considère d'abord la figure et la structure, si l'on en comprend aussi la destination. Elle est de nature spatiale, et elle a une utilité sociale. La spatialité donc, et, dans ce sens tout spécial, la sociabilité, sont ici les vraies causes de la relativité de notre connaissance. En écartant ce voile interposé, nous revenons à l'immédiat et nous touchons un absolu.

De ces premières réflexions sortirent des conclusions qui sont heureusement devenues presque banales, mais qui parurent alors téméraires. Elles demandaient à la psychologie de rompre avec l'associationnisme [18], qui était universellement admis, sinon comme doctrine, du moins comme méthode. Elles exigeaient une autre rupture encore, que nous ne faisions qu'entrevoir. À côté de l'associationnisme, il y avait le kantisme, dont l'influence, souvent combinée d'ailleurs avec la première, était non moins puissante et non moins générale. Ceux qui répudiaient le positivisme d'un Comte ou l'agnosticisme d'un Spencer [19] n'osaient aller jusqu'à contester la conception kantienne de la relativité de la connaissance [20]. Kant avait établi, disait-on, que notre pensée s'exerce sur une matière éparpillée par avance dans l'Espace et le Temps, et préparée ainsi spécialement pour l'homme : la « chose en soi [21] » nous échappe ; il faudrait, pour l'atteindre, une faculté intuitive que nous ne possédons pas. Il résultait au contraire de notre analyse qu'une partie au moins de la réalité, notre personne, peut être ressaisie dans sa pureté naturelle. Ici, en tout cas, les matériaux de notre connaissance n'ont pas été créés, ou triturés et déformés, par je ne sais quel malin génie, qui aurait ensuite jeté dans un récipient artificiel, tel que notre conscience, une poussière psychologique. Notre personne nous apparaît telle qu'elle est « en soi », dès que nous nous dégageons d'habitudes contractées pour notre plus grande commodité. Mais n'en serait-il pas ainsi pour d'autres réalités, peut-être même pour toutes ? La « relativité de la connaissance », qui arrêtait l'essor de la métaphysique, était-elle originelle et essentielle ? Ne serait-elle pas plutôt accidentelle et acquise ? Ne viendrait-elle pas tout bonnement de ce que l'intelligence a contracté des habitudes nécessaires à la vie pratique : ces habitudes, transportées dans le domaine de la spéculation, nous mettent en présence d'une réalité déformée ou réformée, en tout cas arrangée ; mais l'arrangement ne s'impose pas à nous inéluctablement ; il vient de nous ; ce que nous avons fait, nous pouvons le défaire ; et nous entrons alors en contact direct avec la réalité. Ce n'était donc pas seulement une théorie psychologique, l'associationnisme, que nous écartions, c'était aussi, et pour une raison analogue, une philosophie générale telle que le kantisme, et tout ce qu'on y rattachait. L'une et l'autre, presque universellement acceptées alors dans leurs grandes lignes, nous apparaissaient comme des *impedimenta* [22] qui empêchaient philosophie et psychologie de marcher.

Restait alors à marcher. Il ne suffisait pas d'écarter l'obstacle. Par le fait, nous entreprîmes l'étude des fonctions psychologiques, puis de la relation psycho-physiologique, puis de la vie en général [23], cherchant toujours la vision directe, supprimant ainsi des problèmes qui ne concernaient pas les choses mêmes, mais leur traduction en concepts artificiels. Nous ne retracerons pas ici une histoire dont le premier résultat serait de montrer l'extrême complication d'une méthode en apparence si simple ; nous en reparlerons d'ailleurs, très brièvement, dans le prochain chapitre [24]. Mais puisque nous avons commencé par dire que nous avions songé avant tout à la précision [25], terminons en faisant remarquer que la précision ne pouvait s'obtenir, à nos yeux, par aucune autre méthode. Car l'imprécision est d'ordinaire l'inclusion d'une chose dans un genre trop vaste, choses et genres correspondant d'ailleurs à des mots qui préexistaient. Mais si l'on commence par écarter les concepts déjà faits, si l'on se donne une vision directe du réel, si l'on subdivise alors cette réalité en tenant compte de ses articulations, les concepts nouveaux qu'on devra bien former pour s'exprimer seront cette fois taillés à l'exacte mesure de l'objet : l'imprécision ne pourra naître que de leur extension à d'autres objets qu'ils embrasseraient également dans leur généralité, mais qui devront être étudiés en eux-mêmes, en dehors de ces concepts, quand on voudra les connaître à leur tour.

II

INTRODUCTION
DEUXIÈME PARTIE

De la position des problèmes

Durée et intuition. – Nature de la connaissance intuitive. – En quel sens elle est claire. – Deux espèces de clarté. – L'intelligence. – Valeur de la connaissance intellectuelle. – Abstractions et métaphores. – La métaphysique et la science. – À quelle condition elles pourront s'entraider. – Du mysticisme. – De l'indépendance d'esprit. – Faut-il accepter les « termes » des problèmes ? – La philosophie de la cité. – Les idées générales. – Les vrais et les faux problèmes. – Le criticisme kantien et les théories de la connaissance. – L'illusion « intellectualiste ». – Méthodes d'enseignement. – L'*homo loquax*. – Le philosophe, le savant et « l'homme intelligent ».

Ces considérations sur la durée nous paraissaient décisives. De degré en degré, elles nous firent ériger l'intuition en méthode philosophique[1]. « Intuition » est d'ailleurs un mot devant lequel nous hésitâmes longtemps. De tous les termes qui désignent un mode de connaissance, c'est encore le plus approprié ; et pourtant il prête à la confusion. Parce qu'un Schelling, un Schopenhauer et d'autres ont déjà fait appel à l'intuition, parce qu'ils ont plus ou moins opposé l'intuition à l'intelligence, on pouvait croire que nous appliquions la même méthode[2]. Comme si leur intuition n'était pas une recherche immédiate de l'éternel ! Comme s'il ne s'agissait pas au contraire, selon nous, de retrouver d'abord la durée vraie. Nombreux sont les philosophes qui ont senti l'impuissance de la pensée conceptuelle à atteindre le fond de l'esprit. Nombreux, par conséquent, ceux qui ont parlé d'une faculté supra-intellectuelle d'intuition. Mais, comme ils ont cru que l'intelligence opérait dans le temps, ils en ont conclu que dépasser l'intelligence consistait à sortir du temps. Ils n'ont pas vu que le temps intellectualisé est espace, que l'intelligence travaille sur le fantôme de la durée, mais non pas sur la durée même, que l'élimination du temps est l'acte habituel, normal, banal, de notre entendement, que la relativité de notre connaissance de l'esprit vient précisément de là, et que dès lors, pour passer de l'intellection à la vision, du relatif à l'absolu, il n'y a pas à sortir du temps (nous en sommes déjà sortis) ; il faut, au contraire, se replacer dans la durée et ressaisir la réalité dans la mobilité qui en est l'essence. Une intuition qui prétend se transporter d'un bond dans l'éternel s'en tient à l'intellectuel. Aux concepts que fournit l'intelligence elle substitue simplement un concept unique qui les résume tous et qui est par conséquent toujours le même, de quelque nom qu'on l'appelle : la Substance, le Moi, l'Idée, la Volonté [3]. La philosophie ainsi entendue, nécessairement panthéistique [4], n'aura pas de peine à expliquer déductivement toutes choses, puisqu'elle se sera donné par avance, dans un principe qui est le concept des concepts, tout le réel et tout le possible [5]. Mais cette explication sera vague et hypothétique, cette unité sera artificielle, et cette philosophie s'appliquerait aussi bien à un monde tout différent du nôtre [6]. Combien plus instructive serait une métaphysique vraiment intuitive, qui suivrait les ondulations du réel ! Elle n'embrasserait plus d'un seul coup la totalité des choses ; mais de chacune elle donnerait une explication qui s'y adapterait exactement, exclusivement. Elle ne commencerait pas par définir ou décrire l'unité systématique du monde : qui sait si le monde est effectivement un ? L'expérience seule pourra le dire, et l'unité, si elle existe, apparaîtra au terme de la recherche comme un résultat ; impossible de la poser au départ comme un principe. Ce sera d'ailleurs une unité riche et pleine, l'unité d'une continuité, l'unité de notre réalité, et non pas cette unité abstraite et vide, issue d'une généralisation suprême, qui serait aussi bien celle de n'importe quel monde possible. Il est vrai qu'alors la philosophie exigera un effort nouveau pour chaque nouveau problème. Aucune solution ne se déduira géométriquement d'une autre. Aucune vérité importante ne s'obtiendra par le prolongement d'une vérité déjà acquise. Il faudra renoncer à tenir virtuellement dans un principe la science universelle.

L'intuition dont nous parlons porte donc avant tout sur la durée intérieure. Elle saisit une succession qui n'est pas juxtaposition, une croissance par le dedans, le prolongement ininterrompu du passé dans un présent qui empiète sur l'avenir. C'est la vision directe de l'esprit par l'esprit. Plus rien d'interposé ; point de réfraction à travers le prisme dont une face est espace et dont l'autre est langage. Au lieu d'états contigus à des états, qui deviendront des mots juxtaposés à des mots, voici la continuité indivisible, et par là substantielle, du flux de la vie intérieure. Intuition signifie donc d'abord conscience, mais conscience immédiate, vision qui se distingue à peine de l'objet vu, connaissance qui est contact et même coïncidence. – C'est ensuite de la conscience élargie, pressant sur le bord d'un inconscient qui cède et qui résiste, qui se rend et qui se reprend : à travers des alternances rapides d'obscurité et de lumière, elle nous fait constater que l'inconscient est là ; contre la stricte logique elle affirme que le psychologique a beau être du conscient, il y a néanmoins un inconscient psychologique. – Ne va-t-elle pas plus loin ? N'est-elle que l'intuition de nous-mêmes ? Entre notre conscience et les autres consciences la séparation est moins tranchée qu'entre notre corps et les autres corps, car c'est l'espace qui fait les divisions nettes. La sympathie et l'antipathie irréfléchies, qui sont si souvent divinatrices, témoignent d'une interpénétration possible des consciences humaines [7]. Il y aurait donc des phénomènes d'endosmose psychologique[8]. L'intuition nous introduirait dans la conscience en général. – Mais ne sympathisons-nous qu'avec des consciences ? Si tout être vivant naît, se développe et meurt, si la vie est une évolution et si la durée est ici une réalité, n'y a-t-il pas aussi une intuition du vital, et par conséquent une métaphysique de la vie, qui prolongera la science du vivant ? Certes, la science nous donnera de mieux en mieux la physicochimie de la matière organisée ; mais la cause profonde de l'organisation, dont nous voyons bien qu'elle n'entre ni dans le cadre du pur mécanisme ni dans celui de la finalité proprement dite, qu'elle n'est ni unité pure ni multiplicité distincte, que notre entendement enfin la caractérisera toujours par de simples négations, ne l'atteindrons-nous pas en ressaisissant par la conscience l'élan de vie qui est en nous ? – Allons plus loin encore. Par-delà l'organisation, la matière inorganisée nous apparaît sans doute comme décomposable en systèmes sur lesquels le temps glisse sans y pénétrer, systèmes qui relèvent de la science et auxquels l'entendement s'applique. Mais l'univers matériel, dans son ensemble, *fait attendre* notre conscience ; il attend lui-même. Ou il dure, ou il est solidaire de notre durée. Qu'il se rattache à l'esprit par ses origines ou par sa fonction, dans un cas comme dans l'autre il relève de l'intuition par tout ce qu'il contient de changement et de mouvement réels. Nous croyons précisément que l'idée de différentielle, ou plutôt de fluxion, fut suggérée à la science par une vision de ce genre. Métaphysique par ses origines, elle est devenue scientifique à mesure qu'elle se faisait rigoureuse, c'est-à-dire exprimable en termes statiques. Bref, le changement pur, la durée réelle, est chose spirituelle ou imprégnée de spiritualité. L'intuition est ce qui atteint l'esprit, la durée, le changement pur. Son domaine propre étant l'esprit, elle voudrait saisir dans les choses, même matérielles, leur participation à la spiritualité, – nous dirions à la divinité, si nous ne savions tout ce qui se mêle encore d'humain à notre conscience, même épurée et spiritualisée. Ce mélange d'humanité est justement ce qui fait que l'effort d'intuition peut s'accomplir à des hauteurs différentes, sur des points différents, et donner dans diverses philosophies des résultats qui ne coïncident pas entre eux, encore qu'ils ne soient nullement inconciliables.

Qu'on ne nous demande donc pas de l'intuition une définition simple et géométrique. Il sera trop aisé de montrer que nous prenons le mot dans des acceptions qui ne se déduisent pas mathématiquement les unes des autres. Un éminent philosophe danois en a signalé quatre. Nous en trouverions, pour notre part, davantage*. De ce qui n'est pas abstrait et conventionnel, mais réel et concret, à plus forte raison de ce qui n'est pas reconstituable avec des composantes connues, de la chose qui n'a pas été découpée dans le tout de la réalité par l'entendement ni par le sens commun ni par le langage, on ne peut donner une idée qu'en prenant sur elle des vues multiples, complémentaires et non pas équivalentes. Dieu nous garde de comparer le petit au grand, notre effort à celui des maîtres ! Mais la variété des fonctions et aspects de l'intuition, telle que nous la décrivons, n'est rien à côté de la multiplicité des significations que les mots « essence » et « existence » prennent chez Spinoza, ou les termes de « forme », de « puissance », d'« acte »…, etc., chez Aristote. Parcourez la liste des sens du mot εἶδος dans l'*Index Aristotelicus*[10] : vous verrez combien ils diffèrent. Si l'on en considère deux qui soient suffisamment éloignés l'un de l'autre, ils paraîtront presque s'exclure. Ils ne s'excluent pas, parce que la chaîne des sens intermédiaires les relie entre eux. En faisant l'effort qu'il faut pour embrasser l'ensemble, on s'aperçoit qu'on est dans le réel, et non pas devant une essence mathématique qui pourrait tenir, elle, dans une formule simple.

---

* Sans pourtant inclure dans le nombre, telles quelles, les quatre acceptions qu'il a cru apercevoir. Nous faisons allusion ici à Harald Høffding[9].

Il y a pourtant un sens fondamental : penser intuitivement est penser en durée. L'intelligence part ordinairement de l'immobile, et reconstruit tant bien que mal le mouvement avec des immobilités juxtaposées. L'intuition part du mouvement, le pose ou plutôt l'aperçoit comme la réalité même, et ne voit dans l'immobilité qu'un moment abstrait, instantané pris par notre esprit sur une mobilité. L'intelligence se donne ordinairement des choses, entendant par là du stable, et fait du changement un accident qui s'y surajouterait. Pour l'intuition l'essentiel est le changement : quant à la chose, telle que l'intelligence l'entend, c'est une coupe pratiquée au milieu du devenir et érigée par notre esprit en substitut de l'ensemble. La pensée se représente ordinairement le nouveau comme un nouvel arrangement d'éléments préexistants ; pour elle rien ne se perd, rien ne se crée. L'intuition, attachée à une durée qui est croissance, y perçoit une continuité ininterrompue d'imprévisible nouveauté ; elle voit, elle sait que l'esprit tire de lui-même plus qu'il n'a, que la spiritualité consiste en cela même, et que la réalité, imprégnée d'esprit, est création. Le travail habituel de la pensée est aisé et se prolonge autant qu'on voudra. L'intuition est pénible et ne saurait durer. Intellection ou intuition, la pensée utilise sans doute toujours le langage ; et l'intuition, comme toute pensée, finit par se loger dans des concepts : durée, multiplicité qualitative ou hétérogène, inconscient, – différentielle même, si l'on prend la notion telle qu'elle était au début. Mais le concept qui est d'origine intellectuelle est tout de suite clair, au moins pour un esprit qui pourrait donner l'effort suffisant, tandis que l'idée issue d'une intuition commence d'ordinaire par être obscure, quelle que soit notre force de pensée. C'est qu'il y a deux espèces de clarté.

Une idée neuve peut être claire parce qu'elle nous présente, simplement arrangées dans un nouvel ordre, des idées élémentaires que nous possédions déjà. Notre intelligence, ne trouvant alors dans le nouveau que de l'ancien, se sent en pays de connaissance ; elle est à son aise ; elle « comprend ». Telle est la clarté que nous désirons, que nous recherchons, et dont nous savons toujours gré à celui qui nous l'apporte. Il en est une autre, que nous subissons, et qui ne s'impose d'ailleurs qu'à la longue. C'est celle de l'idée radicalement neuve et absolument simple, qui capte plus ou moins une intuition. Comme nous ne pouvons la reconstituer avec des éléments préexistants, puisqu'elle n'a pas d'éléments, et comme, d'autre part, comprendre sans effort consiste à recomposer le nouveau avec de l'ancien, notre premier mouvement est de la dire incompréhensible. Mais acceptons-la provisoirement, promenons-nous avec elle dans les divers départements de notre connaissance : nous la verrons, elle obscure, dissiper des obscurités. Par elle, des problèmes que nous jugions insolubles vont se résoudre ou plutôt se dissoudre, soit pour disparaître définitivement soit pour se poser autrement. De ce qu'elle aura fait pour ces problèmes elle bénéficiera alors à son tour. Chacun d'eux, intellectuel, lui communiquera quelque chose de son intellectualité. Ainsi intellectualisée, elle pourra être braquée à nouveau sur les problèmes qui l'auront servie après s'être servis d'elle ; elle dissipera, encore mieux, l'obscurité qui les entourait, et elle en deviendra elle-même plus claire. Il faut donc distinguer entre les idées qui gardent pour elles leur lumière, la faisant d'ailleurs pénétrer tout de suite dans leurs moindres recoins, et celles dont le rayonnement est extérieur, illuminant toute une région de la pensée. Celles-ci peuvent commencer par être intérieurement obscures ; mais la lumière qu'elles projettent autour d'elles leur revient par réflexion, les pénètre de plus en plus profondément ; et elles ont alors le double pouvoir d'éclairer le reste et de s'éclairer elles-mêmes.

Encore faut-il leur en laisser le temps. Le philosophe n'a pas toujours cette patience. Combien n'est-il pas plus simple de s'en tenir aux notions emmagasinées dans le langage ! Ces idées ont été formées par l'intelligence au fur et à mesure de ses besoins. Elles correspondent à un découpage de la réalité selon les lignes qu'il faut suivre pour agir commodément sur elle. Le plus souvent, elles distribuent les objets et les faits d'après l'avantage que nous en pouvons tirer, jetant pêle-mêle dans le même compartiment intellectuel tout ce qui intéresse le même besoin. Quand nous réagissons identiquement à des perceptions différentes, nous disons que nous sommes devant des objets « du même genre ». Quand nous réagissons en deux sens contraires, nous répartissons les objets entre deux « genres opposés ». Sera clair alors, par définition, ce qui pourra se résoudre en généralités ainsi obtenues, obscur ce qui ne s'y ramènera pas. Par là s'explique l'infériorité frappante du point de vue intuitif dans la controverse philosophique. Écoutez discuter ensemble deux philosophes dont l'un tient pour le déterminisme et l'autre pour la liberté : c'est toujours le déterministe qui paraît avoir raison. Il peut être novice, et son adversaire expérimenté. Il peut plaider nonchalamment sa cause, tandis que l'autre sue sang et eau pour la sienne. On dira toujours de lui qu'il est simple, qu'il est clair, qu'il est vrai. Il l'est aisément et naturellement, n'ayant qu'à ramasser des pensées toutes prêtes et des phrases déjà faites : science, langage, sens commun, l'intelligence entière est à son service. La critique d'une philosophie intuitive est si facile, et elle est si sûre d'être bien accueillie, qu'elle tentera toujours le débutant. Plus tard pourra venir le regret, – à moins pourtant qu'il n'y ait incompréhension native et, par dépit, ressentiment personnel à l'égard de tout ce qui n'est pas réductible à la lettre, de tout ce qui est proprement esprit. Cela arrive, car la philosophie, elle aussi, a ses scribes et ses pharisiens.

Nous assignons donc à la métaphysique un objet limité [11], principalement l'esprit, et une méthode spéciale, avant tout l'intuition. Par là nous distinguons nettement la métaphysique de la science. Mais par là aussi nous leur attribuons une égale valeur. Nous croyons qu'elles peuvent, l'une et l'autre, toucher le fond de la réalité. Nous rejetons les thèses soutenues par les philosophes, acceptées par les savants, sur la relativité de la connaissance et l'impossibilité d'atteindre l'absolu [12].

La science positive s'adresse en effet à l'observation sensible. Elle obtient ainsi des matériaux dont elle confie l'élaboration à la faculté d'abstraire et de généraliser, au jugement et au raisonnement, à l'intelligence. Partie jadis des mathématiques pures, elle continua par la mécanique, puis par la physique et la chimie ; elle arriva sur le tard à la biologie. Son domaine primitif, qui est resté son domaine préféré, est celui de la matière inerte. Elle est moins à son aise dans le monde organisé, où elle ne chemine d'un pas assuré que si elle s'appuie sur la physique et la chimie ; elle s'attache à ce qu'il y a de physico-chimique dans les phénomènes vitaux plutôt qu'à ce qui est proprement vital dans le vivant. Mais grand est son embarras quand elle arrive à l'esprit. Ce n'est pas à dire qu'elle n'en puisse obtenir quelque connaissance ; mais cette connaissance devient d'autant plus vague qu'elle s'éloigne davantage de la frontière commune à l'esprit et à la matière. Sur ce nouveau terrain on n'avancerait jamais, comme sur l'ancien, en se fiant à la seule force de la logique. Sans cesse il faut en appeler de l'« esprit géométrique » à l'« esprit de finesse » [13] : encore y a-t-il toujours quelque chose de métaphorique dans les formules, si abstraites soient-elles, auxquelles on aboutit, comme si l'intelligence était obligée de transposer le psychique en physique pour le comprendre et l'exprimer. Au contraire, dès qu'elle revient à la matière inerte, la science qui procède de la pure intelligence se retrouve chez elle. Cela n'a rien d'étonnant. Notre intelligence est le prolongement de nos sens. Avant de spéculer, il faut vivre, et la vie exige que nous tirions parti de la matière, soit avec nos organes, qui sont des outils naturels, soit avec les outils proprement dits, qui sont des organes artificiels. Bien avant qu'il y eût une philosophie, et une science, le rôle de l'intelligence était déjà de fabriquer des instruments, et de guider l'action de notre corps sur les corps environnants. La science a poussé ce travail de l'intelligence beaucoup plus loin, mais elle n'en a pas changé la direction. Elle vise, avant tout, à nous rendre maîtres de la matière. Même quand elle spécule, elle se préoccupe encore d'agir, la valeur des théories scientifiques se mesurant toujours à la solidité de la prise qu'elles nous donnent sur la réalité. Mais n'est-ce pas là, précisément, ce qui doit nous inspirer pleine confiance dans la science positive et aussi dans l'intelligence, son instrument ? Si l'intelligence est faite pour utiliser la matière, c'est sur la structure de la matière, sans doute, que s'est modelée celle de l'intelligence. Telle est du moins l'hypothèse la plus simple et la plus probable. Nous devrons nous y tenir tant qu'on ne nous aura pas démontré que l'intelligence déforme, transforme, construit son objet, ou n'en touche que la surface, ou n'en saisit que l'apparence. Or on n'a jamais invoqué, pour cette démonstration, que les difficultés insolubles où la philosophie tombe, la contradiction où l'intelligence peut se mettre avec elle-même, quand elle spécule sur l'ensemble des choses [14] : difficultés et contradictions où il est naturel que nous aboutissions en effet si l'intelligence est spécialement destinée à l'étude d'une partie, et si nous prétendons néanmoins l'employer à la connaissance du tout. Mais ce n'est pas assez dire. Il est impossible de considérer le mécanisme de notre intelligence, et aussi le progrès de notre science, sans arriver à la conclusion qu'entre l'intelligence et la matière il y a effectivement symétrie, concordance, correspondance. D'un côté la matière se résout de plus en plus, aux yeux du savant, en relations mathématiques [15], et d'autre part les facultés essentielles de notre intelligence ne fonctionnent avec une précision absolue que lorsqu'elles s'appliquent à la géométrie. Sans doute la science mathématique aurait pu ne pas prendre, à l'origine, la forme que les Grecs lui ont donnée. Sans doute aussi elle doit s'astreindre, quelque forme qu'elle adopte, à l'emploi de signes artificiels. Mais antérieurement à cette mathématique formulée, qui renferme une grande part de convention, il y en a une autre, virtuelle ou implicite, qui est naturelle à l'esprit humain [16]. Si la nécessité d'opérer sur certains signes rend l'abord des mathématiques difficile à beaucoup d'entre nous, en revanche, dès qu'il a surmonté l'obstacle, l'esprit se meut dans ce domaine avec une aisance qu'il n'a nulle part ailleurs, l'évidence étant ici immédiate et théoriquement instantanée, l'effort pour comprendre existant le plus souvent en fait mais non pas en droit : dans tout autre ordre d'études, au contraire, il faut, pour comprendre, un travail de maturation de la pensée qui reste en quelque sorte adhérent au résultat, remplit essentiellement de la durée, et ne saurait être conçu, même théoriquement, comme instantané. Bref, nous pourrions croire à un écart entre la matière et l'intelligence si nous ne considérions de la matière que les impressions superficielles faites sur nos sens, et si nous laissions à notre intelligence la forme vague et floue qu'elle a dans ses opérations journalières. Mais quand nous ramenons l'intelligence à ses contours précis et quand nous approfondissons assez nos impressions sensibles pour que la matière commence à nous livrer l'intérieur de sa structure, nous trouvons que les articulations de l'intelligence viennent s'appliquer exactement sur celles de la matière. Nous ne voyons donc pas pourquoi la science de la matière n'atteindrait pas un absolu. Elle s'attribue instinctivement cette portée, et toute croyance naturelle doit être tenue pour vraie, toute apparence pour réalité, tant qu'on n'en a pas établi le caractère illusoire. À ceux qui déclarent notre science relative, à ceux qui prétendent que notre connaissance déforme ou construit son objet, incombe alors la charge de la preuve. Et cette obligation, ils ne sauraient la remplir, car la doctrine de la relativité de la science [17] ne trouve plus où se loger quand science et métaphysique sont sur leur vrai terrain, celui où nous les replaçons*.

---

* Il va sans dire que la relativité dont nous parlons ici pour l'exclure de la science considérée à sa limite, c'est-à-dire pour écarter une erreur

38   Nous reconnaissons d'ailleurs que les cadres de l'intelligence ont une certaine élasticité, ses contours un certain

---

sur la direction du progrès scientifique, n'a rien à voir avec celle d'Einstein. La méthode einsteinienne consiste essentiellement à chercher une représentation mathématique des choses qui soit indépendante du point de vue de l'observateur (ou, plus précisément, du système de référence) et qui constitue, par conséquent, un ensemble de *relations absolues*. Rien de plus contraire à la relativité telle que l'entendent les philosophes quand ils tiennent pour relative notre connaissance du monde extérieur. L'expression « théorie de la Relativité » a l'inconvénient de suggérer aux philosophes l'inverse de ce qu'on veut ici exprimer.

Ajoutons, au sujet de la théorie de la Relativité, qu'on ne saurait l'invoquer ni pour ni contre la métaphysique exposée dans nos différents travaux, métaphysique qui a pour centre l'expérience de la durée avec la constatation d'un certain rapport entre cette durée et l'espace employé à la mesurer. Pour poser un problème, le physicien, relativiste ou non, prend ses mesures dans ce Temps-là, qui est le nôtre, qui est celui de tout le monde. S'il résout le problème, c'est dans le même Temps, dans le Temps de tout le monde, qu'il vérifiera sa solution. Quant au Temps amalgamé avec l'Espace, quatrième dimension d'un Espace-Temps, il n'a d'existence que dans l'intervalle entre la position du problème et sa solution, c'est-à-dire dans les calculs, c'est-à-dire enfin sur le papier. La conception relativiste n'en a pas moins une importance capitale, en raison du secours qu'elle apporte à la physique mathématique. Mais purement mathématique est la réalité de son Espace-Temps, et l'on ne saurait l'ériger en réalité métaphysique, ou « réalité » tout court, sans attribuer à ce dernier mot une signification nouvelle.

On appelle en effet de ce nom, le plus souvent, ce qui est donné dans une expérience, ou ce qui pourrait l'être : est réel ce qui est constaté ou constatable. Or il est de l'essence même de l'Espace-Temps de ne pas pouvoir être perçu. On ne saurait y être placé, ou s'y placer, puisque le système de référence qu'on adopte est, par définition, un système immobile, que dans ce système Espace et Temps sont distincts, et que le physicien effectivement existant, prenant effectivement des mesures, est celui qui occupe ce système : tous les autres physiciens, censés adopter d'autres systèmes, ne sont plus alors que des physiciens par lui imaginés. Nous avons jadis consacré un livre à la démonstration de ces différents points.

Nous ne pouvons le résumer dans une simple note. Mais comme le livre a souvent été mal compris, nous croyons devoir reproduire ici le passage essentiel d'un article où nous donnions la raison de cette incompréhension. Voici en effet le point qui échappe d'ordinaire à ceux qui, se transportant de la physique à la métaphysique, érigent en réalité, c'est-à-dire en chose perçue ou perceptible, existant avant et après le calcul, un amalgame d'Espace et de Temps qui n'existe que le long du

flou, et que son indécision est justement ce qui lui permet
de s'appliquer dans une certaine mesure aux choses de 39

calcul et qui, en dehors du calcul, renoncerait à son essence à l'instant
même où l'on prétendrait en constater l'existence.

Il faudrait en effet, disions-nous, commencer par bien voir pourquoi,
dans l'hypothèse de la Relativité, il est impossible d'attacher en même
temps des observateurs « vivants et conscients » à plusieurs systèmes
différents, pourquoi un seul système – celui qui est effectivement adopté
comme système de référence – contient des physiciens réels, pourquoi
surtout la distinction entre le physicien réel et le physicien représenté [18]
comme réel prend une importance capitale dans l'interprétation philosophique de cette théorie, alors que jusqu'ici la philosophie n'avait pas
eu à s'en préoccuper dans l'interprétation de la physique. La raison en
est pourtant très simple.

Du point de vue de la physique newtonienne par exemple, il y a
un système de référence absolument privilégié, un repos absolu et des
mouvements absolus. L'univers se compose alors, à tout instant, de
points matériels dont les uns sont immobiles et les autres animés de
mouvements parfaitement déterminés. Cet univers se trouve donc avoir
en lui-même, dans l'Espace et le Temps, une figure concrète qui ne
dépend pas du point de vue où le physicien se place : tous les physiciens,
à quelque système mobile qu'ils appartiennent, se reportent par la
pensée au système de référence privilégié et attribuent à l'univers la
figure qu'on lui trouverait en le percevant ainsi dans l'absolu. Si donc
le physicien par excellence est celui qui habite le système privilégié, il
n'y a pas ici à établir une distinction radicale entre ce physicien et les
autres, puisque les autres procèdent comme s'ils étaient à sa place.

Mais, dans la théorie de la Relativité, il n'y a plus de système privilégié. Tous les systèmes se valent. N'importe lequel d'entre eux peut
s'ériger en système de référence, dès lors immobile. Par rapport à ce
système de référence, tous les points matériels de l'univers vont encore
se trouver les uns immobiles, les autres animés de mouvements déterminés ; mais ce ne sera plus que par rapport à ce système. Adoptez-en un
autre : l'immobile va se mouvoir, le mouvant s'immobiliser ou changer
de vitesse ; la figure concrète de l'univers aura radicalement changé.
Pourtant l'univers ne saurait avoir à vos yeux ces deux figures en même
temps ; le même point matériel ne peut pas être imaginé par vous, ou
conçu, en même temps immobile et mouvant. Il faut donc choisir ; et
du moment que vous avez choisi telle ou telle figure déterminée, vous
érigez en physicien vivant et conscient, réellement percevant, le physicien attaché au système de référence d'où l'univers prend cette figure :
les autres physiciens, tels qu'ils apparaissent dans la figure d'univers
ainsi choisie, sont alors des physiciens virtuels, simplement conçus
comme physiciens par le physicien réel. Si vous conférez à l'un d'eux (en
tant que physicien) une réalité, si vous le supposez percevant, agissant,

l'esprit [20]. Matière et esprit présentent un côté commun, car certains ébranlements superficiels de la matière

---

mesurant, son système est un système de référence non plus virtuel, non plus simplement conçu comme pouvant devenir un système réel, mais bien un système de référence réel ; il est donc immobile, c'est à une nouvelle figure du monde que vous avez affaire ; et le physicien réel de tout à l'heure n'est plus qu'un physicien représenté [19].

M. Langevin a exprimé en termes définitifs l'essence même de la théorie de la Relativité quand il a écrit que « le principe de la Relativité, sous la forme restreinte comme sous sa forme plus générale, n'est au fond que l'affirmation de l'existence d'une réalité indépendante des systèmes de référence, en mouvement les uns par rapport aux autres, à partir desquels nous en observons des perspectives changeantes. Cet univers a des lois auxquelles l'emploi des coordonnées permet de donner une forme analytique indépendante du système de référence, bien que les coordonnées individuelles de chaque événement en dépendent, mais qu'il est possible d'exprimer sous forme intrinsèque, comme la géométrie le fait pour l'espace, grâce à l'introduction d'éléments invariants et à la constitution d'un langage approprié ». En d'autres termes, l'univers de la Relativité est un univers aussi réel, aussi indépendant de notre esprit, aussi absolument existant que celui de Newton et du commun des hommes : seulement, tandis que pour le commun des hommes et même encore pour Newton cet univers est un ensemble de choses (même si la physique se borne à étudier des relations entre ces choses), l'univers d'Einstein n'est plus qu'un ensemble de relations. Les éléments invariants que l'on tient ici pour constitutifs de la réalité sont des expressions où entrent des paramètres qui sont tout ce qu'on voudra, qui ne représentent pas plus du Temps ou de l'Espace que n'importe quoi, puisque c'est la relation entre eux qui existera seule aux yeux de la science, puisqu'il n'y a plus de Temps ni d'Espace s'il n'y a plus de choses, si l'univers n'a pas de figure. Pour rétablir les choses, et par conséquent le Temps et l'Espace (comme on le fait nécessairement chaque fois qu'on veut être renseigné sur un événement physique déterminé, perçu en des points déterminés de l'Espace et du Temps), force est bien de restituer au monde une figure ; mais c'est qu'on aura choisi un point de vue, adopté un système de référence. Le système qu'on a choisi devient d'ailleurs, par là même, le système central. La théorie de la Relativité a précisément pour essence de nous garantir que l'expression mathématique du monde que nous trouvons de ce point de vue arbitrairement choisi sera identique, si nous nous conformons aux règles qu'elle a posées, à celle que nous aurions trouvée en nous plaçant à n'importe quel autre point de vue. Ne retenez que cette expression mathématique, il n'y a pas plus de Temps que de n'importe quoi. Restaurez le Temps, vous rétablissez les choses, mais vous avez choisi un système de référence et le physicien qui y sera

viennent s'exprimer dans notre esprit, superficiellement, en sensations ; et d'autre part l'esprit, pour agir sur le corps, doit descendre de degré en degré vers la matière et se spatialiser [21]. Il suit de là que l'intelligence, quoique tournée vers les choses du dehors, peut encore s'exercer sur celles du dedans, pourvu qu'elle ne prétende pas s'y enfoncer trop profondément.

Mais la tentation est grande de pousser jusqu'au fond de l'esprit l'application des procédés, qui réussissent encore au voisinage de la surface. Qu'on s'y laisse aller, et l'on obtiendra tout simplement une physique de l'esprit, calquée sur celle des corps. Ensemble, ces deux physiques constitueront un système complet de la réalité, ce qu'on appelle quelquefois une métaphysique. Comment ne pas voir que la métaphysique ainsi entendue méconnaît ce que l'esprit a de proprement spirituel, n'étant que l'extension à l'esprit de ce qui appartient à la matière ? Et comment ne pas voir que, pour rendre cette extension possible, on a dû prendre les cadres intellectuels dans un état d'imprécision qui leur permette de s'appliquer encore aux phénomènes superficiels de l'âme, mais qui les condamne à serrer déjà de moins près les faits du monde extérieur ? Est-il étonnant qu'une telle métaphysique, embrassant à la fois la matière et l'esprit, fasse l'effet d'une connaissance à peu près vide et en tout cas vague, – presque vide du côté de l'esprit, puisqu'elle n'a pu retenir effectivement de l'âme que des aspects superficiels, systématiquement vague du côté de la matière, puisque l'intelligence du métaphysicien a dû desserrer assez ses rouages, et y laisser assez de jeu, pour qu'elle pût travailler indifféremment à la surface de la matière ou à la surface de l'esprit ?

Bien différente est la métaphysique que nous plaçons à côté de la science. Reconnaissant à la science le pouvoir

---

attaché. Il ne peut pas y en avoir d'autre pour le moment, quoique tout autre eût pu être choisi.

d'approfondir la matière par la seule force de l'intelligence, elle se réserve l'esprit. Sur ce terrain, qui lui est propre, elle voudrait développer de nouvelles fonctions de la pensée. Tout le monde a pu remarquer qu'il est plus malaisé d'avancer dans la connaissance de soi que dans celle du monde extérieur. Hors de soi, l'effort pour apprendre est naturel ; on le donne avec une facilité croissante ; on applique des règles. Au-dedans, l'attention doit rester tendue et le progrès devenir de plus en plus pénible ; on croirait remonter la pente de la nature. N'y a-t-il pas là quelque chose de surprenant ? Nous sommes intérieurs à nous-mêmes, et notre personnalité est ce que nous devrions le mieux connaître. Point du tout ; notre esprit y est comme à l'étranger, tandis que la matière lui est familière et que, chez elle, il se sent chez lui. Mais c'est qu'une certaine ignorance de soi est peut-être utile à un être qui doit s'extérioriser pour agir ; elle répond à une nécessité de la vie. Notre action s'exerce sur la matière, et elle est d'autant plus efficace que la connaissance de la matière a été poussée plus loin. Sans doute il est avantageux, pour bien agir, de penser à ce qu'on fera, de comprendre ce qu'on a fait, de se représenter ce qu'on aurait pu faire : la nature nous y invite ; c'est un des traits qui distinguent l'homme de l'animal, tout entier à l'impression du moment. Mais la nature ne nous demande qu'un coup d'œil à l'intérieur de nous-mêmes : nous apercevons bien alors l'esprit, mais l'esprit se préparant à façonner la matière, s'adaptant par avance à elle, se donnant je ne sais quoi de spatial, de géométrique, d'intellectuel. Une connaissance de l'esprit, dans ce qu'il a de proprement spirituel, nous éloignerait plutôt du but. Nous nous en rapprochons, au contraire, quand nous étudions la structure des choses. Ainsi la nature détourne l'esprit de l'esprit, tourne l'esprit vers la matière. Mais dès lors nous voyons comment nous pourrons, s'il nous plaît, élargir, approfondir, intensifier indéfiniment la vision qui nous a été concédée de l'esprit. Puisque l'insuffisance de cette vision tient d'abord à ce qu'elle porte sur l'esprit déjà « spatialisé » et distribué en compartiments intellectuels où la matière s'insérera, dégageons l'esprit de l'espace où il se détend, de la matérialité qu'il se donne pour se poser sur la matière : nous le rendrons à lui-même et nous le saisirons immédiatement. Cette vision directe de l'esprit par l'esprit est la fonction principale de l'intuition, telle que nous la comprenons.

L'intuition ne se communiquera d'ailleurs que par l'intelligence. Elle est plus qu'idée ; elle devra toutefois, pour se transmettre, chevaucher sur des idées. Du moins s'adressera-t-elle de préférence aux idées les plus concrètes, qu'entoure encore une frange d'images. Comparaisons et métaphores suggéreront ici ce qu'on n'arrivera pas à exprimer. Ce ne sera pas un détour ; on ne fera qu'aller droit au but. Si l'on parlait constamment un langage abstrait, soi-disant « scientifique », on ne donnerait de l'esprit que son imitation par la matière, car les idées abstraites ont été tirées du monde extérieur et impliquent toujours une représentation spatiale : et pourtant on croirait avoir analysé l'esprit. Les idées abstraites toutes seules nous inviteraient donc ici à nous représenter l'esprit sur le modèle de la matière et à le penser par transposition, c'est-à-dire, au sens précis du mot, par métaphore. Ne soyons pas dupes des apparences : il y a des cas où c'est le langage imagé qui parle sciemment au propre, et le langage abstrait qui parle inconsciemment au figuré. Dès que nous abordons le monde spirituel, l'image, si elle ne cherche qu'à suggérer, peut nous donner la vision directe, tandis que le terme abstrait, qui est d'origine spatiale et qui prétend exprimer, nous laisse le plus souvent dans la métaphore.

Pour tout résumer, nous voulons une différence de méthode, nous n'admettons pas une différence de valeur, entre la métaphysique et la science. Moins modeste pour la science que ne l'ont été la plupart des savants, nous estimons qu'une science fondée sur l'expérience, telle que les modernes l'entendent, peut atteindre l'essence du réel. Sans doute elle n'embrasse qu'une partie de la réalité ;

mais de cette partie elle pourra un jour toucher le fond ; en tout cas elle s'en rapprochera indéfiniment. Elle remplit donc déjà une moitié du programme de l'ancienne métaphysique : métaphysique elle pourrait s'appeler, si elle ne préférait garder le nom de science. Reste l'autre moitié. Celle-ci nous paraît revenir de droit à une métaphysique qui part également de l'expérience, et qui est à même, elle aussi, d'atteindre l'absolu : nous l'appellerions science, si la science ne préférait se limiter au reste de la réalité. La métaphysique n'est donc pas la supérieure de la science positive ; elle ne vient pas, après la science, considérer le même objet pour en obtenir une connaissance plus haute. Supposer entre elles ce rapport, selon l'habitude à peu près constante des philosophes, est faire du tort à l'une et à l'autre : à la science, que l'on condamne à la relativité ; à la métaphysique, qui ne sera plus qu'une connaissance hypothétique et vague, puisque la science aura nécessairement pris pour elle, par avance, tout ce qu'on peut savoir sur son objet de précis et de certain. Bien différente est la relation que nous établissons entre la métaphysique et la science. Nous croyons qu'elles sont, ou qu'elles peuvent devenir, également précises [22] et certaines [23]. L'une et l'autre portent sur la réalité même. Mais chacune n'en retient que la moitié, de sorte qu'on pourrait voir en elles, à volonté, deux subdivisions de la science ou deux départements de la métaphysique, si elles ne marquaient des directions divergentes de l'activité de la pensée.

Justement parce qu'elles sont au même niveau, elles ont des points communs et peuvent, sur ces points, se vérifier l'une par l'autre. Établir entre la métaphysique et la science une différence de dignité, leur assigner le même objet, c'est-à-dire l'ensemble des choses, en stipulant que l'une le regardera d'en bas et l'autre d'en haut, c'est exclure l'aide mutuelle et le contrôle réciproque : la métaphysique est nécessairement alors – à moins de perdre tout contact avec le réel – un extrait condensé ou une extension hypothétique de la science. Laissez-leur, au contraire, des objets différents, à la science la matière et à la métaphysique l'esprit : comme l'esprit et la matière se touchent, métaphysique et science vont pouvoir, tout le long de leur surface commune, s'éprouver l'une l'autre, en attendant que le contact devienne fécondation. Les résultats obtenus des deux côtés devront se rejoindre, puisque la matière rejoint l'esprit. Si l'insertion n'est pas parfaite, ce sera qu'il y a quelque chose à redresser dans notre science, ou dans notre métaphysique, ou dans les deux. La métaphysique exercera ainsi, par sa partie périphérique, une influence salutaire sur la science. Inversement, la science communiquera à la métaphysique des habitudes de précision qui se propageront, chez celle-ci, de la périphérie au centre. Ne fût-ce que parce que ses extrémités devront s'appliquer exactement sur celles de la science positive, notre métaphysique sera celle du monde où nous vivons, et non pas de tous les mondes possibles. Elle étreindra des réalités.

C'est dire que science et métaphysique différeront d'objet et de méthode, mais qu'elles communieront dans l'expérience. L'une et l'autre auront écarté la connaissance vague qui est emmagasinée dans les concepts usuels et transmise par les mots. Que demandions-nous, en somme, pour la métaphysique, sinon ce qui avait été déjà obtenu pour la science ? Longtemps la route avait été barrée à la science positive par la prétention de reconstituer la réalité avec les concepts déposés dans le langage. Le « bas » et le « haut », le « lourd » et le « léger », le « sec » et l'« humide » étaient les éléments dont on se servait pour l'explication des phénomènes de la nature ; on pesait, dosait, combinait des concepts : c'était, en guise de physique, une chimie intellectuelle. Quand elle écarta les concepts pour regarder les choses, la science parut, elle aussi, s'insurger contre l'intelligence ; l'« intellectualisme » d'alors recomposait l'objet matériel, *a priori*, avec des idées élémentaires. En réalité, cette science devint plus intellectualiste que la mauvaise physique qu'elle remplaçait. Elle devait le devenir, du moment qu'elle était vraie, car matière et intelligence sont modelées – l'une sur l'autre, et dans une science qui dessine la configuration exacte de la matière notre intelligence retrouve nécessairement sa propre image. La forme mathématique que la physique a prise est ainsi, tout à la fois, celle qui répond le mieux à la réalité et celle qui satisfait le plus notre entendement. Beaucoup moins commode sera la position de la métaphysique vraie. Elle aussi commencera par chasser les concepts tout faits ; elle aussi s'en remettra à l'expérience. Mais l'expérience intérieure ne trouvera nulle part, elle, un langage strictement approprié. Force lui sera bien de revenir au concept, en lui adjoignant tout au plus l'image. Mais alors il faudra qu'elle élargisse le concept, qu'elle l'assouplisse, et qu'elle annonce, par la frange colorée dont elle l'entourera, qu'il ne contient pas l'expérience tout entière. Il n'en est pas moins vrai que la métaphysique aura accompli dans son domaine la réforme que la physique moderne a faite dans le sien.

N'attendez pas de cette métaphysique des conclusions simples ou des solutions radicales. Ce serait lui demander encore de s'en tenir à une manipulation de concepts. Ce serait aussi la laisser dans la région du pur possible. Sur le terrain de l'expérience, au contraire, avec des solutions incomplètes et des conclusions provisoires, elle atteindra une probabilité croissante qui pourra équivaloir finalement à la certitude. Prenons un problème que nous poserons dans les termes de la métaphysique traditionnelle : l'âme survit-elle au corps ? Il est facile de le trancher en raisonnant sur de purs concepts. On définira donc l'âme. On dira, avec Platon, qu'elle est une et simple. On en conclura qu'elle ne peut se dissoudre. Donc elle est immortelle. Voilà qui est net. Seulement, la conclusion ne vaut que si l'on accepte la définition, c'est-à-dire la construction. Elle est subordonnée à cette hypothèse. Elle est hypothétique. Mais renonçons à construire l'idée d'âme comme on construit l'idée de triangle. Étudions les faits. Si l'expérience établit, comme nous le croyons, qu'une petite partie seulement de la vie consciente est conditionnée par le cerveau, il s'ensuivra que la suppression du cerveau laisse vraisemblablement subsister la vie consciente. Du moins la charge de la preuve incombera-t-elle maintenant à celui qui nie la survivance, bien plus qu'à celui qui l'affirme. Il ne s'agira que de survie, je le reconnais ; il faudrait d'autres raisons, tirées cette fois de la religion, pour arriver à une précision plus haute et pour attribuer à cette survie une durée sans fin. Mais, même du point de vue purement philosophique, il n'y aura plus de *si* : on affirmera catégoriquement – je veux dire sans subordination à une hypothèse métaphysique – ce qu'on affirme, dût-on ne l'affirmer que comme probable. La première thèse avait la beauté du définitif, mais elle était suspendue en l'air, dans la région du simple possible. L'autre est inachevée, mais elle pousse des racines solides dans le réel[24].

Une science naissante est toujours prompte à dogmatiser[25]. Ne disposant que d'une expérience restreinte, elle opère moins sur les faits que sur quelques idées simples, suggérées ou non par eux, qu'elle traite alors déductivement. Plus qu'aucune autre science, la métaphysique était exposée à ce danger. Il faut tout un travail de déblaiement pour ouvrir les voies à l'expérience intérieure. La faculté d'intuition existe bien en chacun de nous, mais recouverte par des fonctions plus utiles à la vie. Le métaphysicien travailla donc *a priori* sur des concepts déposés par avance dans le langage, comme si, descendus du ciel, ils révélaient à l'esprit une réalité suprasensible[26]. Ainsi naquit la théorie platonicienne des Idées. Portée sur les ailes de l'aristotélisme[27] et du néoplatonisme, elle traversa le Moyen Âge ; elle inspira, parfois à leur insu, les philosophes modernes[28]. Ceux-ci étaient souvent des mathématiciens[29], que leurs habitudes d'esprit inclinaient à ne voir dans la métaphysique qu'une mathématique plus vaste, embrassant la qualité en même temps que la quantité. Ainsi s'expliquent l'unité et la simplicité géométriques de la plupart des philosophies, systèmes complets de problèmes définitivement posés, intégralement résolus. Mais cette raison n'est pas la seule. Il faut tenir compte aussi de ce que la métaphysique moderne se donna un objet analogue à celui de la religion. Elle partait d'une conception de la divinité. Qu'elle confirmât ou qu'elle infirmât le dogme, elle se croyait donc obligée de dogmatiser. Elle avait, quoique fondée sur la seule raison, la sécurité de jugement que le théologien tient de la révélation. On peut se demander, il est vrai, pourquoi elle choisissait ce point de départ. Mais c'est qu'il ne dépendait pas d'elle d'en prendre un autre. Comme elle travaillait en dehors de l'expérience, sur de purs concepts, force lui était bien de se suspendre à un concept d'où l'on pût tout déduire et qui contînt tout. Telle était justement l'idée qu'elle se faisait de Dieu.

Mais pourquoi se faisait-elle de Dieu cette idée ? Qu'Aristote en soit venu à fondre tous les concepts en un seul, et à poser comme principe d'explication universel une « Pensée de la Pensée », proche parente de l'idée platonicienne du Bien, que la philosophie moderne, continuatrice de celle d'Aristote, se soit engagée dans une voie analogue, cela se comprend à la rigueur. Ce qui se comprend moins, c'est qu'on ait appelé Dieu un principe qui n'a rien de commun avec celui que l'humanité a toujours désigné par ce mot. Le dieu de la mythologie antique et le Dieu du christianisme ne se ressemblent guère, sans aucun doute, mais vers l'un et vers l'autre montent des prières, l'un et l'autre s'intéressent à l'homme : statique ou dynamique, la religion tient ce point pour fondamental. Et pourtant il arrive encore à la philosophie d'appeler Dieu un Être que son essence condamnerait à ne tenir aucun compte des invocations humaines, comme si, embrassant théoriquement toutes choses, il était, en fait, aveugle à nos souffrances et sourd à nos prières. En approfondissant ce point, on y trouverait la confusion, naturelle à l'esprit humain, entre une idée explicative et un principe agissant. Les choses étant ramenées à leurs concepts, les concepts s'emboîtant les uns dans les autres, on arrive finalement à une idée des idées, par laquelle on s'imagine que tout s'explique. À vrai dire, elle n'explique pas grand-chose, d'abord parce qu'elle accepte la subdivision et la répartition du réel en concepts que la société a consignées dans le langage et qu'elle avait le plus souvent effectuées par sa seule commodité, ensuite parce que la synthèse qu'elle opère de ces concepts est vide de matière, et purement verbale. On se demande comment ce point essentiel a échappé à des philosophes profonds, et comment ils ont pu croire qu'ils caractérisaient en quoi que ce fût le principe érigé par eux en explication du monde, alors qu'ils se bornaient à le représenter conventionnellement par un signe. Nous le disions plus haut[30] : qu'on donne le nom qu'on voudra à la « chose en soi[31] », qu'on en fasse la Substance de Spinoza, le Moi de Fichte, l'Absolu de Schelling, l'Idée de Hegel, ou la Volonté de Schopenhauer, le mot aura beau se présenter avec sa signification bien définie : il la perdra, il se videra de toute signification dès qu'on l'appliquera à la totalité des choses. Pour ne parler que de la dernière de ces grandes « synthèses[32] », n'est-il pas évident qu'une Volonté n'est volonté qu'à la condition de trancher sur ce qui ne veut pas ? Comment alors l'esprit tranchera-t-il sur la matière, si la matière est elle-même volonté ? Mettre la volonté partout équivaut à ne la laisser nulle part, car c'est identifier l'essence de ce que je sens en moi – durée, jaillissement, création continue – avec l'essence de ce que je perçois dans les choses, où il y a évidemment répétition, prévisibilité, nécessité. Peu m'importe qu'on dise « Tout est mécanisme » ou « Tout est volonté » : dans les deux cas tout est confondu. Dans les deux cas, « mécanisme » et « volonté » deviennent synonymes d'« être », et par conséquent synonymes l'un de l'autre. Là est le vice initial des systèmes philosophiques. Ils croient nous renseigner sur l'absolu en lui donnant un nom. Mais, encore une fois, le mot peut avoir un sens défini quand il désigne une chose ; il le perd dès que vous l'appliquez à toutes choses. Encore une fois, je

sais ce qu'est la volonté si vous entendez par là ma
faculté de vouloir, ou celle des êtres qui me ressemblent,
ou même la poussée vitale des êtres organisés, supposée
alors analogue à mon élan de conscience. Mais plus vous
augmenterez l'extension du terme, plus vous en diminue-
rez la compréhension. Si vous englobez dans son extension la matière, vous videz sa compréhension des
caractères positifs par lesquels la spontanéité tranche sur
le mécanisme, et la liberté sur la nécessité. Quand enfin
le mot en vient à désigner tout ce qui existe, il ne signifie
plus qu'existence. Que gagnez-vous alors à dire que le
monde est volonté, au lieu de constater tout bonnement
qu'il est ?

Mais le concept au contenu indéterminé, ou plutôt
sans contenu, auquel on aboutit ainsi, et qui n'est plus
rien, on veut qu'il soit tout. On fait alors appel au Dieu
de la religion, qui est la détermination même et, de plus,
essentiellement agissant. Il est au sommet de l'être : on
fait coïncider avec lui ce qu'on prend, bien à tort, pour
le sommet de la connaissance. Quelque chose de l'adoration et du respect que l'humanité lui voue passe alors au
principe qu'on a décoré de son nom. Et de là vient, en
grande partie, le dogmatisme de la philosophie moderne.

La vérité est qu'une existence ne peut être donnée que
dans une expérience. Cette expérience s'appellera vision
ou contact, perception extérieure en général, s'il s'agit
d'un objet matériel ; elle prendra le nom d'intuition
quand elle portera sur l'esprit. Jusqu'où va l'intuition ?
Elle seule pourra le dire. Elle ressaisit un fil : à elle de
voir si ce fil monte jusqu'au ciel ou s'arrête à quelque
distance de terre. Dans le premier cas, l'expérience métaphysique se reliera à celle des grands mystiques : nous
croyons constater, pour notre part, que la vérité est là [33].
Dans le second, elles resteront isolées l'une de l'autre,
sans pour cela répugner entre elles. De toute manière, la
philosophie nous aura élevés au-dessus de la condition
humaine.

L'IDÉE GÉNÉRALE

Déjà elle nous affranchit de certaines servitudes spéculatives quand elle pose le problème de l'esprit en termes d'esprit et non plus de matière, quand, d'une manière générale, elle nous dispense d'employer les concepts à un travail pour lequel la plupart ne sont pas faits. Ces concepts sont inclus dans les mots. Ils ont, le plus souvent, été élaborés par l'organisme social en vue d'un objet qui n'a rien de métaphysique. Pour les former, la société a découpé le réel selon ses besoins. Pourquoi la philosophie accepterait-elle une division qui a toutes chances de ne pas correspondre aux articulations du réel ? Elle l'accepte pourtant d'ordinaire. Elle subit le problème tel qu'il est posé par le langage. Elle se condamne donc par avance à recevoir une solution toute faite ou, en mettant les choses au mieux, à simplement choisir entre les deux ou trois solutions, seules possibles, qui sont coéternelles à cette position du problème. Autant vaudrait dire que toute vérité est déjà virtuellement connue, que le modèle en est déposé dans les cartons administratifs de la cité, et que la philosophie est un jeu de *puzzle* [34] où il s'agit de reconstituer, avec des pièces que la société nous fournit, le dessin qu'elle ne veut pas nous montrer. Autant vaudrait assigner au philosophe le rôle et l'attitude de l'écolier, qui cherche la solution en se disant qu'un coup d'œil indiscret la lui montrerait, notée en regard de l'énoncé, dans le cahier du maître. Mais la vérité est qu'il s'agit, en philosophie et même ailleurs, de *trouver* le problème et par conséquent de le *poser*, plus encore que de le résoudre [35]. Car un problème spéculatif est résolu dès qu'il est bien posé. J'entends par là que la solution en existe alors aussitôt, bien qu'elle puisse rester cachée et, pour ainsi dire, couverte : il ne reste plus qu'à la découvrir. Mais poser le problème n'est pas simplement *dé*couvrir, c'est inventer [36]. La découverte porte sur ce qui existe déjà, actuellement ou virtuellement ; elle était donc sûre de venir tôt ou tard. L'invention donne l'être à ce qui n'était pas, elle aurait pu ne venir jamais. Déjà en mathématiques, à plus forte raison en métaphysique, l'effort d'invention consiste le plus souvent à susciter le problème, à créer les termes en lesquels il se posera. Position et solution du problème sont bien près ici de s'équivaloir : les vrais grands problèmes ne sont posés que lorsqu'ils sont résolus. Mais beaucoup de petits problèmes sont dans le même cas. J'ouvre un traité élémentaire de philosophie. Un des premiers chapitres traite du plaisir et de la douleur. On y pose à l'élève une question telle que celle-ci : « Le plaisir est-il ou n'est-il pas le bonheur ? » Mais il faudrait d'abord savoir si plaisir et bonheur sont des genres correspondant à un sectionnement naturel des choses. À la rigueur, la phrase pourrait signifier simplement : « Vu le sens habituel des termes *plaisir* et *bonheur*, doit-on dire que le bonheur soit une suite de plaisirs ? » Alors, c'est une question de lexique qui se pose ; on ne la résoudra qu'en cherchant comment les mots « plaisir » et « bonheur » ont été employés par les écrivains qui ont le mieux manié la langue. On aura d'ailleurs travaillé utilement ; on aura mieux défini deux termes usuels, c'est-à-dire deux habitudes sociales. Mais si l'on prétend faire davantage, saisir des réalités et non pas mettre au point des conventions, pourquoi veut-on que des termes peut-être artificiels (on ne sait s'ils le sont ou s'ils ne le sont pas, puisqu'on n'a pas encore étudié l'objet) posent un problème qui concerne la nature même des choses ? Supposez qu'en examinant les états groupés sous le nom de plaisir on ne leur découvre rien de commun, sinon d'être des états que l'homme recherche : l'humanité aura classé ces choses très différentes dans un même genre, parce qu'elle leur trouvait le même intérêt pratique et réagissait à toutes, de la même manière. Supposez, d'autre part, qu'on aboutisse à un résultat analogue en analysant l'idée de bonheur. Aussitôt le problème s'évanouit, ou plutôt se dissout en problèmes tout nouveaux dont nous ne pourrons rien savoir et dont nous ne posséderons même pas les termes avant d'avoir étudié en elle-même l'activité humaine sur laquelle la société avait pris du dehors, pour former les idées générales de *plaisir* et de *bonheur*, des vues peut-être artificielles. Encore faudra-t-il s'être assuré d'abord que le concept d'« activité humaine » répond lui-même à une division naturelle. Dans cette désarticulation du réel selon ses tendances propres gît la difficulté principale, dès qu'on a quitté le domaine de la matière pour celui de l'esprit.

C'est dire que la question de l'origine et de la valeur des idées générales se pose à l'occasion de tout problème philosophique, et qu'elle réclame dans chacun des cas une solution particulière. Les discussions qui se sont élevées autour d'elle remplissent l'histoire de la philosophie. Peut-être y aurait-il lieu de se demander, avant toute discussion, si ces idées constituent bien un genre, et si ce ne serait pas précisément en traitant des idées générales qu'il faudrait se garder des généralités. Sans doute on pourra sans difficulté conserver l'idée générale d'idée générale, si l'on y tient. Il suffira de dire que l'on convient d'appeler idée générale une représentation qui groupe un nombre indéfini de choses sous le même nom : la plupart des mots correspondront ainsi à une idée générale. Mais la question importante pour le philosophe est de savoir par quelle opération, pour quelle raison, et surtout en vertu de quelle structure du réel les choses peuvent être ainsi groupées, et cette question ne comporte pas une solution unique et simple.

Disons tout de suite que la psychologie nous paraît marcher à l'aventure dans les recherches de cet ordre si elle ne tient pas un fil conducteur. Derrière le travail de l'esprit, qui est l'acte, il y a la fonction. Derrière les idées générales, il y a la faculté de concevoir ou de percevoir des généralités. De cette faculté il faudrait déterminer d'abord la signification vitale. Dans le labyrinthe des actes, états et facultés de l'esprit, le fil qu'on ne devrait jamais lâcher est celui que fournit la biologie. *Primum vivere*[37]. Mémoire, imagination, conception et perception, généralisation enfin, ne sont pas là « pour rien, pour le plaisir ». Il semble vraiment, à entendre certains théoriciens, que l'esprit soit tombé du ciel avec une subdivision en fonctions psychologiques dont il y a simplement à constater l'existence : parce que ces fonctions sont telles, elles seraient utilisées de telle manière. Nous croyons au contraire que c'est parce qu'elles sont utiles, parce qu'elles sont nécessaires à la vie, qu'elles sont ce qu'elles sont : aux exigences fondamentales de la vie il faut se référer pour expliquer leur présence et pour la justifier s'il y a lieu, je veux dire pour savoir si la subdivision ordinaire en telles ou telles facultés est artificielle ou naturelle, si par conséquent nous devons la maintenir ou la modifier ; toutes nos observations sur le mécanisme de la fonction seront faussées si nous l'avons mal découpée dans la continuité du tissu psychologique. Dira-t-on que les exigences de la vie sont analogues chez les hommes, les animaux et même les plantes, que notre méthode risque donc de négliger ce qu'il y a de proprement humain dans l'homme ? Sans aucun doute : une fois découpée et distribuée la vie psychologique, tout n'est pas fini ; il reste à suivre la croissance et même la transfiguration de chaque faculté chez l'homme. Mais on aura du moins quelque chance de n'avoir pas tracé des divisions arbitraires dans l'activité de l'esprit, pas plus qu'on n'échouerait à démêler des plantes aux tiges et feuillages entrelacés, enchevêtrés, si l'on creusait jusqu'aux racines.

Appliquons cette méthode au problème des idées générales : nous trouverons que tout être vivant, peut-être même tout organe, tout tissu d'un être vivant généralise, je veux dire classifie, puisqu'il sait cueillir dans le milieu où il est, dans les substances ou les objets les plus divers, les parties ou les éléments qui pourront satisfaire tel ou tel de ses besoins ; il néglige le reste. Donc il isole le caractère qui l'intéresse, il va droit à une propriété commune ; en d'autres termes il classe, et par conséquent abstrait et généralise. Sans doute, dans la presque totalité des cas, et probablement chez tous les animaux autres que l'homme, abstraction et généralisation sont vécues et non pas pensées. Pourtant, chez l'animal même, nous trouvons des représentations auxquelles ne manquent que la réflexion et quelque désintéressement pour être pleinement des idées générales : sinon, comment une vache qu'on emmène s'arrêterait-elle devant un pré, n'importe lequel, simplement parce qu'il rentre dans la catégorie que nous appelons herbe ou pré [38] ? Et comment un cheval distinguerait-il une écurie d'une grange, une route d'un champ, le foin de l'avoine ? Concevoir ou plutôt percevoir ainsi la généralité est d'ailleurs aussi le fait de l'homme en tant qu'il est animal, qu'il a des instincts et des besoins. Sans que sa réflexion et même sa conscience interviennent, une ressemblance peut être extraite des objets les plus différents par une de ses tendances ; elle classera ces objets dans un genre et créera une idée générale, jouée plutôt que pensée. Ces généralités automatiquement extraites sont même beaucoup plus nombreuses chez l'homme, qui ajoute à l'instinct des habitudes plus ou moins capables d'imiter l'acte instinctif. Qu'on passe maintenant à l'idée générale complète, je veux dire consciente, réfléchie, créée avec intention, on trouvera le plus souvent à sa base cette extraction automatique de ressemblances qui est l'essentiel de la généralisation. En un sens, rien ne ressemble à rien, puisque tous les objets diffèrent. En un autre sens, tout ressemble à tout, puisqu'on trouvera toujours, en s'élevant assez haut dans l'échelle des généralités, quelque genre artificiel où deux objets différents, pris au hasard, pourront entrer. Mais entre la généralisation impossible et la généralisation inutile il y a celle que provoquent, en la préfigurant, des tendances, des habitudes, des gestes et des attitudes, des complexes de mouvements automatiquement accomplis ou esquissés, qui sont à l'origine de la plupart des idées générales proprement humaines. La ressemblance entre choses ou états, que nous déclarons percevoir, est avant tout la propriété, commune à ces états ou à ces choses, d'obtenir de notre corps la même réaction, de lui faire esquisser la même attitude et commencer les mêmes mouvements. Le corps extrait du milieu matériel ou moral ce qui a pu l'influencer, ce qui l'intéresse : c'est l'identité de réaction à des actions différentes qui, rejaillissant sur elles, y introduit la ressemblance, ou l'en fait sortir. Telle, une sonnette tirera des excitants les plus divers – coup de poing, souffle du vent, courant électrique – un son toujours le même, les convertira ainsi en sonneurs et les rendra par là semblables entre eux, individus constitutifs d'un genre, simplement parce qu'elle reste elle-même : sonnette et rien que sonnette, elle ne peut pas faire autre chose, si elle réagit, que de sonner. Il va sans dire que, lorsque la réflexion aura élevé à l'état de pensée pure des représentations qui n'étaient guère que l'insertion de la conscience dans un cadre matériel, attitudes et mouvements, elle formera volontairement, directement, par imitation, des idées générales qui ne seront qu'idées. Elle y sera aidée puissamment par le mot, qui fournira encore à la représentation un cadre, cette fois plus spirituel que corporel, où s'insérer. Il n'en est pas moins vrai que pour se rendre compte de la vraie nature des concepts, pour aborder avec quelque chance de succès les problèmes relatifs aux idées générales, c'est toujours à l'interaction de la pensée et des attitudes ou habitudes motrices qu'il faudra se reporter, la généralisation n'étant guère autre chose, originellement, que l'habitude, remontant du champ de l'action à celui de la pensée.

Mais, une fois déterminées ainsi l'origine et la structure de l'idée générale, une fois établie la nécessité de son apparition, une fois aussi constatée l'imitation de la nature par la construction artificielle d'idées générales, il reste à chercher comment des idées générales naturelles qui servent de modèle à d'autres sont possibles, pourquoi l'expérience nous présente des ressemblances que nous n'avons plus qu'à traduire en généralités. Parmi ces ressemblances il en est, sans aucun doute, qui tiennent au fond des choses. Celles-là donneront naissance à des idées générales qui seront encore relatives, dans une certaine mesure, à la commodité de l'individu et de la société, mais que la science et la philosophie n'auront qu'à dégager de cette gangue pour obtenir une vision plus ou moins approximative de quelque aspect de la réalité. Elles sont peu nombreuses, et l'immense majorité des idées générales sont celles que la société a préparées pour le langage en vue de la conversation et de l'action. Néanmoins, même parmi ces dernières, auxquelles nous faisons surtout allusion dans le présent essai, on en trouverait beaucoup qui se rattachent par une série d'intermédiaires, après toute sorte de manipulations, de simplifications, de déformations, au petit nombre d'idées qui traduisent des ressemblances essentielles : il sera souvent instructif de remonter avec elles, par un plus ou moins long détour, jusqu'à la ressemblance à laquelle elles se rattachent. Il ne sera donc pas inutile d'ouvrir ici une parenthèse sur ce qu'on pourrait appeler les généralités objectives, inhérentes à la réalité même. Si restreint qu'en soit le nombre, elles sont importantes et par elles-mêmes et par la confiance qu'elles irradient autour d'elles, prêtant quelque chose de leur solidité à des genres tout artificiels. C'est ainsi que des billets de banque en nombre exagéré peuvent devoir le peu de valeur qui leur reste à ce qu'on trouverait encore d'or dans la caisse.

En approfondissant ce point, on s'apercevrait, croyons-nous, que les ressemblances se répartissent en trois groupes [39], dont le second devra probablement se subdiviser lui-même au fur et à mesure des progrès de la science positive [40]. Les premières sont d'essence biologique : elles tiennent à ce que la vie travaille *comme si* elle avait elle-même des idées générales, celles de genre et d'espèce, *comme si* elle suivait des plans de structure en nombre limité, *comme si* elle avait institué des propriétés générales de la vie, enfin et surtout comme si elle avait voulu, par le double effet de la transmission héréditaire (pour ce qui est *inné*) et de la transformation plus ou moins lente, disposer les vivants en série hiérarchique, le long d'une échelle où les ressemblances entre individus sont de plus en plus nombreuses à mesure qu'on s'élève plus haut. Qu'on s'exprime ainsi en termes de finalité, ou qu'on attribue à la matière vivante des propriétés spéciales, imitatrices de l'intelligence, ou bien enfin qu'on se rallie à quelque hypothèse intermédiaire, toujours c'est dans la réalité même en principe (même si notre classification est inexacte en fait) que se trouveront fondées nos subdivisions en espèces, genres, etc. – généralités que nous traduisons en idées générales. Et tout aussi fondées en droit seront celles qui correspondent à des organes, tissus, cellules, « comportements » même des êtres vivants. – Maintenant, si nous passons de l'organisé à l'inorganisé, de la matière vivante à la matière inerte et non encore informée par l'homme, nous retrouvons des genres réels, mais d'un caractère tout différent : des qualités, telles que les couleurs, les saveurs, les odeurs ; des éléments ou des combinaisons, tels que l'oxygène, l'hydrogène, l'eau ; enfin des forces physiques comme la pesanteur, la chaleur, l'électricité. Mais ce qui rapproche ici les unes des autres les représentations d'individus groupées sous l'idée générale est tout autre chose. Sans entrer dans le détail, sans compliquer notre exposé en tenant compte des nuances, atténuant d'ailleurs par avance ce que notre distinction pourrait avoir d'excessif, convenant enfin de donner maintenant au mot « ressemblance » son sens le plus précis mais aussi le plus étroit, nous dirons que dans le premier cas le principe de rapprochement est la ressemblance proprement dite, et dans le second l'identité. Une certaine nuance de rouge peut être identique à elle-même dans tous les objets où elle se rencontre. On en dirait autant de deux notes de même hauteur, de même intensité et de même timbre. D'ailleurs, à tort ou à raison, nous nous sentons marcher à des éléments ou à des événements identiques à mesure que nous approfondissons davantage la matière et que nous résolvons le chimique en physique, le physique en mathématique. Or, une logique simple a beau prétendre que la ressemblance est une identité partielle, et l'identité une ressemblance complète, l'expérience nous dit tout autre chose. Si l'on cesse de donner au mot « ressemblance » le sens vague et en quelque sorte populaire où nous le prenions pour commencer, si l'on cherche à préciser « ressemblance » par une comparaison avec « identité », on trouvera, croyons-nous, que l'identité est du *géométrique* et la ressemblance du *vital*. La première relève de la mesure, l'autre est plutôt du domaine de l'art : c'est souvent un sentiment tout esthétique qui pousse le biologiste évolutionniste à supposer parentes des formes entre lesquelles il est le premier à apercevoir une ressemblance : les dessins mêmes qu'il en donne révèlent parfois une main et surtout un œil d'artiste. Mais si l'identique tranche ainsi sur le ressemblant, il y aurait lieu de rechercher, pour cette nouvelle catégorie d'idées générales comme pour l'autre, ce qui la rend possible.

Pareille recherche n'aurait quelque chance d'aboutir que dans un état plus avancé de notre connaissance de la matière. Bornons-nous à dire un mot de l'hypothèse à laquelle nous serions conduit par notre approfondissement de la vie. S'il y a du vert qui est en mille et mille lieux différents le même vert (au moins pour notre œil, au moins approximativement), s'il en est ainsi pour les autres couleurs, et si les différences de couleur tiennent à la plus ou moins grande fréquence des événements physiques élémentaires que nous condensons en perception de couleur[41], la possibilité pour ces fréquences de nous présenter dans tous les temps et dans tous les lieux quelques couleurs déterminées vient de ce que partout et toujours sont réalisées toutes les fréquences possibles (entre certaines limites, sans doute) : alors, nécessairement, celles qui correspondent à nos diverses couleurs se produiront parmi les autres, quel que soit le moment ou l'endroit ; la répétition de l'identique, qui permet ici de constituer des genres, n'aura pas d'autre origine. La physique moderne nous révélant de mieux en mieux des différences de nombre derrière nos distinctions de qualité, une explication de ce genre vaut probablement pour tous les genres et pour toutes les généralités élémentaires (capables d'être composés par nous pour en former d'autres) que nous trouvons dans le monde de la matière inerte. L'explication ne serait pleinement satisfaisante, il est vrai, que si elle disait aussi pourquoi notre perception cueille, dans le champ immense des fréquences, ces fréquences déterminées qui seront les diverses couleurs, – pourquoi d'abord elle en cueille, pourquoi ensuite elle cueille celles-là plutôt que d'autres. À cette question spéciale nous avons répondu jadis en définissant l'être vivant par une certaine puissance d'agir déterminée en quantité et en qualité : c'est cette action virtuelle qui extrait de la matière nos perceptions réelles, informations dont elle a besoin pour se guider, condensations, dans un instant de notre durée, de milliers, de millions, de trillions d'événements s'accomplissant dans la durée énormément moins tendue des choses ; cette différence de tension mesure précisément l'intervalle entre le déterminisme physique et la liberté humaine, en même temps qu'elle explique leur dualité et leur coexistence*. Si, comme nous le croyons, l'apparition de l'homme, ou de quelque être de même essence, est la raison d'être de la vie sur notre planète, il faudra dire que toutes les catégories de perceptions, non seulement des hommes, mais des animaux et même des

---

* On peut donc, et même on doit, parler encore de déterminisme physique, lors même qu'on postule, avec la physique la plus récente, l'indéterminisme des événements élémentaires dont se compose le fait physique[42]. Car ce fait physique est perçu par nous comme soumis à un déterminisme inflexible, et se distingue radicalement par là des actes que nous accomplissons quand nous nous sentons libres. Ainsi que nous le suggérons ci-dessus, on peut se demander si ce n'est pas précisément pour couler la matière dans ce déterminisme, pour obtenir, dans les phénomènes qui nous entoureront, une régularité de succession nous permettant d'agir sur eux, que notre perception s'arrête à un certain degré particulier de condensation des événements élémentaires. Plus généralement, l'activité de l'être vivant s'adosserait et se mesurerait à la nécessité qui vient servir de support aux choses, par une condensation de leur durée.

plantes (lesquelles peuvent se comporter *comme si* elles avaient des perceptions) correspondent globalement au choix d'un certain *ordre de grandeur* pour la condensation. C'est là une simple hypothèse, mais elle nous paraît sortir tout naturellement des spéculations de la physique sur la structure de la matière. Que deviendrait la table sur laquelle j'écris en ce moment si ma perception, et par conséquent mon action, était faite pour l'ordre de grandeur auquel correspondent les éléments, ou plutôt les événements, constitutifs de sa matérialité ? Mon action serait dissoute ; ma perception embrasserait, à l'endroit où je vois ma table et dans le court moment où je la regarde, un univers immense et une non moins interminable histoire. Il me serait impossible de comprendre comment cette immensité mouvante peut devenir, pour que j'agisse sur elle, un simple rectangle, immobile et solide. Il en serait de même pour toutes choses et pour tous événements : le monde où nous vivons, avec les actions et réactions de ses parties les unes sur les autres, est ce qu'il est en vertu d'un certain choix dans l'échelle des grandeurs, choix déterminé lui-même par notre puissance d'agir[43]. Rien n'empêcherait d'autres mondes, correspondant à un autre choix, d'exister avec lui, dans le même lieu et le même temps : c'est ainsi que vingt postes d'émission différents lancent simultanément vingt concerts différents, qui coexistent sans qu'aucun d'eux mêle ses sons à la musique de l'autre, chacun étant entendu tout entier, et seul entendu, dans l'appareil qui a choisi pour la réception la longueur d'onde du poste d'émission. Mais n'insistons pas davantage sur une question que nous avons simplement rencontrée en route. Point n'est besoin d'une hypothèse sur la structure intime de la matière pour constater que les conceptions issues des perceptions, les idées générales correspondant aux propriétés et actions de la matière, ne sont possibles ou ne sont ce qu'elles sont qu'en raison de la mathématique immanente aux choses. C'est tout ce que nous voulions rappeler pour justifier une classification des idées générales qui met d'un côté le géométrique et, de l'autre, le vital, celui-ci apportant avec lui la ressemblance, celui-là l'identité.

Nous devons maintenant passer à la troisième catégorie que nous annoncions, aux idées générales créées tout entières par la spéculation et l'action humaines. L'homme est essentiellement fabricant. La nature, en lui refusant des instruments tout faits comme ceux des insectes par exemple, lui a donné l'intelligence, c'est-à-dire le pouvoir d'inventer et de construire un nombre indéfini d'outils. Or, si simple que soit la fabrication, elle se fait sur un modèle, perçu ou imaginé : réel est le genre que définit ou ce modèle lui-même ou le schéma de sa construction. Toute notre civilisation repose ainsi sur un certain nombre d'idées générales dont nous connaissons adéquatement le contenu, puisque nous l'avons fait, et dont la valeur est éminente, puisque nous ne pourrions pas vivre sans elles. La croyance à la réalité absolue des Idées en général, peut-être même à leur divinité, vient en partie de là. On sait quel rôle elle joue dans la philosophie antique, et même dans la nôtre. Toutes les idées générales bénéficient de l'objectivité de certaines d'entre elles. Ajoutons que la fabrication humaine ne s'exerce pas seulement sur la matière. Une fois en possession des trois espèces d'idées générales que nous avons énumérées, surtout de la dernière, notre intelligence tient ce que nous appelions l'idée générale d'idée générale. Elle peut alors construire des idées générales comme il lui plaît. Elle commence naturellement par celles qui peuvent le mieux favoriser la vie sociale, ou simplement qui se rapportent à la vie sociale ; puis viendront celles qui intéressent la spéculation pure ; et enfin celles que l'on construit pour rien, pour le plaisir. Mais, pour presque tous les concepts qui n'appartiennent pas à nos deux premières catégories, c'est-à-dire pour l'immense majorité des idées générales, c'est l'intérêt de la société avec celui des individus, ce sont les exigences de la conversation et de l'action, qui président à leur naissance.

Fermons cette trop longue parenthèse, qu'il fallait ouvrir pour montrer dans quelle mesure il y a lieu de réformer et parfois d'écarter la pensée conceptuelle pour venir à une philosophie plus intuitive. Cette philosophie, disions-nous, détournera le plus souvent de la vision sociale de l'objet déjà fait ; elle nous demandera de participer en esprit à l'acte qui le fait. Elle nous replacera donc, sur ce point particulier, dans la direction du divin. Est proprement humain, en effet, le travail d'une pensée individuelle qui accepte, telle quelle, son insertion dans la pensée sociale, et qui utilise les idées préexistantes comme tout autre outil fourni par la communauté. Mais il y a déjà quelque chose de quasi divin dans l'effort, si humble soit-il, d'un esprit qui se réinsère dans l'élan vital, générateur des sociétés qui sont génératrices d'idées.

Cet effort exorcisera certains fantômes de problèmes qui obsèdent le métaphysicien, c'est-à-dire chacun de nous. Je veux parler de ces problèmes angoissants et insolubles qui ne portent pas sur ce qui est, qui portent plutôt sur ce qui n'est pas [44]. Tel est le problème de l'origine de l'être : « Comment se peut-il que quelque chose existe – matière, esprit, ou Dieu ? Il a fallu une cause, et une cause de la cause, et ainsi de suite indéfiniment. » Nous remontons donc de cause en cause ; et si nous nous arrêtons quelque part, ce n'est pas que notre intelligence ne cherche plus rien au-delà, c'est que notre imagination finit par fermer les yeux, comme sur l'abîme, pour échapper au vertige. Tel est encore le problème de l'ordre en général : « Pourquoi une réalité ordonnée, où notre pensée se retrouve comme dans un miroir ? Pourquoi le monde n'est-il pas incohérent ? » Je dis que ces problèmes se rapportent à ce qui n'est pas, bien plutôt qu'à ce qui est. Jamais, en effet, on ne s'étonnerait de ce que quelque chose existe, – matière, esprit, Dieu –, si l'on n'admettait pas implicitement qu'il pourrait ne rien exister. Nous nous figurons, ou mieux nous croyons nous figurer, que l'être est venu combler un vide et que le néant préexistait logiquement à l'être : la réalité primordiale – qu'on l'appelle matière, esprit ou Dieu – viendrait alors s'y surajouter, et c'est incompréhensible. De même, on ne se demanderait pas pourquoi l'ordre existe si l'on ne croyait concevoir un désordre qui se serait plié à l'ordre et qui par conséquent le précéderait, au moins idéalement. L'ordre aurait donc besoin d'être expliqué, tandis que le désordre, étant de droit, ne réclamerait pas d'explication. Tel est le point de vue où l'on risque de rester tant qu'on cherche seulement à comprendre. Mais essayons, en outre, d'engendrer (nous ne le pourrons, évidemment, que par la pensée). À mesure que nous dilatons notre volonté, que nous tendons à y réabsorber notre pensée et que nous sympathisons davantage avec l'effort qui engendre les choses, ces problèmes formidables reculent, diminuent, disparaissent. Car nous sentons qu'une volonté ou une pensée divinement créatrice est trop pleine d'elle-même, dans son immensité de réalité, pour que l'idée d'un manque d'ordre ou d'un manque d'être puisse seulement l'effleurer. Se représenter la possibilité du désordre absolu, à plus forte raison du néant, serait pour elle se dire qu'elle aurait pu ne pas être du tout, et ce serait là une faiblesse incompatible avec sa nature, qui est force. Plus nous nous tournons vers elle, plus les doutes qui tourmentent l'homme normal et sain nous paraissent anormaux et morbides. Rappelons-nous le douteur qui ferme une fenêtre, puis retourne vérifier la fermeture, puis vérifie sa vérification, et ainsi de suite. Si nous lui demandons ses motifs, il nous répondra qu'il a pu chaque fois rouvrir la fenêtre en tâchant de la mieux fermer. Et s'il est philosophe, il transposera intellectuellement l'hésitation de sa conduite en cet énoncé de problème : « Comment être sûr, définitivement sûr, qu'on a fait ce que l'on voulait faire ? » Mais la vérité est que sa puissance d'agir est lésée, et que là est le mal dont il souffre : il n'avait qu'une demi-volonté d'accomplir l'acte, et c'est pourquoi l'acte accompli ne lui laisse qu'une demi-certitude. Maintenant, le problème que cet homme se pose, le résolvons-nous ? Évidemment non, mais nous ne le posons pas : là est notre supériorité. À première vue, je pourrais croire qu'il y a plus en lui qu'en moi, puisque l'un et l'autre nous fermons la fenêtre et qu'il soulève en outre, lui, une question philosophique, tandis que je n'en soulève pas. Mais la question qui se surajoute chez lui à la besogne faite ne représente en réalité que du négatif ; ce n'est pas du plus, mais du moins ; c'est un déficit du vouloir. Tel est exactement l'effet que produisent sur nous certains « grands problèmes », quand nous nous replaçons dans le sens de la pensée génératrice. Ils tendent vers zéro à mesure que nous nous rapprochons d'elle, n'étant que l'écart entre elle et nous. Nous découvrons alors l'illusion de celui qui croit faire plus en les posant qu'en ne les posant pas. Autant vaudrait s'imaginer qu'il y a plus dans la bouteille à moitié bue que dans la bouteille pleine, parce que celle-ci ne contient que du vin, tandis que dans l'autre il y a du vin, et en outre, du vide.

Mais dès que nous avons aperçu intuitivement le vrai, notre intelligence se redresse, se corrige, formule intellectuellement son erreur. Elle a reçu la suggestion ; elle fournit le contrôle. Comme le plongeur va palper au fond des eaux l'épave que l'aviateur a signalée du haut des airs, ainsi l'intelligence immergée dans le milieu conceptuel vérifiera de point en point, par contact, analytiquement, ce qui avait fait l'objet d'une vision synthétique et supra-intellectuelle. Sans un avertissement venu du dehors, la pensée d'une illusion possible ne l'eût même pas effleurée, car son illusion faisait partie de sa nature. Secouée de son sommeil, elle analysera les idées de désordre, de néant et leurs congénères. Elle reconnaîtra – ne fût-ce que pour un instant, l'illusion dût-elle reparaître aussitôt chassée – qu'on ne peut supprimer un arrangement sans qu'un autre arrangement s'y substitue, enlever de la matière sans qu'une autre matière la remplace. « Désordre » et « néant » désignent donc réellement une présence – la présence d'une chose ou d'un ordre qui ne nous intéresse pas, qui désappointe notre effort ou notre attention ; c'est notre déception qui s'exprime quand nous appelons absence cette présence. Dès lors, parler de l'absence de tout ordre et de toutes choses, c'est-à-dire du désordre absolu et de l'absolu néant, est prononcer des mots vides de sens, *flatus vocis* [45], puisqu'une suppression est simplement une substitution envisagée par une seule de ses deux faces, et que l'abolition de tout ordre ou de toutes choses serait une substitution à face unique, – idée qui a juste autant d'existence que celle d'un carré rond. Quand le philosophe parle de chaos et de néant, il ne fait donc que transporter dans l'ordre de la spéculation, – élevées à l'absolu et vidées par là de tout sens, de tout contenu effectif –, deux idées faites pour la pratique et qui se rapportaient alors à une espèce déterminée de matière ou d'ordre, mais non pas à tout ordre, non pas à toute matière. Dès lors, que deviennent les deux problèmes de l'origine de l'ordre, de l'origine de l'être ? Ils s'évanouissent, puisqu'ils ne se posent que si l'on se représente l'être et l'ordre comme « survenant », et par conséquent le néant et le désordre comme possibles ou tout au moins comme concevables ; or ce ne sont là que des mots, des mirages d'idées.

Qu'elle se pénètre de cette conviction, qu'elle se délivre de cette obsession : aussitôt la pensée humaine respire. Elle ne s'embarrasse plus des questions qui retardaient sa marche en avant*. Elle voit s'évanouir les difficultés

---

* Quand nous recommandons un état d'âme où les problèmes s'évanouissent, nous ne le faisons, bien entendu, que pour les problèmes qui nous donnent le vertige parce qu'ils nous mettent en présence du vide. Autre chose est la condition quasi animale d'un être qui ne se pose aucune question, autre chose l'état semi-divin d'un esprit qui ne connaît pas la tentation d'évoquer, par un effet de l'infirmité humaine, des problèmes artificiels. Pour cette pensée privilégiée, le problème est toujours sur le point de surgir, mais toujours arrêté, dans ce qu'il a de proprement intellectuel, par la contrepartie intellectuelle que lui suscite l'intuition. L'illusion n'est pas analysée, n'est pas dissipée, puisqu'elle ne se déclare pas ; mais *elle le serait* si elle se déclarait ; et ces deux possibilités

qu'élevèrent tour à tour, par exemple, le scepticisme antique et le criticisme moderne. Elle peut aussi bien passer à côté de la philosophie kantienne et des « théories de la connaissance » issues du kantisme ; elle ne s'y arrêtera pas. Tout l'objet de la *Critique de la raison pure* est en effet d'expliquer comment un ordre défini vient se surajouter à des matériaux supposés incohérents. Et l'on sait de quel prix elle nous fait payer cette explication : l'esprit humain imposerait sa forme à une « diversité sensible » venue on ne sait d'où ; l'ordre que nous trouvons dans les choses serait celui que nous y mettons nous-mêmes. De sorte que la science serait légitime, mais relative à notre faculté de connaître, et la métaphysique impossible, puisqu'il n'y aurait pas de connaissance en dehors de la science. L'esprit humain est ainsi relégué dans un coin, comme un écolier en pénitence : défense de retourner la tête pour voir la réalité telle qu'elle est. – Rien de plus naturel, si l'on n'a pas remarqué que l'idée de désordre absolu est contradictoire ou plutôt inexistante, simple mot par lequel on désigne une oscillation de l'esprit entre deux ordres différents : dès lors il est absurde de supposer que le désordre précède logiquement ou chronologiquement l'ordre. Le mérite du kantisme a été de développer dans toutes ses conséquences, et de présenter sous sa forme la plus systématique, une illusion naturelle. Mais il l'a conservée ; c'est même sur elle qu'il repose. Dissipons l'illusion : nous restituons aussitôt à l'esprit humain, par la science et par la métaphysique, la connaissance de l'absolu [46].

Nous revenons donc encore à notre point de départ. Nous disions qu'il faut amener la philosophie à une précision plus haute, la mettre à même de résoudre des problèmes plus spéciaux, faire d'elle l'auxiliaire et, s'il est

---

antagonistes, qui sont d'ordre intellectuel, s'annulent intellectuellement pour ne plus laisser de place qu'à l'intuition du réel. Dans les deux cas que nous avons cités, c'est l'analyse des idées de désordre et de néant qui fournit la contrepartie intellectuelle de l'illusion intellectualiste.

besoin, la réformatrice de la science positive. Plus de grand système qui embrasse tout le possible, et parfois aussi l'impossible ! Contentons-nous du réel, matière et esprit. Mais demandons à notre théorie de l'embrasser si étroitement qu'entre elle et lui nulle autre interprétation ne puisse se glisser. Il n'y aura plus alors qu'une philosophie, comme il n'y a qu'une science. L'une et l'autre se feront par un effort collectif et progressif. Il est vrai qu'un perfectionnement de la méthode philosophique s'imposera, symétrique et complémentaire de celui que reçut jadis la science positive.

Telle est la doctrine que certains avaient jugée attentatoire à la Science et à l'Intelligence. C'était une double erreur. Mais l'erreur était instructive, et il sera utile de l'analyser.

Pour commencer par le premier point, remarquons que ce ne sont généralement pas les vrais savants qui nous ont reproché d'attenter à la science. Tel d'entre eux a pu critiquer telle de nos vues : c'est précisément parce qu'il la jugeait scientifique, parce que nous avions transporté sur le terrain de la science, où il se sentait compétent, un problème de philosophie pure. Encore une fois, nous voulions une philosophie qui se soumît au contrôle de la science et qui pût aussi la faire avancer. Et nous pensons y avoir réussi, puisque la psychologie, la neurologie, la pathologie, la biologie, se sont de plus en plus ouvertes à nos vues [47], d'abord jugées paradoxales. Mais, fussent-elles demeurées paradoxales, ces vues n'auraient jamais été antiscientifiques. Elles auraient toujours témoigné d'un effort pour constituer une métaphysique ayant avec la science une frontière commune et pouvant alors, sur une foule de points, se prêter à une vérification. N'eût-on pas cheminé le long de cette frontière, eût-on simplement remarqué qu'il y en avait une et que métaphysique et science pouvaient ainsi se toucher, on se fût déjà rendu compte de la place que nous assignons à la science positive ; aucune philosophie, disions-nous, pas même le positivisme, ne l'a mise aussi haut ; à la science, comme à la métaphysique, nous avons attribué le pouvoir d'atteindre un absolu. Nous avons seulement demandé à la science de rester scientifique, et de ne pas se doubler d'une métaphysique inconsciente, qui se présente alors aux ignorants, ou aux demi-savants, sous le masque de la science. Pendant plus d'un demi-siècle, ce « scientisme » s'était mis en travers de la métaphysique. Tout effort d'intuition était découragé par avance ; il se brisait contre des négations qu'on croyait scientifiques. Il est vrai que, dans plus d'un cas, elles émanaient de vrais savants [48]. Ceux-ci étaient dupes, en effet, de la mauvaise métaphysique qu'on avait prétendu tirer de la science et qui, revenant à la science par ricochet, faussait la science sur bien des points. Elle allait jusqu'à fausser l'observation, s'interposant dans certains cas entre l'observateur et les faits. C'est de quoi nous crûmes jadis pouvoir donner la démonstration sur des exemples précis, celui des aphasies [49] en particulier, pour le plus grand bien de la science en même temps que de la philosophie. Mais supposons même qu'on ne veuille être ni assez métaphysicien ni assez savant pour entrer dans ces considérations, qu'on se désintéresse du contenu de la doctrine, qu'on en ignore la méthode : un simple coup d'œil jeté sur les applications montre quel travail de circonvallation scientifique elle exige avant l'attaque du moindre problème. Il n'en faut pas davantage pour voir la place que nous faisons à la science. En réalité, la principale difficulté de la recherche philosophique, telle que nous la comprenons, est là. Raisonner sur des idées abstraites est aisé : la construction métaphysique n'est qu'un jeu, pour peu qu'on y soit prédisposé. Approfondir intuitivement l'esprit est peut-être plus pénible, mais aucun philosophe n'y travaillera longtemps de suite ; il aura bien vite aperçu, chaque fois, ce qu'il est en état d'apercevoir. En revanche, si l'on accepte une telle méthode [50], on n'aura jamais assez fait d'études préparatoires, jamais suffisamment appris. Voici un problème philosophique. Nous ne l'avons pas choisi, nous l'avons rencontré. Il nous barre la route, et dès lors il faut écarter l'obstacle ou ne plus philosopher. Point de subterfuge possible ; adieu l'artifice dialectique qui endort l'attention et qui donne, en rêve, l'illusion d'avancer. La difficulté doit être résolue, et le problème analysé en ses éléments. Où sera-t-on conduit ? Nul ne le sait. Nul ne dira même quelle est la science dont relèveront les nouveaux problèmes. Ce pourra être une science à laquelle on est totalement étranger. Que dis-je ? Il ne suffira pas de faire connaissance avec elle, ni même d'en pousser très loin l'approfondissement : force sera parfois d'en réformer certains procédés, certaines habitudes, certaines théories en se réglant justement sur les faits et les raisons qui ont suscité des questions nouvelles. Soit ; on s'initiera à la science qu'on ignore, on l'approfondira, au besoin on la réformera. Et s'il y faut des mois ou des années ? On y consacrera le temps qu'il faudra. Et si une vie n'y suffit pas ? Plusieurs vies en viendront à bout ; nul philosophe n'est maintenant obligé de construire toute la philosophie. Voilà le langage que nous tenons au philosophe. Telle est la méthode que nous lui proposons. Elle exige qu'il soit toujours prêt, quel que soit son âge, à se refaire étudiant.

À vrai dire, la philosophie est tout près d'en venir là. Le changement s'est déjà fait sur certains points. Si nos vues furent généralement jugées paradoxales quand elles parurent, quelques-unes sont aujourd'hui banales ; d'autres sont en passe de le devenir. Reconnaissons qu'elles ne pouvaient être acceptées d'abord. Il eût fallu s'arracher à des habitudes profondément enracinées, véritables prolongements de la nature. Toutes les manières de parler, de penser, de percevoir impliquent en effet que l'immobilité et l'immutabilité sont de droit, que le mouvement et le changement viennent se surajouter, comme des accidents, à des choses qui par elles-mêmes ne se meuvent pas, et en elles-mêmes ne changent pas. La représentation du changement est celle de qualités ou d'états qui se succéderaient dans une substance. Chacune des qualités, chacun des états serait du stable, le changement étant fait de leur succession : quant à la substance, dont le rôle est de supporter les états et les qualités qui se succèdent, elle serait la stabilité même. Telle est la logique immanente à nos langues, et formulée une fois pour toutes par Aristote : l'intelligence a pour essence de juger, et le jugement s'opère par l'attribution d'un prédicat à un sujet. Le sujet, par cela seul qu'on le nomme, est défini comme invariable ; la variation résidera dans la diversité des états qu'on affirmera de lui tour à tour. En procédant ainsi par apposition d'un prédicat à un sujet, du stable au stable, nous suivons la pente de notre intelligence, nous nous conformons aux exigences de notre langage, et, pour tout dire, nous obéissons à la nature. Car la nature a prédestiné l'homme à la vie sociale ; elle a voulu le travail en commun ; et ce travail sera possible si nous faisons passer d'un côté la stabilité absolument définitive du sujet, de l'autre les stabilités provisoirement définitives des qualités et des états, qui se trouveront être des attributs. En énonçant le sujet, nous adossons notre communication à une connaissance que nos interlocuteurs possèdent déjà, puisque la substance est censée invariable ; ils savent désormais sur quel point diriger leur attention ; viendra alors l'information que nous voulons leur donner, dans l'attente de laquelle nous les plaçions en introduisant la substance, et que leur apporte l'attribut. Mais ce n'est pas seulement en nous façonnant pour la vie sociale, en nous laissant toute latitude pour l'organisation de la société, en rendant ainsi nécessaire le langage, que la nature nous a prédestinés à voir dans le changement et le mouvement des accidents, à ériger l'immutabilité et l'immobilité en essences ou substances, en supports. Il faut ajouter que notre perception procède elle-même selon cette philosophie. Elle découpe, dans la continuité de l'étendue, des corps choisis précisément de telle manière qu'ils puissent être traités comme invariables pendant qu'on les considère. Quand la variation est trop forte pour ne pas frapper, on dit que l'état auquel on avait affaire a cédé la place à un autre, lequel ne variera pas davantage. Ici encore c'est la nature, préparatrice de l'action individuelle et sociale, qui a tracé les grandes lignes de notre langage et de notre pensée, sans les faire d'ailleurs coïncider ensemble, et en laissant aussi une large place à la contingence et à la variabilité. Il suffira, pour s'en convaincre, de comparer à notre durée ce qu'on pourrait appeler la durée des choses : deux rythmes bien différents, calculés de telle manière que dans le plus court intervalle perceptible de notre temps tiennent des trillions d'oscillations ou plus généralement d'événements extérieurs qui se répètent : cette immense histoire, que nous mettrions des centaines de siècles à dérouler, nous l'appréhendons dans une synthèse indivisible [51]. Ainsi la perception, la pensée, le langage, toutes les activités individuelles ou sociales de l'esprit conspirent à nous mettre en présence d'objets que nous pouvons tenir pour invariables et immobiles pendant que nous les considérons, comme aussi en présence de personnes, y compris la nôtre, qui deviendront à nos yeux des objets et, par là même, des substances invariables. Comment déraciner une inclination aussi profonde ? Comment amener l'esprit humain à renverser le sens de son opération habituelle, à partir du changement et du mouvement, envisagés comme la réalité même, et à ne plus voir dans les arrêts ou les états que des instantanés pris sur du mouvant ? Il fallait lui montrer que, si la marche habituelle de la pensée est pratiquement utile, commode pour la conversation, la coopération, l'action, elle conduit à des problèmes philosophiques qui sont et qui resteront insolubles, étant posés à l'envers. C'est précisément parce qu'on les voyait insolubles, et parce qu'ils n'apparaissaient pas comme mal posés, que l'on concluait à la relativité de toute connaissance et à l'impossibilité d'atteindre l'absolu. Le succès du positivisme et du kantisme, attitudes d'esprit à peu près générales quand nous commencions à philosopher, venait principalement de là. À l'attitude humiliée on devait renoncer peu à peu, à mesure qu'on apercevrait la vraie cause des antinomies irréductibles. Celles-ci étaient de fabrication humaine. Elles ne venaient pas du fond des choses, mais d'un transport automatique, à la spéculation, des habitudes contractées dans l'action. Ce qu'un laisser-aller de l'intelligence avait fait, un effort de l'intelligence pouvait le défaire. Et ce serait pour l'esprit humain une libération.

Hâtons-nous d'ailleurs de le dire : une méthode qu'on propose ne se fait comprendre que si on l'applique à un exemple. Ici l'exemple était tout trouvé. Il s'agissait de ressaisir la vie intérieure, au-dessous de la juxtaposition que nous effectuons de nos états dans un temps spatialisé. L'expérience était à la portée de tous ; et ceux qui voulurent bien la faire n'eurent pas de peine à se représenter la substantialité du moi comme sa durée même. C'est, disions-nous, la continuité indivisible et indestructible d'une mélodie où le passé entre dans le présent et forme avec lui un tout indivisé, lequel reste indivisé et même indivisible en dépit de ce qui s'y ajoute à chaque instant ou plutôt grâce à ce qui s'y ajoute. Nous en avons l'intuition ; mais dès que nous en cherchons une représentation intellectuelle, nous alignons à la suite les uns des autres des états devenus distincts comme les perles d'un collier et nécessitant alors, pour les retenir ensemble, un fil qui n'est ni ceci ni cela, rien qui ressemble aux perles, rien qui ressemble à quoi que ce soit, entité vide, simple mot. L'intuition nous donne la chose dont l'intelligence ne saisit que la transposition spatiale, la traduction métaphorique.

Voilà qui est clair pour notre propre substance. Que penser de celle des choses ? Quand nous commençâmes à écrire, la physique n'avait pas encore accompli les progrès décisifs qui devaient renouveler ses idées sur la structure de la matière [52]. Mais convaincu, dès alors, qu'immobilité et invariabilité n'étaient que des vues prises sur le mouvant et le changeant, nous ne pouvions croire que la matière, dont l'image solide avait été obtenue par des immobilisations de changement, perçues alors comme des qualités, fût composée d'éléments solides comme elle. On avait beau s'abstenir de toute représentation imagée de l'atome, du corpuscule, de l'élément ultime quel qu'il fût : c'était pourtant une *chose* servant de support à des mouvements et à des changements, et par conséquent en elle-même ne changeant pas, par elle-même ne se mouvant pas. Tôt ou tard, pensions-nous, il faudrait renoncer à l'idée de support. Nous en dîmes un mot dans notre premier livre : c'est à des « mouvements de mouvements » que nous aboutissions, sans pouvoir d'ailleurs préciser davantage notre pensée*. Nous cherchâmes une approximation un peu plus grande dans l'ouvrage suivant**. Nous allâmes plus loin encore dans nos conférences sur « la perception du changement*** ». La même raison qui devait nous faire écrire plus tard que « l'évolution ne saurait se reconstituer avec des fragments de l'évolué » nous donnait à penser que le solide doit se résoudre en tout autre chose que du solide. L'inévitable propension de notre esprit à se représenter l'élément comme fixe était légitime dans d'autres domaines, puisque c'est une exigence de l'action : justement pour cette raison, la spéculation devait ici se tenir en garde contre elle. Mais nous ne pouvions qu'attirer l'attention sur ce point. Tôt ou tard, pensions-nous, la physique serait amenée à voir dans la fixité de l'élément une forme de la mobilité. Ce jour-là, il est vrai, la science renoncerait probablement à en chercher une représentation

---

* *Essai sur les données immédiates de la conscience*, Paris, 1889, p. 156.
** *Matière et mémoire*, Paris, 1896, surtout les p. 221-228. Cf. tout le chapitre IV, et en particulier la p. 233.
*** « La Perception du changement », Oxford, 1911 (conférences reproduites dans le présent volume).

imagée, l'image d'un mouvement étant celle d'un point (c'est-à-dire toujours d'une minuscule solide) qui se meut. Par le fait, les grandes découvertes théoriques de ces dernières années ont amené les physiciens à supposer une espèce de fusion entre l'onde et le corpuscule, – nous dirions entre la substance et le mouvement*. Un penseur profond, venu des mathématiques à la philosophie, verra un morceau de fer comme « une continuité mélodique** ».

Longue serait la liste des « paradoxes », plus ou moins apparentés à notre « paradoxe » fondamental, qui ont ainsi franchi peu à peu l'intervalle de l'improbabilité à la probabilité, pour s'acheminer peut-être à la banalité. Encore une fois, nous avions beau être parti d'une expérience directe, les résultats de cette expérience ne pouvaient se faire adopter que si le progrès de l'expérience extérieure, et de tous les procédés de raisonnement qui s'y rattachent, en imposait l'adoption. Nous-mêmes en étions là : telle conséquence de nos premières réflexions ne fut clairement aperçue et définitivement acceptée par nous que lorsque nous y fûmes parvenu de nouveau par un tout autre chemin.

Nous citerons comme exemple notre conception de la relation psychophysiologique. Quand nous nous posâmes le problème de l'action réciproque du corps et de l'esprit l'un sur l'autre, ce fut uniquement parce que nous l'avions rencontré dans notre étude des « données immédiates de la conscience ». La liberté nous était apparue alors comme un fait ; et d'autre part l'affirmation du déterminisme universel, qui était posée par les savants comme une règle de méthode, était généralement acceptée par les philosophes comme un dogme scientifique. La

---

* Voir à ce sujet BACHELARD, « Noumène et microphysique », p. 55-65 du recueil *Recherches philosophiques*, Paris, 1931-1932.

** Sur ces idées de Whitehead, et sur leur parenté avec les nôtres, voir J. WAHL, *La Philosophie spéculative de Whitehead*, p. 145-155, dans *Vers le concret*, Paris, 1932.

liberté humaine était-elle compatible avec le déterminisme de la nature ? Comme la liberté était devenue pour nous un fait indubitable, nous l'avions considérée à peu près seule dans notre premier livre : le déterminisme s'arrangerait avec elle comme il le pourrait ; il s'arrangerait sûrement, aucune théorie ne pouvant résister longtemps à un fait. Mais le problème écarté tout le long de notre premier travail se dressait maintenant devant nous inéluctablement. Fidèle à notre méthode, nous lui demandâmes de se poser en termes moins généraux et même, si c'était possible, de prendre une forme concrète, d'épouser les contours de quelques faits sur lesquels l'observation directe eût prise. Inutile de raconter ici comment le problème traditionnel de « la relation de l'esprit au corps » se resserra devant nous au point de n'être plus que celui de la localisation cérébrale de la mémoire, et comment cette dernière question, beaucoup trop vaste elle-même, en vint peu à peu à ne plus concerner que la mémoire des mots, plus spécialement encore les maladies de cette mémoire particulière, les aphasies [53]. L'étude des diverses aphasies, poursuivie par nous avec l'unique souci de dégager les faits à l'état pur, nous montra qu'entre la conscience et l'organisme il y avait une relation qu'aucun raisonnement n'eût pu construire *a priori*, une correspondance qui n'était ni le parallélisme ni l'épiphénoménisme, ni rien qui y ressemblât. Le rôle du cerveau était de choisir à tout moment, parmi les souvenirs, ceux qui pouvaient éclairer l'action commencée, d'exclure les autres. Redevenaient conscients, alors, les souvenirs capables de s'insérer dans le cadre moteur sans cesse changeant, mais toujours préparé ; le reste demeurait dans l'inconscient. Le rôle du corps était ainsi de jouer la vie de l'esprit, d'en souligner les articulations motrices, comme fait le chef d'orchestre pour une partition musicale ; le cerveau n'avait pas pour fonction de penser, mais d'empêcher la pensée de se perdre dans le rêve ; c'était l'organe de l'*attention à la vie*. Telle était la conclusion à laquelle nous étions conduit par la minutieuse étude des faits normaux et pathologiques, plus généralement par l'observation extérieure. Mais alors seulement nous nous aperçûmes que l'expérience interne à l'état pur, en nous donnant une « substance » dont l'essence même est de *durer* et par conséquent de prolonger sans cesse dans le présent un passé indestructible, nous eût dispensé et même nous eût interdit de chercher où le souvenir est conservé. Il se conserve lui-même, comme nous l'admettons tous quand nous prononçons un mot par exemple. Pour le prononcer, il faut bien que nous nous souvenions de la première moitié au moment où nous articulons la seconde. Personne ne jugera cependant que la première ait été tout de suite déposée dans un tiroir, cérébral ou autre, pour que la conscience vînt l'y chercher l'instant d'après. Mais s'il en est ainsi de la première moitié du mot, il en sera de même du mot précédent, qui fait corps avec elle, pour le son et pour le sens ; il en sera de même du commencement de la phrase, et de la phrase antérieure, et de tout le discours que nous aurions pu faire très long, indéfiniment long si nous l'avions voulu. Or, notre vie entière, depuis le premier éveil de notre conscience, est quelque chose comme ce discours indéfiniment prolongé. Sa durée est substantielle, indivisible en tant que durée pure. Ainsi nous aurions pu, à la rigueur, faire l'économie de plusieurs années de recherche. Mais comme notre intelligence n'était pas différente de celle des autres hommes, la force de conviction qui accompagnait notre intuition de la durée quand nous nous en tenions à la vie intérieure ne s'étendait pas beaucoup plus loin. Surtout, nous n'aurions pas pu, avec ce que nous avions noté de cette vie intérieure dans notre premier livre, approfondir comme nous fûmes amené à le faire les diverses fonctions intellectuelles, mémoire, association des idées, abstraction, généralisation, interprétation, attention. La psychophysiologie d'une part, la psycho-pathologie de l'autre, dirigèrent le regard de notre conscience sur plus d'un problème dont nous aurions, sans elles, négligé l'étude, et que l'étude nous fit poser autrement. Les résultats ainsi obtenus ne furent pas sans agir sur la psycho-physiologie et la psycho-pathologie elles-mêmes [54]. Pour nous en tenir à cette dernière science, nous mentionnerons simplement l'importance croissante qu'y prirent peu à peu les considérations de tension psychologique, d'attention à la vie, et tout ce qu'enveloppe le concept de « schizophrénie [55] ». Il n'est pas jusqu'à notre idée d'une conservation intégrale du passé qui n'ait trouvé de plus en plus sa vérification empirique dans le vaste ensemble d'expériences institué par les disciples de Freud [56].

Plus lentes encore à se faire accepter sont des vues situées au point de convergence de trois spéculations différentes, et non plus seulement de deux. Celles-là sont d'ordre métaphysique. Elles concernent l'appréhension de la matière par l'esprit et devraient mettre fin à l'antique conflit du réalisme et de l'idéalisme en déplaçant la ligne de démarcation entre le sujet et l'objet, entre l'esprit et la matière [57]. Ici encore le problème se résout en se posant autrement. L'analyse psychologique toute seule nous avait montré dans la mémoire des plans de conscience successifs, depuis le « plan du rêve », le plus étendu de tous, sur lequel est étalé, comme sur la base d'une pyramide, tout le passé de la personne, jusqu'au point, comparable au sommet, où la mémoire n'est plus que la perception de l'actuel avec des actions naissantes qui la prolongent. Cette perception de tous les corps environnants siège-t-elle dans le corps organisé ? On le croit généralement. L'action des corps environnants s'exercerait sur le cerveau par l'intermédiaire des organes des sens ; dans le cerveau s'élaboreraient des sensations et des perceptions inextensives : ces perceptions seraient projetées au-dehors par la conscience et viendraient en quelque sorte recouvrir les objets extérieurs. Mais la comparaison des données de la psychologie avec celles de la physiologie nous montrait tout autre chose. L'hypothèse d'une projection excentrique des sensations nous apparaissait comme fausse quand on la considérait superficiellement, de moins en moins intelligible à mesure qu'on l'approfondissait, assez naturelle cependant quand on tenait compte de la direction où psychologie et philosophie s'étaient engagées et de l'inévitable illusion où l'on tombait quand on découpait d'une certaine manière la réalité pour poser en certains termes les problèmes. On était obligé d'imaginer dans le cerveau je ne sais quelle représentation réduite, quelle miniature du monde extérieur, laquelle se réduisait plus encore et devenait même inétendue pour passer de là dans la conscience : celle-ci, munie de l'Espace comme d'une « forme », restituait l'étendue à l'inétendu et retrouvait, par une reconstruction, le monde extérieur. Toutes ces théories tombaient, avec l'illusion qui leur avait donné naissance. Ce n'est pas en nous, c'est en eux que nous percevons les objets[58] ; c'est du moins en eux que nous les percevrions si notre perception était « pure ». Telle était notre conclusion. Au fond, nous revenions simplement à l'idée du sens commun. « On étonnerait beaucoup, écrivions-nous, un homme étranger aux spéculations philosophiques en lui disant que l'objet qu'il a devant lui, qu'il voit et qu'il touche, n'existe que dans son esprit et pour son esprit, ou même, plus généralement, n'existe que pour un esprit, comme le voulait Berkeley... Mais, d'autre part, nous étonnerions autant cet interlocuteur en lui disant que l'objet est tout différent de ce qu'on y aperçoit... Donc, pour le sens commun, l'objet existe en lui-même et, d'autre part, l'objet est, en lui-même, pittoresque comme nous l'apercevons : c'est une image, mais une image qui existe en soi*. » Comment une doctrine qui se plaçait ici au point de vue du sens commun a-t-elle pu paraître aussi étrange ? On se l'explique sans peine quand on suit le développement de la philosophie moderne et quand on voit comment elle s'orienta dès le début vers l'idéalisme, cédant à une poussée qui était celle même de la science

---

* *Matière et mémoire*, avant-propos de la septième édition, p. II.

naissante. Le réalisme se posa de la même manière ; il se formula par opposition à l'idéalisme, en utilisant les mêmes termes ; de sorte qu'il se créa chez les philosophes certaines habitudes d'esprit en vertu desquelles l'« objectif » et le « subjectif » étaient départagés à peu près de même par tous, quel que fut le rapport établi entre les deux termes et à quelque école philosophique qu'on se rattachât. Renoncer à ces habitudes était d'une difficulté extrême ; nous nous en aperçûmes à l'effort presque douloureux, toujours à recommencer, que nous dûmes faire nous-mêmes pour revenir à un point de vue qui ressemblait si fort à celui du sens commun. Le premier chapitre de *Matière et mémoire*, où nous consignâmes le résultat de nos réflexions sur les « images », fut jugé obscur par tous ceux qui avaient quelque habitude de la spéculation philosophique, et en raison de cette habitude même. Je ne sais si l'obscurité s'est dissipée : ce qui est certain, c'est que les théories de la connaissance qui ont vu le jour dans ces derniers temps, à l'étranger surtout, semblent laisser de côté les termes où kantiens et antikantiens s'accordaient à poser le problème. On revient à l'immédiatement donné, ou l'on y tend.

Voilà pour la Science, et pour le reproche qu'on nous fit de la combattre. Quant à l'Intelligence, point n'était besoin de tant s'agiter pour elle. Que ne la consultait-on d'abord ? Étant intelligence et par conséquent comprenant tout, elle eût compris et dit que nous ne lui voulions que du bien. En réalité, ce qu'on défendait contre nous, c'était d'abord un rationalisme sec, fait surtout de négations, et dont nous éliminions la partie négative par le seul fait de proposer certaines solutions ; c'était ensuite, et peut-être principalement, un verbalisme qui vicie encore une bonne partie de la connaissance et que nous voulions définitivement écarter.

Qu'est-ce en effet que l'intelligence ? La manière humaine de penser. Elle nous a été donnée, comme l'instinct à l'abeille, pour diriger notre conduite. La nature nous ayant destinés à utiliser et à maîtriser la matière, l'intelligence n'évolue avec facilité que dans l'espace et ne se sent à son aise que dans l'inorganisé. Originellement, elle tend à la fabrication ; elle se manifeste par une activité qui prélude à l'art mécanique et par un langage qui annonce la science, – tout le reste de la mentalité primitive étant croyance et tradition. Le développement normal de l'intelligence s'effectue donc dans la direction de la science et de la technicité. Une mécanique encore grossière suscite une mathématique encore imprécise : celle-ci, devenue scientifique et faisant alors surgir les autres sciences autour d'elle, perfectionne indéfiniment l'art mécanique. Science et art nous introduisent ainsi dans l'intimité d'une matière que l'une pense et que l'autre manipule. De ce côté, l'intelligence finirait, en principe, par toucher un absolu. Elle serait alors complètement elle-même. Vague au début, parce qu'elle n'était qu'un pressentiment de la matière, elle se dessine d'autant plus nettement elle-même qu'elle connaît la matière plus précisément. Mais, précise ou vague, elle est l'attention que l'esprit prête à la matière. Comment donc l'esprit serait-il encore intelligence quand il se retourne sur lui-même ? On peut donner aux choses le nom qu'on veut, et je ne vois pas grand inconvénient, je le répète, à ce que la connaissance de l'esprit par l'esprit s'appelle encore intelligence, si l'on y tient. Mais il faudra spécifier alors qu'il y a deux fonctions intellectuelles, inverses l'une de l'autre, car l'esprit ne pense l'esprit qu'en remontant la pente des habitudes contractées au contact de la matière, et ces habitudes sont ce qu'on appelle couramment les tendances intellectuelles. Ne vaut-il pas mieux alors désigner par un autre nom une fonction qui n'est certes pas ce qu'on appelle ordinairement intelligence ? Nous disons que c'est de l'intuition. Elle représente l'attention que l'esprit se prête à lui-même, par surcroît, tandis qu'il se fixe sur la matière, son objet. Cette attention supplémentaire peut être méthodiquement cultivée et développée. Ainsi se constituera une science de l'esprit, une métaphysique véritable, qui définira l'esprit positivement au lieu de nier simplement de lui tout ce que nous savons de la matière. En comprenant ainsi la métaphysique, en assignant à l'intuition la connaissance de l'esprit, nous ne retirons rien à l'intelligence, car nous prétendons que la métaphysique qui était œuvre d'intelligence pure éliminait le temps, que dès lors elle niait l'esprit ou le définissait par des négations : cette connaissance toute négative de l'esprit, nous la laisserons volontiers à l'intelligence si l'intelligence tient à la garder ; nous prétendons seulement qu'il y en a une autre. Sur aucun point, donc, nous ne diminuons l'intelligence ; nous ne la chassons d'aucun des terrains qu'elle occupait jusqu'à présent ; et, là où elle est tout à fait chez elle, nous lui attribuons une puissance que la philosophie moderne lui a généralement contestée. Seulement, à côté d'elle, nous constatons l'existence d'une autre faculté, capable d'une autre espèce de connaissance. Nous avons ainsi, d'une part, la science et l'art mécanique, qui relèvent de l'intelligence pure ; de l'autre, la métaphysique, qui fait appel à l'intuition. Entre ces deux extrémités viendront alors se placer les sciences de la vie morale, de la vie sociale, et même de la vie organique, celles-ci plus intellectuelles, celles-là plus intuitives. Mais, intuitive ou intellectuelle, la connaissance sera marquée au sceau de la précision [59].

Rien de précis, au contraire, dans la conversation, qui est la source ordinaire de la « critique ». D'où viennent les idées qui s'y échangent ? Quelle est la portée des mots ? Il ne faut pas croire que la vie sociale soit une habitude acquise et transmise [60]. L'homme est organisé pour la cité comme la fourmi pour la fourmilière, avec cette différence pourtant que la fourmi possède les moyens tout faits d'atteindre le but, tandis que nous apportons ce qu'il faut pour les réinventer et par conséquent pour en varier la forme. Chaque mot de notre langue a donc beau être conventionnel, le langage n'est pas une convention, et il est aussi naturel à l'homme de parler que de marcher. Or, quelle est la fonction primitive du langage ? C'est d'établir une communication en vue d'une coopération. Le langage transmet des ordres ou des avertissements. Il prescrit ou il décrit. Dans le premier cas, c'est l'appel à l'action immédiate ; dans le second, c'est le signalement de la chose ou de quelqu'une de ses propriétés, en vue de l'action future. Mais, dans un cas comme dans l'autre, la fonction est industrielle, commerciale, militaire, toujours sociale. Les choses que le langage décrit ont été découpées dans le réel par la perception humaine en vue du travail humain. Les propriétés qu'il signale sont les appels de la chose à une activité humaine. Le mot sera donc le même, comme nous le disions, quand la démarche suggérée sera la même, et notre esprit attribuera à des choses diverses la même propriété, se les représentera de la même manière, les groupera enfin sous la même idée, partout où la suggestion du même parti à tirer, de la même action à faire, suscitera le même mot. Telles sont les origines du mot et de l'idée. L'un et l'autre ont sans doute évolué. Ils ne sont plus aussi grossièrement utilitaires. Ils restent utilitaires cependant. La pensée sociale ne peut pas ne pas conserver sa structure originelle. Est-elle intelligence ou intuition ? Je veux bien que l'intuition y fasse filtrer sa lumière : il n'y a pas de pensée sans esprit de finesse, et l'esprit de finesse est le reflet de l'intuition dans l'intelligence. Je veux bien aussi que cette part si modique d'intuition se soit élargie, qu'elle ait donné naissance à la poésie, puis à la prose, et converti en instruments d'art les mots qui n'étaient d'abord que des signaux : par les Grecs surtout s'est accompli ce miracle. Il n'en est pas moins vrai que pensée et langage, originellement destinés à organiser le travail des hommes dans l'espace, sont d'essence intellectuelle [61]. Mais c'est nécessairement de l'intellectualité vague, – adaptation très générale de l'esprit à la matière que la société doit utiliser. Que la philosophie s'en soit d'abord contentée et qu'elle ait commencé par être dialectique pure, rien de plus naturel.

Elle ne disposait pas d'autre chose. Un Platon, un Aristote adoptent le découpage de la réalité qu'ils trouvent tout fait dans le langage : « dialectique », qui se rattache à διαλέγειν, διαλέγεσθαι, signifie en même temps « dialogue » et « distribution » ; une dialectique comme celle de Platon était à la fois une conversation où l'on cherchait à se mettre d'accord sur le sens d'un mot et une répartition des choses selon les indications du langage. Mais tôt ou tard ce système d'idées calquées sur les mots devait céder la place à une connaissance exacte représentée par des signes plus précis ; la science se constituerait alors en prenant explicitement pour objet la matière, pour moyen l'expérimentation, pour idéal la mathématique ; l'intelligence arriverait ainsi au complet approfondissement de la matérialité et par conséquent aussi d'elle-même. Tôt ou tard aussi se développerait une philosophie qui s'affranchirait à son tour du mot, mais cette fois pour aller en sens inverse de la mathématique et pour accentuer, de la connaissance primitive et sociale, l'intuitif au lieu de l'intellectuel [62]. Entre l'intuition et l'intelligence ainsi intensifiées le langage devait pourtant demeurer. Il reste, en effet, ce qu'il a toujours été. Il a beau s'être chargé de plus de science et de plus de philosophie ; il n'en continue pas moins à accomplir sa fonction. L'intelligence, qui se confondait d'abord avec lui et qui participait de son imprécision, s'est précisée en science ; elle s'est emparée de la matière. L'intuition, qui lui faisait sentir son influence, voudrait s'élargir en philosophie et devenir coextensive à l'esprit. Entre elles cependant, entre ces deux formes de la pensée solitaire subsiste la pensée en commun, qui fut d'abord toute la pensée humaine. C'est elle que le langage continue à exprimer. Il s'est lesté de science, je le veux bien ; mais l'esprit scientifique exige que tout soit remis en question à tout instant, et le langage a besoin de stabilité. Il est ouvert à la philosophie ; mais l'esprit philosophique sympathise avec la rénovation et la réinvention sans fin qui sont au fond des choses, et les mots ont un sens défini, une valeur conventionnelle relativement fixe ; ils ne peuvent exprimer le nouveau que comme un réarrangement de l'ancien. On appelle couramment et peut-être imprudemment « raison » cette logique conservatrice qui régit la pensée en commun : conversation ressemble beaucoup à conservation. Elle est là chez elle. Et elle y exerce une autorité légitime. Théoriquement, en effet, la conversation ne devrait porter que sur les choses de la vie sociale. Et l'objet essentiel de la société est d'insérer une certaine fixité dans la mobilité universelle. Autant de sociétés, autant d'îlots consolidés, çà et là, dans l'océan du devenir. Cette consolidation est d'autant plus parfaite que l'activité sociale est plus intelligente. L'intelligence générale, faculté d'arranger « raisonnablement » les concepts et de manier convenablement les mots, doit donc concourir à la vie sociale, comme l'intelligence, au sens plus étroit, fonction mathématique de l'esprit, préside à la connaissance de la matière. C'est à la première surtout que l'on pense quand on dit d'un homme qu'il est intelligent. On entend par là qu'il a de l'habileté et de la facilité à marier ensemble les concepts usuels pour en tirer des conclusions probables. On ne peut d'ailleurs que lui en savoir gré, tant qu'il s'en tient aux choses de la vie courante, pour laquelle les concepts ont été faits. Mais on n'admettrait pas qu'un homme simplement intelligent se mêlât de trancher les questions scientifiques, alors que l'intelligence précisée en science devient esprit mathématique, physique, biologique, et substitue aux mots des signes mieux appropriés. À plus forte raison devrait-on l'interdire en philosophie, alors que les questions posées ne relèvent plus de la seule intelligence. Mais non, il est entendu que l'homme intelligent est ici un homme compétent. C'est contre quoi nous protestons d'abord. Nous mettons très haut l'intelligence. Mais nous avons en médiocre estime l'« homme intelligent [63] », habile à parler vraisemblablement de toutes choses.

Habile à parler, prompt à critiquer. Quiconque s'est dégagé des mots pour aller aux choses, pour en retrouver les articulations naturelles, pour approfondir expérimentalement un problème, sait bien que l'esprit marche alors de surprise en surprise. Hors du domaine proprement humain, je veux dire social, le vraisemblable n'est presque jamais vrai. La nature se soucie peu de faciliter notre conversation. Entre la réalité concrète et celle que nous aurions reconstruite *a priori*, quelle distance ! À cette reconstruction s'en tient pourtant un esprit qui n'est que critique, puisque son rôle n'est pas de travailler sur la chose, mais d'apprécier ce que quelqu'un en a dit. Comment appréciera-t-il, sinon en comparant la solution qu'on lui apporte, extraite de la chose, à celle qu'il eût composée avec les idées courantes, c'est-à-dire avec les mots dépositaires de la pensée sociale ? Et que signifiera son jugement, sinon qu'on n'a plus besoin de chercher, que cela dérange la société, qu'il faut tirer une barre au-dessous des connaissances vagues emmagasinées dans le langage, faire le total, et s'en tenir là ? « Nous savons tout », tel est le postulat de cette méthode. Personne n'oserait plus l'appliquer à la critique des théories physiques ou astronomiques. Mais couramment on procède ainsi en philosophie. À celui qui a travaillé, lutté, peiné pour écarter les idées toutes faites et prendre contact avec la chose, on oppose la solution qu'on prétend « raisonnable ». Le vrai chercheur devrait protester. Il lui appartiendrait de montrer que la faculté de critiquer, ainsi entendue, est un parti pris d'ignorer, et que la seule critique acceptable serait une nouvelle étude, plus approfondie mais également directe, de la chose même. Malheureusement, il n'est que trop porté lui-même à critiquer en toute occasion, alors qu'il n'a pu creuser effectivement que deux ou trois problèmes. En contestant à la pure « intelligence » le pouvoir d'apprécier ce qu'il fait, il se priverait lui-même du droit de juger dans des cas où il n'est plus ni philosophe ni savant, mais simplement « intelligent ». Il aime donc mieux adopter l'illusion commune. À cette illusion d'ailleurs tout l'encourage. Couramment on vient consulter sur un point difficile des hommes incompétents, parce qu'ils sont arrivés à la notoriété par leur compétence en de tout autres matières. On flatte ainsi chez eux, et surtout on fortifie dans l'esprit du public, l'idée qu'il existe une faculté générale de connaître les choses sans les avoir étudiées, une « intelligence » qui n'est ni simplement l'habitude de manier dans la conversation les concepts utiles à la vie sociale, ni la fonction mathématique de l'esprit, mais une certaine puissance d'obtenir des concepts sociaux la connaissance du réel en les combinant plus ou moins adroitement entre eux. Cette adresse supérieure serait ce qui fait la supériorité de l'esprit. Comme si la vraie supériorité pouvait être autre chose qu'une plus grande force d'attention ! Comme si cette attention n'était pas nécessairement spécialisée, c'est-à-dire inclinée par la nature ou l'habitude vers certains objets plutôt que vers d'autres ! Comme si elle n'était pas vision directe, vision qui perce le voile des mots, et comme si ce n'était pas l'ignorance même des choses qui donne tant de facilité à en parler ! Nous prisons, quant à nous, la connaissance scientifique et la compétence technique autant que la vision intuitive. Nous croyons qu'il est de l'essence de l'homme de créer matériellement et moralement, de fabriquer des choses et de se fabriquer lui-même. *Homo faber*, telle est la définition que nous proposons. L'*Homo sapiens*, né de la réflexion de l'*Homo faber* sur sa fabrication, nous paraît tout aussi digne d'estime tant qu'il résout par la pure intelligence les problèmes qui ne dépendent que d'elle : dans le choix de ces problèmes un philosophe peut se tromper, un autre philosophe le détrompera ; tous deux auront travaillé de leur mieux ; tous deux pourront mériter notre reconnaissance et notre admiration. *Homo faber, Homo sapiens*, devant l'un et l'autre, qui tendent d'ailleurs à se confondre ensemble, nous nous inclinons. Le seul qui nous soit antipathique est l'*Homo loquax*, dont la pensée, quand il pense, n'est qu'une réflexion sur sa parole.

À le former et à le perfectionner tendaient jadis les méthodes d'enseignement. N'y tendent-elles pas un peu encore ? Certes, le défaut est moins accusé chez nous que chez d'autres. Nulle part plus qu'en France le maître ne provoque l'initiative de l'étudiant, voire de l'écolier. Pourtant il nous reste encore beaucoup à faire. Je n'ai pas à parler ici du travail manuel, du rôle qu'il pourrait jouer à l'école. On est trop porté à n'y voir qu'un délassement. On oublie que l'intelligence est essentiellement la faculté de manipuler la matière, qu'elle commença du moins ainsi, que telle était l'intention de la nature. Comment alors l'intelligence ne profiterait-elle pas de l'éducation de la main ? Allons plus loin. La main de l'enfant s'essaie naturellement à construire. En l'y aidant, en lui fournissant au moins des occasions, on obtiendrait plus tard de l'homme fait un rendement supérieur ; on accroîtrait singulièrement ce qu'il y a d'inventivité dans le monde. Un savoir tout de suite livresque comprime et supprime des activités qui ne demandaient qu'à prendre leur essor. Exerçons donc l'enfant au travail manuel, et n'abandonnons pas cet enseignement à un manœuvre. Adressons-nous à un vrai maître, pour qu'il perfectionne le toucher au point d'en faire un tact : l'intelligence remontera de la main à la tête. Mais je n'insiste pas sur ce point. En toute matière, lettres ou sciences, notre enseignement est resté trop verbal. Le temps n'est plus cependant où il suffisait d'être homme du monde et de savoir discourir sur les choses. S'agit-il de science ? On expose surtout des résultats. Ne vaudrait-il pas mieux initier aux méthodes ? On les ferait tout de suite pratiquer ; on inviterait à observer, à expérimenter, à réinventer. Comme on serait écouté ! Comme on serait entendu ! Car l'enfant est chercheur et inventeur, toujours à l'affût de la nouveauté, impatient de la règle, enfin plus près de la nature que l'homme fait. Mais celui-ci est essentiellement un être sociable, et c'est lui qui enseigne : nécessairement il fait passer en première ligne tout l'ensemble de résultats acquis dont se compose le patrimoine social, et dont il est légitimement fier. Pourtant, si encyclopédique

que soit le programme, ce que l'élève pourra s'assimiler de science toute faite se réduira à peu de chose, et sera souvent étudié sans goût, et toujours vite oublié. Nul doute que chacun des résultats acquis par l'humanité ne soit précieux ; mais c'est là du savoir adulte, et l'adulte le trouvera quand il en aura besoin, s'il a simplement appris où le chercher. Cultivons plutôt chez l'enfant un savoir enfantin, et gardons-nous d'étouffer sous une accumulation de branches et de feuilles sèches, produit des végétations anciennes, la plante neuve qui ne demande qu'à pousser.

Ne trouverait-on pas des défauts du même genre à notre enseignement littéraire (si supérieur pourtant à celui qui se donne dans d'autres pays) ? Il pourra être utile de disserter sur l'œuvre d'un grand écrivain ; on la fera ainsi mieux comprendre et mieux goûter. Encore faut-il que l'élève ait commencé à la goûter, et par conséquent à la comprendre. C'est dire que l'enfant devra d'abord la réinventer, ou, en d'autres termes, s'approprier jusqu'à un certain point l'inspiration de l'auteur. Comment le fera-t-il, sinon en lui emboîtant le pas, en adoptant ses gestes, son attitude, sa démarche ? Bien lire à haute voix est cela même. L'intelligence viendra plus tard y mettre des nuances. Mais nuance et couleur ne sont rien sans le dessin. Avant l'intellection proprement dite, il y a la perception de la structure et du mouvement ; il y a, dans la page qu'on lit, la ponctuation et le rythme*. Les marquer comme il faut, tenir compte des

---

* Sur le fait que le rythme dessine en gros le sens de la phrase véritablement *écrite*, qu'il peut nous donner la communication directe avec la pensée de l'écrivain avant que l'étude des mots soit venue y mettre la couleur et la nuance, nous nous sommes expliqué autrefois, notamment dans une conférence faite en 1912 sur *L'Âme et le Corps* (cf. notre recueil *L'Énergie spirituelle*, p. 32). Nous nous bornions d'ailleurs à résumer une leçon antérieurement faite au Collège de France. Dans cette leçon nous avions pris pour exemple une page ou deux du *Discours de la méthode*, et nous avions essayé de montrer comment des allées et venues de la pensée, chacune de direction déterminée, passent de l'esprit de Descartes au nôtre par le seul effet du rythme tel que la ponctuation l'indique, tel surtout que le marque une lecture correcte à haute voix.

relations temporelles entre les diverses phrases du paragraphe et les divers membres de phrase, suivre sans interruption le *crescendo* du sentiment et de la pensée jusqu'au point qui est musicalement noté comme culminant, en cela d'abord consiste l'art de la diction[64]. On a tort de le traiter en art d'agrément. Au lieu d'arriver à la fin des études, comme un ornement, il devrait être au début et partout, comme un soutien. Sur lui nous poserions tout le reste, si nous ne cédions ici encore à l'illusion que le principal est de discourir sur les choses et qu'on les connaît suffisamment quand on sait en parler. Mais on ne connaît, on ne comprend que ce qu'on peut en quelque mesure réinventer. Soit dit en passant, il y a une certaine analogie entre l'art de la lecture, tel que nous venons de le définir, et l'intuition que nous recommandons au philosophe. Dans la page qu'elle a choisie du grand livre du monde, l'intuition voudrait retrouver le mouvement et le rythme de la composition, revivre l'évolution créatrice en s'y insérant sympathiquement. Mais nous avons ouvert une trop longue parenthèse. Il est temps de la fermer. Nous n'avons pas à élaborer un programme d'éducation. Nous voulions seulement signaler certaines habitudes d'esprit que nous tenons pour fâcheuses et que l'école encourage encore trop souvent en fait, quoiqu'elle les répudie en principe. Nous voulions surtout protester une fois de plus contre la substitution des concepts aux choses, et contre ce que nous appellerions la socialisation de la vérité[65]. Elle s'imposait dans les sociétés primitives. Elle est naturelle à l'esprit humain, parce que l'esprit humain n'est pas destiné à la science pure, encore moins à la philosophie. Mais il faut réserver cette socialisation aux vérités d'ordre pratique, pour lesquelles elle est faite. Elle n'a rien à voir dans le domaine de la connaissance pure, science ou philosophie.

Nous répudions ainsi la facilité. Nous recommandons une certaine manière difficultueuse de penser. Nous prisons par-dessus tout l'effort. Comment quelques-uns ont-ils pu s'y tromper ? Nous ne dirons rien de celui qui voudrait que notre « intuition » fût instinct ou sentiment. Pas une ligne de ce que nous avons écrit ne se prête à une telle interprétation. Et dans tout ce que nous avons écrit il y a l'affirmation du contraire : notre intuition est réflexion. Mais parce que nous appelions l'attention sur la mobilité qui est au fond des choses, on a prétendu que nous encouragions je ne sais quel relâchement de l'esprit. 96 Et parce que la permanence de la substance était à nos yeux une continuité de changement, on a dit que notre doctrine était une justification de l'instabilité [66]. Autant vaudrait s'imaginer que le bactériologiste nous recommande les maladies microbiennes quand il nous montre partout des microbes, ou que le physicien nous prescrit l'exercice de la balançoire quand il ramène les phénomènes de la nature à des oscillations. Autre chose est un principe d'explication, autre chose une maxime de conduite. On pourrait presque dire que le philosophe qui trouve la mobilité partout est seul à ne pas pouvoir la recommander, puisqu'il la voit inévitable, puisqu'il la découvre dans ce qu'on est convenu d'appeler immobilité. Mais la vérité est qu'il a beau se représenter la stabilité comme une complexité de changement, ou comme un aspect particulier du changement, il a beau, n'importe comment, résoudre en changement la stabilité : il n'en distinguera pas moins, comme tout le monde, stabilité et changement. Et pour lui, comme pour tout le monde, se posera la question de savoir dans quelle mesure c'est l'apparence spéciale dite stabilité, dans quelle mesure c'est le changement pur et simple, qu'il faut conseiller aux sociétés humaines. Son analyse du changement laisse cette question intacte. Pour peu qu'il ait du bon sens, il jugera nécessaire, comme tout le monde, une certaine permanence de ce qui est. Il dira que les institutions doivent fournir un cadre relativement invariable à la diversité et à la mobilité des desseins individuels. Et il comprendra peut-être mieux que d'autres le rôle de ces institutions. Ne continuent-elles pas dans le domaine de l'action, en posant des impératifs, l'œuvre de stabilisation que les sens et l'entendement accomplissent dans le domaine de la connaissance quand ils condensent en perception les oscillations de la matière, et en concepts l'écoulement des choses ? Sans doute, dans le cadre rigide des institutions, soutenue par cette rigidité même, la société évolue. Même, le devoir de l'homme d'État est de suivre ces variations et de modifier l'institution quand il en est encore temps : sur dix erreurs politiques, il y en a neuf qui consistent simplement à croire encore vrai ce qui a cessé de l'être. Mais la dixième, qui pourra être la plus grave, sera de ne plus croire vrai ce qui l'est pourtant encore. D'une manière générale, l'action exige un point d'appui solide, et l'être vivant tend essentiellement à l'action efficace. C'est pourquoi nous avons vu dans une certaine stabilisation des choses la fonction primordiale de la conscience. Installée sur l'universelle mobilité, disions-nous, la conscience contracte dans une vision quasi instantanée une histoire immensément longue qui se déroule en dehors d'elle. Plus haute est la conscience, plus forte est cette tension de sa durée par rapport à celle des choses.

Tension, concentration, tels sont les mots par lesquels nous caractérisions une méthode qui requiert de l'esprit, pour chaque nouveau problème, un effort entièrement nouveau. Nous n'aurions jamais pu tirer de notre livre *Matière et mémoire*, qui précéda *L'Évolution créatrice*, une véritable doctrine d'évolution (ce n'en eût été que l'apparence) ; ni de notre *Essai sur les données immédiates de la conscience* une théorie des rapports de l'âme et du corps comme celle que nous exposâmes ensuite dans *Matière et mémoire* (nous n'aurions eu qu'une construction hypothétique), ni de la pseudo-philosophie à laquelle nous étions attaché avant les *Données immédiates* – c'est-à-dire des notions générales emmagasinées dans le langage – les conclusions sur la durée et la vie intérieure que nous présentâmes dans ce premier travail. Notre initiation à la vraie méthode philosophique date du jour où nous rejetâmes les solutions verbales, ayant trouvé dans la vie intérieure un premier champ d'expérience. Tout progrès fut ensuite un agrandissement de ce champ. Étendre logiquement une conclusion, l'appliquer à d'autres objets sans avoir réellement élargi le cercle de ses investigations, est une inclination naturelle à l'esprit humain, mais à laquelle il ne faut jamais céder. La philosophie s'y abandonne naïvement quand elle est dialectique pure, c'est-à-dire tentative pour construire une métaphysique avec les connaissances rudimentaires qu'on trouve emmagasinées dans le langage. Elle continue à le faire quand elle érige certaines conclusions tirées de certains faits en « principes généraux » applicables au reste des choses. Contre cette manière de philosopher toute notre activité philosophique fut une protestation. Nous avions ainsi dû laisser de côté des questions importantes, auxquelles nous aurions facilement donné un simulacre de réponse en prolongeant jusqu'à elles les résultats de nos précédents travaux. Nous ne répondrons à telle ou telle d'entre elles que s'il nous est concédé le temps et la force de la résoudre en elle-même, pour elle-même. Sinon, reconnaissant à notre méthode de nous avoir donné ce que nous croyons être la solution précise de quelques problèmes, constatant que nous ne pouvons, quant à nous, en tirer davantage, nous en resterons là. On n'est jamais tenu de faire un livre *.

Janvier 1922.

---

* Cet essai a été terminé en 1922. Nous y avons simplement ajouté quelques pages relatives aux théories physiques actuelles. À cette date, nous n'étions pas encore en possession complète des résultats que nous avons exposés dans notre récent ouvrage : *Les Deux Sources de la morale et de la religion*, Paris, 1932. Ceci expliquera les dernières lignes du présent essai [67].

III

LE POSSIBLE ET LE RÉEL

Essai publié dans la revue suédoise *Nordisk Tidskrift* novembre 1930 *

Je voudrais revenir sur un sujet dont j'ai déjà parlé, la création continue d'imprévisible nouveauté qui semble se poursuivre dans l'univers. Pour ma part, je crois l'expérimenter à chaque instant. J'ai beau me représenter le détail de ce qui va m'arriver : combien ma représentation est pauvre, abstraite, schématique, en comparaison de l'événement qui se produit ! La réalisation apporte avec elle un imprévisible rien qui change tout [1]. Je dois, par exemple, assister à une réunion ; je sais quelles personnes j'y trouverai, autour de quelle table, dans quel ordre, pour la discussion de quel problème. Mais qu'elles viennent, s'assoient et causent comme je m'y attendais, qu'elles disent ce que je pensais bien qu'elles diraient : l'ensemble me donne une impression unique et neuve, comme s'il était maintenant dessiné d'un seul trait original par une main d'artiste. Adieu l'image que je m'en étais faite, simple juxtaposition, figurable par avance, de choses déjà connues ! Je veux bien que le tableau n'ait

---

* Cet article était le développement de quelques vues présentées à l'ouverture du « meeting philosophique » d'Oxford, le 24 septembre 1920. En l'écrivant pour la revue suédoise *Nordisk Tidskrift*, nous voulions témoigner du regret que nous éprouvions de ne pouvoir aller faire une conférence à Stockholm, selon l'usage, à l'occasion du prix Nobel. L'article n'a paru, jusqu'à présent, qu'en langue suédoise.

pas la valeur artistique d'un Rembrandt ou d'un Vélasquez : il est tout aussi inattendu et, en ce sens, aussi original. On alléguera que j'ignorais le détail des circonstances, que je ne disposais pas des personnages, de leurs gestes, de leurs attitudes, et que, si l'ensemble m'apporte du nouveau, c'est qu'il me fournit un surcroît d'éléments. Mais j'ai la même impression de nouveauté devant le déroulement de ma vie intérieure. Je l'éprouve, plus vive que jamais, devant l'action voulue par moi et dont j'étais seul maître. Si je délibère avant d'agir, les moments de la délibération[2] s'offrent à ma conscience comme les esquisses successives, chacune seule de son espèce, qu'un peintre ferait de son tableau ; et l'acte lui-même, en s'accomplissant, a beau réaliser du voulu et par conséquent du prévu, il n'en a pas moins sa forme originale. – Soit, dira-t-on ; il y a peut-être quelque chose d'original et d'unique dans un état d'âme ; mais la matière est répétition[3] ; le monde extérieur obéit à des lois mathématiques ; une intelligence surhumaine, qui connaîtrait la position, la direction et la vitesse de tous les atomes et électrons de l'univers matériel à un moment donné, calculerait n'importe quel état futur de cet univers, comme nous le faisons pour une éclipse de soleil ou de lune. – Je l'accorde, à la rigueur, s'il ne s'agit que du monde inerte, et bien que la question commence à être controversée, au moins pour les phénomènes élémentaires[4]. Mais ce monde n'est qu'une abstraction. La réalité concrète comprend les êtres vivants, conscients, qui sont encadrés dans la matière inorganique. Je dis vivants et conscients, car j'estime que le vivant est conscient en droit ; il devient inconscient en fait là où la conscience s'endort, mais, jusque dans les régions où la conscience somnole, chez le végétal par exemple, il y a évolution réglée, progrès défini, vieillissement, enfin tous les signes extérieurs de la durée qui caractérise la conscience. Pourquoi d'ailleurs parler d'une matière inerte où la vie et la conscience s'inséreraient comme dans un cadre ? De quel droit met-on l'inerte d'abord ? Les anciens avaient imaginé une Âme du Monde [5] qui assurerait la continuité d'existence de l'univers matériel. Dépouillant cette conception de ce qu'elle a de mythique, je dirais que le monde inorganique est une série de répétitions ou de quasi-répétitions infiniment rapides qui se somment en changements visibles et prévisibles. Je les comparerais aux oscillations du balancier de l'horloge : celles-ci sont accolées à la détente continue d'un ressort qui les relie entre elles et dont elles scandent le progrès ; celles-là rythment la vie des êtres conscients et mesurent leur durée. Ainsi, l'être vivant dure essentiellement ; il dure, justement parce qu'il élabore sans cesse du nouveau et parce qu'il n'y a pas d'élaboration sans recherche, pas de recherche sans tâtonnement. Le temps est cette hésitation même, ou il n'est rien du tout [6]. Supprimez le conscient et le vivant (et vous ne le pouvez que par un effort artificiel d'abstraction, car le monde matériel, encore une fois, implique peut-être la présence nécessaire de la conscience et de la vie), vous obtenez en effet un univers dont les états successifs sont théoriquement calculables d'avance, comme les images, antérieures au déroulement, qui sont juxtaposées sur le film cinématographique. Mais alors, à quoi bon le déroulement ? Pourquoi la réalité se déploie-t-elle ? Comment n'est-elle pas déployée ? À quoi sert le temps ? (Je parle du temps réel, concret, et non pas de ce temps abstrait qui n'est qu'une quatrième dimension de l'espace*.) Tel fut jadis le point de départ de mes réflexions. Il y a quelque cinquante ans, j'étais fort attaché à la philosophie de Spencer. Je m'aperçus, un beau jour, que le temps n'y servait à rien, qu'il ne faisait rien [7]. Or ce qui ne fait rien n'est rien. Pourtant, me disais-je, le

---

* Nous avons montré en effet, dans notre *Essai sur les données immédiates de la conscience*, Paris, 1889, p. 82, que le temps mesurable pouvait être considéré comme « une quatrième dimension de l'Espace ». Il s'agissait, bien entendu, de l'Espace pur, et non pas de l'amalgame Espace-Temps de la théorie de la Relativité, qui est tout autre chose.

temps est quelque chose. Donc il agit. Que peut-il bien faire ? Le simple bon sens répondait : le temps est ce qui empêche que tout soit donné tout d'un coup. Il retarde, ou plutôt il est retardement. Il doit donc être élaboration. Ne serait-il pas alors véhicule de création et de choix ? L'existence du temps ne prouverait-elle pas qu'il y a de l'indétermination dans les choses ? Le temps ne serait-il pas cette indétermination même ?

Si telle n'est pas l'opinion de la plupart des philosophes, c'est que l'intelligence humaine est justement faite pour prendre les choses par l'autre bout. Je dis l'intelligence, je ne dis pas la pensée, je ne dis pas l'esprit. À côté de l'intelligence il y a en effet la perception immédiate, par chacun de nous, de sa propre activité et des conditions où elle s'exerce. Appelez-la comme vous voudrez ; c'est le sentiment que nous avons d'être créateurs de nos intentions, de nos décisions, de nos actes, et par là de nos habitudes, de notre caractère, de nous-mêmes. Artisans de notre vie, artistes même quand nous le voulons, nous travaillons continuellement à pétrir, avec la matière qui nous est fournie par le passé et le présent, par l'hérédité et les circonstances, une figure unique, neuve, originale, imprévisible comme la forme donnée par le sculpteur à la terre glaise. De ce travail et de ce qu'il a d'unique nous sommes avertis, sans doute, pendant qu'il se fait, mais l'essentiel est que nous le fassions. Nous n'avons pas à l'approfondir ; il n'est même pas nécessaire que nous en ayons pleine conscience, pas plus que l'artiste n'a besoin d'analyser son pouvoir créateur ; il laisse ce soin au philosophe, et se contente de créer. En revanche, il faut que le sculpteur connaisse la technique de son art et sache tout ce qui s'en peut apprendre : cette technique concerne surtout ce que son œuvre aura de commun avec d'autres ; elle est commandée par les exigences de la matière sur laquelle il opère et qui s'impose à lui comme à tous les artistes ; elle intéresse, dans l'art, ce qui est répétition ou fabrication, et non plus la création même. Sur elle se concentre l'attention de l'artiste, ce que j'appellerais son intellectualité. De même, dans la création de notre caractère, nous savons fort peu de chose de notre pouvoir créateur : pour l'apprendre, nous aurions à revenir sur nous-mêmes, à philosopher, et à remonter la pente de la nature, car la nature a voulu l'action, elle n'a guère pensé à la spéculation. Dès qu'il n'est plus simplement question de sentir en soi un élan et de s'assurer qu'on peut agir, mais de retourner la pensée sur elle-même pour qu'elle saisisse ce pouvoir et capte cet élan, la difficulté devient grande, comme s'il fallait invertir la direction normale de la connaissance. Au contraire, nous avons un intérêt capital à nous familiariser avec la technique de notre action, c'est-à-dire à extraire, des conditions où elle s'exerce, tout ce qui peut nous fournir des recettes et des règles générales sur lesquelles s'appuiera notre conduite. Il n'y aura de nouveauté dans nos actes que grâce à ce que nous aurons trouvé de répétition dans les choses. Notre faculté normale de connaître est donc essentiellement une puissance d'extraire ce qu'il y a de stabilité et de régularité dans le flux du réel. S'agit-il de percevoir ? La perception se saisit des ébranlements infiniment répétés qui sont lumière ou chaleur, par exemple, et les contracte en sensations relativement invariables : ce sont des trillions d'oscillations extérieures que condense à nos yeux, en une fraction de seconde, la vision d'une couleur. S'agit-il de concevoir ? Former une idée générale est abstraire des choses diverses et changeantes un aspect commun qui ne change pas ou du moins qui offre à notre action une prise invariable. La constance de notre attitude, l'identité de notre réaction éventuelle ou virtuelle à la multiplicité et à la variabilité des objets représentés, voilà d'abord ce que marque et dessine la généralité de l'idée. S'agit-il enfin de comprendre ? C'est simplement trouver des rapports, établir des relations stables entre des faits qui passent, dégager des lois : opération d'autant plus parfaite que la relation est plus précise et la loi plus mathématique. Toutes ces fonctions sont constitutives de l'intelligence. Et l'intelligence est dans le vrai tant qu'elle s'attache, elle amie de la régularité et de la stabilité, à ce qu'il y a de stable et de régulier dans le réel, à la matérialité. Elle touche alors un des côtés de l'absolu, comme notre conscience en touche un autre quand elle saisit en nous une perpétuelle efflorescence de nouveauté ou lorsque, s'élargissant, elle sympathise avec l'effort indéfiniment rénovateur de la nature. L'erreur commence quand l'intelligence prétend penser un des aspects comme elle a pensé l'autre, et s'employer à un usage pour lequel elle n'a pas été faite [8].

J'estime que les grands problèmes métaphysiques sont généralement mal posés [9], qu'ils se résolvent souvent d'eux-mêmes quand on en rectifie l'énoncé, ou bien alors que ce sont des problèmes formulés en termes d'illusion, et qui s'évanouissent dès qu'on regarde de près les termes de la formule. Ils naissent, en effet, de ce que nous transposons en fabrication ce qui est création. La réalité est croissance globale et indivisée, invention graduelle, durée : tel, un ballon élastique qui se dilaterait peu à peu en prenant à tout instant des formes inattendues. Mais notre intelligence s'en représente l'origine et l'évolution comme un arrangement et un réarrangement de parties qui ne feraient que changer de place ; elle pourrait donc, théoriquement, prévoir n'importe quel état d'ensemble : en posant un nombre défini d'éléments stables, on s'en donne implicitement, par avance, toutes les combinaisons possibles. Ce n'est pas tout. La réalité, telle que nous la percevons directement, est du plein qui ne cesse de se gonfler, et qui ignore le vide. Elle a de l'extension, comme elle a de la durée ; mais cette étendue concrète n'est pas l'espace infini et infiniment divisible que l'intelligence se donne comme un terrain où construire. L'espace concret a été extrait des choses. Elles ne sont pas en lui, c'est lui qui est en elles. Seulement, dès que notre pensée raisonne sur la réalité, elle fait de l'espace un réceptacle. Comme elle a coutume d'assembler des parties dans un vide relatif, elle s'imagine que la réalité comble je ne sais quel vide absolu. Or, si la méconnaissance de la nouveauté radicale est à l'origine des problèmes métaphysiques mal posés, l'habitude d'aller du vide au plein est la source des problèmes inexistants. Il est d'ailleurs facile de voir que la seconde erreur est déjà impliquée dans la première. Mais je voudrais d'abord la définir avec plus de précision.

Je dis qu'il y a des pseudo-problèmes, et que ce sont les problèmes angoissants de la métaphysique. Je les ramène à deux. L'un a engendré les théories de l'être, l'autre les théories de la connaissance [10].

Le premier consiste à se demander pourquoi il y a de l'être, pourquoi quelque chose ou quelqu'un existe. Peu importe la nature de ce qui est : dites que c'est matière, ou esprit, ou l'un et l'autre, ou que matière et esprit ne se suffisent pas et manifestent une Cause transcendante : de toute manière, quand on a considéré des existences, et des causes, et des causes de ces causes, on se sent entraîné dans une course à l'infini. Si l'on s'arrête, c'est pour échapper au vertige. Toujours on constate, on croit constater que la difficulté subsiste, que le problème se pose encore et ne sera jamais résolu. Il ne le sera jamais, en effet, mais il ne devrait pas être posé. Il ne se pose que si l'on se figure un néant qui précéderait l'être. On se dit : « il pourrait ne rien y avoir », et l'on s'étonne alors qu'il y ait quelque chose – ou Quelqu'un. Mais analysez cette phrase : « il pourrait ne rien y avoir ». Vous verrez que vous avez affaire à des mots, nullement à des idées, et que « rien » n'a ici aucune signification [11]. « Rien » est un terme du langage usuel qui ne peut avoir de sens que si l'on reste sur le terrain, propre à l'homme, de l'action et de la fabrication. « Rien » désigne l'absence de ce que nous cherchons, de ce que nous désirons, de ce que nous attendons. À supposer, en effet, que l'expérience nous présentât jamais un vide absolu, il serait limité, il aurait des contours, il serait donc encore quelque chose. Mais en réalité il n'y a pas de vide. Nous ne percevons et même ne concevons que du plein. Une chose ne disparaît que parce qu'une autre l'a remplacée.

Suppression signifie ainsi substitution. Seulement, nous disons « suppression » quand nous n'envisageons de la substitution qu'une de ses deux moitiés, ou plutôt de ses deux faces, celle qui nous intéresse ; nous marquons ainsi qu'il nous plaît de diriger notre attention sur l'objet qui est parti, et de la détourner de celui qui le remplace. Nous disons alors qu'il n'y a plus rien, entendant par là que ce qui est ne nous intéresse pas, que nous nous intéressons à ce qui n'est plus là ou à ce qui aurait pu y être. L'idée d'absence, ou de néant, ou de rien, est donc inséparablement liée à celle de suppression, réelle ou éventuelle, et celle de suppression n'est elle-même qu'un aspect de l'idée de substitution. Il y a là des manières de penser dont nous usons dans la vie pratique ; il importe particulièrement à notre industrie que notre pensée sache retarder sur la réalité et rester attachée, quand il le faut, à ce qui était ou à ce qui pourrait être, au lieu d'être accaparée par ce qui est. Mais quand nous nous transportons du domaine de la fabrication à celui de la création, quand nous nous demandons pourquoi il y a de l'être, pourquoi quelque chose ou quelqu'un, pourquoi le monde ou Dieu existe et pourquoi pas le néant, quand nous nous posons enfin le plus angoissant des problèmes métaphysiques, nous acceptons virtuellement une absurdité ; car si toute suppression est une substitution, si l'idée d'une suppression n'est que l'idée tronquée d'une substitution, alors parler d'une suppression de tout est poser une substitution qui n'en serait pas une c'est se contredire soi-même. Ou l'idée d'une suppression de tout a juste autant d'existence que celle d'un carré rond – l'existence d'un son, *flatus vocis*[12] –, ou bien, si elle représente quelque chose, elle traduit un mouvement de l'intelligence qui va d'un objet à un autre, préfère celui qu'elle vient de quitter à celui qu'elle trouve devant elle, et désigne par « absence du premier » la présence du second. On a posé le tout, puis on a fait disparaître, une à une, chacune de ses parties, sans consentir à voir ce qui la remplaçait : c'est donc la totalité des présences, simplement disposées dans un nouvel ordre, qu'on a devant soi quand on veut totaliser les absences. En d'autres termes, cette prétendue représentation du vide absolu est, en réalité, celle du plein universel dans un esprit qui saute indéfiniment de partie à partie, avec la résolution prise de ne jamais considérer que le vide de sa dissatisfaction au lieu du plein des choses. Ce qui revient à dire que l'idée de Rien, quand elle n'est pas celle d'un simple mot, implique autant de matière que celle de *Tout*, avec, en plus, une opération de la pensée.

J'en dirais autant de l'idée de désordre [13]. Pourquoi l'univers est-il ordonné ? Comment la règle s'impose-t-elle à l'irrégulier, la forme à la matière ? D'où vient que notre pensée se retrouve dans les choses ? Ce problème, qui est devenu chez les modernes le problème de la connaissance après avoir été, chez les anciens, le problème de l'être, est né d'une illusion du même genre. Il s'évanouit si l'on considère que l'idée de désordre a un sens défini dans le domaine de l'industrie humaine ou, comme nous disons, de la fabrication, mais non pas dans celui de la création. Le désordre est simplement l'ordre que nous ne cherchons pas. Vous ne pouvez pas supprimer un ordre, même par la pensée, sans en faire surgir un autre. S'il n'y a pas finalité ou volonté, c'est qu'il y a mécanisme ; si le mécanisme fléchit, c'est au profit de la volonté, du caprice, de la finalité. Mais lorsque vous vous attendez à l'un de ces deux ordres et que vous trouvez l'autre, vous dites qu'il y a désordre, formulant ce qui est en termes de ce qui pourrait ou devrait être, et objectivant votre regret. Tout désordre comprend ainsi deux choses : en dehors de nous, un ordre ; en nous, la représentation d'un ordre différent qui est seul à nous intéresser. Suppression signifie donc encore substitution. Et l'idée d'une suppression de tout ordre, c'est-à-dire d'un désordre absolu, enveloppe alors une contradiction véritable, puisqu'elle consiste à ne plus laisser qu'une seule face à l'opération qui, par hypothèse, en comprenait deux. Ou l'idée de désordre absolu ne représente qu'une combinaison de sons, *flatus vocis*, ou, si elle répond à quelque chose, elle traduit un mouvement de l'esprit qui saute du mécanisme à la finalité, de la finalité au mécanisme, et qui, pour marquer l'endroit où il est, aime mieux indiquer chaque fois le point où il n'est pas. Donc, à vouloir supprimer l'ordre, vous vous en donnez deux ou plusieurs. Ce qui revient à dire que la conception d'un ordre venant se surajouter à une « absence d'ordre » implique une absurdité, et que le problème s'évanouit.

Les deux illusions que je viens de signaler n'en font réellement qu'une. Elles consistent à croire qu'il y a *moins* dans l'idée du vide que dans celle du plein, *moins* dans le concept de désordre que dans celui d'ordre [14]. En réalité, il y a plus de contenu intellectuel dans les idées de désordre et de néant, quand elles représentent quelque chose, que dans celles d'ordre et d'existence, parce qu'elles impliquent plusieurs ordres, plusieurs existences et, en outre, un jeu de l'esprit qui jongle inconsciemment avec eux.

Eh bien, je retrouve la même illusion dans le cas qui nous occupe [15]. Au fond des doctrines qui méconnaissent la nouveauté radicale de chaque moment de l'évolution il y a bien des malentendus, bien des erreurs. Mais il y a surtout l'idée que le possible est *moins* que le réel, et que, pour cette raison, la possibilité des choses précède leur existence. Elles seraient ainsi représentables par avance ; elles pourraient être pensées avant d'être réalisées. Mais c'est l'inverse qui est la vérité. Si nous laissons de côté les systèmes clos, soumis à des lois purement mathématiques, isolables parce que la durée ne mord pas sur eux, si nous considérons l'ensemble de la réalité concrète ou tout simplement le monde de la vie, et à plus forte raison celui de la conscience, nous trouvons qu'il y a plus, et non pas moins, dans la possibilité de chacun des états successifs que dans leur réalité. Car le possible n'est que le réel avec, en plus, un acte de l'esprit qui en rejette l'image dans le passé une fois qu'il s'est produit. Mais c'est ce que nos habitudes intellectuelles nous empêchent d'apercevoir.

Au cours de la Grande Guerre, des journaux et des revues se détournaient parfois des terribles inquiétudes du présent pour penser à ce qui se passerait plus tard, une fois la paix rétablie. L'avenir de la littérature, en particulier, les préoccupait. On vint un jour me demander comment je me le représentais. Je déclarai, un peu confus, que je ne me le représentais pas. « N'apercevez-vous pas tout au moins, me dit-on, certaines directions possibles ? Admettons qu'on ne puisse prévoir le détail ; vous avez du moins, vous philosophe, une idée de l'ensemble. Comment concevez-vous, par exemple, la grande œuvre dramatique de demain ? » Je me rappellerai toujours la surprise de mon interlocuteur quand je lui répondis : « Si je savais ce que sera la grande œuvre dramatique de demain, je la ferais. » Je vis bien qu'il concevait l'œuvre future comme enfermée, dès alors, dans je ne sais quelle armoire aux possibles ; je devais, en considération de mes relations déjà anciennes avec la philosophie, avoir obtenu d'elle la clef de l'armoire. « Mais, lui dis-je, l'œuvre dont vous parlez n'est pas encore possible. » – « Il faut pourtant bien qu'elle le soit, puisqu'elle se réalisera. » – « Non, elle ne l'est pas. Je vous accorde, tout au plus, qu'elle l'*aura été*. » – « Qu'entendez-vous par là ? » – « C'est bien simple. Qu'un homme de talent ou de génie surgisse, qu'il crée une œuvre : la voilà réelle et par là même elle devient rétrospectivement ou rétroactivement possible. Elle ne le serait pas, elle ne l'aurait pas été, si cet homme n'avait pas surgi. C'est pourquoi je vous dis qu'elle aura été possible aujourd'hui, mais qu'elle ne l'est pas encore. » – « C'est un peu fort ! Vous n'allez pas soutenir que l'avenir influe sur le présent, que le présent introduit quelque chose dans le passé, que l'action remonte le cours du temps et vient imprimer sa marque en arrière ? » – « Cela dépend. Qu'on puisse insérer du réel dans le passé et travailler ainsi à reculons dans le temps, je ne l'ai jamais prétendu. Mais qu'on y puisse loger du possible, ou plutôt que le possible aille s'y loger lui-même à tout moment, cela n'est pas douteux. Au fur et à mesure que la réalité se crée, imprévisible et neuve, son image se réfléchit derrière elle dans le passé indéfini ; elle se trouve ainsi avoir été, de tout temps, possible ; mais c'est à ce moment précis qu'elle commence à l'avoir toujours été, et voilà pourquoi je disais que sa possibilité, qui ne précède pas sa réalité, l'aura précédée une fois la réalité apparue. Le possible est donc le mirage du présent dans le passé ; et comme nous savons que l'avenir finira par être du présent, comme l'effet de mirage continue sans relâche à se produire, nous nous disons que dans notre présent actuel, qui sera le passé de demain, l'image de demain est déjà contenue quoique nous n'arrivions pas à la saisir. Là est précisément l'illusion. C'est comme si l'on se figurait, en apercevant son image dans le miroir devant lequel on est venu se placer, qu'on aurait pu la toucher si l'on était resté derrière. En jugeant d'ailleurs ainsi que le possible ne présuppose pas le réel, on admet que la réalisation ajoute quelque chose à la simple possibilité : le possible aurait été là de tout temps, fantôme qui attend son heure ; il serait donc devenu réalité par l'addition de quelque chose, par je ne sais quelle transfusion de sang ou de vie. On ne voit pas que c'est tout le contraire, que le possible implique la réalité correspondante avec, en outre, quelque chose qui s'y joint, puisque le possible est l'effet combiné de la réalité une fois apparue et d'un dispositif qui la rejette en arrière. L'idée, immanente à la plupart des philosophies et naturelle à l'esprit humain, de possibles qui se réaliseraient par une acquisition d'existence, est donc illusion pure. Autant vaudrait prétendre que l'homme en chair et en os provient de la matérialisation de son image aperçue dans le miroir, sous prétexte qu'il y a dans cet homme réel tout ce qu'on trouve dans cette image virtuelle avec, en plus, la solidité qui fait qu'on peut la toucher. Mais la vérité est qu'il faut plus ici pour obtenir le virtuel que le réel, plus pour l'image de l'homme que pour l'homme même, car l'image de l'homme ne se dessinera pas si l'on ne commence par se donner l'homme, et il faudra de plus un miroir. »

C'est ce qu'oubliait mon interlocuteur quand il me questionnait sur le théâtre de demain. Peut-être aussi jouait-il inconsciemment sur le sens du mot « possible ». *Hamlet* était sans doute possible avant d'être réalisé, si l'on entend par là qu'il n'y avait pas d'obstacle insurmontable à sa réalisation. Dans ce sens particulier, on appelle possible ce qui n'est pas impossible ; et il va de soi que cette non-impossibilité d'une chose est la condition de sa réalisation. Mais le possible ainsi entendu n'est à aucun degré du virtuel, de l'idéalement préexistant. Fermez la barrière, vous savez que personne ne traversera la voie : il ne suit pas de là que vous puissiez prédire qui la traversera quand vous ouvrirez. Pourtant du sens tout négatif du terme « possible » vous passez subrepticement, inconsciemment, au sens positif. Possibilité signifiait tout à l'heure « absence d'empêchement » ; vous en faites maintenant une « préexistence sous forme d'idée », ce qui est tout autre chose. Au premier sens du mot, c'était un truisme de dire que la possibilité d'une chose précède sa réalité : vous entendiez simplement par là que les obstacles, ayant été surmontés, étaient surmontables*. Mais, au second sens, c'est une absurdité, car il est clair qu'un esprit chez lequel le *Hamlet* de Shakespeare se fût dessiné sous forme de possible en eût par là créé la réalité : c'eût donc été, par définition, Shakespeare lui-même. En vain vous vous imaginez d'abord que cet esprit aurait pu surgir avant Shakespeare : c'est que vous ne pensez pas alors à tous les détails du drame. Au fur et à mesure que vous les complétez, le prédécesseur de Shakespeare se

---

* Encore faut-il se demander dans certains cas si les obstacles ne sont pas *devenus* surmontables grâce à l'action créatrice qui les a surmontés : l'action, imprévisible en elle-même, aurait alors créé la « surmontabilité ». Avant elle, les obstacles étaient insurmontables, et, sans elle, ils le seraient restés.

trouve penser tout ce que Shakespeare pensera, sentir tout ce qu'il sentira, savoir tout ce qu'il saura, percevoir donc tout ce qu'il percevra, occuper par conséquent le même point de l'espace et du temps, avoir le même corps et la même âme : c'est Shakespeare lui-même.

Mais j'insiste trop sur ce qui va de soi. Toutes ces considérations s'imposent quand il s'agit d'une œuvre d'art. Je crois qu'on finira par trouver évident que l'artiste crée du possible en même temps que du réel quand il exécute son œuvre. D'où vient donc qu'on hésitera probablement à en dire autant de la nature ? Le monde n'est-il pas une œuvre d'art, incomparablement plus riche que celle du plus grand artiste ? Et n'y a-t-il pas autant d'absurdité, sinon davantage, à supposer ici que l'avenir se dessine d'avance, que la possibilité préexistait à la réalité ? Je veux bien, encore une fois, que les états futurs d'un système clos de points matériels soient calculables, et par conséquent visibles dans son état présent. Mais, je le répète, ce système est extrait ou abstrait d'un tout qui comprend, outre la matière inerte et inorganisée, l'organisation. Prenez le monde concret et complet, avec la vie et la conscience qu'il encadre ; considérez la nature entière, génératrice d'espèces nouvelles aux formes aussi originales et aussi neuves que le dessin de n'importe quel artiste ; attachez-vous, dans ces espèces, aux individus, plantes ou animaux, dont chacun a son caractère propre – j'allais dire sa personnalité (car un brin d'herbe ne ressemble pas plus à un autre brin d'herbe qu'un Raphaël à un Rembrandt) ; haussez-vous, par-dessus l'homme individuel, jusqu'aux sociétés qui déroulent des actions et des situations comparables à celles de n'importe quel drame : comment parler encore de possibles qui précéderaient leur propre réalisation ? Comment ne pas voir que si l'événement s'explique toujours, après coup, par tels ou tels des événements antécédents, un événement tout différent se serait aussi bien expliqué, dans les mêmes circonstances, par des antécédents autrement choisis – que dis-je ? par les mêmes antécédents autrement découpés, autrement distribués, autrement aperçus enfin par l'attention rétrospective ? D'avant en arrière se poursuit un remodelage constant du passé par le présent, de la cause par l'effet.

Nous ne le voyons pas, toujours pour la même raison, toujours en proie à la même illusion, toujours parce que nous traitons comme du plus ce qui est du moins, comme du moins ce qui est du plus. Remettons le possible à sa place : l'évolution devient tout autre chose que la réalisation d'un programme ; les portes de l'avenir s'ouvrent toutes grandes ; un champ illimité s'offre à la liberté. Le tort des doctrines, – bien rares dans l'histoire de la philosophie –, qui ont su faire une place à l'indétermination et à la liberté dans le monde, est de n'avoir pas vu ce que leur affirmation impliquait. Quand elles parlaient d'indétermination, de liberté, elles entendaient par indétermination une compétition entre des possibles, par liberté un choix entre les possibles [16], – comme si la possibilité n'était pas créée par la liberté même ! Comme si toute autre hypothèse, en posant une préexistence idéale du possible au réel, ne réduisait pas le nouveau à n'être qu'un réarrangement d'éléments anciens ! comme si elle ne devait pas être amenée ainsi, tôt ou tard, à le tenir pour calculable et prévisible ! En acceptant le postulat de la théorie adverse, on introduisait l'ennemi dans la place. Il faut en prendre son parti : c'est le réel qui se fait possible, et non pas le possible qui devient réel [17].

Mais la vérité est que la philosophie n'a jamais franchement admis cette création continue d'imprévisible nouveauté. Les anciens y répugnaient déjà, parce que, plus ou moins platoniciens, ils se figuraient que l'Être était donné une fois pour toutes, complet et parfait, dans l'immuable système des Idées : le monde qui se déroule à nos yeux ne pouvait donc rien y ajouter ; il n'était au contraire que diminution ou dégradation ; ses états successifs mesureraient l'écart croissant ou décroissant entre ce qu'il est, ombre projetée dans le temps, et ce qu'il devrait être, Idée assise dans l'éternité ; ils dessineraient les variations d'un déficit, la forme changeante d'un vide. C'est le Temps qui aurait tout gâté. Les modernes se placent, il est vrai, à un tout autre point de vue. Ils ne traitent plus le Temps comme un intrus, perturbateur de l'éternité ; mais volontiers ils le réduiraient à une simple apparence. Le temporel n'est alors que la forme confuse du rationnel. Ce qui est perçu par nous comme une succession d'états est conçu par notre intelligence, une fois le brouillard tombé, comme un système de relations. Le réel devient encore une fois l'éternel, avec cette seule différence que c'est l'éternité des Lois en lesquelles les phénomènes se résolvent, au lieu d'être l'éternité des Idées qui leur servent de modèle [18]. Mais, dans un cas comme dans l'autre, nous avons affaire à des théories. Tenons-nous-en aux faits. Le Temps est immédiatement donné. Cela nous suffit, et, en attendant qu'on nous démontre son inexistence ou sa perversité, nous constaterons simplement qu'il y a jaillissement effectif de nouveauté imprévisible.

La philosophie y gagnera de trouver quelque absolu dans le monde mouvant des phénomènes. Mais nous y gagnerons aussi de nous sentir plus joyeux et plus forts [19]. Plus joyeux, parce que la réalité qui s'invente sous nos yeux donnera à chacun de nous, sans cesse, certaines des satisfactions que l'art procure de loin en loin aux privilégiés de la fortune ; elle nous découvrira, par-delà la fixité et la monotonie qu'y apercevaient d'abord nos sens hypnotisés par la constance de nos besoins, la nouveauté sans cesse renaissante, la mouvante originalité des choses. Mais nous serons surtout plus forts, car à la grande œuvre de création qui est à l'origine et qui se poursuit sous nos yeux nous nous sentirons participer, créateurs de nous-mêmes. Notre faculté d'agir, en se ressaisissant, s'intensifiera. Humiliés jusque-là dans une attitude d'obéissance, esclaves de je ne sais quelles nécessités naturelles, nous nous redresserons, maîtres associés à un plus grand Maître. Telle sera la conclusion de notre étude. Gardons-nous de voir un simple jeu dans une spéculation sur les rapports du possible et du réel. Ce peut être une préparation à bien vivre.

IV

L'Intuition philosophique

Conférence faite au Congrès de philosophie de Bologne le 10 avril 1911

Je voudrais vous soumettre quelques réflexions sur l'esprit philosophique. Il me semble, – et plus d'un mémoire présenté à ce Congrès en témoigne –, que la métaphysique cherche en ce moment à se simplifier, à se rapprocher davantage de la vie. Je crois qu'elle a raison, et que c'est dans ce sens que nous devons travailler. Mais j'estime que nous ne ferons, par là, rien de révolutionnaire ; nous nous bornerons à donner la forme la plus appropriée à ce qui est le fond de toute philosophie, – je veux dire de toute philosophie qui a pleine conscience de sa fonction et de sa destination. Car il ne faut pas que la complication de la lettre fasse perdre de vue la simplicité de l'esprit. À ne tenir compte que des doctrines une fois formulées, de la synthèse où elles paraissent alors embrasser les conclusions des philosophies antérieures et l'ensemble des connaissances acquises, on risque de ne plus apercevoir ce qu'il y a d'essentiellement spontané dans la pensée philosophique.

Il y a une remarque qu'ont pu faire tous ceux d'entre nous qui enseignent l'histoire de la philosophie, tous ceux qui ont occasion de revenir souvent à l'étude des mêmes doctrines et d'en pousser ainsi de plus en plus loin l'approfondissement. Un système philosophique semble d'abord se dresser comme un édifice complet, d'une architecture savante, où les dispositions ont été prises pour qu'on y pût loger commodément tous les problèmes. Nous éprouvons, à le contempler sous cette forme, une joie esthétique renforcée d'une satisfaction professionnelle. Non seulement, en effet, nous trouvons ici l'ordre dans la complication (un ordre que nous nous amusons quelquefois à compléter en le décrivant), mais nous avons aussi le contentement de nous dire que nous savons d'où viennent les matériaux et comment la construction a été faite. Dans les problèmes que le philosophe a posés nous reconnaissons les questions qui s'agitaient autour de lui. Dans les solutions qu'il en donne nous croyons retrouver, arrangés ou dérangés, mais à peine modifiés, les éléments des philosophies antérieures ou contemporaines. Telle vue a dû lui être fournie par celui-ci, telle autre lui fut suggérée par celui-là. Avec ce qu'il a lu, entendu, appris, nous pourrions sans doute recomposer la plus grande partie de ce qu'il a fait. Nous nous mettons donc à l'œuvre, nous remontons aux sources, nous pesons les influences, nous extrayons les similitudes, et nous finissons par voir distinctement dans la doctrine ce que nous y cherchions : une synthèse plus ou moins originale des idées au milieu desquelles le philosophe a vécu [1].

Mais un contact souvent renouvelé avec la pensée du maître peut nous amener, par une imprégnation graduelle, à un sentiment tout différent. Je ne dis pas que le travail de comparaison auquel nous nous étions livrés d'abord ait été du temps perdu : sans cet effort préalable pour recomposer une philosophie avec ce qui n'est pas elle et pour la relier à ce qui fut autour d'elle, nous n'atteindrions peut-être jamais ce qui est véritablement elle ; car l'esprit humain est ainsi fait [2], il ne commence à comprendre le nouveau que lorsqu'il a tout tenté pour le ramener à l'ancien. Mais, à mesure que nous cherchons davantage à nous installer dans la pensée du philosophe au lieu d'en faire le tour, nous voyons sa doctrine se transfigurer. D'abord la complication diminue. Puis les parties entrent les unes dans les autres. Enfin tout se ramasse en un point unique, dont nous sentons qu'on pourrait se rapprocher de plus en plus quoiqu'il faille désespérer d'y atteindre.

En ce point est quelque chose de simple, d'infiniment simple, de si extraordinairement simple que le philosophe n'a jamais réussi à le dire. Et c'est pourquoi il a parlé toute sa vie. Il ne pouvait formuler ce qu'il avait dans l'esprit sans se sentir obligé de corriger sa formule, puis de corriger sa correction : ainsi, de théorie en théorie, se rectifiant alors qu'il croyait se compléter, il n'a fait autre chose, par une complication qui appelait la complication et par des développements juxtaposés à des développements, que rendre avec une approximation croissante la simplicité de son intuition originelle. Toute la complexité de sa doctrine, qui irait à l'infini, n'est donc que l'incommensurabilité entre son intuition simple et les moyens dont il disposait pour l'exprimer.

Quelle est cette intuition ? Si le philosophe n'a pas pu en donner la formule, ce n'est pas nous qui y réussirons. Mais ce que nous arriverons à ressaisir et à fixer, c'est une certaine image intermédiaire [3] entre la simplicité de l'intuition concrète et la complexité des abstractions qui la traduisent, image fuyante et évanouissante, qui hante, inaperçue peut-être, l'esprit du philosophe, qui le suit comme son ombre à travers les tours et détours de sa pensée, et qui, si elle n'est pas l'intuition même, s'en rapproche beaucoup plus que l'expression conceptuelle, nécessairement symbolique, à laquelle l'intuition doit recourir pour fournir des « explications ». Regardons bien cette ombre : nous devinerons l'attitude du corps qui la projette. Et si nous faisons effort pour imiter cette attitude, ou mieux pour nous y insérer, nous reverrons, dans la mesure du possible, ce que le philosophe a vu.

Ce qui caractérise d'abord cette image, c'est la puissance de *négation* qu'elle porte en elle. Vous vous rappelez comment procédait le démon de Socrate : il arrêtait la volonté du philosophe à un moment donné, et l'empêchait d'agir plutôt qu'il ne prescrivait ce qu'il y avait à faire. Il me semble que l'intuition se comporte souvent en matière spéculative comme le démon de Socrate dans la vie pratique ; c'est du moins sous cette forme qu'elle débute, sous cette forme aussi qu'elle continue à donner ses manifestations les plus nettes : elle défend. Devant des idées couramment acceptées, des thèses qui paraissaient évidentes, des affirmations qui avaient passé jusque-là pour scientifiques, elle souffle à l'oreille du philosophe le mot : *Impossible* : Impossible, quand bien même les faits et les raisons sembleraient t'inviter à croire que cela est possible et réel et certain. Impossible, parce qu'une certaine expérience, confuse peut-être mais décisive, te parle par ma voix, qu'elle est incompatible avec les faits qu'on allègue et les raisons qu'on donne, et que dès lors ces faits doivent être mal observés, ces raisonnements faux. Singulière force que cette puissance intuitive de négation ! Comment n'a-t-elle pas frappé davantage l'attention des historiens de la philosophie ? N'est-il pas visible que la première démarche du philosophe, alors que sa pensée est encore mal assurée et qu'il n'y a rien de définitif dans sa doctrine, est de rejeter certaines choses définitivement ? Plus tard, il pourra varier dans ce qu'il affirmera ; il ne variera guère dans ce qu'il nie. Et s'il varie dans ce qu'il affirme, ce sera encore en vertu de la puissance de négation immanente à l'intuition ou à son image. Il se sera laissé aller à déduire paresseusement des conséquences selon les règles d'une logique rectiligne ; et voici que tout à coup, devant sa propre affirmation, il éprouve le même sentiment d'impossibilité qui lui était venu d'abord devant l'affirmation d'autrui. Ayant quitté en effet la courbe de sa pensée pour suivre tout droit la tangente, il est devenu extérieur à lui-même. Il rentre en lui quand il revient à l'intuition. De ces départs et de ces retours sont faits les zigzags d'une doctrine qui « se développe », c'est-à-dire qui se perd, se retrouve, et se corrige indéfiniment elle-même.

Dégageons-nous de cette complication, remontons vers l'intuition simple ou tout au moins vers l'image qui la traduit : du même coup nous voyons la doctrine s'affranchir des conditions de temps et de lieu dont elle semblait dépendre. Sans doute les problèmes dont le philosophe s'est occupé sont les problèmes qui se posaient de son temps ; la science qu'il a utilisée ou critiquée était la science de son temps ; dans les théories qu'il expose on pourra même retrouver, si on les y cherche, les idées de ses contemporains et de ses devanciers. Comment en serait-il autrement ? Pour faire comprendre le nouveau, force est bien de l'exprimer en fonction de l'ancien ; et les problèmes déjà posés, les solutions qu'on en avait fournies, la philosophie et la science du temps où il a vécu, ont été, pour chaque grand penseur, la matière dont il était obligé de se servir pour donner une forme concrète à sa pensée. Sans compter qu'il est de tradition, depuis l'Antiquité, de présenter toute philosophie comme un système complet, qui embrasse tout ce que l'on connaît. Mais ce serait se tromper étrangement que de prendre pour un élément constitutif de la doctrine ce qui n'en fut que le moyen d'expression. Telle est la première erreur à laquelle nous nous exposons, comme je le disais tout à l'heure, quand nous abordons l'étude d'un système. Tant de ressemblances partielles nous frappent, tant de rapprochements nous paraissent s'imposer, des appels si nombreux, si pressants, sont lancés de toutes parts à notre ingéniosité et à notre érudition, que nous sommes tentés de recomposer la pensée du maître avec des fragments d'idées pris çà et là, quitte à le louer ensuite d'avoir su – comme nous venons de nous en montrer capables nous-mêmes – exécuter un joli travail de mosaïque. Mais l'illusion ne dure guère, car nous nous apercevons bientôt que, là même où le philosophe semble répéter des choses déjà dites, il les pense à sa manière. Nous renonçons à recomposer ; mais c'est pour glisser, le plus souvent, vers une nouvelle illusion, moins grave sans doute que la première, mais plus tenace qu'elle. Volontiers nous nous figurons la doctrine – même si c'est celle d'un maître – comme issue des philosophies antérieures et comme représentant « un moment d'une évolution ». Certes, nous n'avons plus tout à fait tort, car une philosophie ressemble plutôt à un organisme qu'à un assemblage, et il vaut encore mieux parler ici d'évolution que de composition [4]. Mais cette nouvelle comparaison, outre qu'elle attribue à l'histoire de la pensée plus de continuité qu'il ne s'en trouve réellement, a l'inconvénient de maintenir notre attention fixée sur la complication extérieure du système et sur ce qu'il peut avoir de prévisible dans sa forme superficielle, au lieu de nous inviter à toucher du doigt la nouveauté et la simplicité du fond. Un philosophe digne de ce nom n'a jamais dit qu'une seule chose : encore a-t-il plutôt cherché à la dire qu'il ne l'a dite véritablement. Et il n'a dit qu'une seule chose parce qu'il n'a su qu'un seul point : encore fut-ce moins une vision qu'un contact ; ce contact a fourni une impulsion, cette impulsion un mouvement, et si ce mouvement, qui est comme un certain tourbillonnement d'une certaine forme particulière, ne se rend visible à nos yeux que par ce qu'il a ramassé sur sa route, il n'en est pas moins vrai que d'autres poussières auraient aussi bien pu être soulevées et que c'eût été encore le même tourbillon. Ainsi, une pensée qui apporte quelque chose de nouveau dans le monde est bien obligée de se manifester à travers les idées toutes faites qu'elle rencontre devant elle et qu'elle entraîne dans son mouvement ; elle apparaît ainsi comme relative à l'époque où le philosophe a vécu ; mais ce n'est souvent qu'une apparence. Le philosophe eût pu venir plusieurs siècles plus tôt ; il aurait eu affaire à une autre philosophie et à une autre science ; il se fût posé d'autres problèmes ; il se serait exprimé par d'autres formules ; pas un chapitre, peut-être, des livres qu'il a écrits n'eût été ce qu'il est ; et pourtant il eût dit la même chose.

Permettez-moi de choisir un exemple. Je faisais appel à vos souvenirs professionnels : je vais, si vous le voulez bien, évoquer quelques-uns des miens. Professeur au Collège de France, je consacre un de mes deux cours, tous les ans, à l'histoire de la philosophie. C'est ainsi que j'ai pu, pendant plusieurs années consécutives, pratiquer longuement sur Berkeley, puis sur Spinoza, l'expérience que je viens de décrire. Je laisserai de côté Spinoza ; il nous entraînerait trop loin. Et pourtant je ne connais rien de plus instructif que le contraste entre la forme et le fond d'un livre comme l'*Éthique*[5] : d'un côté ces choses énormes qui s'appellent la Substance, l'Attribut et le Mode, et le formidable attirail des théorèmes avec l'enchevêtrement des définitions, corollaires et scolies, et cette complication de machinerie et cette puissance d'écrasement qui font que le débutant, en présence de l'*Éthique*, est frappé d'admiration et de terreur comme devant un cuirassé du type Dreadnought ; – de l'autre, quelque chose de subtil, de très léger et de presque aérien, qui fuit quand on s'en approche, mais qu'on ne peut regarder, même de loin, sans devenir incapable de s'attacher à quoi que ce soit du reste, même à ce qui passe pour capital, même à la distinction entre la Substance et l'Attribut, même à la dualité de la Pensée et de l'Étendue. C'est, derrière la lourde masse des concepts apparentés au cartésianisme et à l'aristotélisme, l'intuition qui fut celle de Spinoza, intuition qu'aucune formule, si simple soit-elle, ne sera assez simple pour exprimer. Disons, pour nous contenter d'une approximation, que c'est le sentiment d'une coïncidence entre l'acte par lequel notre esprit connaît parfaitement la vérité et l'opération par laquelle Dieu l'engendre, l'idée que la « conversion » des Alexandrins[6], quand elle devient complète, ne fait plus qu'un avec leur « procession »[7], et que lorsque l'homme, sorti de la divinité, arrive à rentrer en elle, il n'aperçoit plus qu'un mouvement unique là où il avait vu d'abord les deux mouvements inverses d'aller et de retour, – l'expérience morale se chargeant ici de résoudre une contradiction logique et de faire, par une brusque suppression du Temps, que le retour soit un aller. Plus nous remontons vers cette intuition originelle, mieux nous comprenons que, si Spinoza avait vécu avant

124

Descartes, il aurait sans doute écrit autre chose que ce qu'il a écrit, mais que, Spinoza vivant et écrivant, nous étions sûrs d'avoir le spinozisme tout de même[8].

J'arrive à Berkeley, et puisque c'est lui que je prends comme exemple, vous ne trouverez pas mauvais que je l'analyse en détail : la brièveté ne s'obtiendrait ici qu'aux dépens de la rigueur. Il suffit de jeter un coup d'œil sur l'œuvre de Berkeley pour la voir, comme d'elle-même, se résumer en quatre thèses fondamentales. La première, qui définit un certain idéalisme et à laquelle se rattache la nouvelle théorie de la vision (quoique le philosophe ait jugé prudent de présenter celle-ci comme indépendante) se formulerait ainsi : « la matière est un ensemble d'idées ». La seconde consiste à prétendre que les idées abstraites et générales se réduisent à des mots : c'est du nominalisme. La troisième affirme la réalité des esprits et les caractérise par la volonté : disons que c'est du spiritualisme et du volontarisme[9]. La dernière enfin, que nous pourrions appeler du théisme, pose l'existence de Dieu en se fondant principalement sur la considération de la matière[10]. Or, rien ne serait plus facile que de retrouver ces quatre thèses, formulées en termes à peu près identiques, chez les contemporains ou les prédécesseurs de Berkeley. La dernière se rencontre chez les théologiens[11]. La troisième était chez Duns Scot[12] ; Descartes a dit quelque chose du même genre. La seconde a alimenté les controverses du Moyen Âge avant de faire partie intégrante de la philosophie de Hobbes[13]. Quant à la première, elle ressemble beaucoup à l'« occasionalisme[14] » de Malebranche[15], dont nous découvririons déjà l'idée, et même la formule, dans certains textes de Descartes ; on n'avait d'ailleurs pas attendu jusqu'à Descartes pour remarquer que le rêve a toute l'apparence de la réalité et qu'il n'y a rien, dans aucune de nos perceptions prise à part, qui nous garantisse l'existence d'une chose extérieure à nous. Ainsi, avec des philosophes déjà anciens ou même, si l'on ne veut pas remonter trop haut, avec Descartes et Hobbes, auxquels on pourra adjoindre Locke, on aura les éléments nécessaires à la reconstitution extérieure de la philosophie de Berkeley : tout au plus lui laissera-t-on sa théorie de la vision, qui serait alors son œuvre propre, et dont l'originalité, rejaillissant sur le reste, donnerait à l'ensemble de la doctrine son aspect original. Prenons donc ces tranches de philosophie ancienne et moderne, mettons-les dans le même bol, ajoutons en guise de vinaigre et d'huile, une certaine impatience agressive à l'égard du dogmatisme mathématique et le désir, naturel chez un évêque philosophe, de réconcilier la raison avec la foi, mêlons et retournons consciencieusement, jetons par-dessus le tout, comme autant de fines herbes, un certain nombre d'aphorismes cueillis chez les néo-platoniciens : nous aurons – passez-moi l'expression – une salade qui ressemblera suffisamment, de loin, à ce que Berkeley a fait.

Eh bien, celui qui procéderait ainsi serait incapable de pénétrer dans la pensée de Berkeley. Je ne parle pas des difficultés et des impossibilités auxquelles il se heurterait dans les explications de détail : singulier « nominalisme » que celui qui aboutit à ériger bon nombre d'idées générales en essences éternelles, immanentes à l'Intelligence divine ! étrange négation de la réalité des corps que celle qui s'exprime par une théorie positive de la nature de la matière, théorie féconde, aussi éloignée que possible d'un idéalisme stérile qui assimilerait la perception au rêve ! Ce que je veux dire, c'est qu'il nous est impossible d'examiner avec attention la philosophie de Berkeley sans voir se rapprocher d'abord, puis s'entrepénétrer, les quatre thèses que nous y avons distinguées, de sorte que chacune d'elles semble devenir grosse des trois autres, prendre du relief et de la profondeur, et se distinguer radicalement des théories antérieures ou contemporaines avec lesquelles on pouvait la faire coïncider en surface. Sans doute ce second point de vue, d'où la doctrine apparaît comme un organisme et non plus comme un assemblage, n'est pas encore le point de vue définitif. Du moins est-il plus rapproché de la vérité. Je ne puis entrer dans tous les détails ; il faut cependant que j'indique, pour une ou deux au moins des quatre thèses, comment on en tirerait n'importe laquelle des autres.

Prenons l'idéalisme. Il ne consiste pas seulement à dire que les corps sont des idées. À quoi cela servirait-il ? Force nous serait bien de continuer à affirmer de ces idées tout ce que l'expérience nous fait affirmer des corps, et nous aurions simplement substitué un mot à un autre ; car Berkeley ne pense certes pas que la matière cessera d'exister quand il aura cessé de vivre. Ce que l'idéalisme de Berkeley signifie, c'est que la matière est coextensive à notre représentation ; qu'elle n'a pas d'intérieur, pas de dessous ; qu'elle ne cache rien, ne renferme rien ; qu'elle ne possède ni puissances ni virtualités d'aucune espèce ; qu'elle est étalée en surface et qu'elle tient tout entière, à tout instant, dans ce qu'elle donne. Le mot « idée » désigne d'ordinaire une existence de ce genre, je veux dire une existence complètement réalisée, dont l'être ne fait qu'un avec le paraître, tandis que le mot « chose » nous fait penser à une réalité qui serait en même temps un réservoir de possibilités [16] ; c'est pour cette raison que Berkeley aime mieux appeler les corps des idées que des choses. Mais, si nous envisageons ainsi l'« idéalisme », nous le voyons coïncider avec le « nominalisme » ; car cette seconde thèse, à mesure qu'elle s'affirme plus nettement dans l'esprit du philosophe, se restreint plus évidemment à la négation des idées générales abstraites, – *abstraites*, c'est-à-dire *extraites* de la matière : il est clair en effet qu'on ne saurait extraire quelque chose de ce qui ne contient rien, ni par conséquent faire sortir d'une perception autre chose qu'elle. La couleur n'étant que de la couleur, la résistance n'étant que de la résistance, jamais vous ne trouverez rien de commun entre la résistance et la couleur, jamais vous ne tirerez des données de la vue un élément qui leur soit commun avec celles du toucher. Que si vous prétendez abstraire des unes et des autres quelque chose qui leur soit commun à toutes, vous vous apercevrez, en regardant cette chose, que vous avez affaire à un mot : voilà le nominalisme de Berkeley ; mais voilà, du même coup, la « nouvelle théorie de la vision ». Si une étendue qui serait à la fois visuelle et tactile n'est qu'un mot, à plus forte raison en est-il ainsi d'une étendue qui intéresserait tous les sens à la fois : voilà encore du nominalisme, mais voilà aussi la réfutation de la théorie cartésienne de la matière [17]. Ne parlons même plus d'étendue ; constatons simplement que, vu la structure du langage, les deux expressions « j'ai cette perception » et « cette perception existe » sont synonymes, mais que la seconde, introduisant le même mot « existence » dans la description de perceptions toutes différentes, nous invite à croire qu'elles ont quelque chose de commun entre elles et à nous imaginer que leur diversité recouvre une unité fondamentale, l'unité d'une « substance » qui n'est en réalité que le mot *existence* hypostasié : vous avez tout l'idéalisme de Berkeley ; et cet idéalisme, comme je le disais, ne fait qu'un avec son nominalisme [18]. – Passons maintenant, si vous voulez, à la théorie de Dieu et à celle des esprits. Si un corps est fait d'« idées », ou, en d'autres termes, s'il est entièrement passif et terminé, dénué de pouvoirs et de virtualités, il ne saurait agir sur d'autres corps ; et dès lors les mouvements des corps doivent être les effets d'une puissance active, qui a produit ces corps eux-mêmes et qui, en raison de l'ordre dont l'univers témoigne, ne peut être qu'une cause intelligente. Si nous nous trompons quand nous érigeons en réalités, sous le nom d'idées générales, les noms que nous avons donnés à des groupes d'objets ou de perceptions plus ou moins artificiellement constitués par nous sur le plan de la matière, il n'en est plus de même quand nous croyons découvrir, derrière le plan où la matière s'étale, les intentions divines : l'idée générale qui n'existe qu'en surface et qui relie les corps aux corps n'est sans doute qu'un mot, mais l'idée générale qui existe en profondeur, rattachant les corps à Dieu ou plutôt descendant de Dieu aux corps, est une réalité ; et ainsi le nominalisme de Berkeley appelle tout naturellement ce développement de la doctrine que nous trouvons dans la *Siris*[19] et qu'on a considéré à tort comme une fantaisie néo-platonicienne[20] ; en d'autres termes, l'idéalisme de Berkeley n'est qu'un aspect de la théorie qui met Dieu derrière toutes les manifestations de la matière. Enfin, si Dieu imprime en chacun de nous des perceptions ou, comme dit Berkeley, des « idées », l'être qui recueille ces perceptions ou plutôt qui va au-devant d'elles est tout l'inverse d'une idée : c'est une volonté, d'ailleurs limitée sans cesse par la volonté divine. Le point de rencontre de ces deux volontés est justement ce que nous appelons la matière. Si le *percipi* est passivité pure, le *percipere* est pure activité. Esprit humain, matière, esprit divin deviennent donc des termes que nous ne pouvons exprimer qu'en fonction l'un de l'autre. Et le spiritualisme de Berkeley se trouve lui-même n'être qu'un aspect de l'une quelconque des trois autres thèses.

Ainsi les diverses parties du système s'entrepénètrent, comme chez un être vivant. Mais, comme je le disais au début, le spectacle de cette pénétration réciproque nous donne sans doute une idée plus juste du corps de la doctrine ; il ne nous en fait pas encore atteindre l'âme.

Nous nous rapprocherons d'elle, si nous pouvons atteindre *l'image médiatrice* dont je parlais tout à l'heure[21], – une image qui est presque matière en ce qu'elle se laisse encore voir, et presque esprit en ce qu'elle ne se laisse plus toucher –, fantôme qui nous hante pendant que nous tournons autour de la doctrine et auquel il faut s'adresser pour obtenir le signe décisif, l'indication de l'attitude à prendre et du point où regarder. L'image médiatrice qui se dessine dans l'esprit de l'interprète, au fur et à mesure qu'il avance dans l'étude de l'œuvre, exista-t-elle jadis, telle quelle, dans la pensée du maître ? Si ce ne fut pas celle-là, c'en fut une autre, qui pouvait appartenir à un ordre de perception différent et n'avoir aucune ressemblance matérielle avec elle, mais qui lui équivalait cependant comme s'équivalent deux traductions, en langues différentes, du même original. Peut-être ces deux images, peut-être même d'autres images, équivalentes encore, furent-elles présentes toutes à la fois, suivant pas à pas le philosophe, en procession, à travers les évolutions de sa pensée. Ou peut-être n'en aperçut-il bien aucune, se bornant à reprendre directement contact, de loin en loin, avec cette chose plus subtile encore qui est l'intuition elle-même ; mais alors force nous est bien, à nous interprètes, de rétablir l'image intermédiaire, sous peine d'avoir à parler de l'« intuition originelle » comme d'une pensée vague et de l'« esprit de la doctrine » comme d'une abstraction, alors que cet esprit est ce qu'il y a de plus concret et cette intuition ce qu'il y a de plus précis dans le système.

Dans le cas de Berkeley, je crois voir deux images différentes, et celle qui me frappe le plus n'est pas celle dont nous trouvons l'indication complète chez Berkeley lui-même. Il me semble que Berkeley aperçoit la matière comme une *mince pellicule transparente* située entre l'homme et Dieu[22]. Elle reste transparente tant que les philosophes ne s'occupent pas d'elle, et alors Dieu se montre au travers. Mais que les métaphysiciens y touchent, ou même le sens commun en tant qu'il est métaphysicien : aussitôt la pellicule se dépolit et s'épaissit, devient opaque et forme écran, parce que des mots tels que Substance, Force, Étendue abstraite, etc., se glissent derrière elle, s'y déposent comme une couche de poussière, et nous empêchent d'apercevoir Dieu par transparence. L'image est à peine indiquée par Berkeley lui-même, quoiqu'il ait dit en propres termes « que nous soulevons la poussière et que nous nous plaignons ensuite de ne pas voir ». Mais il y a une autre comparaison, souvent évoquée par le philosophe, et qui n'est que la transposition auditive de l'image visuelle que je viens de décrire : la matière serait une langue que Dieu nous parle. Les métaphysiques de la matière, épaississant chacune des syllabes, lui faisant un sort, l'érigeant en entité indépendante, détourneraient alors notre attention du sens sur le son et nous empêcheraient de suivre la parole divine. Mais, qu'on s'attache à l'une ou à l'autre, dans les deux cas on a affaire à une image simple qu'il faut garder sous les yeux, parce que, si elle n'est pas l'intuition génératrice de la doctrine, elle en dérive immédiatement et s'en rapproche plus qu'aucune des thèses prise à part, plus même que leur combinaison.

Pouvons-nous ressaisir cette intuition elle-même ? Nous n'avons que deux moyens d'expression, le concept et l'image. C'est en concepts que le système se développe ; c'est en une image qu'il se resserre quand on le repousse vers l'intuition d'où il descend : que si l'on veut dépasser l'image en remontant plus haut qu'elle, nécessairement on retombe sur des concepts, et sur des concepts plus vagues, plus généraux encore, que ceux d'où l'on était parti à la recherche de l'image et de l'intuition. Réduite à prendre cette forme, embouteillée à sa sortie de la source, l'intuition originelle paraîtra donc être ce qu'il y a au monde de plus fade et de plus froid : ce sera la banalité même. Si nous disions, par exemple, que Berkeley considère l'âme humaine comme partiellement unie à Dieu et partiellement indépendante, qu'il a conscience de lui-même, à tout instant, comme d'une activité imparfaite qui rejoindrait une activité plus haute s'il n'y avait, interposé entre les deux, quelque chose qui est la passivité absolue, nous exprimerions de l'intuition originelle de Berkeley tout ce qui peut se traduire immédiatement en concepts, et pourtant nous aurions quelque chose de si abstrait que ce serait à peu près vide. Tenons-nous-en à ces formules, puisque nous ne pouvons trouver mieux, mais tâchons d'y mettre un peu de vie. Prenons tout ce que le philosophe a écrit, faisons remonter ces idées éparpillées vers l'image d'où elles étaient descendues, haussons-les, maintenant enfermées dans l'image, jusqu'à la formule abstraite qui va se grossir de l'image et des idées, attachons-nous alors à cette formule et regardons-la, elle si simple, se simplifier encore, d'autant plus simple que nous aurons poussé en elle un plus grand nombre de choses, soulevons-nous enfin avec elle, montons vers le point où se resserrerait en tension tout ce qui était donné en extension dans la doctrine : nous nous représenterons cette fois comment de ce centre de force, d'ailleurs inaccessible, part l'impulsion qui donne l'élan, c'est-à-dire l'intuition même. Les quatre thèses de Berkeley sont sorties de là, parce que ce mouvement a rencontré sur sa route les idées et les problèmes que soulevaient les contemporains de Berkeley. En d'autres temps, Berkeley eût sans doute formulé d'autres thèses ; mais, le mouvement étant le même, ces thèses eussent été situées de la même manière par rapport les unes aux autres ; elles auraient eu la même relation entre elles, comme de nouveaux mots d'une nouvelle phrase entre lesquels continue à courir un ancien sens ; et c'eût été la même philosophie [23].

La relation d'une philosophie aux philosophies antérieures et contemporaines n'est donc pas ce que nous ferait supposer une certaine conception de l'histoire des systèmes. Le philosophe ne prend pas des idées préexistantes pour les fondre dans une synthèse supérieure ou pour les combiner avec une idée nouvelle. Autant vaudrait croire que, pour parler, nous allons chercher des mots que nous cousons ensuite ensemble au moyen d'une pensée. La vérité est qu'au-dessus du mot et au-dessus de la phrase il y a quelque chose de beaucoup plus simple qu'une phrase et même qu'un mot : le sens, qui est moins une chose pensée qu'un mouvement de pensée, moins un mouvement qu'une direction. Et de même que l'impulsion donnée à la vie embryonnaire détermine la division d'une cellule primitive en cellules qui se divisent à leur tour jusqu'à ce que l'organisme complet soit formé, ainsi le mouvement caractéristique de tout acte de pensée amène cette pensée, par une subdivision croissante d'elle-même, à s'étaler de plus en plus sur les plans successifs de l'esprit jusqu'à ce qu'elle atteigne celui de la parole. Là, elle s'exprime par une phrase, c'est-à-dire par un groupe d'éléments préexistants ; mais elle peut choisir presque arbitrairement les premiers éléments du groupe pourvu que les autres en soient complémentaires : la même pensée se traduit aussi bien en phrases diverses composées de mots tout différents, pourvu que ces mots aient entre eux le même rapport. Tel est le processus de la parole. Et telle est aussi l'opération par laquelle se constitue une philosophie. Le philosophe ne part pas d'idées préexistantes ; tout au plus peut-on dire qu'il y arrive. Et quand il y vient, l'idée ainsi entraînée dans le mouvement de son esprit, s'animant d'une vie nouvelle comme le mot qui reçoit son sens de la phrase, n'est plus ce qu'elle était en dehors du tourbillon.

On trouverait une relation du même genre entre un système philosophique et l'ensemble des connaissances scientifiques de l'époque où le philosophe a vécu. Il y a une certaine conception de la philosophie qui veut que tout l'effort du philosophe tende à embrasser dans une grande synthèse les résultats des sciences particulières. Certes, le philosophe fut pendant longtemps celui qui possédait la science universelle ; et aujourd'hui même que la multiplicité des sciences particulières, la diversité et la complexité des méthodes, la masse énorme des faits recueillis rendent impossible l'accumulation de toutes les connaissances humaines dans un seul esprit, le philosophe reste l'homme de la science universelle, en ce sens que, s'il ne peut plus tout savoir, il n'y a rien qu'il ne doive s'être mis en état d'apprendre. Mais suit-il de là que sa tâche soit de s'emparer de la science faite, de l'amener à des degrés croissants de généralité, et de s'acheminer, de condensation en condensation, à ce qu'on a appelé l'unification du savoir ? Permettez-moi de trouver étrange que ce soit au nom de la science, par respect pour la science, qu'on nous propose cette conception de la philosophie : je n'en connais pas de plus désobligeante pour la science ni de plus injurieuse pour le savant. Comment ! voici un homme qui a longuement pratiqué une certaine méthode scientifique et laborieusement conquis ses résultats, qui vient nous dire : « l'expérience, aidée du raisonnement, conduit jusqu'en ce point ; la connaissance scientifique commence ici, elle finit là ; telles sont mes conclusions » ; et le philosophe aurait le droit de lui répondre ; « Fort bien, laissez-moi cela, vous allez voir ce que j'en saurai faire ! La connaissance que vous m'apportez incomplète, je la compléterai. Ce que vous me présentez disjoint, je l'unifierai. Avec les mêmes matériaux, puisqu'il est entendu que je m'en tiendrai aux faits que vous avez observés, avec le même genre de travail, puisque je dois me borner comme vous à induire et à déduire, je ferai plus et mieux que ce que vous avez fait. » Étrange prétention, en vérité ! Comment la profession de philosophe conférerait-elle à celui qui l'exerce le pouvoir d'avancer plus loin que la science dans la même direction qu'elle ? Que certains savants soient plus portés que d'autres à aller de l'avant et à généraliser leurs résultats, plus portés aussi à revenir en arrière et à critiquer leurs méthodes, que, dans ce sens particulier du mot, on les dise philosophes, que d'ailleurs chaque science puisse et doive avoir sa philosophie ainsi comprise, je suis le premier à l'admettre. Mais cette philosophie-là est encore de la science, et celui qui la fait est encore un savant. Il ne s'agit plus, comme tout à l'heure, d'ériger la philosophie en synthèse des sciences positives et de prétendre, par la seule vertu de l'esprit philosophique, s'élever plus haut que la science dans la généralisation des mêmes faits [24].

Une telle conception du rôle du philosophe serait injurieuse pour la science. Mais combien plus injurieuse encore pour la philosophie ! N'est-il pas évident que, si le savant s'arrête en un certain point sur la voie de la généralisation et de la synthèse, là s'arrête ce que l'expérience objective et le raisonnement sûr nous permettent d'avancer ? Et dès lors, en prétendant aller plus loin dans la même direction, ne nous placerions-nous pas systématiquement dans l'arbitraire ou tout au moins dans l'hypothétique [25] ? Faire de la philosophie un ensemble de généralités qui dépasse la généralisation scientifique, c'est vouloir que le philosophe se contente du plausible et que la probabilité [26] lui suffise. Je sais bien que, pour la plupart de ceux qui suivent de loin nos discussions, notre domaine est en effet celui du simple possible, tout au plus celui du probable ; volontiers ils diraient que la philosophie commence là où la certitude finit. Mais qui de nous voudrait d'une pareille situation pour la philosophie ? Sans doute, tout n'est pas également vérifié ni vérifiable dans ce qu'une philosophie nous apporte, et il est de l'essence de la méthode philosophique d'exiger qu'à bien des moments, sur bien des points, l'esprit accepte des risques. Mais le philosophe ne court ces risques que parce qu'il a contracté une assurance, et parce qu'il y a des choses dont il se sent inébranlablement certain. Il nous en rendra certains à notre tour dans la mesure où il saura nous communiquer l'intuition où il puise sa force [27].

La vérité est que la philosophie n'est pas une synthèse des sciences particulières, et que si elle se place souvent sur le terrain de la science, si elle embrasse parfois dans une vision plus simple les objets dont la science s'occupe, ce n'est pas en intensifiant la science, ce n'est pas en portant les résultats de la science à un plus haut degré de généralité. Il n'y aurait pas place pour deux manières de connaître, philosophie et science, si l'expérience ne se présentait à nous sous deux aspects différents, d'un côté sous forme de faits qui se juxtaposent à des faits, qui se répètent à peu près, qui se mesurent à peu près, qui se déploient enfin dans le sens de la multiplicité distincte et de la spatialité, de l'autre sous forme d'une pénétration réciproque qui est pure durée, réfractaire à la loi et à la mesure. Dans les deux cas, expérience signifie conscience ; mais, dans le premier, la conscience s'épanouit au-dehors, et s'extériorise par rapport à elle-même dans l'exacte mesure où elle aperçoit des choses extérieures les unes aux autres ; dans le second elle rentre en elle, se ressaisit et s'approfondit. En sondant ainsi sa propre profondeur, pénètre-t-elle plus avant dans l'intérieur de la matière, de la vie, de la réalité en général ? On pourrait le contester, si la conscience s'était surajoutée à la matière comme un accident ; mais nous croyons avoir montré qu'une pareille hypothèse, selon le côté par où on la prend, est absurde ou fausse, contradictoire avec elle-même ou contredite par les faits. On pourrait le contester encore, si la conscience humaine, quoique apparentée à une conscience plus vaste et plus haute, avait été mise à l'écart, et si l'homme avait à se tenir dans un coin de la nature comme un enfant en pénitence. Mais non ! la matière et la vie qui remplissent le monde sont aussi bien en nous ; les forces qui travaillent en toutes choses, nous les sentons en nous ; quelle que soit l'essence intime de ce qui est et de ce qui se fait, nous en sommes. Descendons alors à l'intérieur de nous-mêmes : plus profond sera le point que nous aurons touché, plus forte sera la poussée qui nous renverra à la surface. L'intuition philosophique est ce contact, la philosophie est cet élan. Ramenés au-dehors par une impulsion venue du fond, nous rejoindrons la science au fur et à mesure que notre pensée s'épanouira en s'éparpillant. Il faut donc que la philosophie puisse se mouler sur la science, et une idée d'origine soi-disant intuitive qui n'arriverait pas, en se divisant et en subdivisant ses divisions, à recouvrir les faits observés au-dehors et les lois par lesquelles la science les relie entre eux, qui ne serait pas capable, même, de corriger certaines généralisations et de redresser certaines observations, serait fantaisie pure ; elle n'aurait rien de commun avec l'intuition. Mais, d'autre part, l'idée qui réussit à appliquer exactement contre les faits et les lois cet éparpillement d'elle-même n'a pas été obtenue par une unification de l'expérience extérieure ; car le philosophe n'est pas venu à l'unité, il en est parti. Je parle, bien entendu, d'une unité à la fois restreinte et relative, comme celle qui découpe un être vivant dans l'ensemble des choses. Le travail par lequel la philosophie paraît s'assimiler les résultats de la science positive, de même que l'opération au cours de laquelle une philosophie a l'air de rassembler en elle les fragments des philosophies antérieures, n'est pas une synthèse, mais une analyse [28].

La science est l'auxiliaire de l'action [29]. Et l'action vise un résultat. L'intelligence scientifique se demande donc ce qui devra avoir été fait pour qu'un certain résultat désiré soit atteint, ou plus généralement quelles conditions il faut se donner pour qu'un certain phénomène se produise. Elle va d'un arrangement des choses à un réarrangement, d'une simultanéité à une simultanéité. Nécessairement elle néglige ce qui se passe dans l'intervalle ; ou, si elle s'en occupe, c'est pour y considérer d'autres arrangements, des simultanéités encore. Avec des méthodes destinées à saisir le tout fait, elle ne saurait, en général, entrer dans ce qui se fait, suivre le mouvant, adopter le devenir qui est la vie des choses. Cette dernière tâche appartient à la philosophie. Tandis que le savant, astreint à prendre sur le mouvement des vues immobiles et à cueillir des répétitions le long de ce qui ne se répète pas, attentif aussi à diviser commodément la réalité sur les plans successifs où elle est déployée afin de la soumettre à l'action de l'homme, est obligé de ruser avec la nature, d'adopter vis-à-vis d'elle une attitude de défiance et de lutte, le philosophe la traite en camarade. La règle de la science est celle qui a été posée par Bacon [30] : obéir pour commander. Le philosophe n'obéit ni ne commande ; il cherche à sympathiser [31].

De ce point de vue encore, l'essence de la philosophie est l'esprit de simplicité. Que nous envisagions l'esprit philosophique en lui-même ou dans ses œuvres, que nous comparions la philosophie à la science ou une philosophie à d'autres philosophies, toujours nous trouvons que la complication est superficielle, la construction un accessoire, la synthèse une apparence : philosopher est un acte simple [32].

Plus nous nous pénétrerons de cette vérité, plus nous inclinerons à faire sortir la philosophie de l'école et à la rapprocher de la vie. Sans doute l'attitude de la pensée commune, telle qu'elle résulte de la structure des sens, de l'intelligence et du langage, est plus voisine de l'attitude de la science que de celle de la philosophie. Je n'entends pas seulement par là que les catégories générales de notre pensée sont celles mêmes de la science, que les grandes routes tracées par nos sens à travers la continuité du réel sont celles par où la science passera, que la perception est une science naissante, la science une perception adulte, et que la connaissance usuelle et la connaissance scientifique, destinées l'une et l'autre à préparer notre action sur les choses, sont nécessairement deux visions du même genre, quoique de précision et de portée inégales. Ce que je veux surtout dire, c'est que la connaissance usuelle est astreinte, comme la connaissance scientifique et pour les mêmes raisons qu'elle, à prendre les choses dans un temps pulvérisé où un instant sans durée succède à un instant qui ne dure pas davantage. Le mouvement est pour elle une série de positions, le changement une série de qualités, le devenir en général une série d'états. Elle part de l'immobilité (comme si l'immobilité pouvait être autre chose qu'une apparence, comparable à l'effet spécial qu'un mobile produit sur un autre mobile quand ils sont réglés l'un sur l'autre), et par un ingénieux arrangement d'immobilités elle recompose une imitation du mouvement qu'elle substitue au mouvement lui-même : opération pratiquement commode mais théoriquement absurde, grosse de toutes les contradictions, de tous les faux problèmes que la Métaphysique et la Critique rencontrent devant elles [33].

Mais, justement parce que c'est là que le sens commun tourne le dos à la philosophie, il suffira que nous obtenions de lui une volte-face en ce point pour que nous le replacions dans la direction de la pensée philosophique. Sans doute l'intuition comporte bien des degrés d'intensité, et la philosophie bien des degrés de profondeur ;

mais l'esprit qu'on aura ramené à la durée réelle vivra déjà de la vie intuitive et sa connaissance des choses sera déjà philosophie. Au lieu d'une discontinuité de moments qui se remplaceraient dans un temps infiniment divisé, il apercevra la fluidité continue du temps réel qui coule indivisible. Au lieu d'états superficiels qui viendraient tour à tour recouvrir une chose indifférente et qui entretiendraient avec elle le mystérieux rapport du phénomène à la substance, il saisira un seul et même changement qui va toujours s'allongeant, comme dans une mélodie où tout est devenir mais où le devenir, étant substantiel, n'a pas besoin de support. Plus d'états inertes, plus de choses mortes ; rien que la mobilité dont est faite la stabilité de la vie. Une vision de ce genre, où la réalité apparaît comme continue et indivisible, est sur le chemin qui mène à l'intuition philosophique.

Car il n'est pas nécessaire, pour aller à l'intuition, de se transporter hors du domaine des sens et de la conscience. L'erreur de Kant fut de le croire. Après avoir prouvé par des arguments décisifs qu'aucun effort dialectique ne nous introduira jamais dans l'au-delà et qu'une métaphysique efficace serait nécessairement une métaphysique intuitive, il ajouta que cette intuition nous manque et que cette métaphysique est impossible. Elle le serait, en effet, s'il n'y avait pas d'autres temps ni d'autre changement que ceux que Kant a aperçus et auxquels nous tenons d'ailleurs à avoir affaire ; car notre perception usuelle ne saurait sortir du temps ni saisir autre chose que du changement. Mais le temps où nous restons naturellement placés, le changement dont nous nous donnons ordinairement le spectacle, sont un temps et un changement que nos sens et notre conscience ont réduits en poussière pour faciliter notre action sur les choses. Défaisons ce qu'ils ont fait, ramenons notre perception à ses origines, et nous aurons une connaissance d'un nouveau genre, sans avoir eu besoin de recourir à des facultés nouvelles [34].

Si cette connaissance se généralise, ce n'est pas seulement la spéculation qui en profitera. La vie de tous les jours pourra en être réchauffée et illuminée. Car le monde où nos sens et notre conscience nous introduisent habituellement n'est plus que l'ombre de lui-même ; et il est froid comme la mort. Tout y est arrangé pour notre plus grande commodité, mais tout y est dans un présent qui semble recommencer sans cesse ; et nous-mêmes artificiellement façonnés à l'image d'un univers non moins artificiel, nous nous apercevons dans l'instantané, nous parlons du passé comme de l'aboli, nous voyons dans le souvenir un fait étrange ou en tout cas étranger, un secours prêté à l'esprit par la matière. Ressaisissons-nous au contraire, tels que nous sommes, dans un présent épais et, de plus, élastique, que nous pouvons dilater indéfiniment vers l'arrière en reculant de plus en plus loin l'écran qui nous masque à nous-mêmes ; ressaisissons le monde extérieur tel qu'il est, non seulement en surface, dans le moment actuel, mais en profondeur, avec le passé immédiat qui le presse et qui lui imprime son élan ; habituons-nous, en un mot, à voir toutes choses *sub specie durationis* : aussitôt le raidi se détend, l'assoupi se réveille, le mort ressuscite dans notre perception galvanisée. Les satisfactions que l'art ne fournira jamais qu'à des privilégiés de la nature et de la fortune, et de loin en loin seulement, la philosophie ainsi entendue nous les offrirait à tous, à tout moment, en réinsufflant la vie aux fantômes qui nous entourent et en nous revivifiant nous-mêmes. Par là elle deviendrait complémentaire de la science dans la pratique aussi bien que dans la spéculation. Avec ses applications qui ne visent que la commodité de l'existence, la science nous promet le bien-être, tout au plus le plaisir. Mais la philosophie pourrait déjà nous donner la joie [35].

V

LA PERCEPTION DU CHANGEMENT

Conférences faites à l'université d'Oxford les 26 et 27 mai 1911

Première conférence

Mes premières paroles seront des paroles de remerciement à l'université d'Oxford pour le grand honneur qu'elle m'a fait en m'invitant à venir parler chez elle. Je me suis toujours représenté Oxford comme un des rares sanctuaires où se conservent, pieusement entretenues, transmises par chaque génération à la suivante, la chaleur et la lumière de la pensée antique. Mais je sais aussi que cet attachement à l'Antiquité n'empêche pas votre université d'être très moderne et très vivante. Plus particulièrement, en ce qui concerne la philosophie, je suis frappé de voir avec quelle profondeur et quelle originalité on étudie ici les philosophes anciens (récemment encore, un de vos maîtres [1] les plus éminents ne renouvelait-il pas sur des points essentiels l'interprétation de la théorie platonicienne des Idées ?), et comment, d'autre part, Oxford est à l'avant-garde du mouvement philosophique avec les deux conceptions extrêmes de la nature de la vérité : rationalisme intégral et pragmatisme [2]. Cette alliance du présent et du passé est féconde dans tous les domaines : nulle part elle ne l'est plus qu'en philosophie. Certes, nous avons quelque chose de nouveau à faire, et le moment est peut-être venu de s'en rendre pleinement compte ; mais, pour être du nouveau, ce ne sera pas nécessairement du révolutionnaire. Étudions plutôt les anciens, imprégnons-nous de leur esprit, et tâchons de faire, dans la mesure de nos forces, ce qu'ils feraient eux-mêmes s'ils vivaient parmi nous. Initiés à notre science (je ne dis pas seulement à notre mathématique et à notre physique, qui ne changeraient peut-être pas radicalement leur manière de penser, mais surtout à notre biologie et à notre psychologie), ils arriveraient à des résultats très différents de ceux qu'ils ont obtenus. C'est ce qui me frappe tout particulièrement pour le problème que j'ai entrepris de traiter devant vous, celui du changement.

Je l'ai choisi, parce que je le tiens pour capital, et parce que j'estime que, si l'on était convaincu de la réalité du changement et si l'on faisait effort pour le ressaisir, tout se simplifierait. Des difficultés philosophiques, qu'on juge insurmontables, tomberaient. Non seulement la philosophie y gagnerait, mais notre vie de tous les jours – je veux dire l'impression que les choses font sur nous et la réaction de notre intelligence, de notre sensibilité et de notre volonté sur les choses – en serait peut-être transformée et comme transfigurée. C'est que, d'ordinaire, nous regardons bien le changement, mais nous ne l'apercevons pas. Nous parlons du changement, mais nous n'y pensons pas. Nous disons que le changement existe, que tout change, que le changement est la loi même des choses : oui, nous le disons et nous le répétons ; mais ce ne sont là que des mots, et nous raisonnons et philosophons comme si le changement n'existait pas. Pour penser le changement et pour le voir, il y a tout un voile de préjugés à écarter, les uns artificiels, créés par la spéculation philosophique, les autres naturels au sens commun. Je crois que nous finirons par nous mettre d'accord là-dessus, et que nous constituerons alors une philosophie à laquelle tous collaboreront, sur laquelle tous pourront s'entendre. C'est pourquoi je voudrais fixer deux ou trois points sur lesquels l'entente me paraît déjà faite ; elle s'étendra peu à peu au reste. Notre première conférence portera donc moins sur le changement lui-même que sur les caractères généraux d'une philosophie qui s'attacherait à l'intuition du changement.

Voici d'abord un point sur lequel tout le monde s'accordera. Si les sens et la conscience avaient une portée illimitée, si, dans la double direction de la matière et de l'esprit, la faculté de percevoir était indéfinie, on n'aurait pas besoin de concevoir, non plus que de raisonner. Concevoir est un pis aller quand il n'est pas donné de percevoir, et le raisonnement est fait pour combler les vides de la perception ou pour en étendre la portée. Je ne nie pas l'utilité des idées abstraites et générales, – pas plus que je ne conteste la valeur des billets de banque. Mais de même que le billet n'est qu'une promesse d'or, ainsi une conception ne vaut que par les perceptions éventuelles qu'elle représente [3]. Il ne s'agit pas seulement, bien entendu, de la perception d'une chose, ou d'une qualité, ou d'un état. On peut concevoir un ordre, une harmonie, et plus généralement une *vérité*, qui devient alors une *réalité*. Je dis qu'on est d'accord sur ce point. Tout le monde a pu constater, en effet, que les conceptions le plus ingénieusement assemblées et les raisonnements le plus savamment échafaudés s'écroulent comme des châteaux de cartes le jour où un fait – un seul fait réellement aperçu – vient heurter ces conceptions et ces raisonnements. Il n'y a d'ailleurs pas un métaphysicien, pas un théologien, qui ne soit prêt à affirmer qu'un être parfait est celui qui connaît toutes choses intuitivement, sans avoir à passer par le raisonnement, l'abstraction et la généralisation. Donc, pas de difficulté sur le premier point.

Il n'y en aura pas davantage sur le second, que voici. L'insuffisance de nos facultés de perception – insuffisance constatée par nos facultés de conception et de raisonnement – est ce qui a donné naissance à la philosophie. L'histoire des doctrines en fait foi. Les conceptions des plus anciens penseurs de la Grèce étaient, certes, très voisines de la perception, puisque c'est par les transformations d'un élément sensible, comme l'eau, l'air ou le feu [4], qu'elles complétaient la sensation immédiate. Mais dès que les philosophes de l'école d'Élée, critiquant l'idée de transformation, eurent montré ou cru montrer l'impossibilité de se maintenir si près des données des sens [5], la philosophie s'engagea dans la voie où elle a marché depuis, celle qui conduit à un monde « suprasensible » : avec de pures « idées », désormais, on devait expliquer les choses. Il est vrai que, pour les philosophes anciens, le monde intelligible était situé en dehors et au-dessus de celui que nos sens et notre conscience aperçoivent : nos facultés de perception ne nous montraient que des ombres projetées dans le temps et l'espace par les Idées immuables et éternelles. Pour les modernes, au contraire, ces essences sont constitutives des choses sensibles elles-mêmes ; ce sont de véritables substances, dont les phénomènes ne sont que la pellicule superficielle. Mais tous, anciens et modernes, s'accordent à voir dans la philosophie une substitution du concept au percept. Tous en appellent, de l'insuffisance de nos sens et de notre conscience, à des facultés de l'esprit qui ne sont plus perceptives, je veux dire aux fonctions d'abstraction, de généralisation et de raisonnement.

Sur le second point nous pourrons donc nous mettre d'accord. J'arrive alors au troisième, qui, je pense, ne soulèvera pas non plus de discussion.

Si telle est bien la méthode philosophique, il n'y a pas, il ne peut pas y avoir *une* philosophie, comme il y a une science ; il y aura toujours, au contraire, autant de philosophies différentes qu'il se rencontrera de penseurs originaux. Comment en serait-il autrement ? Si abstraite que soit une conception, c'est toujours dans une perception qu'elle a son point de départ. L'intelligence combine et sépare ; elle arrange, dérange, coordonne ; elle ne crée pas. Il lui faut une matière, et cette matière ne peut lui venir que des sens ou de la conscience. Une philosophie qui construit ou complète la réalité avec de pures idées ne fera donc que substituer ou adjoindre, à l'ensemble de nos perceptions concrètes, telle ou telle d'entre elles élaborée, amincie, subtilisée, convertie par là en idée abstraite et générale. Mais, dans le choix qu'elle opérera de cette perception privilégiée, il y aura toujours quelque chose d'arbitraire, car la science positive a pris pour elle tout ce qui est incontestablement commun à des choses différentes, la *quantité*, et il ne reste plus alors à la philosophie que le domaine de la *qualité*, où tout est hétérogène à tout, et où une partie ne représentera jamais l'ensemble qu'en vertu d'un décret contestable, sinon arbitraire. À ce décret on pourra toujours en opposer d'autres. Et bien des philosophies différentes surgiront, armées de concepts différents. Elles lutteront indéfiniment entre elles [6].

Voici alors la question qui se pose, et que je tiens pour essentielle. Puisque tout essai de philosophie purement conceptuelle suscite des tentatives antagonistes et que, sur le terrain de la dialectique pure, il n'y a pas de système auquel on ne puisse en opposer un autre, resterons-nous sur ce terrain, ou ne devrions-nous pas plutôt (sans renoncer, cela va sans dire, à l'exercice des facultés de conception et de raisonnement) revenir à la perception, obtenir qu'elle se dilate et s'étende ? Je disais que c'est l'insuffisance de la perception naturelle qui a poussé les philosophes à compléter la perception par la conception [7], – celle-ci devant combler les intervalles entre les données des sens ou de la conscience et, par là, unifier et systématiser notre connaissance des choses. Mais l'examen des doctrines nous montre que la faculté de concevoir, au fur et à mesure qu'elle avance dans ce travail d'intégration, est réduite à éliminer du réel un grand nombre de différences qualitatives, d'éteindre en partie nos perceptions, d'appauvrir notre vision concrète de l'univers. C'est même parce que chaque philosophie est amenée, bon gré mal gré, à procéder ainsi, qu'elle suscite des philosophies antagonistes, dont chacune relève quelque chose de ce que celle-là a laissé tomber. La méthode va donc contre le but : elle devait, en théorie, étendre et compléter la perception ; elle est obligée, en fait, de demander à une foule de perceptions de s'effacer pour que telle ou telle d'entre elles puisse devenir représentative des autres. – Mais supposez qu'au lieu de vouloir nous élever au-dessus de notre perception des choses, nous nous enfoncions en elle pour la creuser et l'élargir. Supposez que nous y insérions notre volonté, et que cette volonté se dilatant, dilate notre vision des choses. Nous obtiendrons cette fois une philosophie où rien ne serait sacrifié des données des sens et de la conscience : aucune qualité, aucun aspect du réel, ne se substituerait au reste sous prétexte de l'expliquer. Mais surtout nous aurions une philosophie à laquelle on ne pourrait en opposer d'autres, car elle n'aurait rien laissé en dehors d'elle que d'autres doctrines pussent ramasser : elle aurait tout pris. Elle aurait pris tout ce qui est donné, et même plus que ce qui est donné, car les sens et la conscience, conviés par elle à un effort exceptionnel, lui auraient livré plus qu'ils ne fournissent naturellement. À la multiplicité des systèmes qui luttent entre eux, armés de concepts différents, succéderait l'unité d'une doctrine capable de réconcilier tous les penseurs dans une même perception, – perception qui irait d'ailleurs s'élargissant, grâce à l'effort combiné des philosophes dans une direction commune.

On dira que cet élargissement est impossible. Comment demander aux yeux du corps, ou à ceux de l'esprit, de voir plus qu'ils ne voient ? L'attention peut préciser, éclairer, intensifier : elle ne fait pas surgir, dans le champ de la perception, ce qui ne s'y trouvait pas d'abord. Voilà l'objection. – Elle est réfutée, croyons-nous, par l'expérience. Il y a, en effet, depuis des siècles, des hommes dont la fonction est justement de voir et de nous faire voir ce que nous n'apercevons pas naturellement. Ce sont les artistes.

À quoi vise l'art, sinon à nous montrer, dans la nature et dans l'esprit, hors de nous et en nous, des choses qui ne frappaient pas explicitement nos sens et notre conscience ? Le poète et le romancier qui expriment un état d'âme ne le créent certes pas de toutes pièces ; ils ne seraient pas compris de nous si nous n'observions pas en nous, jusqu'à un certain point, ce qu'ils nous disent d'autrui. Au fur et à mesure qu'ils nous parlent, des nuances d'émotion et de pensée nous apparaissent qui pouvaient être représentées en nous depuis longtemps, mais qui demeuraient invisibles : telle, l'image photographique qui n'a pas encore été plongée dans le bain où elle se révélera. Le poète est ce révélateur. Mais nulle part la fonction de l'artiste ne se montre aussi clairement que dans celui des arts qui fait la plus large place à l'imitation, je veux dire la peinture. Les grands peintres sont des hommes auxquels remonte une certaine vision des choses qui est devenue ou qui deviendra la vision de tous les hommes. Un Corot[8], un Turner[9], pour ne citer que ceux-là, ont aperçu dans la nature bien des aspects que nous ne remarquions pas. – Dira-t-on qu'ils n'ont pas vu, mais créé, qu'ils nous ont livré des produits de leur imagination, que nous adoptons leurs inventions parce qu'elles nous plaisent, et que nous nous amusons simplement à regarder la nature à travers l'image que les grands peintres nous en ont tracée ? – C'est vrai dans une certaine mesure ; mais, s'il en était uniquement ainsi, pourquoi dirions-nous de certaines œuvres – celles des maîtres – qu'elles sont *vraies* ? où serait la différence entre le grand art et la pure fantaisie ? Approfondissons ce que nous éprouvons devant un Turner ou un Corot : nous trouverons que, si nous les acceptons et les admirons, c'est que nous avions déjà perçu quelque chose de ce qu'ils nous montrent. Mais nous avions perçu sans apercevoir. C'était, pour nous, une vision brillante et évanouissante[10], perdue dans la foule de ces visions également brillantes, également évanouissantes, qui se recouvrent dans notre expérience usuelle comme des « *dissolving views* [11] » et qui constituent, par leur interférence réciproque, la vision pâle et décolorée que nous avons habituellement des choses. Le peintre l'a isolée ; il l'a si bien fixée sur la toile que, désormais, nous ne pourrons nous empêcher d'apercevoir dans la réalité ce qu'il y a vu lui-même.

L'art suffirait donc à nous montrer qu'une extension des facultés de percevoir est possible. Mais comment s'opère-t-elle ? – Remarquons que l'artiste a toujours passé pour un « idéaliste ». On entend par là qu'il est moins préoccupé que nous du côté positif et matériel de la vie. C'est, au sens propre du mot, un « distrait ». Pourquoi, étant plus détaché de la réalité, arrive-t-il à y voir plus de choses ? On ne le comprendrait pas, si la vision que nous avons ordinairement des objets extérieurs et de nous-mêmes n'était une vision que notre attachement à la réalité, notre besoin de vivre et d'agir, nous a amenés à rétrécir et à vider. De fait, il serait aisé de montrer que, plus nous sommes préoccupés de vivre, moins nous sommes enclins à contempler, et que les nécessités de l'action tendent à limiter le champ de la vision. Je ne puis entrer dans la démonstration de ce point ; j'estime que beaucoup de questions psychologiques et psycho-physiologiques s'éclaireraient d'une lumière nouvelle si l'on reconnaissait que la perception distincte est simplement découpée, par les besoins de la vie pratique, dans un ensemble plus vaste [12]. Nous aimons, en psychologie et ailleurs, à aller de la partie au tout, et notre système habituel d'explication consiste à reconstruire idéalement notre vie mentale avec des éléments simples, puis à supposer que la composition entre eux de ces éléments a réellement produit notre vie mentale. Si les choses se passaient ainsi, notre perception serait en effet inextensible ; elle serait faite de l'assemblage de certains matériaux déterminés, en quantité déterminée, et nous n'y trouverions jamais autre chose que ce qui aurait été déposé en elle d'abord. Mais les faits, quand on les prend tels quels, sans arrière-pensée d'expliquer l'esprit mécaniquement, suggèrent une tout autre interprétation. Ils nous montrent, dans la vie psychologique normale, un effort constant de l'esprit pour limiter son horizon, pour se détourner de ce qu'il a un intérêt matériel à ne pas voir. Avant de philosopher, il faut vivre ; et la vie exige que nous nous mettions des œillères, que nous regardions non pas à droite, à gauche ou en arrière, mais droit devant nous dans la direction où nous avons marché. Notre connaissance, bien loin de se constituer par une association graduelle d'éléments simples, est l'effet d'une dissociation brusque ; dans le champ immensément vaste de notre connaissance virtuelle nous avons cueilli, pour en faire une connaissance actuelle, tout ce qui intéresse notre action sur les choses ; nous avons négligé le reste. Le cerveau paraît avoir été construit en vue de ce travail de sélection [13]. On le montrerait sans peine pour les opérations de la mémoire. Notre passé, ainsi que nous le verrons dans notre prochaine conférence, se conserve nécessairement, automatiquement. Il survit tout entier. Mais notre intérêt pratique est de l'écarter, ou du moins de n'en accepter que ce qui peut éclairer et compléter plus ou moins utilement la situation présente. Le cerveau sert à effectuer ce choix ; il actualise les souvenirs utiles, il maintient dans le sous-sol de la conscience ceux qui ne serviraient à rien. On en dirait autant de la perception. Auxiliaire de l'action, elle isole, dans l'ensemble de la réalité, ce qui nous intéresse ; elle nous montre moins les choses mêmes que le parti que nous en pouvons tirer. Par avance elle les classe, par avance elle les étiquette ; nous regardons à peine l'objet, il nous suffit de savoir à quelle catégorie il appartient. Mais, de loin en loin, par un accident heureux, des hommes surgissent dont les sens ou la conscience sont moins adhérents à la vie. La nature a oublié d'attacher leur faculté de percevoir à leur faculté d'agir. Quand ils regardent une chose, ils la voient pour elle, et non plus pour eux. Ils ne perçoivent plus simplement en vue d'agir ; ils perçoivent pour percevoir, – pour rien, pour le plaisir. Par un certain côté d'eux-mêmes, soit par leur conscience soit par un de leurs sens, ils naissent *détachés* [14] ; et, selon que ce détachement est celui de tel ou tel sens, ou de la conscience, ils sont peintres ou sculpteurs, musiciens ou poètes. C'est donc bien une vision plus directe de la réalité que nous trouvons dans les différents arts ; et c'est parce que l'artiste songe moins à utiliser sa perception qu'il perçoit un plus grand nombre de choses.

Eh bien, ce que la nature fait de loin en loin, par distraction, pour quelques privilégiés, la philosophie, en pareille matière, ne pourrait-elle pas le tenter, dans un autre sens et d'une autre manière, pour tout le monde [15] ? Le rôle de la philosophie ne serait-il pas ici de nous amener à une perception plus complète de la réalité par un certain déplacement de notre attention ? Il s'agirait de *détourner* cette attention du côté pratiquement intéressant de l'univers et de la *retourner* vers ce qui, pratiquement, ne sert à rien. Cette conversion de l'attention serait la philosophie même.

Au premier abord, il semble que ce soit fait depuis longtemps. Plus d'un philosophe a dit, en effet, qu'il fallait se détacher pour philosopher, et que spéculer était l'inverse d'agir. Nous parlions tout à l'heure des philosophes grecs ; nul n'a exprimé l'idée avec plus de force que Plotin [16]. « Toute action, disait-il (et il ajoutait même "toute fabrication"), est un affaiblissement de la contemplation » (πανταχοῦ δὴ ἀνευρήσομεν τὴν ποίησιν καὶ τὴν πρᾶξιν ἢ ἀσθένειαν θεωρίας ἢ παρακολούθημα) [17]. Et, fidèle à l'esprit de Platon, il pensait que la découverte du vrai exige une conversion (ἐπιστροφή) de l'esprit, qui se détache des apparences d'ici-bas et s'attache aux réalités de là-haut ; « Fuyons vers notre chère patrie ! » – Mais, comme vous le voyez, il s'agissait de « fuir [18] ». Plus précisément, pour Platon et pour tous ceux qui ont entendu ainsi la métaphysique, se détacher de la vie et convertir son attention consiste à se transporter tout de suite dans un monde différent de celui où nous vivons, à susciter des facultés de perception autres que les sens et la conscience. Ils n'ont pas cru que cette éducation de l'attention pût consister le plus souvent à lui retirer ses œillères, à la déshabituer du rétrécissement que les exigences de la vie lui imposent. Ils n'ont pas jugé que le métaphysicien, pour une moitié au moins de ses spéculations, dût continuer à regarder ce que tout le monde regarde ; non, il faudrait toujours se tourner vers autre chose. De là vient qu'ils font invariablement appel à des facultés de vision différentes de celles que nous exerçons, à tout instant, dans la connaissance du monde extérieur et de nous-mêmes.

Et c'est justement parce qu'il contestait l'existence de ces facultés transcendantes que Kant a cru la métaphysique impossible. Une des idées les plus importantes et les plus profondes de la *Critique de la raison pure* [19] est celle-ci : que, si la métaphysique est possible, c'est par une vision, et non par une dialectique. La dialectique nous conduit à des philosophies opposées ; elle démontre aussi bien la thèse que l'antithèse des antinomies. Seule, une intuition supérieure (que Kant appelle une intuition « intellectuelle »), c'est-à-dire une *perception* de la réalité métaphysique, permettrait à la métaphysique de se constituer. Le résultat le plus clair de la *Critique* kantienne est ainsi de montrer qu'on ne pourrait pénétrer dans l'au-delà que par une vision, et qu'une doctrine ne vaut, dans ce domaine, que par ce qu'elle contient de perception ; prenez cette perception, analysez-la, recomposez-la, tournez et retournez-la dans tous les sens, faites-lui subir les plus subtiles opérations de la plus haute chimie intellectuelle, vous ne retirerez jamais de votre creuset que ce que vous y aurez mis ; tant vous y aurez introduit de vision, tant vous en retrouverez ; et le raisonnement ne vous aura pas fait avancer d'un pas *au-delà* de ce que vous aviez perçu d'abord. Voilà ce que Kant a dégagé en pleine lumière ; et c'est là, à mon sens, le plus grand service qu'il ait rendu à la philosophie spéculative. Il a définitivement établi que, si la métaphysique est possible, ce ne peut être que par un effort d'intuition.
– Seulement, ayant prouvé que l'intuition serait seule

capable de nous donner une métaphysique, il ajouta ; cette intuition est impossible [20].

Pourquoi la jugea-t-il impossible ? Précisément parce qu'il se représenta une vision de ce genre – je veux dire une vision de la réalité « en soi » – comme se l'était représentée Plotin, comme se la sont représentée en général ceux qui ont fait appel à l'intuition métaphysique. Tous ont entendu par là une faculté de connaître qui se distinguerait radicalement de la conscience aussi bien que des sens, qui serait même orientée dans la direction inverse. Tous ont cru que se détacher de la vie pratique était lui tourner le dos.

Pourquoi l'ont-ils cru ? Pourquoi Kant, leur adversaire [21], a-t-il partagé leur erreur ? Pourquoi tous ont-ils jugé ainsi, quitte à en tirer des conclusions opposées, ceux-là construisant aussitôt une métaphysique, celui-ci déclarant la métaphysique impossible ?

Ils l'ont cru, parce qu'ils se sont imaginé que nos sens et notre conscience, tels qu'ils fonctionnent dans la vie de tous les jours, nous faisaient saisir directement le mouvement. Ils ont cru que par nos sens et notre conscience, travaillant comme ils travaillent d'ordinaire, nous apercevions réellement le changement dans les choses et le changement en nous. Alors, comme il est incontestable qu'en suivant les données habituelles de nos sens et de notre conscience nous aboutissons, dans l'ordre de la spéculation, à des contradictions insolubles, ils ont conclu de là que la contradiction était inhérente au changement lui-même et que, pour se soustraire à cette contradiction, il fallait sortir de la sphère du changement et s'élever au-dessus du Temps. Tel est le fond de la pensée des métaphysiciens, comme aussi de ceux qui, avec Kant, nient la possibilité de la métaphysique.

La métaphysique est née, en effet, des arguments de Zénon d'Élée relatifs au changement et au mouvement [22]. C'est Zénon qui, en attirant l'attention sur l'absurdité de ce qu'il appelait mouvement et changement, amena les philosophes – Platon tout le premier – à chercher la réalité cohérente et vraie dans ce qui ne change pas. Et c'est parce que Kant crut que nos sens et notre conscience s'exercent effectivement dans un Temps véritable, je veux dire dans un Temps qui change sans cesse, dans une durée qui dure, c'est parce que, d'autre part, il se rendait compte de la relativité des données usuelles de nos sens et de notre conscience (arrêtée d'ailleurs par lui bien avant le terme transcendant de son effort) qu'il jugea la métaphysique impossible sans une vision tout autre que celle des sens et de la conscience, – vision dont il ne trouvait d'ailleurs aucune trace chez l'homme.

Mais si nous pouvions établir que ce qui a été considéré comme du mouvement et du changement par Zénon d'abord, puis par les métaphysiciens en général, n'est ni changement ni mouvement, qu'ils ont retenu du changement ce qui ne change pas et du mouvement ce qui ne se meut pas, qu'ils ont pris pour une perception immédiate et complète du mouvement et du changement une cristallisation de cette perception, une solidification en vue de la pratique ; – et si nous pouvions montrer, d'autre part, que ce qui a été pris par Kant pour le temps lui-même est un temps qui ne coule ni ne change ni ne dure – ; alors, pour se soustraire à des contradictions comme celles que Zénon a signalées et pour dégager notre connaissance journalière de la relativité[23] dont Kant la croyait frappée, il n'y aurait pas à sortir du temps (nous en sommes déjà sortis !), il n'y aurait pas à se dégager du changement (nous ne nous en sommes que trop dégagés !), il faudrait, au contraire, ressaisir le changement et la durée dans leur mobilité originelle[24]. Alors, nous ne verrions pas seulement tomber une à une bien des difficultés et s'évanouir plus d'un problème : par l'extension et la revivification de notre faculté de percevoir, peut-être aussi (mais il n'est pas question pour le moment de s'élever à de telles hauteurs) par un prolongement que donneront à l'intuition des âmes privilégiées, nous rétablirions la continuité dans l'ensemble de nos connaissances, – continuité qui ne serait plus hypothétique et construite, mais expérimentée et vécue. Un travail de ce genre est-il possible ? C'est ce que nous chercherons ensemble, au moins pour ce qui concerne la connaissance de notre entourage, dans notre seconde conférence.

Deuxième conférence

Vous m'avez prêté hier une attention si soutenue que vous ne devrez pas vous étonner si je suis tenté d'en abuser aujourd'hui. Je vais vous demander de faire un effort violent pour écarter quelques-uns des schémas artificiels que nous interposons, à notre insu, entre la réalité et nous. Il s'agit de rompre avec certaines habitudes de penser et de percevoir qui nous sont devenues naturelles. Il faut revenir à la perception directe du changement et de la mobilité. Voici un premier résultat de cet effort. *Nous nous représenterons tout changement, tout mouvement, comme absolument indivisibles.*

Commençons par le mouvement. J'ai la main au point *A*. Je la transporte au point *B*, parcourant l'intervalle *AB*. Je dis que ce mouvement de *A* en *B* est chose simple.

Mais c'est de quoi chacun de nous a la sensation immédiate. Sans doute, pendant que nous portons notre main de *A* en *B*, nous nous disons que nous pourrions l'arrêter en un point intermédiaire, mais nous n'aurions plus affaire alors au même mouvement. Il n'y aurait plus un mouvement unique de *A* en *B* ; il y aurait, par hypothèse, deux mouvements, avec un intervalle d'arrêt. Ni du dedans, par le sens musculaire, ni du dehors par la vue, nous n'aurions encore la même perception. Si nous laissons notre mouvement de *A* en *B* tel qu'il est, nous le sentons indivisé et nous devons le déclarer indivisible[25].

Il est vrai que, lorsque je regarde ma main allant de *A* en *B* et décrivant l'intervalle *AB*, je me dis : « L'intervalle

AB peut se diviser en autant de parties que je le veux, donc le mouvement de *A* en *B* peut se diviser en autant de parties qu'il me plaît, puisque ce mouvement s'applique sur cet intervalle. » Ou bien encore : « À chaque instant de son trajet, le mobile passe en un certain point, donc on peut distinguer dans le mouvement autant d'étapes qu'on voudra, donc le mouvement est infiniment divisible. » Mais réfléchissons-y un instant. Comment le mouvement pourrait-il *s'appliquer sur* l'espace qu'il parcourt ? comment du mouvant coïnciderait-il avec de l'immobile ? comment l'objet qui se meut *serait-il* en un point de son trajet ? Il y *passe*, ou, en d'autres termes, il *pourrait y être*. Il y serait s'il s'y arrêtait ; mais, s'il s'y arrêtait, ce n'est plus au même mouvement que nous aurions affaire. C'est toujours d'un seul bond qu'un trajet est parcouru, quand il n'y a pas d'arrêt sur le trajet. Le bond peut durer quelques secondes, ou des jours, des mois, des années : peu importe. Du moment qu'il est unique, il est indécomposable. Seulement, une fois le trajet effectué, comme la trajectoire est espace et que l'espace est indéfiniment divisible, nous nous figurons que le mouvement lui-même est divisible indéfiniment. Nous aimons à nous le figurer, parce que, dans un mouvement, ce n'est pas le changement de position qui nous intéresse, ce sont les positions elles-mêmes, celle que le mobile a quittée, celle qu'il prendra, celle qu'il prendrait s'il s'arrêtait en route. Nous avons besoin d'immobilité, et plus nous réussirons à nous représenter le mouvement comme coïncidant avec les immobilités des points de l'espace qu'il parcourt, mieux nous croirons le comprendre. À vrai dire, il n'y a jamais d'immobilité véritable, si nous entendons par là une absence de mouvement. Le mouvement est la réalité même, et ce que nous appelons immobilité est un certain état de choses analogue à ce qui se produit quand deux trains marchent avec la même vitesse, dans le même sens, sur deux voies parallèles : chacun des deux trains est alors immobile pour les voyageurs assis dans l'autre.

Mais une situation de ce genre, qui est en somme exceptionnelle, nous semble être la situation régulière et normale, parce que c'est celle qui nous permet d'agir sur les choses et qui permet aussi aux choses d'agir sur nous : les voyageurs des deux trains ne peuvent se tendre la main par la portière et causer ensemble que s'ils sont « immobiles », c'est-à-dire s'ils marchent dans le même sens avec la même vitesse. L'« immobilité » étant ce dont notre action a besoin, nous l'érigeons en réalité, nous en faisons un absolu, et nous voyons dans le mouvement quelque chose qui s'y surajoute. Rien de plus légitime dans la pratique. Mais lorsque nous transportons cette habitude d'esprit dans le domaine de la spéculation, nous méconnaissons la réalité vraie, nous créons, de gaieté de cœur, des problèmes insolubles, nous fermons les yeux à ce qu'il y a de plus vivant dans le réel.

Je n'ai pas besoin de vous rappeler les arguments de Zénon d'Élée [26]. Tous impliquent la confusion du mouvement avec l'espace parcouru, ou tout au moins la conviction qu'on peut traiter le mouvement comme on traite l'espace, le diviser sans tenir compte de ses articulations. Achille, nous dit-on, n'atteindra jamais la tortue qu'il poursuit, car lorsqu'il arrivera au point où était la tortue, celle-ci aura eu le temps de marcher, et ainsi de suite indéfiniment [27]. Les philosophes ont réfuté cet argument de bien des manières, et de manières si différentes que chacune de ces réfutations enlève aux autres le droit de se croire définitives. Il y aurait eu pourtant un moyen très simple de trancher la difficulté : c'eût été d'interroger Achille. Car, puisque Achille finit par rejoindre la tortue et même par la dépasser, il doit savoir, mieux que personne, comment il s'y prend. Le philosophe ancien qui démontrait la possibilité du mouvement en marchant était dans le vrai : son seul tort fut de faire le geste sans y joindre un commentaire. Demandons alors à Achille de commenter sa course : voici, sans aucun doute, ce qu'il nous répondra. « Zénon veut que je me rende du point où je suis au point que la tortue a quitté, de celui-ci au point qu'elle a quitté encore, etc. ; c'est ainsi qu'il procède pour me faire courir. Mais moi, pour courir, je m'y prends autrement. Je fais un premier pas, puis un second, et ainsi de suite : finalement, après un certain nombre de pas, j'en fais un dernier par lequel j'enjambe la tortue. J'accomplis ainsi une série d'actes indivisibles. Ma course est la série de ces actes. Autant elle comprend de pas, autant vous pouvez y distinguer de parties. Mais vous n'avez pas le droit de la désarticuler selon une autre loi, ni de la supposer articulée d'une autre manière. Procéder comme le fait Zénon, c'est admettre que la course peut être décomposée arbitrairement, comme l'espace parcouru ; c'est croire que le trajet s'applique réellement contre la trajectoire ; c'est faire coïncider et par conséquent confondre ensemble mouvement et immobilité. »

Mais en cela consiste précisément notre méthode habituelle. Nous raisonnons sur le mouvement comme s'il était fait d'immobilités, et, quand nous le regardons, c'est avec des immobilités que nous le reconstituons. Le mouvement est pour nous une position, puis une nouvelle position, et ainsi de suite indéfiniment. Nous nous disons bien, il est vrai, qu'il doit y avoir autre chose, et que, d'une position à une position, il y a le *passage* par lequel se franchit l'intervalle. Mais, dès que nous fixons notre attention sur ce passage, vite nous en faisons une série de positions, quitte à reconnaître encore qu'entre deux positions successives il faut bien supposer un passage. Ce passage, nous reculons indéfiniment le moment de l'envisager. Nous admettons qu'il existe, nous lui donnons un nom, cela nous suffit : une fois en règle de ce côté, nous nous tournons vers les positions et nous préférons n'avoir affaire qu'à elles. Nous avons instinctivement peur des difficultés que susciterait à notre pensée la vision du mouvement dans ce qu'il a de mouvant ; et nous avons raison, du moment que le mouvement a été chargé par nous d'immobilités. Si le mouvement n'est pas tout, il n'est rien ; et si nous avons d'abord posé que l'immobilité peut être une réalité, le mouvement glissera entre nos doigts quand nous croirons le tenir.

J'ai parlé du mouvement ; mais j'en dirais autant de n'importe quel changement. Tout changement réel est un changement indivisible. Nous aimons à le traiter comme une série d'états distincts qui s'aligneraient, en quelque sorte, dans le temps. C'est naturel encore. Si le changement est continuel en nous et continuel aussi dans les choses, en revanche, pour que le changement ininterrompu que chacun de nous appelle « moi » puisse agir sur le changement ininterrompu que nous appelons une « chose », il faut que ces deux changements se trouvent, l'un par rapport à l'autre, dans une situation analogue à celle des deux trains dont nous parlions tout à l'heure[28]. Nous disons par exemple qu'un objet change de couleur, et que le changement consiste ici dans une série de teintes qui seraient les éléments constitutifs du changement et qui, elles, ne changeraient pas. Mais, d'abord, ce qui existe objectivement de chaque teinte, c'est une oscillation infiniment rapide, c'est du changement. Et, d'autre part, la perception que nous en avons, dans ce qu'elle a de subjectif, n'est qu'un aspect isolé, abstrait, de l'état général de notre personne, lequel change globalement sans cesse et fait participer à son changement cette perception dite invariable : en fait, il n'y a pas de perception qui ne se modifie à chaque instant. De sorte que la couleur, en dehors de nous, est la mobilité même, et que notre propre personne est mobilité encore. Mais tout le mécanisme de notre perception des choses, comme celui de notre action sur les choses, a été réglé de manière à amener ici, entre la mobilité externe et la mobilité intérieure, une situation comparable à celle de nos deux trains, – plus compliquée, sans doute, mais du même genre : quand les deux changements, celui de l'objet et celui du sujet, ont lieu dans ces conditions particulières, ils suscitent l'apparence particulière que nous appelons un « état ». Et, une fois en possession d'« états », notre esprit recompose avec eux le changement. Rien de plus naturel, je le répète : le morcelage du changement en états nous met à même d'agir sur les choses, et il est pratiquement utile de s'intéresser aux états plutôt qu'au changement lui-même. Mais ce qui favorise ici l'action serait mortel à la spéculation. Représentez-vous un changement comme réellement composé d'états : du même coup vous faites surgir des problèmes métaphysiques insolubles. Ils ne portent que sur des apparences. Vous avez fermé les yeux à la réalité vraie.

Je n'insisterai pas davantage. Que chacun de nous fasse l'expérience, qu'il se donne la vision directe d'un changement, d'un mouvement : il aura un sentiment d'absolue indivisibilité. J'arrive alors au second point [29], qui est très voisin du premier. *Il y a des changements, mais il n'y a pas, sous le changement, de choses qui changent : le changement n'a pas besoin d'un support. Il y a des mouvements, mais il n'y a pas d'objet inerte, invariable, qui se meuve : le mouvement n'implique pas un mobile**.

On a de la peine à se représenter ainsi les choses, parce que le sens par excellence est celui de la vue, et que l'œil a pris l'habitude de découper, dans l'ensemble du champ visuel, des figures relativement invariables qui sont censées alors se déplacer sans se déformer : le mouvement se surajouterait au mobile comme un accident. Il est en effet utile d'avoir affaire, tous les jours, à des objets

---

* Nous reproduisons ces vues sous la forme même que nous leur donnâmes dans notre conférence, sans nous dissimuler qu'elles susciteront probablement les mêmes malentendus qu'alors, malgré les applications et les explications que nous avons présentées dans des travaux ultérieurs. De ce qu'un être est action peut-on conclure que son existence soit évanouissante ? Que dit-on de plus que nous quand on le fait résider dans un « *substratum* », qui n'a rien de déterminé puisque, par hypothèse, sa détermination et par conséquent son essence est cette action même ? Une existence ainsi conçue cesse-t-elle jamais d'être présente à elle-même, la *durée réelle* impliquant la persistance du passé dans le présent et la continuité indivisible d'un déroulement ? Tous les malentendus proviennent de ce qu'on a abordé les applications de notre conception de la durée réelle avec l'idée qu'on se faisait du *temps spatialisé*.

stables et, en quelque sorte, responsables, auxquels on s'adresse comme à des personnes. Le sens de la vue s'arrange pour prendre les choses de ce biais : éclaireur du toucher, il prépare notre action sur le monde extérieur. Mais déjà nous aurons moins de peine à percevoir le mouvement et le changement comme des réalités indépendantes si nous nous adressons au sens de l'ouïe. Écoutons une mélodie en nous laissant bercer par elle : n'avons-nous pas la perception nette d'un mouvement qui n'est pas attaché à un mobile, d'un changement sans rien qui change ? Ce changement se suffit, il est la chose même. Et il a beau prendre du temps, il est indivisible : si la mélodie s'arrêtait plus tôt, ce ne serait plus la même masse sonore ; c'en serait une autre, également indivisible. Sans doute nous avons une tendance à la diviser et à nous représenter, au lieu de la continuité ininterrompue de la mélodie, une juxtaposition de notes distinctes. Mais pourquoi ? Parce que nous pensons à la série discontinue d'efforts que nous ferions pour recomposer approximativement le son entendu en chantant nous-mêmes, et aussi parce que notre perception auditive a pris l'habitude de s'imprégner d'images visuelles. Nous écoutons alors la mélodie à travers la vision qu'en aurait un chef d'orchestre regardant sa partition. Nous nous représentons des notes juxtaposées à des notes sur une feuille de papier imaginaire. Nous pensons à un clavier sur lequel on joue, à l'archet qui va et qui vient, au musicien dont chacun donne sa partie à côté des autres. Faisons abstraction de ces images spatiales : il reste le changement pur, se suffisant à lui-même, nullement divisé, nullement attaché à une « chose » qui change.

Revenons alors à la vue. En fixant davantage notre attention, nous nous apercevrons qu'ici même le mouvement n'exige pas un véhicule, ni le changement une substance, au sens courant du mot. Déjà la science physique nous suggère cette vision des choses matérielles. Plus elle progresse, plus elle résout la matière en actions qui cheminent à travers l'espace, en mouvements qui courent çà et là comme des frissons, de sorte que la mobilité devient la réalité même. Sans doute la science commence par assigner à cette mobilité un support. Mais, à mesure qu'elle avance, le support recule ; les masses se pulvérisent en molécules, les molécules en atomes, les atomes en électrons ou corpuscules : finalement, le support assigné au mouvement semble bien n'être qu'un schéma commode, – simple concession du savant aux habitudes de notre imagination visuelle. Mais point n'est besoin d'aller aussi loin. Qu'est-ce que le « mobile » auquel notre œil attache le mouvement, comme à un véhicule ? Simplement une tache colorée, dont nous savons bien qu'elle se réduit, en elle-même, à une série d'oscillations extrêmement rapides. Ce prétendu mouvement d'une chose n'est en réalité qu'un mouvement de mouvements.

Mais nulle part la *substantialité* du changement n'est aussi visible, aussi palpable, que dans le domaine de la vie intérieure. Les difficultés et contradictions de tout genre auxquelles ont abouti les théories de la personnalité viennent de ce qu'on s'est représenté, d'une part, une série d'états psychologiques distincts, chacun invariable, qui produiraient les variations du moi par leur succession même, et d'autre part un moi, non moins invariable, qui leur servirait de support. Comment cette unité et cette multiplicité pourraient-elles se rejoindre ? comment, ne durant ni l'une ni l'autre – la première parce que le changement est quelque chose qui s'y surajoute, la seconde parce qu'elle est faite d'éléments qui ne changent pas – pourraient-elles constituer un moi qui dure ? Mais la vérité est qu'il n'y a ni un substratum rigide immuable ni des états distincts qui y passent comme des acteurs sur une scène. Il y a simplement la mélodie continue de notre vie intérieure, – mélodie qui se poursuit et se poursuivra, indivisible, du commencement à la fin de notre existence consciente. Notre personnalité est cela même.

C'est justement cette continuité indivisible de changement qui constitue la durée vraie. Je ne puis entrer ici dans l'examen approfondi d'une question que j'ai traitée ailleurs. Je me bornerai donc à dire, pour répondre à ceux qui voient dans cette durée « réelle » je ne sais quoi d'ineffable et de mystérieux, qu'elle est la chose la plus claire du monde : la *durée réelle* est ce que l'on a toujours appelé le *temps*, mais le temps perçu comme indivisible. Que le temps implique la succession, je n'en disconviens pas. Mais que la succession se présente d'abord à notre conscience comme la distinction d'un « avant » et d'un « après » juxtaposés, c'est ce que je ne saurais accorder. Quand nous écoutons une mélodie, nous avons la plus pure impression de succession que nous puissions avoir, – une impression aussi éloignée que possible de celle de la simultanéité –, et pourtant c'est la continuité même de la mélodie et l'impossibilité de la décomposer qui font sur nous cette impression. Si nous la découpons en notes distinctes, en autant d'« avant » et d'« après » qu'il nous plaît, c'est que nous y mêlons des images spatiales et que nous imprégnons la succession de simultanéité : dans l'espace, et dans l'espace seulement, il y a distinction nette de parties extérieures les unes aux autres. Je reconnais d'ailleurs que c'est dans le temps spatialisé que nous nous plaçons d'ordinaire. Nous n'avons aucun intérêt à écouter le bourdonnement ininterrompu de la vie profonde. Et pourtant la durée réelle est là. C'est grâce à elle que prennent place dans un seul et même temps les changements plus ou moins longs auxquels nous assistons en nous et dans le monde extérieur.

Ainsi, qu'il s'agisse du dedans ou du dehors, de nous ou des choses, la réalité est la mobilité même. C'est ce que j'exprimais en disant qu'il y a du changement, mais qu'il n'y a pas de choses qui changent.

Devant le spectacle de cette mobilité universelle, quelques-uns d'entre nous seront pris de vertige. Ils sont habitués à la terre ferme ; ils ne peuvent se faire au roulis et au tangage. Il leur faut des points « fixes » auxquels attacher la pensée et l'existence. Ils estiment que si tout passe, rien n'existe ; et que si la réalité est mobilité, elle n'est déjà plus au moment où on la pense, elle échappe à la pensée. Le monde matériel, disent-ils, va se dissoudre, et l'esprit se noyer dans le flux torrentueux des choses. – Qu'ils se rassurent ! Le changement, s'ils consentent à le regarder directement, sans voile interposé, leur apparaîtra bien vite comme ce qu'il peut y avoir au monde de plus substantiel et de plus durable. Sa solidité est infiniment supérieure à celle d'une fixité qui n'est qu'un arrangement éphémère entre des mobilités. J'arrive ici, en effet, au troisième point sur lequel je voulais attirer votre attention.

C'est que, si le changement est réel et même constitutif de la réalité, nous devons envisager le passé tout autrement que nous n'avons été habitués à le faire par la philosophie et par le langage. Nous inclinons à nous représenter notre passé comme de l'inexistant, et les philosophes encouragent chez nous cette tendance naturelle. Pour eux et pour nous, le présent seul existe par lui-même [30] : si quelque chose survit du passé, ce ne peut être que par un secours que le présent lui prête, par une charité que le présent lui fait, enfin, pour sortir des métaphores, par l'intervention d'une certaine fonction particulière qui s'appelle la mémoire et dont le rôle serait de conserver exceptionnellement telles ou telles parties du passé en les emmagasinant dans une espèce de boîte. – Erreur profonde ! erreur utile, je le veux bien, nécessaire peut-être à l'action, mais mortelle à la spéculation. On y trouverait, enfermées « in a nutshell », comme vous dites, la plupart des illusions qui peuvent vicier la pensée philosophique.

Réfléchissons en effet à ce « présent » qui serait seul existant. Qu'est-ce au juste que le présent ? S'il s'agit de l'instant actuel, – je veux dire d'un instant mathématique qui serait au temps ce que le point mathématique est à la ligne –, il est clair qu'un pareil instant est une pure abstraction, une vue de l'esprit ; il ne saurait avoir d'existence réelle. Jamais avec de pareils instants vous ne feriez du temps, pas plus qu'avec des points mathématiques vous ne composeriez une ligne. Supposez même qu'il existe : comment y aurait-il un instant antérieur à celui-là ? Les deux instants ne pourraient être séparés par un intervalle de temps, puisque, par hypothèse, vous réduisez le temps à une juxtaposition d'instants. Donc ils ne seraient séparés par rien, et par conséquent ils n'en feraient qu'un : deux points mathématiques, qui se touchent, se confondent. Mais laissons de côté ces subtilités. Notre conscience nous dit que, lorsque nous parlons de notre présent, c'est à un certain intervalle de durée que nous pensons. Quelle durée ? Impossible de la fixer exactement ; c'est quelque chose d'assez flottant. Mon présent, en ce moment, est la phrase que je suis occupé à prononcer. Mais il en est ainsi parce qu'il me plaît de limiter à ma phrase le champ de mon attention. Cette attention est chose qui peut s'allonger et se raccourcir, comme l'intervalle entre les deux pointes d'un compas. Pour le moment, les pointes s'écartent juste assez pour aller du commencement à la fin de ma phrase ; mais, s'il me prenait envie de les éloigner davantage, mon présent embrasserait, outre ma dernière phrase, celle qui la précédait : il m'aurait suffi d'adopter une autre ponctuation. Allons plus loin : une attention qui serait indéfiniment extensible tiendrait sous son regard, avec la phrase précédente, toutes les phrases antérieures de la leçon, et les événements qui ont précédé la leçon, et une portion aussi grande qu'on voudra de ce que nous appelons notre passé. La distinction que nous faisons entre notre présent et notre passé est donc, sinon arbitraire, du moins relative à l'étendue du champ que peut embrasser notre attention à la vie. Le « présent » occupe juste autant de place que cet effort. Dès que cette attention particulière lâche quelque chose de ce qu'elle tenait sous son regard, aussitôt ce qu'elle abandonne du présent devient *ipso facto* [31] du passé. En un mot, notre présent tombe dans le passé quand nous cessons de lui attribuer un intérêt actuel. Il en est du présent des individus comme de celui des nations : un événement appartient au passé, et il entre dans l'histoire, quand il n'intéresse plus directement la politique du jour et peut être négligé sans que les affaires s'en ressentent. Tant que son action se fait sentir, il adhère à la vie de la nation et lui demeure présent.

Dès lors, rien ne nous empêche de reporter aussi loin que possible, en arrière, la ligne de séparation entre notre présent et notre passé. Une attention à la vie qui serait suffisamment puissante, et suffisamment dégagée de tout intérêt pratique, embrasserait ainsi dans un présent indivisé l'histoire passée tout entière de la personne consciente, – non pas comme de l'instantané, non pas comme un ensemble de parties simultanées, mais comme du continuellement présent qui serait aussi du continuellement mouvant : telle, je le répète, la mélodie qu'on perçoit indivisible, et qui constitue d'un bout à l'autre, si l'on veut étendre le sens du mot, un perpétuel présent, quoique cette perpétuité n'ait rien de commun avec l'immutabilité, ni cette indivisibilité avec l'instantanéité. Il s'agit d'un présent qui dure.

Ce n'est pas là une hypothèse. Il arrive, dans des cas exceptionnels, que l'attention renonce tout à coup à l'intérêt qu'elle prenait à la vie : aussitôt, comme par enchantement, le passé redevient présent. Chez des personnes qui voient surgir devant elles, à l'improviste, la menace d'une mort soudaine, chez l'alpiniste qui glisse au fond d'un précipice, chez des noyés et chez des pendus, il semble qu'une conversion brusque de l'attention puisse se produire, – quelque chose comme un changement d'orientation de la conscience qui, jusqu'alors tournée vers l'avenir et absorbée par les nécessités de l'action, subitement s'en désintéresse. Cela suffit pour que mille et mille détails « oubliés » soient remémorés, pour que l'histoire entière de la personne se déroule devant elle en un mouvant panorama.

La mémoire n'a donc pas besoin d'explication. Ou plutôt, il n'y a pas de faculté spéciale dont le rôle soit de retenir du passé pour le verser dans le présent. Le passé se conserve de lui-même, automatiquement. Certes, si nous fermons les yeux à l'indivisibilité du changement, au fait que notre plus lointain passé adhère à notre présent et constitue, avec lui, un seul et même changement ininterrompu, il nous semble que le passé est normalement de l'aboli et que la conservation du passé a quelque chose d'extraordinaire : nous nous croyons alors obligés d'imaginer un appareil dont la fonction serait d'enregistrer les parties du passé susceptibles de reparaître à la conscience. Mais si nous tenons compte de la continuité de la vie intérieure et par conséquent de son indivisibilité, ce n'est plus la conservation du passé qu'il s'agira d'expliquer, c'est au contraire son apparente abolition. Nous n'aurons plus à rendre compte du souvenir, mais de l'oubli. L'explication s'en trouvera d'ailleurs dans la structure du cerveau. La nature a inventé un mécanisme pour canaliser notre attention dans la direction de l'avenir, pour la détourner du passé – je veux dire de cette partie de notre histoire qui n'intéresse pas notre action présente –, pour lui amener tout au plus, sous forme de « souvenirs », telle ou telle simplification de l'expérience antérieure, destinée à compléter l'expérience du moment ; en cela consiste ici la fonction du cerveau [32]. Nous ne pouvons aborder la discussion de la théorie qui veut que le cerveau serve à la conservation du passé, qu'il emmagasine des souvenirs comme autant de clichés photographiques dont nous tirerions ensuite des épreuves, comme autant de phonogrammes destinés à redevenir des sons. Nous avons examiné la thèse ailleurs [33]. Cette doctrine a été inspirée en grande partie par une certaine métaphysique dont la psychologie et la psychophysiologie contemporaines sont imprégnées, et qu'on accepte naturellement : de là son apparente clarté. Mais, à mesure qu'on la considère de plus près, on y voit s'accumuler les difficultés et les impossibilités. Prenons le cas le plus favorable à la thèse, le cas d'un objet matériel faisant impression sur l'œil et laissant dans l'esprit un souvenir visuel. Que pourra bien être ce souvenir, s'il résulte véritablement de la fixation, dans le cerveau, de l'impression reçue par l'œil ? Pour peu que l'objet ait remué, ou que l'œil ait remué, il y a eu, non pas une image, mais dix, cent, mille images, autant et plus que sur le film d'un cinématographe. Pour peu que l'objet ait été considéré un certain temps, ou revu à des moments divers, ce sont des millions d'images différentes de cet objet. Et nous avons pris le cas le plus simple ! – Supposons toutes ces images emmagasinées ; à quoi serviront-elles ? quelle est celle que nous utiliserons ? – Admettons même que nous ayons nos raisons pour en choisir une, pourquoi et comment la rejetterons-nous dans le passé quand nous l'apercevrons ? – Passons encore sur ces difficultés. Comment expliquera-t-on les maladies de la mémoire ? Dans celles de ces maladies qui correspondent à des lésions locales du cerveau, c'est-à-dire dans les aphasies, la lésion psychologique consiste moins dans une abolition des souvenirs que dans une impuissance à les rappeler. Un effort, une émotion, peuvent ramener brusquement à la conscience des mots qu'on croyait définitivement perdus. Ces faits, avec beaucoup d'autres, concourent à prouver que le cerveau sert ici à choisir dans le passé, à le diminuer, à le simplifier, à l'utiliser, mais non pas à le conserver. Nous n'aurions aucune peine à envisager les choses de ce biais si nous n'avions contracté l'habitude de croire que le passé est aboli. Alors, sa réapparition partielle nous fait l'effet d'un événement extraordinaire, qui réclame une explication. Et c'est pourquoi nous imaginons çà et là, dans le cerveau, des boîtes à souvenirs qui conserveraient des fragments de passé, – le cerveau se conservant d'ailleurs lui-même. Comme si ce n'était pas reculer la difficulté et simplement ajourner le problème ! Comme si, en posant que la matière cérébrale se conserve à travers le temps, ou plus généralement que toute matière dure, on ne lui attribuait pas précisément la mémoire qu'on prétend expliquer par elle ! Quoi que nous fassions, même si nous supposons que le cerveau emmagasine des souvenirs, nous n'échappons pas à la conclusion que le passé peut se conserver lui-même, automatiquement.

Non pas seulement notre passé à nous, mais aussi le passé de n'importe quel changement, pourvu toutefois qu'il s'agisse d'un changement unique et, par là même, indivisible : la conservation du passé dans le présent n'est pas autre chose que l'indivisibilité du changement. Il est vrai que, pour les changements qui s'accomplissent au-dehors, nous ne savons presque jamais si nous avons affaire à un changement unique ou à un composé de plusieurs mouvements entre lesquels s'intercalent des arrêts (l'arrêt n'étant d'ailleurs jamais que relatif). Il faudrait que nous fussions intérieurs aux êtres et aux choses, comme nous le sommes à nous-mêmes, pour que nous puissions nous prononcer sur ce point. Mais là n'est pas l'important. Il suffit de s'être convaincu une fois pour toutes que la réalité est changement, que le changement est indivisible, et que, dans un changement indivisible, le passé fait corps avec le présent.

Pénétrons-nous de cette vérité, et nous verrons fondre et s'évaporer bon nombre d'énigmes philosophiques. Certains grands problèmes, comme celui de la substance, du changement, et de leur rapport, cesseront de se poser. Toutes les difficultés soulevées autour de ces points – difficultés qui ont fait reculer peu à peu la substance jusque dans le domaine de l'inconnaissable – venaient de ce que nous fermons les yeux à l'indivisibilité du changement. Si le changement, qui est évidemment constitutif de toute notre expérience, est la chose fuyante dont la plupart des philosophes ont parlé, si l'on n'y voit qu'une poussière d'états qui remplacent des états, force est bien de rétablir la continuité entre ces états par un lien artificiel ; mais ce substrat immobile de la mobilité, ne pouvant posséder aucun des attributs que nous connaissons – puisque tous sont des changements – recule à mesure que nous essayons d'en approcher : il est aussi insaisissable que le fantôme de changement qu'il était appelé à fixer. Faisons effort, au contraire, pour apercevoir le changement tel qu'il est, dans son indivisibilité naturelle : nous voyons qu'il est la substance même des choses, et ni le mouvement ne nous apparaît plus sous la forme évanouissante qui le rendait insaisissable à la pensée, ni la substance avec l'immutabilité qui la rendait inaccessible à notre expérience. L'instabilité radicale, et l'immutabilité absolue ne sont alors que des vues abstraites, prises du dehors, sur la continuité du changement réel, abstractions que l'esprit hypostasie ensuite en *états* multiples, d'un côté, en *chose* ou substance, de l'autre. Les difficultés soulevées par les anciens autour de la question du mouvement et par les modernes autour de la question de la substance s'évanouissent, celles-ci parce que la substance est mouvement et changement, celles-là parce que le mouvement et le changement sont substantiels.

En même temps que des obscurités théoriques se dissipent, on entrevoit la solution possible de plus d'un problème réputé insoluble. Les discussions relatives au libre arbitre [34] prendraient fin si nous nous apercevions nous-mêmes là où nous sommes réellement, dans une durée concrète où l'idée de détermination nécessaire perd toute espèce de signification, puisque le passé y fait corps avec le présent et crée sans cesse avec lui – ne fût-ce que par le fait de s'y ajouter – quelque chose d'absolument nouveau. Et la relation de l'homme à l'univers deviendrait susceptible d'un approfondissement graduel si nous tenions compte de la vraie nature des *états*, des *qualités*, enfin de tout ce qui se présente à nous avec l'apparence de la stabilité. En pareil cas, l'objet et le sujet doivent être vis-à-vis l'un de l'autre dans une situation analogue à celle des deux trains dont nous parlions au début : c'est un certain réglage de la mobilité sur la mobilité qui produit l'effet de l'immobilité. Pénétrons-nous alors de cette idée, ne perdons jamais de vue la relation particulière de l'objet au sujet qui se traduit par une vision statique des choses : tout ce que l'expérience nous apprendra de l'un accroîtra la connaissance que nous avions de l'autre, et la lumière que celui-ci reçoit pourra, par réflexion, éclairer celui-là à son tour.

Mais, comme je l'annonçais au début, la spéculation pure ne sera pas seule à bénéficier de cette vision de l'universel devenir. Nous pourrons la faire pénétrer dans notre vie de tous les jours et, par elle, obtenir de la philosophie des satisfactions analogues à celles de l'art, mais plus fréquentes, plus continues, plus accessibles aussi au commun des hommes [35]. L'art nous fait sans doute découvrir dans les choses plus de qualités et plus de nuances que nous n'en apercevons naturellement. Il dilate notre perception, mais en surface plutôt qu'en profondeur. Il enrichit notre présent, mais il ne nous fait guère dépasser le présent. Par la philosophie, nous pouvons nous habituer à ne jamais isoler le présent du passé qu'il traîne avec lui. Grâce à elle, toutes choses acquièrent de la profondeur, – plus que de la profondeur, quelque chose comme une quatrième dimension qui permet aux perceptions antérieures de rester solidaires des perceptions actuelles, et à l'avenir immédiat lui-même de se dessiner en partie dans le présent. La réalité n'apparaît plus alors à l'état statique, dans sa manière d'être ; elle s'affirme dynamiquement, dans la continuité et la variabilité de sa tendance. Ce qu'il y avait d'immobile et de glacé dans notre perception se réchauffe et se met en mouvement. Tout s'anime autour de nous, tout se revivifie en nous. Un grand élan emporte les êtres et les choses. Par lui nous nous sentons soulevés, entraînés, portés. Nous vivons davantage [36], et ce surcroît de vie amène avec lui la conviction que de graves énigmes philosophiques [37] pourront se résoudre ou même peut-être qu'elles ne doivent pas se poser, étant nées d'une vision figée du réel et n'étant que la traduction, en termes de pensée, d'un certain affaiblissement artificiel de notre vitalité. Plus, en effet, nous nous habituons à penser et à percevoir toutes choses *sub specie durationis* [38], plus nous nous enfonçons dans la durée réelle. Et plus nous nous y enfonçons, plus nous nous replaçons dans la direction du principe, pourtant transcendant, dont nous participons et dont l'éternité ne doit pas être une éternité d'immutabilité, mais une éternité de vie : comment, autrement, pourrions-nous vivre et nous mouvoir en elle ? *In ea vivimus et movemur et sumus* [39].

VI

Introduction à la métaphysique *

Si l'on compare entre elles les définitions de la métaphysique et les conceptions de l'absolu, on s'aperçoit que les philosophes s'accordent, en dépit de leurs divergences

---

* Cet essai a paru dans la *Revue de métaphysique et de morale* en 1903. Depuis cette époque, nous avons été amené à préciser davantage la signification des termes *métaphysique* et science [1]. On est libre de donner aux mots le sens qu'on veut, quand on prend soin de le définir : rien n'empêcherait d'appeler « science » ou « philosophie » comme on l'a fait pendant longtemps, toute espèce de connaissance. On pourrait même, comme nous le disions plus haut (p. 84), englober le tout dans la métaphysique. Néanmoins, il est incontestable que la connaissance appuie dans une direction bien définie quand elle dispose son objet en vue de la mesure, et qu'elle marche dans une direction différente, inverse même, quand elle se dégage de toute arrière-pensée de relation et de comparaison pour *sympathiser* avec la réalité. Nous avons montré que la première méthode convenait à l'étude de la matière et la seconde à celle de l'esprit, qu'il y a d'ailleurs empiétement réciproque des deux objets l'un sur l'autre et que les deux méthodes doivent s'entraider. Dans le premier cas, on a affaire au temps spatialisé et à l'espace ; dans le second, à la *durée réelle*. Il nous a paru de plus en plus utile, pour la clarté des idées, d'appeler « scientifique » la première connaissance, et « métaphysique » la seconde. C'est alors au compte de la métaphysique que nous porterons cette « philosophie de la science » ou « métaphysique de la science » qui habite l'esprit des grands savants, qui est immanente à leur science et qui en est souvent l'invisible inspiratrice. Dans le présent article, nous la laissions encore au compte de la science, parce qu'elle a été pratiquée, en fait, par des chercheurs qu'on s'accorde généralement à appeler « savants » plutôt que « métaphysiciens » (voir, ci-dessus, les p. 74-86).

Il ne faut pas oublier, d'autre part, que le présent essai a été écrit à une époque où le criticisme de Kant et le dogmatisme de ses successeurs étaient assez généralement admis, sinon comme conclusion, au moins comme point de départ de la spéculation philosophique.

apparentes, à distinguer deux manières profondément différentes de connaître une chose. La première implique qu'on tourne autour de cette chose ; la seconde, qu'on entre en elle. La première dépend du point de vue où l'on se place et des symboles par lesquels on s'exprime. La seconde ne se prend d'aucun point de vue et ne s'appuie sur aucun symbole. De la première connaissance on dira qu'elle s'arrête au *relatif* ; de la seconde, là où elle est possible, qu'elle atteint l'*absolu*[2].

Soit, par exemple, le mouvement d'un objet dans l'espace. Je le perçois différemment selon le point de vue, mobile ou immobile, d'où je le regarde. Je l'exprime différemment, selon le système d'axes ou de points de repère auquel je le rapporte, c'est-à-dire selon les symboles par lesquels je le traduis. Et je l'appelle *relatif* pour cette double raison : dans un cas comme dans l'autre, je me place en dehors de l'objet lui-même. Quand je parle d'un mouvement absolu, c'est que j'attribue au mobile un intérieur et comme des états d'âme, c'est aussi que je sympathise avec les états et que je m'insère en eux par un effort d'imagination. Alors, selon que l'objet sera mobile ou immobile, selon qu'il adoptera un mouvement ou un autre mouvement, je n'éprouverai pas la même chose*. Et ce que j'éprouverai ne dépendra ni du point de vue que je pourrais adopter sur l'objet, puisque je serai dans l'objet lui-même, ni des symboles par lesquels je pourrais le traduire, puisque j'aurai renoncé à toute traduction pour posséder l'original. Bref, le mouvement ne sera plus saisi du dehors et, en quelque sorte, de chez moi, mais du dedans, en lui, en soi. Je tiendrai un absolu.

Soit encore un personnage de roman dont on me raconte les aventures. Le romancier pourra multiplier les traits de caractère, faire parler et agir son héros autant

---

* Est-il besoin de dire que nous ne proposons nullement ici un moyen de reconnaître si un mouvement est absolu ou s'il ne l'est pas ? Nous définissons simplement *ce qu'on a dans l'esprit* quand on parle d'un mouvement absolu, au sens métaphysique du mot.

qu'il lui plaira : tout cela ne vaudra pas le sentiment simple et indivisible que j'éprouverais si je coïncidais un instant avec le personnage lui-même. Alors, comme de la source, me paraîtraient couler naturellement les actions, les gestes et les paroles. Ce ne seraient plus là des accidents s'ajoutant à l'idée que je me faisais du personnage, enrichissant toujours et toujours cette idée sans arriver à la compléter jamais. Le personnage me serait donné tout d'un coup dans son intégralité, et les mille incidents qui le manifestent, au lieu de s'ajouter à l'idée et de l'enrichir, me sembleraient au contraire alors se détacher d'elle, sans pourtant en épuiser ou en appauvrir l'essence. Tout ce qu'on me raconte de la personne me fournit autant de points de vue sur elle. Tous les traits qui me la décrivent, et qui ne peuvent me la faire connaître que par autant de comparaisons avec des personnes ou des choses que je connais déjà, sont des signes par lesquels on l'exprime plus ou moins symboliquement. Symboles et points de vue me placent donc en dehors d'elle ; ils ne me livrent d'elle que ce qui lui est commun avec d'autres et ne lui appartient pas en propre. Mais ce qui est proprement elle, ce qui constitue son essence, ne saurait s'apercevoir du dehors, étant intérieur par définition, ni s'exprimer par des symboles, étant incommensurable avec toute autre chose. Description, histoire et analyse me laissent ici dans le relatif. Seule, la coïncidence avec la personne même me donnerait l'absolu.

C'est en ce sens, et en ce sens seulement, qu'*absolu* est synonyme de *perfection*. Toutes les photographies d'une ville prises de tous les points de vue possibles auront beau se compléter indéfiniment les unes les autres, elles n'équivaudront point à cet exemplaire en relief qui est la ville où l'on se promène. Toutes les traductions d'un poème dans toutes les langues possibles auront beau ajouter des nuances aux nuances et, par une espèce de retouche mutuelle, en se corrigeant l'une l'autre, donner une image de plus en plus fidèle du poème qu'elles traduisent, jamais elles ne rendront le sens intérieur de l'original. Une représentation prise d'un certain point de vue, une traduction faite avec certains symboles, restent toujours imparfaites en comparaison de l'objet sur lequel la vue a été prise ou que les symboles cherchent à exprimer. Mais l'absolu est parfait en ce qu'il est parfaitement ce qu'il est.

C'est pour la même raison, sans doute, qu'on a souvent identifié ensemble l'*absolu* et l'*infini*. Si je veux communiquer à celui qui ne sait pas le grec l'impression simple que me laisse un vers d'Homère[3], je donnerai la traduction du vers, puis je commenterai ma traduction, puis je développerai mon commentaire, et d'explication en explication je me rapprocherai de plus en plus de ce que je veux exprimer ; mais je n'y arriverai jamais. Quand vous levez le bras, vous accomplissez un mouvement dont vous avez, intérieurement, la perception simple ; mais extérieurement, pour moi qui le regarde, votre bras passe par un point, puis par un autre point, et entre ces deux points il y aura d'autres points encore, de sorte que, si je commence à compter, l'opération se poursuivra sans fin. Vu du dedans, un absolu est donc chose simple ; mais envisagé du dehors, c'est-à-dire relativement à autre chose, il devient, par rapport à ces signes qui l'expriment, la pièce d'or dont on n'aura jamais fini de rendre la monnaie. Or, ce qui se prête en même temps à une appréhension indivisible et à une énumération inépuisable est, par définition même, un infini.

Il suit de là qu'un absolu ne saurait être donné que dans une *intuition*, tandis que tout le reste relève de l'*analyse*. Nous appelons ici intuition la *sympathie* par laquelle on se transporte à l'intérieur d'un objet pour coïncider avec ce qu'il a d'unique et par conséquent d'inexprimable. Au contraire, l'analyse est l'opération qui ramène l'objet à des éléments déjà connus, c'est-à-dire communs à cet objet et à d'autres. Analyser consiste donc à exprimer une chose en fonction de ce qui n'est pas elle. Toute analyse est ainsi une traduction, un développement en symboles, une représentation prise de points de vue successifs d'où l'on note autant de contacts entre l'objet nouveau, qu'on étudie, et d'autres, que l'on croit déjà connaître. Dans son désir éternellement inassouvi d'embrasser l'objet autour duquel elle est condamnée à tourner, l'analyse multiplie sans fin les points de vue pour compléter la représentation toujours incomplète, varie sans relâche les symboles pour parfaire la traduction toujours imparfaite. Elle se continue donc à l'infini. Mais l'intuition, si elle est possible, est un acte simple.

Ceci posé, on verrait sans peine que la science positive a pour fonction habituelle d'analyser. Elle travaille donc avant tout sur des symboles. Même les plus concrètes des sciences de la nature, les sciences de la vie, s'en tiennent à la forme visible des êtres vivants, de leurs organes, de leurs éléments anatomiques. Elles comparent les formes les unes aux autres, elles ramènent les plus complexes aux plus simples, enfin elles étudient le fonctionnement de la vie dans ce qui en est, pour ainsi dire, le symbole visuel. S'il existe un moyen de posséder une réalité absolument au lieu de la connaître relativement, de se placer en elle au lieu d'adopter des points de vue sur elle, d'en avoir l'intuition au lieu d'en faire l'analyse, enfin de la saisir en dehors de toute expression, traduction ou représentation symbolique, la métaphysique est cela même. *La métaphysique est donc la science qui prétend se passer de symboles.*

Il y a une réalité au moins que nous saisissons tous du dedans, par intuition et non par simple analyse. C'est notre propre personne dans son écoulement à travers le temps. C'est notre moi qui dure. Nous pouvons ne sympathiser intellectuellement, ou plutôt spirituellement, avec aucune autre chose. Mais nous sympathisons sûrement avec nous-mêmes.

Quand je promène sur ma personne, supposée inactive, le regard intérieur de ma conscience, j'aperçois d'abord, ainsi qu'une croûte solidifiée à la surface, toutes les perceptions qui lui arrivent du monde matériel. Ces perceptions sont nettes, distinctes, juxtaposées ou juxtaposables les unes aux autres ; elles cherchent à se grouper en *objets*. J'aperçois ensuite des souvenirs plus ou moins adhérents à ces perceptions et qui servent à les interpréter ; ces souvenirs se sont comme détachés du fond de ma personne, attirés à la périphérie par les perceptions qui leur ressemblent ; ils sont posés sur moi sans être absolument moi-même. Et enfin je sens se manifester des tendances, des habitudes motrices, une foule d'actions virtuelles plus ou moins solidement liées à ces perceptions et à ces souvenirs. Tous ces éléments aux formes bien arrêtées me paraissent d'autant plus distincts de moi qu'ils sont plus distincts les uns des autres. Orientés du dedans vers le dehors, ils constituent, réunis, la surface d'une sphère qui tend à s'élargir et à se perdre dans le monde extérieur. Mais si je me ramasse de la périphérie vers le centre, si je cherche au fond de moi ce qui est le plus uniformément, le plus constamment, le plus durablement moi-même, je trouve tout autre chose.

C'est, au-dessous de ces cristaux bien découpés et de cette congélation superficielle, une continuité d'écoulement qui n'est comparable à rien de ce que j'ai vu s'écouler. C'est une succession d'états dont chacun annonce ce qui suit et contient ce qui précède. À vrai dire, ils ne constituent des états multiples que lorsque je les ai déjà dépassés et que je me retourne en arrière pour en observer la trace. Tandis que je les éprouvais, ils étaient si solidement organisés, si profondément animés d'une vie commune, que je n'aurais su dire où l'un quelconque d'entre eux finit, où l'autre commence. En réalité, aucun d'eux ne commence ni ne finit, mais tous se prolongent les uns dans les autres.

C'est, si l'on veut, le déroulement d'un rouleau, car il n'y a pas d'être vivant qui ne se sente arriver peu à peu au bout de son rôle ; et vivre consiste à vieillir. Mais c'est tout aussi bien un enroulement continuel, comme celui d'un fil sur une pelote, car notre passé nous suit, il se grossit sans cesse du présent qu'il ramasse sur sa route ; et conscience signifie mémoire.

À vrai dire, ce n'est ni un enroulement ni un déroulement, car ces deux images évoquent la représentation de lignes ou de surfaces dont les parties sont homogènes entre elles et superposables les unes aux autres. Or, il n'y a pas deux moments identiques chez un être conscient. Prenez le sentiment le plus simple, supposez-le constant, absorbez en lui la personnalité tout entière : la conscience qui accompagnera ce sentiment ne pourra rester identique à elle-même pendant deux moments consécutifs, puisque le moment suivant contient toujours, en sus du précédent, le souvenir que celui-ci lui a laissé. Une conscience qui aurait deux moments identiques serait une conscience sans mémoire [4]. Elle périrait et renaîtrait donc sans cesse. Comment se représenter autrement l'inconscience [5] ?

Il faudra donc évoquer l'image d'un spectre aux mille nuances, avec des dégradations insensibles qui font qu'on passe d'une nuance à l'autre. Un courant de sentiment qui traverserait le spectre en se teignant tour à tour de chacune de ses nuances éprouverait des changements graduels dont chacun annoncerait le suivant et résumerait en lui ceux qui le précèdent. Encore les nuances successives du spectre resteront-elles toujours extérieures les unes aux autres. Elles se juxtaposent. Elles occupent de l'espace. Au contraire, ce qui est durée pure exclut toute idée de juxtaposition, d'extériorité réciproque et d'étendue.

Imaginons donc plutôt un élastique infiniment petit, contracté, si c'était possible, en un point mathématique. Tirons-le progressivement de manière à faire sortir du point une ligne qui ira toujours s'agrandissant. Fixons notre attention, non pas sur la ligne en tant que ligne, mais sur l'action qui la trace. Considérons que cette action, en dépit de sa durée, est indivisible si l'on suppose qu'elle s'accomplit sans arrêt ; que, si l'on y intercale un arrêt, on en fait deux actions au lieu d'une et que chacune de ces actions sera alors l'indivisible dont nous parlons ; que ce n'est pas l'action mouvante elle-même qui est jamais divisible, mais la ligne immobile qu'elle dépose au-dessous d'elle comme une trace dans l'espace : Dégageons-nous enfin de l'espace qui sous-tend le mouvement pour ne tenir compte que du mouvement lui-même, de l'acte de tension ou d'extension, enfin de la mobilité pure. Nous aurons cette fois une image plus fidèle de notre développement dans la durée.

Et pourtant cette image sera incomplète encore, et toute comparaison sera d'ailleurs insuffisante, parce que le déroulement de notre durée ressemble par certains côtés à l'unité d'un mouvement qui progresse, par d'autres à une multiplicité d'états qui s'étalent, et qu'aucune métaphore ne peut rendre un des deux aspects sans sacrifier l'autre. Si j'évoque un spectre aux mille nuances, j'ai devant moi une chose toute faite, tandis que la durée se fait continuellement. Si je pense à un élastique qui s'allonge, à un ressort qui se tend ou se détend, j'oublie la richesse de coloris qui est caractéristique de la durée vécue pour ne plus voir que le mouvement simple par lequel la conscience passe d'une nuance à l'autre. La vie intérieure est tout cela à la fois, variété de qualités, continuité de progrès, unité de direction. On ne saurait la représenter par des images.

Mais on la représenterait bien moins encore par des *concepts*, c'est-à-dire par des idées abstraites, ou générales, ou simples [6]. Sans doute aucune image ne rendra tout à fait le sentiment original que j'ai de l'écoulement de moi-même. Mais il n'est pas non plus nécessaire que j'essaie de le rendre. À celui qui ne serait pas capable de se donner à lui-même l'intuition de la durée constitutive de son être, rien ne la donnerait jamais, pas plus les concepts que les images. L'unique objet du philosophe doit être ici de provoquer un certain travail que tendent à entraver, chez la plupart des hommes, les habitudes d'esprit plus utiles à la vie [7]. Or, l'image a du moins cet avantage qu'elle nous maintient dans le concret. Nulle image ne remplacera l'intuition de la durée, mais beaucoup d'images diverses, empruntées à des ordres de choses très différents, pourront, par la convergence de leur action, diriger la conscience sur le point précis où il y a une certaine intuition à saisir. En choisissant les images aussi disparates que possible, on empêchera l'une quelconque d'entre elles d'usurper la place de l'intuition qu'elle est chargée d'appeler, puisqu'elle serait alors chassée tout de suite par ses rivales. En faisant qu'elles exigent toutes de notre esprit, malgré leurs différences d'aspect, la même espèce d'attention et, en quelque sorte, le même degré de tension, on accoutumera peu à peu la conscience à une disposition toute particulière et bien déterminée, celle précisément qu'elle devra adopter pour s'apparaître à elle-même sans voile*. Mais encore faudra-t-il qu'elle consente à cet effort. Car on ne lui aura rien montré. On l'aura simplement placée dans l'attitude qu'elle doit prendre pour faire l'effort voulu et arriver d'elle-même à l'intuition. Au contraire, l'inconvénient des concepts trop simples, en pareille matière, est d'être véritablement des symboles, qui se substituent à l'objet qu'ils symbolisent, et qui n'exigent de nous aucun effort. En y regardant de près, on verrait que chacun d'eux ne retient de l'objet que ce qui est commun à cet objet et à d'autres. On verrait que chacun d'eux exprime, plus encore que ne fait l'image, une *comparaison* entre l'objet et ceux qui lui ressemblent. Mais comme la comparaison a dégagé une ressemblance, comme la ressemblance est une propriété de l'objet, comme une propriété a tout l'air d'être une *partie* de l'objet qui la possède, nous nous persuadons sans peine qu'en juxtaposant des concepts à des concepts nous recomposerons le tout de

---

* Les images dont il est question ici sont celles qui peuvent se présenter à l'esprit du philosophe quand il veut exposer sa pensée à autrui. Nous laissons de côté l'image, voisine de l'intuition, dont le philosophe peut avoir besoin pour lui-même, et qui reste souvent inexprimée.

l'objet avec ses parties et que nous en obtiendrons, pour ainsi dire, un équivalent intellectuel. C'est ainsi que nous croirons former une représentation fidèle de la durée en alignant les concepts d'unité, de multiplicité, de continuité, de divisibilité finie ou infinie, etc. Là est précisément l'illusion. Là est aussi le danger. Autant les idées abstraites peuvent rendre service à l'analyse, c'est-à-dire à une étude scientifique de l'objet dans ses relations avec tous les autres, autant elles sont incapables de remplacer l'intuition, c'est-à-dire l'investigation métaphysique de l'objet dans ce qu'il a d'essentiel et de propre. D'un côté, en effet, ces concepts mis bout à bout ne nous donneront jamais qu'une recomposition artificielle de l'objet dont ils ne peuvent que symboliser certains aspects généraux et en quelque sorte impersonnels : c'est donc en vain qu'on croirait, avec eux, saisir une réalité dont ils se bornent à nous présenter l'ombre. Mais d'autre part, à côté de l'illusion, il y a aussi un très grave danger. Car le concept généralise en même temps qu'il abstrait. Le concept ne peut symboliser une propriété spéciale qu'en la rendant commune à une infinité de choses[8]. Il la déforme donc toujours plus ou moins par l'extension[9] qu'il lui donne. Replacée dans l'objet métaphysique qui la possède, une propriété coïncide avec lui, se moule au moins sur lui, adopte les mêmes contours. Extraite de l'objet métaphysique et représentée en un concept, elle s'élargit indéfiniment, elle dépasse l'objet puisqu'elle doit désormais le contenir avec d'autres. Les divers concepts que nous formons des propriétés d'une chose dessinent donc autour d'elle autant de cercles beaucoup plus larges, dont aucun ne s'applique sur elle exactement. Et pourtant, dans la chose même, les propriétés coïncidaient avec elle et coïncidaient par conséquent ensemble. Force nous sera donc de chercher quelque artifice pour rétablir la coïncidence. Nous prendrons l'un quelconque de ces concepts et nous essaierons, avec lui, d'aller rejoindre les autres. Mais, selon que nous partirons de celui-ci ou de celui-là, la jonction ne s'opérera pas de la même manière.

Selon que nous partirons, par exemple, de l'unité ou de la multiplicité, nous concevrons différemment l'unité multiple de la durée. Tout dépendra du poids que nous attribuerons à tel ou tel d'entre les concepts, et ce poids sera toujours arbitraire, puisque le concept, extrait de l'objet, n'a pas de poids, n'étant plus que l'ombre d'un corps. Ainsi surgiront une multitude de *systèmes* différents, autant qu'il y a de points de vue extérieurs sur la réalité qu'on examine ou de cercles plus larges dans lesquels l'enfermer. Les concepts simples n'ont donc pas seulement l'inconvénient de diviser l'unité concrète de l'objet en autant d'expressions symboliques ; ils divisent aussi la philosophie en écoles distinctes, dont chacune retient sa place, choisit ses jetons, et entame avec les autres une partie qui ne finira jamais [10]. Ou la métaphysique n'est que ce jeu d'idées, ou bien, si c'est une occupation sérieuse de l'esprit, il faut qu'elle transcende les concepts pour arriver à l'intuition. Certes, les concepts lui sont indispensables, car toutes les autres sciences travaillent le plus ordinairement sur des concepts, et la métaphysique ne saurait se passer des autres sciences. Mais elle n'est proprement elle-même que lorsqu'elle dépasse le concept, ou du moins lorsqu'elle s'affranchit des concepts raides et tout faits pour créer des concepts bien différents de ceux que nous manions d'habitude, je veux dire des représentations souples, mobiles, presque fluides, toujours prêtes à se mouler sur les formes fuyantes de l'intuition. Nous reviendrons plus loin sur ce point important. Qu'il nous suffise d'avoir montré que notre durée peut nous être présentée directement dans une intuition, qu'elle peut nous être suggérée indirectement par des images, mais qu'elle ne saurait – si on laisse au mot concept son sens propre – s'enfermer dans une représentation conceptuelle.

Essayons, un instant, d'en faire une multiplicité. Il faudra ajouter que les termes de cette multiplicité, au lieu de se distinguer comme ceux d'une multiplicité quelconque, empiètent les uns sur les autres, que nous pouvons sans doute, par un effort d'imagination, solidifier la durée une fois écoulée, la diviser alors en morceaux qui se juxtaposent et compter tous les morceaux, mais que cette opération s'accomplit sur le souvenir figé de la durée, sur la trace immobile que la mobilité de la durée laisse derrière elle, non sur la durée même. Avouons donc, s'il y a ici une multiplicité, que cette multiplicité ne ressemble à aucune autre. Dirons-nous alors que la durée a de l'unité ? Sans doute une continuité d'éléments qui se prolongent les uns dans les autres participe de l'unité autant que de la multiplicité, mais cette unité mouvante, changeante, colorée, vivante, ne ressemble guère à l'unité abstraite, immobile et vide, que circonscrit le concept d'unité pure. Conclurons-nous de là que la durée doit se définir par l'unité et la multiplicité tout à la fois ? Mais, chose singulière, j'aurai beau manipuler les deux concepts, les doser, les combiner diversement ensemble, pratiquer sur eux les plus subtiles opérations de chimie mentale, je n'obtiendrai jamais rien qui ressemble à l'intuition simple que j'ai de la durée ; au lieu que si je me replace dans la durée par un effort d'intuition, j'aperçois tout de suite comment elle est unité, multiplicité, et beaucoup d'autres choses encore [11]. Ces divers concepts étaient donc autant de points de vue extérieurs sur la durée. Ni séparés, ni réunis, ils ne nous ont fait pénétrer dans la durée même

Nous y pénétrons cependant, et ce ne peut être que par une intuition. En ce sens, une connaissance intérieure, absolue, de la durée du moi par le moi lui-même est possible. Mais si la métaphysique réclame et peut obtenir ici une intuition, la science n'en a pas moins besoin d'une analyse. Et c'est d'une confusion entre le rôle de l'analyse et celui de l'intuition que vont naître ici les discussions entre écoles et les conflits entre systèmes.

La psychologie, en effet, procède par analyse comme les autres sciences. Elle résout le moi, qui lui a été donné d'abord dans une intuition simple, en sensations, sentiments, représentations, etc., qu'elle étudie séparément. Elle substitue donc au moi une série d'éléments qui sont les faits psychologiques. Mais ces *éléments* sont-ils des *parties*[12] ? Toute la question est là, et c'est pour l'avoir éludée qu'on a souvent posé en termes insolubles le problème de la personnalité humaine.

Il est incontestable que tout état psychologique, par cela seul qu'il appartient à une personne, reflète l'ensemble d'une personnalité. Il n'y a pas de sentiment, si simple soit-il, qui ne renferme virtuellement le passé et le présent de l'être qui l'éprouve, qui puisse s'en séparer et constituer un « état » autrement que par un effort d'abstraction ou d'analyse. Mais il est non moins incontestable que, sans cet effort d'abstraction ou d'analyse, il n'y aurait pas de développement possible de la science psychologique. Or, en quoi consiste l'opération par laquelle le psychologue détache un état psychologique pour l'ériger en entité plus ou moins indépendante ? Il commence par négliger la coloration spéciale de la personne, qui ne saurait s'exprimer en termes connus et communs. Puis il s'efforce d'isoler, dans la personne déjà ainsi simplifiée, tel ou tel aspect qui prête à une étude intéressante. S'agit-il, par exemple, de l'inclination ? Il laissera de côté l'inexprimable nuance qui la colore et qui fait que mon inclination n'est pas la vôtre ; puis il s'attachera au mouvement par lequel notre personnalité *se porte vers* un certain objet ; il isolera cette attitude, et c'est cet aspect spécial de la personne, ce point de vue sur la mobilité de la vie intérieure, ce « schéma » de l'inclination concrète qu'il érigera en fait indépendant[13]. Il y a là un travail analogue à celui d'un artiste qui, de passage à Paris, prendrait par exemple un croquis d'une tour de Notre-Dame. La tour est inséparablement liée à l'édifice, qui est non moins inséparablement lié au sol, à l'entourage, à Paris tout entier, etc. Il faut commencer par la détacher ; on ne notera de l'ensemble qu'un certain aspect, qui est cette tour de Notre-Dame. Maintenant, la tour est constituée en réalité par des pierres dont le groupement particulier est ce qui lui donne sa forme ; mais le dessinateur ne s'intéresse pas aux pierres, il ne note que la silhouette de la tour. Il substitue donc à l'organisation réelle et intérieure de la chose une reconstitution extérieure et schématique. De sorte que son dessin répond, en somme, à un certain point de vue sur l'objet et au choix d'un certain mode de représentation. Or, il en est tout à fait de même pour l'opération par laquelle le psychologue extrait un état psychologique de l'ensemble de la personne. Cet état psychologique isolé n'est guère qu'un croquis, un commencement de recomposition artificielle ; c'est le tout envisagé sous un certain aspect élémentaire auquel on s'est intéressé spécialement et qu'on a pris soin de noter. Ce n'est pas une partie, mais un élément. Il n'a pas été obtenu par fragmentation, mais par analyse.

Maintenant, au bas de tous les croquis pris à Paris l'étranger inscrira sans doute « Paris » en guise de mémento. Et comme il a réellement vu Paris, il saura, en redescendant de l'intuition originelle du tout, y situer ses croquis et les relier ainsi les uns aux autres. Mais il n'y a aucun moyen d'exécuter l'opération inverse ; il est impossible, même avec une infinité de croquis aussi exacts qu'on voudra, même avec le mot « Paris » qui indique qu'il faut les relier ensemble, de remonter à une intuition qu'on n'a pas eue, et de se donner l'impression de Paris si l'on n'a pas vu Paris. C'est qu'on n'a pas affaire ici à des *parties* du tout, mais à des *notes* prises sur l'ensemble. Pour choisir un exemple plus frappant, un cas ou la notation est plus complètement symbolique, supposons qu'on me présente, mêlées au hasard, les lettres qui entrent dans la composition d'un poème que j'ignore. Si les lettres étaient des *parties* du poème, je pourrais tâcher de le reconstituer avec elles en essayant des divers arrangements possibles, comme fait l'enfant avec les pièces d'un jeu de patience. Mais je n'y songerai pas un seul instant, parce que les lettres ne sont pas des *parties composantes*, mais des *expressions partielles*, ce qui est tout autre chose. C'est pourquoi, si je connais le poème, je mets aussitôt chacune des lettres à la place qui lui revient et je les relie sans difficulté par un trait continu, tandis que l'opération inverse est impossible. Même quand je crois tenter cette opération inverse, même quand je mets des lettres bout à bout, je commence par me représenter une signification plausible : je me donne donc une intuition, et c'est de l'intuition que j'essaie de redescendre aux symboles élémentaires qui en reconstitueraient l'expression. L'idée même de reconstituer la chose par des opérations pratiquées sur des éléments symboliques tout seuls implique une telle absurdité qu'elle ne viendrait à l'esprit de personne si l'on se rendait compte qu'on n'a pas affaire à des fragments de la chose, mais, en quelque sorte, à des fragments de symbole.

Telle est pourtant l'entreprise des philosophes qui cherchent à recomposer la personne avec des états psychologiques, soit qu'ils s'en tiennent aux états eux-mêmes, soit qu'ils ajoutent un fil destiné à rattacher les états entre eux. Empiristes et rationalistes sont dupes ici de la même illusion. Les uns et les autres prennent les *notations partielles* pour des *parties réelles*, confondant ainsi le point de vue de l'analyse et celui de l'intuition, la science et la métaphysique.

Les premiers disent avec raison que l'analyse psychologique ne découvre rien de plus, dans la personne, que des états psychologiques. Et telle est en effet la fonction, telle est la définition même de l'analyse. Le psychologue n'a pas autre chose à faire qu'à analyser la personne, c'est-à-dire à noter des états : tout au plus mettra-t-il la rubrique « moi » sur ces états en disant que ce sont des « états du moi », de même que le dessinateur écrit le mot « Paris » sur chacun de ses croquis. Sur le terrain où le psychologue se place, et où il doit se placer, le « moi » n'est qu'un signe par lequel on rappelle l'intuition primitive (très confuse d'ailleurs) qui a fourni à la psychologie son objet : ce n'est qu'un mot, et la grande erreur est de croire qu'on pourrait, en restant sur le même terrain, trouver derrière le mot une chose. Telle a été l'erreur de ces philosophes qui n'ont pu se résigner à être simplement psychologues en psychologie, Taine[14] et Stuart Mill[15], par exemple. Psychologues par la méthode qu'ils appliquent, ils sont restés métaphysiciens par l'objet qu'ils se proposent. Ils voudraient une intuition, et, par une étrange inconséquence, ils demandent cette intuition à l'analyse, qui en est la négation même. Ils cherchent le moi, et prétendent le trouver dans les états psychologiques, alors qu'on n'a pu obtenir cette diversité d'états psychologiques qu'en se transportant hors du moi pour prendre sur la personne une série de croquis, de notes, de représentations plus ou moins schématiques et symboliques. Aussi ont-ils beau juxtaposer les états aux états, en multiplier les contacts, en explorer les interstices, le moi leur échappe toujours, si bien qu'ils finissent par n'y plus voir qu'un vain fantôme. Autant vaudrait nier que l'*Iliade*[16] ait un sens, sous prétexte qu'on a vainement cherché ce sens dans les intervalles des lettres qui la composent.

L'empirisme philosophique est donc né ici d'une confusion entre le point de vue de l'intuition et celui de l'analyse. Il consiste à chercher l'original dans la traduction, où il ne peut naturellement pas être, et à nier l'original sous prétexte qu'on ne le trouve pas dans la traduction. Il aboutit nécessairement à des négations ; mais, en y regardant de près, on s'aperçoit que ces négations signifient simplement que l'analyse n'est pas l'intuition, ce qui est l'évidence même. De l'intuition originelle et d'ailleurs confuse, qui fournit à la science son objet, la science passe tout de suite à l'analyse, qui multiplie à l'infini sur cet objet les points de vue. Bien vite elle arrive à croire qu'elle pourrait, en composant ensemble tous les points de vue, reconstituer l'objet. Est-il étonnant qu'elle voie cet objet fuir devant elle, comme l'enfant qui voudrait se fabriquer un jouet solide avec les ombres qui se profilent le long des murs ?

Mais le rationalisme est dupe de la même illusion [17]. Il part de la confusion que l'empirisme a commise, et reste aussi impuissant que lui à atteindre la personnalité. Comme l'empirisme, il tient les états psychologiques pour autant de *fragments* détachés d'un moi qui les réunirait. Comme l'empirisme, il cherche à relier ces fragments entre eux pour refaire l'unité de la personne. Comme l'empirisme enfin, il voit l'unité de la personne, dans l'effort qu'il renouvelle sans cesse pour l'étreindre, se dérober indéfiniment comme un fantôme. Mais tandis que l'empirisme, de guerre lasse, finit par déclarer qu'il n'y a pas autre chose que la multiplicité des états psychologiques, le rationalisme persiste à affirmer l'unité de la personne. Il est vrai que, cherchant cette unité sur le terrain des états psychologiques eux-mêmes, et obligé d'ailleurs de porter au compte des états psychologiques toutes les qualités ou déterminations qu'il trouve à l'analyse (puisque l'analyse, par définition même, aboutit toujours à des *états*) il ne lui reste plus, pour l'unité de la personne, que quelque chose de purement négatif, l'absence de toute détermination. Les états psychologiques ayant nécessairement pris et gardé pour eux, dans cette analyse, tout ce qui présente la moindre apparence de matérialité, l'« unité du moi » ne pourra plus être qu'une forme sans matière. Ce sera l'indéterminé et le vide absolus. Aux états psychologiques détachés, à ces ombres du moi dont la collection était, pour les empiristes, l'équivalent de la personne, le rationalisme adjoint, pour reconstituer la personnalité, quelque chose de plus irréel encore, le vide dans lequel ces ombres se meuvent, le lieu des ombres, pourrait-on dire. Comment cette « forme », qui est véritablement informe, pourrait-elle caractériser une personnalité vivante, agissante, concrète, et distinguer Pierre de Paul ? Est-il étonnant que les philosophes qui ont isolé cette « forme » de la personnalité la trouvent ensuite impuissante à déterminer une personne, et qu'ils soient amenés, de degré en degré, à faire de leur Moi vide un réceptacle sans fond qui n'appartient pas plus à Paul qu'à Pierre, et où il y aura place, comme on voudra, pour l'humanité entière, ou pour Dieu, ou pour l'existence en général ? Je vois ici entre l'empirisme et le rationalisme cette seule différence que le premier, cherchant l'unité du moi dans les interstices, en quelque sorte, des états psychologiques, est amené à combler les interstices avec d'autres états, et ainsi de suite indéfiniment, de sorte que le moi, resserré dans un intervalle qui va toujours se rétrécissant, tend vers Zéro à mesure qu'on pousse plus loin l'analyse, tandis que le rationalisme, faisant du moi le lieu où les états se logent, est en présence d'un espace vide qu'on n'a aucune raison d'arrêter ici plutôt que là, qui dépasse chacune des limites successives qu'on prétend lui assigner, qui va toujours s'élargissant et qui tend à se perdre, non plus dans Zéro, mais dans l'Infini.

La distance est donc beaucoup moins grande qu'on ne le suppose entre un prétendu « empirisme » comme celui de Taine et les spéculations les plus transcendantes de certains panthéistes allemands. La méthode est analogue dans les deux cas : elle consiste à raisonner sur les *éléments* de la traduction comme si c'étaient des parties de l'original. Mais un empirisme vrai est celui qui se propose de serrer d'aussi près que possible l'original lui-même, d'en approfondir la vie, et, par une espèce d'*auscultation spirituelle*, d'en sentir palpiter l'âme ; et cet empirisme vrai est la vraie métaphysique. Le travail est d'une difficulté extrême, parce que aucune des conceptions toutes faites dont la pensée se sert pour ses opérations journalières ne peut plus servir. Rien de plus facile que de dire que le moi est multiplicité, ou qu'il est unité, ou qu'il est la synthèse de l'une et de l'autre. Unité et multiplicité sont ici des représentations qu'on n'a pas besoin de tailler sur l'objet, qu'on trouve déjà fabriquées et qu'on n'a qu'à choisir dans un tas, vêtements de confection qui iront aussi bien à Pierre qu'à Paul parce qu'ils ne dessinent la forme d'aucun des deux. Mais un empirisme digne de ce nom, un empirisme qui ne travaille

que sur mesure, se voit obligé, pour chaque nouvel objet
qu'il étudie, de fournir un effort absolument nouveau. Il
taille pour l'objet un concept approprié à l'objet seul,
concept dont on peut à peine dire que ce soit encore un
concept, puisqu'il ne s'applique qu'à cette seule chose. Il
ne procède pas par combinaison d'idées qu'on trouve
dans le commerce, unité et multiplicité par exemple ;
mais la représentation à laquelle il nous achemine est
au contraire une représentation unique, simple, dont on
comprend d'ailleurs très bien, une fois formée, pourquoi
l'on peut la placer dans les cadres unité, multiplicité, etc.,
tous beaucoup plus larges qu'elle. Enfin la philosophie
ainsi définie ne consiste pas à choisir entre des concepts
et à prendre parti pour une école, mais à aller chercher
une intuition unique d'où l'on redescend aussi bien aux
divers concepts, parce qu'on s'est placé au-dessus des
divisions d'écoles.

Que la personnalité ait de l'unité, cela est certain ;
mais pareille affirmation ne m'apprend rien sur la nature
extraordinaire de cette unité qu'est la personne. Que
notre moi soit multiple, je l'accorde encore, mais il y a là
une multiplicité dont il faudra bien reconnaître qu'elle
n'a rien de commun avec aucune autre. Ce qui importe
véritablement à la philosophie, c'est de savoir *quelle*
unité, *quelle* multiplicité, *quelle* réalité supérieure à l'un
et au multiple abstraits est l'unité multiple de la personne. Et elle ne le saura que si elle ressaisit l'intuition
simple du moi par le moi. Alors, selon la pente qu'elle
choisira pour redescendre de ce sommet, elle aboutira à
l'unité, ou à la multiplicité, ou à l'un quelconque des
concepts par lesquels on essaie de définir la vie mouvante
de la personne. Mais aucun mélange de ces concepts
entre eux, nous le répétons, ne donnerait rien qui ressemble à la personne qui dure.

Présentez-moi un cône solide, je vois sans peine
comment il se rétrécit vers le sommet et tend à se
confondre avec un point mathématique, comment aussi

il s'élargit par sa base en un cercle indéfiniment grandissant. Mais ni le point, ni le cercle, ni la juxtaposition des deux sur un plan ne me donneront la moindre idée d'un cône. Ainsi pour la multiplicité et l'unité de la vie psychologique. Ainsi pour le Zéro et l'Infini vers lesquels empirisme et rationalisme acheminent la personnalité.

Les concepts, comme nous le montrerons ailleurs, vont d'ordinaire par couples et représentent les deux contraires. Il n'est guère de réalité concrète sur laquelle on ne puisse prendre à la fois les deux vues opposées et qui ne se subsume, par conséquent, aux deux concepts antagonistes. De là une thèse et une antithèse qu'on chercherait en vain à réconcilier logiquement, pour la raison très simple que jamais, avec des concepts, ou points de vue, on ne fera une chose. Mais de l'objet, saisi par intuition, on passe sans peine, dans bien des cas, aux deux concepts contraires ; et comme, par là, on voit sortir de la réalité la thèse et l'antithèse, on saisit du même coup comment cette thèse et cette antithèse s'opposent et comment elles se réconcilient.

Il est vrai qu'il faut procéder pour cela à un renversement du travail habituel de l'intelligence. *Penser* consiste ordinairement à aller des concepts aux choses, et non pas des choses aux concepts [18]. Connaître une réalité, c'est, au sens usuel du mot « connaître », prendre des concepts déjà faits, les doser, et les combiner ensemble jusqu'à ce qu'on obtienne un équivalent pratique du réel. Mais il ne faut pas oublier que le travail normal de l'intelligence est loin d'être un travail désintéressé. Nous ne visons pas, en général, à connaître pour connaître, mais à connaître pour un parti à prendre, pour un profit à retirer, enfin pour un intérêt à satisfaire. Nous cherchons jusqu'à quel point l'objet à connaître est *ceci* ou *cela*, dans quel genre connu il rentre, quelle espèce d'action, de démarche ou d'attitude il devrait nous suggérer. Ces diverses actions et attitudes possibles sont autant de *directions conceptuelles* de notre pensée, déterminées une fois pour toutes ;

il ne reste plus qu'à les suivre ; en cela consiste précisément l'application des concepts aux choses. Essayer un concept à un objet, c'est demander à l'objet ce que nous avons à faire de lui, ce qu'il peut faire pour nous. Coller sur un objet l'étiquette d'un concept, c'est marquer en termes précis le genre d'action ou d'attitude que l'objet devra nous suggérer. Toute connaissance proprement dite est donc orientée dans une certaine direction ou prise d'un certain point de vue. Il est vrai que notre intérêt est souvent complexe. Et c'est pourquoi il nous arrive d'orienter dans plusieurs directions successives notre connaissance du même objet et de faire varier sur lui les points de vue. En cela consiste, au sens usuel de ces termes, une connaissance « large » et « compréhensive » de l'objet : l'objet est ramené alors, non pas à un concept unique, mais à plusieurs concepts dont il est censé « participer ». Comment participe-t-il de tous ces concepts à la fois ? c'est là une question qui n'importe pas à la pratique et qu'on n'a pas à se poser. Il est donc naturel, il est donc légitime que nous procédions par juxtaposition et dosage de concepts dans la vie courante [19] : aucune difficulté philosophique ne naîtra de là, puisque, par convention tacite, nous nous abstiendrons de philosopher. Mais transporter ce *modus operandi* à la philosophie, aller, ici encore, des concepts à la chose, utiliser, pour la connaissance désintéressée d'un objet qu'on vise cette fois à atteindre en lui-même, une manière de connaître qui s'inspire d'un intérêt déterminé et qui consiste par définition en une vue prise sur l'objet extérieurement, c'est tourner le dos au but qu'on visait, c'est condamner la philosophie à un éternel tiraillement entre les écoles [20], c'est installer la contradiction au cœur même de l'objet et de la méthode. Ou il n'y a pas de philosophie possible et toute connaissance des choses est une connaissance pratique orientée vers le profit à tirer d'elles, ou philosopher consiste à se placer dans l'objet même par un effort d'intuition.

Mais, pour comprendre la nature de cette intuition, pour déterminer avec précision où l'intuition finit et où commence l'analyse, il faut revenir à ce qui a été dit plus haut de l'écoulement de la durée.

On remarquera que les concepts ou schémas auxquels l'analyse aboutit ont pour caractère essentiel d'être immobiles pendant qu'on les considère [21]. J'ai isolé du tout de la vie intérieure cette entité psychologique que j'appelle une sensation simple. Tant que je l'étudie, je suppose qu'elle reste ce qu'elle est. Si j'y trouvais quelque changement, je dirais qu'il n'y a pas là une sensation unique, mais plusieurs sensations successives ; et c'est à chacune de ces sensations successives que je transporterais alors l'immutabilité attribuée d'abord à la sensation d'ensemble. De toute manière, je pourrai, en poussant l'analyse assez loin, arriver à des éléments que je tiendrai pour immuables. C'est là, et là seulement, que je trouverai la base d'opérations solide dont la science a besoin pour son développement propre.

Pourtant il n'y a pas d'état d'âme, si simple soit-il, qui ne change à tout instant, puisqu'il n'y a pas de conscience sans mémoire, pas de continuation d'un état sans l'addition, au sentiment présent, du souvenir des moments passés. En cela consiste la durée. La durée intérieure est la vie continue d'une mémoire qui prolonge le passé dans le présent, soit que le présent renferme distinctement l'image sans cesse grandissante du passé, soit plutôt qu'il témoigne, par son continuel changement de qualité, de la charge toujours plus lourde qu'on traîne derrière soi à mesure qu'on vieillit davantage. Sans cette survivance du passé dans le présent, il n'y aurait pas de durée, mais seulement de l'instantanéité.

Il est vrai que si l'on me reproche de soustraire l'état psychologique à la durée par cela seul que je l'analyse, je m'en défendrai en disant que chacun de ces états psychologiques élémentaires auxquels mon analyse aboutit est un état qui occupe encore du temps. « Mon analyse, dirai-je, résout bien la vie intérieure en états dont chacun est homogène avec lui-même ; seulement, puisque l'homogénéité s'étend sur un nombre déterminé de minutes ou de secondes, l'état psychologique élémentaire ne cesse pas de durer, encore qu'il ne change pas. »

Mais qui ne voit que le nombre déterminé de minutes et de secondes, que j'attribue à l'état psychologique élémentaire, a tout juste la valeur d'un indice destiné à me rappeler que l'état psychologique, supposé homogène, est en réalité un état qui change et qui dure ? L'état, pris en lui-même, est un perpétuel devenir. J'ai extrait de ce devenir une certaine moyenne de qualité que j'ai supposée invariable : j'ai constitué ainsi un état stable et, par là même, schématique. J'en ai extrait, d'autre part, le devenir en général, le devenir qui ne serait pas plus le devenir de ceci que de cela, et c'est ce que j'ai appelé le *temps* que cet état occupe. En y regardant de près, je verrais que ce temps abstrait est aussi immobile pour moi que l'état que j'y localise, qu'il ne pourrait s'écouler que par un changement de qualité continuel, et que, s'il est sans qualité, simple théâtre du changement, il devient ainsi un milieu immobile. Je verrais que l'hypothèse de ce temps homogène est simplement destinée à faciliter la comparaison entre les diverses durées concrètes, à nous permettre de compter des simultanéités et de mesurer un écoulement de durée par rapport à un autre. Et enfin je comprendrais qu'en accolant à la représentation d'un état psychologique élémentaire l'indication d'un nombre déterminé de minutes et de secondes, je me borne à rappeler que l'état a été détaché d'un moi qui dure et à délimiter la place où il faudrait le remettre en mouvement pour le ramener, de simple schéma qu'il est devenu, à la forme concrète qu'il avait d'abord. Mais j'oublie tout cela, n'en ayant que faire dans l'analyse.

C'est dire que l'analyse opère sur l'immobile, tandis que l'intuition se place dans la mobilité ou, ce qui revient au même, dans la durée. Là est la ligne de démarcation bien nette entre l'intuition et l'analyse. On reconnaît le réel, le vécu, le concret, à ce qu'il est la variabilité même.

On reconnaît l'élément à ce qu'il est invariable. Et il est invariable par définition, étant un schéma, une reconstruction simplifiée, souvent un simple symbole, en tout cas une vue prise sur la réalité qui s'écoule.

Mais l'erreur est de croire qu'avec ces schémas on recomposerait le réel. Nous ne saurions trop le répéter : de l'intuition on peut passer à l'analyse, mais non pas de l'analyse à l'intuition.

Avec de la variabilité je ferai autant de variations, autant de qualités ou modifications qu'il me plaira, parce que ce sont là autant de vues immobiles, prises par l'analyse, sur la mobilité donnée à l'intuition. Mais ces modifications mises bout à bout ne produiront rien qui ressemble à la variabilité, parce qu'elles n'en étaient pas des parties, mais des éléments, ce qui est tout autre chose.

Considérons par exemple la variabilité la plus voisine de l'homogénéité, le mouvement dans l'espace. Je puis, tout le long de ce mouvement, me représenter des arrêts possibles : c'est ce que j'appelle les positions du mobile ou les points par lesquels le mobile passe. Mais avec les positions, fussent-elles en nombre infini, je ne ferai pas du mouvement. Elles ne sont pas des parties du mouvement ; elles sont autant de vues prises sur lui ; elles ne sont, pourrait-on dire, que des suppositions d'arrêt. Jamais le mobile n'est réellement en aucun des points ; tout au plus peut-on dire qu'il y passe. Mais le passage, qui est un mouvement, n'a rien de commun avec un arrêt, qui est immobilité. Un mouvement ne saurait se poser sur une immobilité, car il coïnciderait alors avec elle, ce qui serait contradictoire. Les points ne sont pas *dans* le mouvement, comme des parties, ni même *sous* le mouvement, comme des lieux du mobile. Ils sont simplement projetés par nous au-dessous du mouvement, comme autant de lieux où serait, s'il s'arrêtait, un mobile qui par hypothèse ne s'arrête pas. Ce ne sont donc pas, à proprement parler, des positions, mais des suppositions, des vues ou des points de vue de l'esprit. Comment, avec des points de vue, construirait-on une chose ?

C'est pourtant ce que nous essayons de faire toutes les fois que nous raisonnons sur le mouvement, et aussi sur le temps auquel le mouvement sert de représentation. Par une illusion profondément enracinée dans notre esprit, et parce que nous ne pouvons nous empêcher de considérer l'analyse comme équivalente à l'intuition, nous commençons par distinguer, tout le long du mouvement, un certain nombre d'arrêts possibles ou de points, dont nous faisons, bon gré mal gré, des parties du mouvement. Devant notre impuissance à recomposer le mouvement avec ces points, nous intercalons d'autres points, croyant serrer ainsi de plus près ce qu'il y a de mobilité dans le mouvement. Puis, comme la mobilité nous échappe encore, nous substituons à un nombre fini et arrêté de points un nombre « indéfiniment croissant », – essayant ainsi, mais en vain, de contrefaire, par le mouvement de notre pensée qui poursuit indéfiniment l'addition des points aux points, le mouvement réel et indivisé du mobile. Finalement, nous disons que le mouvement se compose de points, mais qu'il comprend, en outre, le passage obscur, mystérieux, d'une position à la position suivante. Comme si l'obscurité ne venait pas tout entière de ce qu'on a supposé l'immobilité plus claire que la mobilité, l'arrêt antérieur au mouvement ! Comme si le mystère ne tenait pas à ce qu'on prétend aller des arrêts au mouvement par voie de composition, ce qui est impossible, alors qu'on passe sans peine du mouvement au ralentissement et à l'immobilité ! Vous avez cherché la signification du poème dans la forme des lettres qui le composent, vous avez cru qu'en considérant un nombre croissant de lettres vous étreindriez enfin la signification qui fuit toujours, et en désespoir de cause, voyant qu'il ne servait à rien de chercher une partie du sens dans chacune des lettres, vous avez supposé qu'entre chaque lettre et la suivante se logeait le fragment cherché du sens mystérieux ! Mais les lettres, encore une fois, ne sont pas des parties de la chose, ce sont des éléments du symbole. Les positions du mobile, encore une fois, ne sont pas des parties du mouvement : elles sont des points de l'espace qui est censé sous-tendre le mouvement. Cet espace immobile et vide, simplement conçu, jamais perçu, a tout juste la valeur d'un symbole. Comment, en manipulant des symboles, fabriqueriez-vous de la réalité ?

Mais le symbole répond ici aux habitudes les plus invétérées de notre pensée. Nous nous installons d'ordinaire dans l'immobilité, où nous trouvons un point d'appui pour la pratique, et nous prétendons recomposer la mobilité avec elle. Nous n'obtenons ainsi qu'une imitation maladroite, une contrefaçon du mouvement réel, mais cette imitation nous sert beaucoup plus dans la vie que ne ferait l'intuition de la chose même. Or, notre esprit a une irrésistible tendance à considérer comme plus claire l'idée qui lui sert le plus souvent. C'est pourquoi l'immobilité lui paraît plus claire que la mobilité, l'arrêt antérieur au mouvement.

Les difficultés que le problème du mouvement a soulevées dès la plus haute Antiquité viennent de là. Elles tiennent toujours à ce qu'on prétend aller de l'espace au mouvement, de la trajectoire au trajet, des positions immobiles à la mobilité, et passer de l'un à l'autre par voie de composition. Mais c'est le mouvement qui est antérieur à l'immobilité, et il n'y a pas, entre des positions et un déplacement, le rapport des parties au tout, mais celui de la diversité des points de vue possibles à l'indivisibilité réelle de l'objet.

Beaucoup d'autres problèmes sont nés de la même illusion. Ce que les points immobiles sont au mouvement d'un mobile, les concepts de qualités diverses le sont au changement qualitatif d'un objet. Les concepts variés en lesquels se résout une variation sont donc autant de visions stables de l'instabilité du réel. Et penser un objet, au sens usuel du mot « penser », c'est prendre sur sa mobilité une ou plusieurs de ces vues immobiles. C'est, en somme, se demander de temps à autre où il en est, afin de savoir ce qu'on en pourrait faire. Rien de plus légitime, d'ailleurs, que cette manière de procéder, tant qu'il ne s'agit que d'une connaissance pratique de la réalité. La connaissance, en tant qu'orientée vers la pratique, n'a qu'à énumérer les principales attitudes possibles de la chose vis-à-vis de nous, comme aussi nos meilleures attitudes possibles vis-à-vis d'elle. Là est le rôle ordinaire des concepts tout faits, ces stations dont nous jalonnons le trajet du devenir. Mais vouloir, avec eux, pénétrer jusqu'à la nature intime des choses, c'est appliquer à la mobilité du réel une méthode qui est faite pour donner des points de vue immobiles sur elle. C'est oublier que, si la métaphysique est possible, elle ne peut être qu'un effort pour remonter la pente naturelle du travail de la pensée, pour se placer tout de suite, par une dilatation de l'esprit, dans la chose qu'on étudie, enfin pour aller de la réalité aux concepts et non plus des concepts à la réalité. Est-il étonnant que les philosophes voient si souvent fuir devant eux l'objet qu'ils prétendent étreindre, comme des enfants qui voudraient, en fermant la main, capter de la fumée ? Ainsi se perpétuent bien des querelles entre les écoles, dont chacune reproche aux autres d'avoir laissé le réel s'envoler.

Mais si la métaphysique doit procéder par intuition, si l'intuition a pour objet la mobilité de la durée, et si la durée est d'essence psychologique, n'allons-nous pas enfermer le philosophe dans la contemplation exclusive de lui-même ? La philosophie ne va-t-elle pas consister à se regarder simplement vivre, « comme un pâtre assoupi regarde l'eau couler[22] » ? Parler ainsi serait revenir à l'erreur que nous n'avons cessé de signaler depuis le commencement de cette étude. Ce serait méconnaître la nature singulière de la durée, en même temps que le caractère essentiellement actif de l'intuition métaphysique. Ce serait ne pas voir que, seule, la méthode dont nous parlons permet de dépasser l'idéalisme aussi bien que le réalisme[23], d'affirmer l'existence d'objets inférieurs et supérieurs à nous, quoique cependant, en un certain sens, intérieurs à nous, de les faire coexister ensemble sans difficulté[24], de dissiper progressivement les obscurités que l'analyse accumule autour des grands problèmes [25]. Sans aborder ici l'étude de ces différents points, bornons-nous à montrer comment l'intuition dont nous parlons n'est pas un acte unique, mais une série indéfinie d'actes, tous du même genre sans doute, mais chacun d'espèce très particulière, et comment cette diversité d'actes correspond à tous les degrés de l'être.

Si je cherche à *analyser* la durée, c'est-à-dire à la résoudre en concepts tout faits, je suis bien obligé, par la nature même du concept et de l'analyse, de prendre sur *la durée en général* deux vues opposées avec lesquelles je prétendrai ensuite la recomposer. Cette combinaison ne pourra présenter ni une diversité de degrés ni une variété de formes : elle est ou elle n'est pas. Je dirai, par exemple, qu'il y a d'une part une *multiplicité* d'états de conscience successifs et d'autre part une *unité* qui les relie. La durée sera la « synthèse » de cette unité et de cette multiplicité, opération mystérieuse dont on ne voit pas, je le répète, comment elle comporterait des nuances ou des degrés [26]. Dans cette hypothèse, il n'y a, il ne peut y avoir qu'une durée unique, celle où notre conscience opère habituellement. Pour fixer les idées, si nous prenons la durée sous l'aspect simple d'un mouvement s'accomplissant dans l'espace, et que nous cherchions à réduire en concepts le mouvement considéré comme représentatif du Temps, nous aurons d'une part un nombre aussi grand qu'on voudra de points de la trajectoire, et d'autre part une unité abstraite qui les réunit, comme un fil qui retiendrait ensemble les perles d'un collier [27]. Entre cette multiplicité abstraite et cette unité abstraite la combinaison, une fois posée comme possible, est chose singulière à laquelle nous ne trouverons pas plus de nuances que n'en admet, en arithmétique, une addition de nombres donnés. Mais si, au lieu de prétendre analyser la durée (c'est-à-dire, au fond, en faire la synthèse avec des concepts), on s'installe d'abord en elle par un effort d'intuition, on a le sentiment d'une certaine *tension* bien déterminée, dont la détermination même apparaît comme un choix entre une infinité de durées possibles. Dès lors on aperçoit des durées aussi nombreuses qu'on voudra, toutes très différentes les unes des autres, bien que chacune d'elles, réduite en concepts, c'est-à-dire envisagée extérieurement des deux points de vue opposés, se ramène toujours à la même indéfinissable combinaison du multiple et de l'un.

Exprimons la même idée avec plus de précision. Si je considère la durée comme une multiplicité de moments reliés les uns aux autres par une unité qui les traverserait comme un fil, ces moments, si courte que soit la durée choisie, sont en nombre illimité. Je puis les supposer aussi voisins qu'il me plaira ; il y aura toujours, entre ces points mathématiques, d'autres points mathématiques, et ainsi de suite à l'infini. Envisagée du côté multiplicité, la durée va donc s'évanouir en une poussière de moments dont aucun ne dure, chacun étant un instantané. Que si, d'autre part, je considère l'unité qui relie les moments ensemble, elle ne peut pas durer davantage, puisque, par hypothèse, tout ce qu'il y a de changeant et de proprement durable dans la durée a été mis au compte de la multiplicité des moments. Cette unité, à mesure que j'en approfondirai l'essence, m'apparaîtra donc comme un substrat immobile du mouvant, comme je ne sais quelle essence intemporelle du temps : c'est ce que j'appellerai l'éternité, – éternité de mort, puisqu'elle n'est pas autre chose que le mouvement vidé de la mobilité qui en faisait la vie. En examinant de près les opinions des écoles antagonistes [28] au sujet de la durée, on verrait qu'elles diffèrent simplement en ce qu'elles attribuent à l'un ou à l'autre de ces deux concepts une importance capitale. Les unes s'attachent au point de vue du multiple ; elles érigent en réalité concrète les moments distincts d'un temps qu'elles ont pour ainsi dire pulvérisé ; elles tiennent pour beaucoup plus artificielle l'unité qui fait des grains une poudre. Les autres érigent au contraire l'unité de la durée en réalité concrète. Elles se placent dans l'éternel. Mais comme leur éternité reste tout de même abstraite puisqu'elle est vide, comme c'est l'éternité d'un concept qui exclut de lui, par hypothèse, le concept opposé, on ne voit pas comment cette éternité laisserait coexister avec elle une multiplicité indéfinie de moments. Dans la première hypothèse on a un monde suspendu en l'air, qui devrait finir et recommencer de lui-même à chaque instant. Dans la seconde on a un infini d'éternité abstraite dont on ne comprend pas davantage pourquoi il ne reste pas enveloppé en lui-même et comment il laisse coexister avec lui les choses. Mais, dans les deux cas, et quelle que soit celle des deux métaphysiques sur laquelle on s'est aiguillé, le temps apparaît du point de vue psychologique comme un mélange de deux abstractions qui ne comportent ni degrés ni nuances. Dans un système comme dans l'autre, il n'y a qu'une durée unique qui emporte tout avec elle, fleuve sans fond, sans rives, qui coule sans force assignable dans une direction qu'on ne saurait définir. Encore n'est-ce un fleuve, encore le fleuve ne coule-t-il que parce que la réalité obtient des deux doctrines ce sacrifice, profitant d'une distraction de leur logique. Dès qu'elles se ressaisissent, elles figent cet écoulement soit en une immense nappe solide, soit en une infinité d'aiguilles cristallisées, toujours en une *chose* qui participe nécessairement de l'immobilité d'un point de vue.

Il en est tout autrement si l'on s'installe d'emblée, par un effort d'intuition, dans l'écoulement concret de la durée. Certes, nous ne trouverons alors aucune raison logique de poser des durées multiples et diverses. À la rigueur il pourrait n'exister d'autre durée que la nôtre, comme il pourrait n'y avoir au monde d'autre couleur que l'orangé, par exemple. Mais de même qu'une conscience à base de couleur, qui sympathiserait intérieurement avec l'orangé au lieu de le percevoir extérieurement, se sentirait prise entre du rouge et du jaune, pressentirait même peut-être, au-dessous de cette dernière couleur, tout un spectre en lequel se prolonge naturellement la continuité qui va du rouge au jaune, ainsi l'intuition de notre durée, bien loin de nous laisser suspendus dans le vide comme ferait la pure analyse, nous met en contact avec toute une continuité de durées que nous devons essayer de suivre soit vers le bas, soit vers le haut : dans les deux cas nous pouvons nous dilater [29] indéfiniment par un effort de plus en plus violent, dans les deux cas nous nous transcendons nous-mêmes. Dans le premier, nous marchons à une durée de plus en plus éparpillée, dont les palpitations plus rapides que les nôtres, divisant notre sensation simple, en diluent la qualité en quantité : à la limite serait le pur homogène, la pure *répétition* par laquelle nous définirons la matérialité. En marchant dans l'autre sens, nous allons à une durée qui se tend, se resserre, s'intensifie de plus en plus : à la limite serait l'éternité. Non plus l'éternité conceptuelle, qui est une éternité de mort, mais une éternité de vie. Éternité vivante et par conséquent mouvante encore, où notre durée à nous se retrouverait comme les vibrations dans la lumière, et qui serait la concrétion de toute durée comme la matérialité en est l'éparpillement. Entre ces deux limites extrêmes l'intuition se meut, et ce mouvement est la métaphysique même.

Il ne peut être question de parcourir ici les diverses étapes de ce mouvement. Mais après avoir présenté une vue générale de la méthode et en avoir fait une première application, il ne sera peut-être pas inutile de formuler, en termes aussi précis qu'il nous sera possible, les principes sur lesquels elle repose. Des propositions que nous allons énoncer, la plupart ont reçu, dans le présent travail, un commencement de preuve. Nous espérons les démontrer plus complètement quand nous aborderons d'autres problèmes.

I. *Il y a une réalité extérieure et pourtant donnée immédiatement à notre esprit.* Le sens commun a raison sur ce point contre l'idéalisme et le réalisme des philosophes [30].

II. Cette réalité est mobilité*. Il n'existe pas de *choses* faites, mais seulement des choses qui se font, pas d'*états* qui se maintiennent, mais seulement des états qui changent. Le repos n'est jamais qu'apparent, ou plutôt relatif. La conscience que nous avons de notre propre personne, dans son continuel écoulement, nous introduit à l'intérieur d'une réalité sur le modèle de laquelle nous devons nous représenter les autres. *Toute réalité est donc tendance, si l'on convient d'appeler tendance un changement de direction à l'état naissant*[31].

III. Notre esprit, qui cherche des points d'appui solides, a pour principale fonction, dans le cours ordinaire de la vie, de se représenter des *états* et des *choses*. Il prend de loin en loin des vues quasi instantanées sur la mobilité indivisée du réel. Il obtient ainsi des sensations et des idées. Par là il substitue au continu le discontinu, à la mobilité la stabilité, à la tendance en voie de changement les points fixes qui marquent une direction du changement et de la tendance. Cette substitution est nécessaire au sens commun, au langage, à la vie pratique, et même, dans une certaine mesure que nous tâcherons de déterminer, à la science positive. *Notre intelligence, quand elle suit sa pente naturelle, procède par perceptions solides, d'un côté, et par conceptions stables, de l'autre.* Elle part de l'immobile, et ne conçoit et n'exprime le mouvement qu'en fonction de l'immobilité. Elle s'installe dans des concepts tout faits, et s'efforce d'y prendre, comme dans un filet, quelque chose de la réalité qui passe. Ce n'est pas, sans doute, pour obtenir une connaissance intérieure et métaphysique du réel. C'est simplement pour s'en servir, chaque concept (comme d'ailleurs chaque sensation) étant une question pratique que notre activité pose à la réalité et à laquelle la réalité répondra,

---

* Encore une fois, nous n'écartons nullement par là la *substance*. Nous affirmons au contraire la persistance des existences. Et nous croyons en avoir facilité la représentation. Comment a-t-on pu comparer cette doctrine à celle d'Héraclite ?

comme il convient en affaires, par un oui ou par un non. Mais, par là, elle laisse échapper du réel ce qui en est l'essence même.

IV. Les difficultés inhérentes à la métaphysique, les antinomies qu'elle soulève, les contradictions où elle tombe, la division en écoles antagonistes et les oppositions irréductibles entre systèmes, viennent en grande partie de ce que nous appliquons à la connaissance désintéressée du réel les procédés dont nous nous servons couramment dans un but d'utilité pratique[32]. Elles viennent principalement de ce que nous nous installons dans l'immobile pour guetter le mouvant au passage, au lieu de nous replacer dans le mouvant pour traverser avec lui les positions immobiles. Elles viennent de ce que nous prétendons reconstituer la réalité, qui est tendance et par conséquent mobilité, avec les percepts et les concepts qui ont pour fonction de l'immobiliser. Avec des arrêts, si nombreux soient-ils, on ne fera jamais de la mobilité ; au lieu que si l'on se donne la mobilité, on peut en tirer par la pensée autant d'arrêts qu'on voudra. En d'autres termes, *on comprend que des concepts fixes puissent être extraits par notre pensée de la réalité mobile ; mais il n'y a aucun moyen de reconstituer, avec la fixité des concepts, la mobilité du réel.* Le dogmatisme, en tant que constructeur de systèmes, a cependant toujours tenté cette reconstitution.

V. Il devait y échouer. C'est cette impuissance, et cette impuissance seulement, que constatent les doctrines sceptiques, idéalistes, criticistes, toutes celles enfin qui contestent à notre esprit le pouvoir d'atteindre l'absolu. Mais, de ce que nous échouons à reconstituer la réalité vivante avec des concepts raides et tout faits, il ne suit pas que nous ne puissions la saisir de quelque autre manière. *Les démonstrations qui ont été données de la relativité de notre connaissance sont donc entachées d'un vice originel : elles supposent, comme le dogmatisme qu'elles attaquent, que toute connaissance doit nécessairement partir de concepts aux contours arrêtés pour étreindre avec eux la réalité qui s'écoule* [33].

VI. Mais la vérité est que notre esprit peut suivre la marche inverse. Il peut s'installer dans la réalité mobile, en adopter la direction sans cesse changeante, enfin la saisir intuitivement. Il faut pour cela qu'il se violente, qu'il renverse le sens de l'opération par laquelle il pense habituellement, qu'il retourne ou plutôt refonde sans cesse ses catégories. Mais il aboutira ainsi à des concepts fluides, capables de suivre la réalité dans toutes ses sinuosités et d'adopter le mouvement même de la vie intérieure des choses. Ainsi seulement se constituera une philosophie progressive, affranchie des disputes qui se livrent entre les écoles, capable de résoudre naturellement les problèmes parce qu'elle se sera délivrée des termes artificiels qu'on a choisis pour les poser. *Philosopher consiste à invertir la direction habituelle du travail de la pensée.*

VII. Cette inversion n'a jamais été pratiquée d'une manière méthodique ; mais une histoire approfondie de la pensée humaine montrerait que nous lui devons ce qui s'est fait de plus grand dans les sciences, tout aussi bien que ce qu'il y a de viable en métaphysique. La plus puissante des méthodes d'investigation dont l'esprit humain dispose, l'analyse infinitésimale, est née de cette inversion même*. La mathématique moderne est précisément un effort pour substituer au *tout fait* ce qui *se fait*, pour suivre la génération des grandeurs, pour saisir le mouvement, non plus du dehors et dans son résultat étalé, mais du dedans et dans sa tendance à changer, enfin pour adopter la continuité mobile du dessin des choses. Il est vrai qu'elle s'en tient au dessin, n'étant que la science des grandeurs. Il est vrai aussi qu'elle n'a pu aboutir à ses applications merveilleuses que par l'invention de certains symboles, et que, si l'intuition dont nous venons de parler est à l'origine de l'invention, c'est le symbole seul

---

* Surtout chez Newton, dans sa considération des *fluxions* [34].

qui intervient dans l'application. Mais la métaphysique, qui ne vise à aucune application, pourra et le plus souvent devra s'abstenir de convertir l'intuition en symbole. Dispensée de l'obligation d'aboutir à des résultats pratiquement utilisables, elle agrandira indéfiniment le domaine de ses investigations. Ce qu'elle aura perdu, par rapport à la science, en utilité et en rigueur, elle le regagnera en portée et en étendue. Si la mathématique n'est que la science des grandeurs, si les procédés mathématiques ne s'appliquent qu'à des quantités, il ne faut pas oublier que la quantité est toujours de la qualité à l'état naissant : c'en est, pourrait-on dire, le cas limite. Il est donc naturel que la métaphysique adopte, pour l'étendre à toutes les qualités, c'est-à-dire à la réalité en général, l'idée génératrice de notre mathématique. Elle ne s'acheminera nullement par là à la mathématique universelle [35], cette chimère de la philosophie moderne. Bien au contraire, à mesure qu'elle fera plus de chemin, elle rencontrera des objets plus intraduisibles en symboles. Mais elle aura du moins commencé par prendre contact avec la continuité et la mobilité du réel là où ce contact est le plus merveilleusement utilisable. Elle se sera contemplée dans un miroir qui lui renvoie une image très rétrécie sans doute, mais très lumineuse aussi, d'elle-même. Elle aura vu avec une clarté supérieure ce que les procédés mathématiques empruntent à la réalité concrète, et elle continuera dans le sens de la réalité concrète, non dans celui des procédés mathématiques. Disons donc, ayant atténué par avance ce que la formule aurait à la fois de trop modeste et de trop ambitieux, qu'*un des objets de la métaphysique est d'opérer des différenciations et des intégrations qualitatives* [36].

VIII. Ce qui a fait perdre de vue cet objet, et ce qui a pu tromper la science elle-même sur l'origine de certains procédés qu'elle emploie, c'est que l'intuition, une fois prise, doit trouver un mode d'expression et d'application qui soit conforme aux habitudes de notre pensée et qui nous fournisse, dans des concepts bien arrêtés, les points d'appui solides dont nous avons un si grand besoin. Là est la condition de ce que nous appelons rigueur, précision, et aussi extension indéfinie d'une méthode générale à des cas particuliers. Or cette extension et ce travail de perfectionnement logique peuvent se poursuivre pendant des siècles, tandis que l'acte générateur de la méthode ne dure qu'un instant. C'est pourquoi nous prenons si souvent l'appareil logique de la science pour la science même*, oubliant l'intuition d'où le reste a pu sortir**.

De l'oubli de cette intuition procède tout ce qui a été dit par les philosophes, et par les savants eux-mêmes, de la « relativité » de la connaissance scientifique. *Est relative la connaissance symbolique par concepts préexistants qui va du fixe au mouvant, mais non pas la connaissance intuitive qui s'installe dans le mouvant et adopte la vie même des choses*[38]. Cette intuition atteint un absolu.

La science et la métaphysique se rejoignent donc dans l'intuition. Une philosophie véritablement intuitive réaliserait l'union tant désirée de la métaphysique et de la science. En même temps qu'elle constituerait la métaphysique en science positive, – je veux dire progressive et

---

* Sur ce point, comme sur plusieurs autres questions traitées dans le présent essai, voir les beaux travaux de MM. LE ROY, WINCENT et VILBOIS, parus dans la *Revue de métaphysique et de morale*.
** Comme nous l'expliquons au début de notre second essai (p. 67 et suiv.) nous avons longtemps hésité à nous servir du terme « intuition » ; et, quand nous nous y sommes décidé, nous avons désigné par ce mot la fonction métaphysique de la pensée : principalement la connaissance intime de l'esprit par l'esprit, subsidiairement la connaissance, par l'esprit, de ce qu'il y a d'essentiel dans la matière, l'intelligence étant sans doute faite avant tout pour manipuler la matière et par conséquent pour la connaître, mais n'ayant pas pour destination spéciale d'en toucher le fond. C'est cette signification que nous attribuons au mot dans le présent essai (écrit en 1902), plus spécialement dans les dernières pages. Nous avons été amené plus tard, par un souci croissant de précision, à distinguer plus nettement l'intelligence de l'intuition, comme aussi la science de la métaphysique (voir ci-dessus p. 67-94, et aussi p. 168-172)[37]. Mais, d'une manière générale, le changement de terminologie n'a pas d'inconvénient grave, quand on prend chaque fois la peine de définir le terme dans son acception particulière, ou même simplement quand le contexte en montre suffisamment le sens.

indéfiniment perfectible –, elle amènerait les sciences positives proprement dites à prendre conscience de leur portée véritable, souvent très supérieure à ce qu'elles s'imaginent. Elle mettrait plus de science dans la métaphysique et plus de métaphysique dans la science. Elle aurait pour résultat de rétablir la continuité entre les intuitions que les diverses sciences positives ont obtenues de loin en loin au cours de leur histoire, et qu'elles n'ont obtenues qu'à coups de génie.

IX. Qu'il n'y ait pas deux manières différentes de connaître à fond les choses, que les diverses sciences aient leur racine dans la métaphysique, c'est ce que pensèrent en général les philosophes anciens. Là ne fut pas leur erreur. Elle consista à s'inspirer de cette croyance, si naturelle à l'esprit humain, qu'une variation ne peut qu'exprimer et développer des invariabilités. D'où résultait que l'Action était une Contemplation affaiblie, la durée une image trompeuse et mobile de l'éternité immobile, l'Âme une chute de l'Idée. Toute cette philosophie qui commence à Platon pour aboutir à Plotin [39] est le développement d'un principe que nous formulerions ainsi : « Il y a plus dans l'immuable que dans le mouvant, et l'on passe du stable à l'instable par une simple diminution. » Or, c'est le contraire qui est la vérité.

La science moderne date du jour où l'on érigea la mobilité en réalité indépendante. Elle date du jour où Galilée [40], faisant rouler une bille sur un plan incliné, prit la ferme résolution d'étudier ce mouvement de haut en bas pour lui-même, en lui-même, au lieu d'en chercher le principe dans les concepts du *haut* et du *bas*, deux immobilités par lesquelles Aristote croyait en expliquer suffisamment la mobilité. Et ce n'est pas là un fait isolé dans l'histoire de la science. Nous estimons que plusieurs des grandes découvertes, de celles au moins qui ont transformé les sciences positives ou qui en ont créé de nouvelles, ont été autant de coups de sonde donnés dans la durée pure. Plus vivante était la réalité touchée, plus profond avait été le coup de sonde.

Mais la sonde jetée au fond de la mer ramène une masse fluide que le soleil dessèche bien vite en grains de sable solides et discontinus. Et l'intuition de la durée, quand on l'expose aux rayons de l'entendement, se prend bien vite aussi en concepts figés, distincts, immobiles. Dans la vivante mobilité des choses l'entendement s'attache à marquer des stations réelles ou virtuelles, il note des départs et des arrivées ; c'est tout ce qui importe à la pensée de l'homme s'exerçant naturellement. Mais la philosophie devrait être un effort pour dépasser la condition humaine.

Sur les concepts dont ils ont jalonné la route de l'intuition les savants ont arrêté le plus volontiers leur regard. Plus ils considéraient ces résidus passés à l'état de symboles, plus ils attribuaient à toute science un caractère symbolique*. Et plus ils croyaient au caractère symbolique de la science, plus ils le réalisaient et l'accentuaient. Bientôt ils n'ont plus fait de différence, dans la science positive, entre le naturel et l'artificiel, entre les données de l'intuition immédiate et l'immense travail d'analyse que l'entendement poursuit autour de l'intuition. Ils ont ainsi préparé les voies à une doctrine qui affirme la relativité de toutes nos connaissances.

Mais la métaphysique y a travaillé également.

Comment les maîtres de la philosophie moderne, qui ont été, en même temps que des métaphysiciens, les rénovateurs de la science, n'auraient-ils pas eu le sentiment

---

* Pour compléter ce que nous exposions dans la note précédente (p. 244), disons que nous avons été conduit, depuis l'époque où nous écrivions ces lignes, à restreindre le sens du mot « science », et à appeler plus particulièrement *scientifique* la connaissance de la matière inerte par l'intelligence pure. Cela ne nous empêchera pas de dire que la connaissance de la vie et de l'esprit est scientifique dans une large mesure, – dans la mesure où elle fait appel aux mêmes méthodes d'investigation que la connaissance de la matière inerte. Inversement, la connaissance de la matière inerte pourra être dite *philosophique* dans la mesure où elle utilise, à un certain moment décisif de son histoire, l'intuition de la durée pure. Cf. également la note de la p. 209, au début du présent essai.

de la continuité mobile du réel ? Comment ne se seraient-ils pas placés dans ce que nous appelons la durée concrète ? Ils l'ont fait plus qu'ils ne l'ont cru, beaucoup plus surtout qu'ils ne l'ont dit. Si l'on s'efforce de relier par des traits continus les intuitions autour desquelles se sont organisés les systèmes, on trouve, à côté de plusieurs autres lignes convergentes ou divergentes, une direction bien déterminée de pensée et de sentiment. Quelle est cette pensée latente ? Comment exprimer ce sentiment ? Pour emprunter encore une fois aux platoniciens leur langage, nous dirons, en dépouillant les mots de leur sens psychologique, en appelant Idée une certaine *assurance de facile intelligibilité* et Âme une certaine *inquiétude de vie*, qu'un invisible courant porte la philosophie moderne à hausser l'Âme au-dessus de l'Idée. Elle tend par là, comme la science moderne et même beaucoup plus qu'elle, à marcher en sens inverse de la pensée antique.

Mais cette métaphysique, comme cette science, a déployé autour de sa vie profonde un riche tissu de symboles, oubliant parfois que, si la science a besoin de symboles dans son développement analytique, la principale raison d'être de la métaphysique est une rupture avec les symboles. Ici encore l'entendement a poursuivi son travail de fixation, de division, de reconstruction. Il l'a poursuivi, il est vrai, sous une forme assez différente. Sans insister sur un point que nous nous proposons de développer ailleurs, bornons-nous à dire que l'entendement, dont le rôle est d'opérer sur des éléments stables, peut chercher la stabilité soit dans des *relations*, soit dans des *choses*. En tant qu'il travaille sur des concepts de relations, il aboutit au symbolisme *scientifique*. En tant qu'il opère sur des concepts de choses, il aboutit au symbolisme *métaphysique*. Mais, dans un cas comme dans l'autre, c'est de lui que vient l'arrangement. Volontiers il se croirait indépendant. Plutôt que de reconnaître tout de suite ce qu'il doit à l'intuition profonde de la réalité, il s'expose à ce qu'on ne voie dans toute son œuvre qu'un arrangement artificiel de symboles. De sorte que si l'on s'arrêtait à la lettre de ce que disent métaphysiciens et savants, comme aussi à la matérialité de ce qu'ils font, on pourrait croire que les premiers ont creusé au-dessous de la réalité un tunnel profond, que les autres ont lancé par-dessus elle un pont élégant, mais que le fleuve mouvant des choses passe entre ces deux travaux d'art sans les toucher.

Un des principaux artifices de la critique kantienne a consisté à prendre au mot le métaphysicien et le savant, à pousser la métaphysique et la science jusqu'à la limite extrême du symbolisme où elles pourraient aller, et où d'ailleurs elles s'acheminent d'elles-mêmes dès que l'entendement revendique une indépendance pleine de périls. Une fois méconnues les attaches de la science et de la métaphysique avec l'«intuition intellectuelle», Kant n'a pas de peine à montrer que notre science est toute relative [41] et notre métaphysique tout artificielle. Comme il a exaspéré l'indépendance de l'entendement dans un cas comme dans l'autre, comme il a allégé la métaphysique et la science de l'«intuition intellectuelle» qui les lestait intérieurement, la science ne lui présente plus, avec ses relations, qu'une pellicule de forme, et la métaphysique, avec ses choses, qu'une pellicule de matière. Est-il étonnant que la première ne lui montre alors que des cadres emboîtés dans des cadres, et la seconde des fantômes qui courent après des fantômes ?

Il a porté à notre science et à notre métaphysique des coups si rudes qu'elles ne sont pas encore tout à fait revenues de leur étourdissement. Volontiers notre esprit se résignerait à voir dans la science une connaissance toute relative, et dans la métaphysique une spéculation vide. Il nous semble, aujourd'hui encore, que la critique kantienne s'applique à toute métaphysique et à toute science. En réalité, elle s'applique surtout à la philosophie des anciens, comme aussi à la forme – encore antique – que les modernes ont laissée le plus souvent à leur pensée. Elle vaut contre une métaphysique qui prétend nous donner un système *unique* et tout fait de choses, contre une science qui serait un système *unique* de relations, enfin contre une science et une métaphysique qui se présenteraient avec la simplicité architecturale de la théorie platonicienne des Idées, ou d'un temple grec. Si la métaphysique prétend se constituer avec des concepts que nous possédions avant elle, si elle consiste dans un arrangement ingénieux d'idées préexistantes que nous utilisons comme des matériaux de construction pour un édifice, enfin si elle est autre chose que la constante dilatation de notre esprit, l'effort toujours renouvelé pour dépasser nos idées actuelles et peut-être aussi notre logique simple, il est trop évident qu'elle devient artificielle comme toutes les œuvres de pur entendement. Et si la science est tout entière œuvre d'analyse ou de représentation conceptuelle, si l'expérience n'y doit servir que de vérification à des « idées claires », si, au lieu de partir d'intuitions multiples, diverses, qui s'insèrent dans le mouvement propre de chaque réalité mais ne s'emboîtent pas toujours les unes dans les autres, elle prétend être une immense mathématique, un système unique de relations qui emprisonne la totalité du réel dans un filet monté d'avance, elle devient une connaissance purement relative à l'entendement humain. Qu'on lise de près la *Critique de la raison pure*, on verra que c'est cette espèce de *mathématique universelle* qui est pour Kant la science, et ce *platonisme* à peine remanié qui est pour lui la métaphysique. À vrai dire, le rêve d'une mathématique universelle n'est déjà lui-même qu'une survivance du platonisme. La mathématique universelle, c'est ce que devient le monde des Idées quand on suppose que l'Idée consiste dans une relation ou dans une loi, et non plus dans une chose. Kant a pris pour une réalité ce rêve de quelques philosophes modernes* : bien plus, il a cru que toute connaissance scientifique n'était qu'un fragment détaché, ou

---

* Voir à ce sujet, dans les *Philosophische Studien* de WUNDT (vol. IX, 1894), un très intéressant article de RADULESCU-MOTRU, « Zur Entwickelung von Kant's Theorie der Naturcausalität ».

plutôt une pierre d'attente de la mathématique universelle. Dès lors, la principale tâche de la Critique était de fonder cette mathématique, c'est-à-dire de déterminer ce que doit être l'intelligence et ce que doit être l'objet pour qu'une mathématique ininterrompue puisse les relier l'un à l'autre. Et, nécessairement, si toute expérience possible est assurée d'entrer ainsi dans les cadres rigides et déjà constitués de notre entendement, c'est (à moins de supposer une harmonie préétablie) que notre entendement organise lui-même la nature et s'y retrouve comme dans un miroir. D'où la possibilité de la science, qui devra toute son efficacité à sa relativité, et l'impossibilité de la métaphysique, puisque celle-ci ne trouvera plus rien à faire qu'à parodier, sur des fantômes de choses, le travail d'arrangement conceptuel que la science poursuit sérieusement sur des rapports. Bref, *toute la* Critique de la raison pure *aboutit à établir que le platonisme, illégitime si les Idées sont des choses, devient légitime si les idées sont des rapports, et que l'idée toute faite, une fois ramenée ainsi du ciel sur la terre, est bien, comme l'avait voulu Platon, le fond commun de la pensée et de la nature. Mais toute la* Critique de la raison pure *repose aussi sur ce postulat que notre pensée est incapable d'autre chose que de platoniser*[42], c'est-à-dire de couler toute expérience possible dans des moules préexistants.

Là est toute la question. Si la connaissance scientifique est bien ce qu'a voulu Kant, il y a une science simple, préformée et même préformulée dans la nature, ainsi que le croyait Aristote : de cette logique immanente aux choses les grandes découvertes ne font qu'illuminer point par point la ligne tracée d'avance, comme on allume progressivement, un soir de fête, le cordon de gaz qui dessinait déjà les contours d'un monument. Et si la connaissance métaphysique est bien ce qu'a voulu Kant, elle se réduit à l'égale possibilité de deux attitudes opposées de l'esprit devant tous les grands problèmes ; ses manifestations sont autant d'options arbitraires, toujours éphémères, entre deux solutions formulées virtuellement de toute éternité : elle vit et elle meurt d'antinomies. Mais la vérité est que ni la science des modernes ne présente cette simplicité unilinéaire, ni la métaphysique des modernes ces oppositions irréductibles.

La science moderne n'est ni une ni simple. Elle repose, je le veux bien, sur des idées qu'on finit par trouver claires ; mais ces idées, quand elles sont profondes, se sont éclairées progressivement par l'usage qu'on en a fait ; elles doivent alors la meilleure part de leur luminosité à la lumière que leur ont renvoyée, par réflexion, les faits et les applications où elles ont conduit, la clarté d'un concept n'étant guère autre chose, alors, que l'assurance une fois contractée de le manipuler avec profit. À l'origine, plus d'une d'entre elles a dû paraître obscure, malaisément conciliable avec les concepts déjà admis dans la science, tout près de frôler l'absurdité. C'est dire que la science ne procède pas par emboîtement régulier de concepts qui seraient prédestinés à s'insérer avec précision les uns dans les autres. Les idées profondes et fécondes sont autant de prises de contact avec des courants de réalité qui ne convergent pas nécessairement sur un même point. Il est vrai que les concepts où elles se logent arrivent toujours, en arrondissant leurs angles par un frottement réciproque, à s'arranger tant bien que mal entre eux.

D'autre part, la métaphysique des modernes n'est pas faite de solutions tellement radicales qu'elles puissent aboutir à des oppositions irréductibles. Il en serait ainsi, sans doute, s'il n'y avait aucun moyen d'accepter en même temps, et sur le même terrain, la thèse et l'antithèse des antinomies. Mais philosopher consiste précisément à se placer, par un effort d'intuition, à l'intérieur de cette réalité concrète sur laquelle la Critique vient prendre du dehors les deux vues opposées, thèse et antithèse. Je n'imaginerai jamais comment du blanc et du noir s'entre-pénètrent si je n'ai pas vu de gris, mais je comprends sans peine, une fois que j'ai vu le gris, comment on peut l'envisager du double point de vue du blanc et du noir. Les doctrines qui ont un fond d'intuition échappent à la critique kantienne dans l'exacte mesure où elles sont intuitives ; et ces doctrines sont le tout de la métaphysique, pourvu qu'on ne prenne pas la métaphysique figée et morte dans des *thèses*, mais vivante chez des *philosophes*. Certes, les divergences sont frappantes entre les écoles, c'est-à-dire, en somme, entre les groupes de disciples qui se sont formés autour de quelques grands maîtres. Mais les trouverait-on aussi tranchées entre les maîtres eux-mêmes ? Quelque chose domine ici la diversité des systèmes, quelque chose, nous le répétons, de simple et de net comme un coup de sonde dont on sent qu'il est allé toucher plus ou moins bas le fond d'un même océan, encore qu'il ramène chaque fois à la surface des matières très différentes. C'est sur ces matières que travaillent d'ordinaire les disciples : là est le rôle de l'analyse. Et le maître, en tant qu'il formule, développe, traduit en idées abstraites ce qu'il apporte, est déjà, en quelque sorte, un disciple vis-à-vis de lui-même. Mais l'acte simple, qui a mis l'analyse en mouvement et qui se dissimule derrière l'analyse, émane d'une faculté tout autre que celle d'analyser. Ce sera, par définition même, l'intuition.

Disons-le pour conclure : cette faculté n'a rien de mystérieux. Quiconque s'est exercé avec succès à la composition littéraire sait bien que lorsque le sujet a été longuement étudié, tous les documents recueillis, toutes les notes prises, il faut, pour aborder le travail de composition lui-même, quelque chose de plus, un effort, souvent pénible, pour se placer tout d'un coup au cœur même du sujet et pour aller chercher aussi profondément que possible une impulsion à laquelle il n'y aura plus ensuite qu'à se laisser aller. Cette impulsion, une fois reçue, lance l'esprit sur un chemin où il retrouve et les renseignements qu'il avait recueillis et d'autres détails encore ; elle se développe, elle s'analyse elle-même en termes dont l'énumération se poursuivrait sans fin ; plus on va, plus on en découvre ; jamais on n'arrivera à tout dire : et pourtant, si l'on se retourne brusquement vers l'impulsion qu'on sent derrière soi pour la saisir, elle se dérobe ; car ce n'était pas une chose, mais une incitation au mouvement, et, bien qu'indéfiniment extensible, elle est la simplicité même. L'intuition métaphysique paraît être quelque chose du même genre. Ce qui fait pendant ici aux notes et documents de la composition littéraire, c'est l'ensemble des observations et des expériences recueillies par la science positive et surtout par une réflexion de l'esprit sur l'esprit. Car on n'obtient pas de la réalité une intuition, c'est-à-dire une sympathie spirituelle avec ce qu'elle a de plus intérieur, si l'on n'a pas gagné sa confiance par une longue camaraderie avec ses manifestations superficielles. Et il ne s'agit pas simplement de s'assimiler les faits marquants ; il en faut accumuler et fondre ensemble une si énorme masse qu'on soit assuré, dans cette fusion, de neutraliser les unes par les autres toutes les idées préconçues et prématurées que les observateurs ont pu déposer, à leur insu, au fond de leurs observations. Ainsi seulement se dégage la matérialité brute des faits connus. Même dans le cas simple et privilégié qui nous a servi d'exemple, même pour le contact direct du moi avec le moi, l'effort définitif d'intuition distincte serait impossible à qui n'aurait pas réuni et confronté ensemble un très grand nombre d'analyses psychologiques. Les maîtres de la philosophie moderne ont été des hommes qui s'étaient assimilé tout le matériel de la science de leur temps. Et l'éclipse partielle de la métaphysique depuis un demi-siècle a surtout pour cause l'extraordinaire difficulté que le philosophe éprouve aujourd'hui à prendre contact avec une science devenue beaucoup plus éparpillée. Mais l'intuition métaphysique, quoiqu'on n'y puisse arriver qu'à force de connaissances matérielles, est tout autre chose que le résumé ou la synthèse de ces connaissances. Elle s'en distingue comme l'impulsion motrice se distingue du chemin parcouru par le mobile, comme la tension du ressort se distingue des mouvements visibles dans la pendule. En ce sens, la métaphysique n'a rien de commun avec une généralisation de l'expérience, et néanmoins elle pourrait se définir l'*expérience intégrale*[43].

VII

LA PHILOSOPHIE DE CLAUDE BERNARD

Discours prononcé à la cérémonie du centenaire de Claude Bernard, au Collège de France, le 30 décembre 1913

Ce que la philosophie doit avant tout à Claude Bernard [1], c'est la théorie de la méthode expérimentale. La science moderne s'est toujours réglée sur l'expérience ; mais comme elle débuta par la mécanique et l'astronomie, comme elle n'envisagea d'abord, dans la matière, que ce qu'il y a de plus général et de plus voisin des mathématiques, pendant longtemps elle ne demanda à l'expérience que de fournir un point de départ à ses calculs et de les vérifier à l'arrivée. Du XIXe siècle datent les sciences de laboratoire, celles qui suivent l'expérience dans toutes ses sinuosités sans jamais perdre contact avec elle. À ces recherches plus concrètes Claude Bernard aura apporté la formule de leur méthode, comme jadis Descartes aux sciences abstraites de la matière. En ce sens, l'*Introduction à la médecine expérimentale* est un peu pour nous ce que fut, pour le XVIIe et le XVIIIe siècles, le *Discours de la méthode*. Dans un cas comme dans l'autre nous nous trouvons devant un homme de génie qui a commencé par faire de grandes découvertes, et qui s'est demandé ensuite comment il fallait s'y prendre pour les faire : marche paradoxale en apparence et pourtant seule naturelle, la manière inverse de procéder ayant été tentée beaucoup plus souvent et n'ayant jamais réussi. Deux fois seulement dans l'histoire de la science moderne, et pour les deux formes principales que notre connaissance de la nature a prises, l'esprit d'invention s'est replié sur lui-même pour s'analyser et pour déterminer ainsi les conditions générales de la découverte scientifique. Cet heureux mélange de spontanéité et de réflexion, de science et de philosophie, s'est produit les deux fois en France.

La pensée constante de Claude Bernard, dans son *Introduction à la médecine expérimentale*, a été de nous montrer comment le fait et l'idée collaborent à la recherche expérimentale. Le fait, plus ou moins clairement aperçu, suggère l'idée d'une explication ; cette idée, le savant demande à l'expérience de la confirmer ; mais, tout le temps que son expérience dure, il doit se tenir prêt à abandonner son hypothèse ou à la remodeler sur les faits. La recherche scientifique est donc un dialogue entre l'esprit et la nature. La nature éveille notre curiosité ; nous lui posons des questions ; ses réponses donnent à l'entretien une tournure imprévue, provoquant des questions nouvelles auxquelles la nature réplique en suggérant de nouvelles idées, et ainsi de suite indéfiniment. Quand Claude Bernard décrit cette méthode, quand il en donne des exemples, quand il rappelle les applications qu'il en a faites, tout ce qu'il expose nous paraît si simple et si naturel qu'à peine était-il besoin, semble-t-il, de le dire : nous croyons l'avoir toujours su. C'est ainsi que le portrait peint par un grand maître peut nous donner l'illusion d'avoir connu le modèle.

Pourtant il s'en faut que, même aujourd'hui, la méthode de Claude Bernard soit toujours comprise et pratiquée comme elle devrait l'être. Cinquante ans ont passé sur son œuvre ; nous n'avons jamais cessé de la lire et de l'admirer : avons-nous tiré d'elle tout l'enseignement qu'elle contient ?

Un des résultats les plus clairs de cette analyse devrait être de nous apprendre qu'il n'y a pas de différence entre une observation bien prise et une généralisation bien fondée. Trop souvent nous nous représentons encore l'expérience comme destinée à nous apporter des faits bruts : l'intelligence, s'emparant de ces faits, les rapprochant les uns des autres, s'élèverait ainsi à des lois de plus en plus hautes. Généraliser serait donc une fonction, observer en serait une autre. Rien de plus faux que cette conception du travail de synthèse, rien de plus dangereux pour la science et pour la philosophie. Elle a conduit à croire qu'il y avait un intérêt scientifique à assembler des faits pour rien, pour le plaisir, à les noter paresseusement et même passivement, en attendant la venue d'un esprit capable de les dominer et de les soumettre à des lois. Comme si une observation scientifique n'était pas toujours la réponse à une question, précise ou confuse ! Comme si des observations notées passivement à la suite les unes des autres étaient autre chose que des réponses décousues à des questions posées au hasard ! Comme si le travail de généralisation consistait à venir, après coup, trouver un sens plausible à ce discours incohérent ! La vérité est que le discours doit avoir un sens tout de suite, ou bien alors il n'en aura jamais. Sa signification pourra changer à mesure qu'on approfondira davantage les faits, mais il faut qu'il ait une signification d'abord. Généraliser n'est pas utiliser, pour je ne sais quel travail de condensation, des faits déjà recueillis, déjà notés : la synthèse est tout autre chose. C'est moins une opération spéciale qu'une certaine force de pensée, la capacité de pénétrer à l'intérieur d'un fait qu'on devine significatif et où l'on trouvera l'explication d'un nombre indéfini de faits. En un mot, l'esprit de synthèse n'est qu'une plus haute puissance de l'esprit d'analyse.

Cette conception du travail de recherche scientifique diminue singulièrement la distance entre le maître et l'apprenti. Elle ne nous permet plus de distinguer deux catégories de chercheurs, dont les uns ne seraient que des manœuvres tandis que les autres auraient pour mission d'inventer. L'invention doit être partout, jusque dans la plus humble recherche de fait, jusque dans l'expérience la plus simple. Là où il n'y a pas un effort personnel, et même original, il n'y a même pas un commencement de science. Telle est la grande maxime pédagogique qui se dégage de l'œuvre de Claude Bernard.

Aux yeux du philosophe, elle contient autre chose encore : une certaine conception de la vérité, et par conséquent une philosophie.

Quand je parle de « la philosophie de Claude Bernard », je ne fais pas allusion à cette métaphysique de la vie [2] qu'on a cru trouver dans ses écrits et qui était peut-être assez loin de sa pensée. À vrai dire, on a beaucoup discuté sur elle. Les uns, invoquant les passages où Claude Bernard critique l'hypothèse d'un « principe vital », ont prétendu qu'il ne voyait rien de plus, dans la vie, qu'un ensemble de phénomènes physiques et chimiques. Les autres, se référant à cette « idée organisatrice et créatrice [3] » qui préside, selon l'auteur, aux phénomènes vitaux, veulent qu'il ait radicalement distingué la matière vivante de la matière brute, attribuant ainsi à la vie une cause indépendante. Selon quelques-uns, enfin, Claude Bernard aurait oscillé entre les deux conceptions, ou bien encore il serait parti de la première pour arriver progressivement à la seconde. Relisez attentivement l'œuvre du maître : vous n'y trouverez, je crois, ni cette affirmation, ni cette négation, ni cette contradiction. Certes, Claude Bernard s'est élevé bien des fois contre l'hypothèse d'un « principe vital [4] » ; mais, partout où il le fait, il vise expressément le vitalisme superficiel des médecins et des physiologistes qui affirmaient l'existence, chez l'être vivant, d'une force capable de lutter contre les forces physiques et d'en contrarier l'action. C'était le temps où l'on pensait couramment que la même cause, opérant dans les mêmes conditions sur le même être vivant, ne produisait pas toujours le même effet. Il fallait compter, disait-on, avec le caractère capricieux de la vie. Magendie [5] lui-même, qui a tant contribué à faire de la physiologie une science, croyait encore à une certaine indétermination du phénomène vital. À tous ceux qui parlent ainsi Claude Bernard répond que les faits physiologiques sont soumis à un déterminisme inflexible, aussi rigoureux que celui des faits physiques ou chimiques : même, parmi les opérations qui s'accomplissent dans la machine animale, il n'en est aucune qui ne doive s'expliquer un jour par la physique et la chimie. Voilà pour le principe vital. Mais transportons-nous maintenant à l'idée organisatrice et créatrice. Nous trouverons que, partout où il est question d'elle, Claude Bernard s'attaque à ceux qui refuseraient de voir dans la physiologie une science spéciale, distincte de la physique et de la chimie. Les qualités, ou plutôt les dispositions d'esprit, qui font le physiologiste ne sont pas identiques, d'après lui, à celles qui font le chimiste et le physicien. N'est pas physiologiste celui qui n'a pas le sens de l'organisation, c'est-à-dire de cette coordination spéciale des parties au tout qui est caractéristique du phénomène vital. Dans un être vivant, les choses se passent comme si une certaine « idée » intervenait, qui rend compte de l'ordre dans lequel se groupent les éléments. Cette idée n'est d'ailleurs pas une force, mais simplement un principe d'explication : si elle travaillait effectivement, si elle pouvait, en quoi que ce fût, contrarier le jeu des forces physiques et chimiques, il n'y aurait plus de physiologie expérimentale. Non seulement le physiologiste doit prendre en considération cette idée organisatrice dans l'étude qu'il institue des phénomènes de la vie : il doit encore se rappeler, d'après Claude Bernard, que les faits dont il s'occupe ont pour théâtre un organisme déjà construit, et que la construction de cet organisme ou, comme il dit, la « création », est une opération d'ordre tout différent. Certes, en appuyant sur la distinction bien nette établie par Claude Bernard entre la construction de la machine et sa destruction ou son usure, entre la machine et ce qui se passe en elle, on aboutirait sans doute à restaurer sous une autre forme le vitalisme qu'il a combattu ; mais il ne l'a pas fait, et il a mieux aimé ne pas se prononcer sur la nature de la vie, pas plus d'ailleurs qu'il ne se prononce sur la constitution de la matière ; il réserve ainsi la question du rapport de l'une à l'autre. À vrai dire, soit qu'il attaque l'hypothèse du « principe vital », soit qu'il fasse appel à « l'idée directrice », dans les deux cas il est exclusivement préoccupé de déterminer les conditions de la physiologie expérimentale. Il cherche moins à définir la vie que la science de la vie. Il défend la physiologie, et contre ceux qui croient le fait physiologique trop fuyant pour se prêter à l'expérimentation, et contre ceux qui, tout en le jugeant accessible à nos expériences, ne distingueraient pas ces expériences de celles de la physique ou de la chimie. Aux premiers il répond que le fait physiologique est régi par un déterminisme absolu et que la physiologie est, par conséquent, une science rigoureuse ; aux seconds, que la physiologie a ses lois propres et ses méthodes propres, distinctes de celles de la physique et de la chimie, et que la physiologie est par conséquent une science indépendante.

Mais si Claude Bernard ne nous a pas donné, et n'a pas voulu nous donner, une métaphysique de la vie, il y a, présente à l'ensemble de son œuvre, une certaine philosophie générale, dont l'influence sera probablement plus durable et plus profonde que n'eût pu l'être celle d'aucune théorie particulière.

Longtemps, en effet, les philosophes ont considéré la réalité comme un tout systématique, comme un grand édifice que nous pourrions, à la rigueur, reconstruire par la pensée avec les ressources du seul raisonnement, encore que nous devions, en fait, appeler à notre aide l'observation et l'expérience. La nature serait donc un ensemble de lois insérées les unes dans les autres selon les principes de la logique humaine ; et ces lois seraient là, toutes faites, intérieures aux choses ; l'effort scientifique et philosophique consisterait à les dégager en grattant, un à un, les faits qui les recouvrent, comme on met à nu un monument égyptien en retirant par pelletées le sable du désert. Contre cette conception des faits et des lois, l'œuvre entière de Claude Bernard proteste. Bien avant que les philosophes eussent insisté sur ce qu'il peut y avoir de conventionnel et de symbolique dans la science humaine, il a aperçu, il a mesuré l'écart entre la logique de l'homme et celle de la nature. Si, d'après lui, nous n'apporterons jamais trop de prudence à la vérification d'une hypothèse, jamais nous n'aurons mis assez d'audace à l'inventer [6]. Ce qui est absurde à nos yeux ne l'est pas nécessairement au regard de la nature : tentons l'expérience, et, si l'hypothèse se vérifie, il faudra bien qu'elle devienne intelligible et claire à mesure que les faits nous contraindront à nous familiariser avec elle. Mais rappelons-nous aussi que jamais une idée, si souple que nous l'ayons faite, n'aura la même souplesse que les choses. Soyons donc prêts à l'abandonner pour une autre, qui serrera l'expérience de plus près encore. « Nos idées, disait Claude Bernard, ne sont que des instruments intellectuels qui nous servent à pénétrer dans les phénomènes ; il faut les changer quand elles ont rempli leur rôle, comme on change un bistouri émoussé quand il a servi assez longtemps. » Et il ajoutait : « Cette foi trop grande dans le raisonnement, qui conduit un physiologiste à une fausse simplification des choses, tient à l'absence du sentiment de la complexité des phénomènes naturels. » Il disait encore : « Quand nous faisons une théorie générale dans nos sciences, la seule chose dont nous soyons certains c'est que toutes ces théories sont fausses, absolument parlant. Elles ne sont que des vérités partielles et provisoires, qui nous sont nécessaires comme les degrés sur lesquels nous nous reposons pour avancer dans l'investigation. » Et il revenait sur ce point quand il parlait de ses propres théories : « Elles seront plus tard remplacées par d'autres, qui représenteront un état plus avancé de la question, et ainsi de suite. Les théories sont comme des degrés successifs que monte la science en élargissant son horizon. » Mais rien de plus significatif que les paroles par lesquelles s'ouvre un des derniers paragraphes de l'*Introduction à la médecine expérimentale* : « Un des plus grands obstacles qui se rencontrent dans cette marche générale et libre des connaissances humaines est la tendance qui porte les diverses connaissances à s'individualiser dans des systèmes... Les systèmes tendent à asservir l'esprit humain... Il faut chercher à briser les entraves des systèmes philosophiques et scientifiques... La philosophie et la science ne doivent pas être systématiques. » La philosophie ne doit pas être systématique ! C'était là un paradoxe à l'époque où Claude Bernard écrivait, et où l'on inclinait, soit pour justifier l'existence de la philosophie soit pour la proscrire, à identifier l'esprit philosophique avec l'esprit de système. C'est la vérité cependant, et une vérité dont on se pénétrera de plus en plus à mesure que se développera effectivement une philosophie capable de suivre la réalité concrète dans toutes ses sinuosités. Nous n'assisterons plus alors à une succession de doctrines dont chacune, à prendre ou à laisser, prétend enfermer la totalité des choses dans des formules simples. Nous aurons une philosophie unique, qui s'édifiera peu à peu à côté de la science, et à laquelle tous ceux qui pensent apporteront leur pierre. Nous ne dirons plus : « La nature est une, et nous allons chercher, parmi les idées que nous possédons déjà, celle où nous pourrons l'insérer ». Nous dirons : « La nature est ce qu'elle est, et comme notre intelligence, qui fait partie de la nature, est moins vaste qu'elle, il est douteux qu'aucune de nos idées actuelles soit assez large pour l'embrasser. Travaillons donc à dilater notre pensée ; forçons notre entendement ; brisons, s'il le faut, nos cadres ; mais ne prétendons pas rétrécir la réalité à la mesure de nos idées, alors que c'est à nos idées de se modeler, agrandies, sur la réalité. » Voilà ce que nous dirons, voilà ce que nous tâcherons de faire. Mais en avançant de plus en plus loin dans la voie où nous commençons à marcher, nous devrons toujours nous rappeler que Claude Bernard a contribué à l'ouvrir. C'est pourquoi nous ne lui serons jamais assez reconnaissants de ce qu'il a fait pour nous. Et c'est pourquoi nous venons saluer en lui, à côté du physiologiste de génie qui fut un des plus grands expérimentateurs de tous les temps, le philosophe qui aura été un des maîtres de la pensée contemporaine[7].

VIII

Sur le pragmatisme de William James
Vérité et réalité *

Comment parler du pragmatisme après William James[1] ? Et que pourrions-nous en dire qui ne se trouve déjà dit, et bien mieux dit, dans le livre saisissant et charmant dont nous avons ici la traduction fidèle ? Nous nous garderions de prendre la parole, si la pensée de James n'était le plus souvent diminuée, ou altérée, ou faussée, par les interprétations qu'on en donne. Bien des idées circulent, qui risquent de s'interposer entre le lecteur et le livre, et de répandre une obscurité artificielle sur une œuvre qui est la clarté même.

On comprendrait mal le pragmatisme de James si l'on ne commençait par modifier l'idée qu'on se fait couramment de la réalité en général. On parle du « monde » ou du « cosmos » ; et ces mots, d'après leur origine, désignent quelque chose de simple, tout au moins de bien composé. On dit « l'univers », et le mot fait penser à une unification possible des choses. On peut être spiritualiste, matérialiste, panthéiste, comme on peut être indifférent à la philosophie et satisfait du sens commun : toujours on se représente un ou plusieurs principes simples, par lesquels s'expliquerait l'ensemble des choses matérielles et morales.

C'est que notre intelligence est éprise de simplicité. Elle économise l'effort, et veut que la nature se soit

---

* Cet essai a été composé pour servir de préface à l'ouvrage de William JAMES sur le Pragmatisme, traduit par E. LE BRUN (Paris, Flammarion, 1911).

arrangée de façon à ne réclamer de nous, pour être pensée, que la plus petite somme possible de travail. Elle se donne donc juste ce qu'il faut d'éléments ou de principes pour recomposer avec eux la série indéfinie des objets et des événements.

Mais si, au lieu de reconstruire idéalement les choses pour la plus grande satisfaction de notre raison, nous nous en tenions purement et simplement à ce que l'expérience nous donne, nous penserions et nous nous exprimerions d'une tout autre manière. Tandis que notre intelligence, avec ses habitudes d'économie, se représente les effets comme strictement proportionnés à leurs causes, la nature, qui est prodigue, met dans la cause bien plus qu'il n'est requis pour produire l'effet. Tandis que notre devise à nous est *Juste ce qu'il faut*, celle de la nature est *Plus qu'il ne faut*, – trop de ceci, trop de cela, trop de tout. La réalité, telle que James la voit, est redondante et surabondante. Entre cette réalité et celle que les philosophes reconstruisent, je crois qu'il eût établi le même rapport qu'entre la vie que nous vivons tous les jours et celle que les acteurs nous représentent, le soir, sur la scène. Au théâtre, chacun ne dit que ce qu'il faut dire et ne fait que ce qu'il faut faire ; il y a des scènes bien découpées ; la pièce a un commencement, un milieu, une fin ; et tout est disposé le plus parcimonieusement du monde en vue d'un dénouement qui sera heureux ou tragique. Mais, dans la vie, il se dit une foule de choses inutiles, il se fait une foule de gestes superflus, il n'y a guère de situations nettes ; rien ne se passe aussi simplement, ni aussi complètement, ni aussi joliment que nous le voudrions ; les scènes empiètent les unes sur les autres ; les choses ne commencent ni ne finissent ; il n'y a pas de dénouement entièrement satisfaisant, ni de geste absolument décisif, ni de ces mots qui portent et sur lesquels on reste : tous les effets sont gâtés. Telle est la vie humaine. Et telle est sans doute aussi, aux yeux de James, la réalité en général.

Certes, notre expérience n'est pas incohérente. En même temps qu'elle nous présente des choses et des faits, elle nous montre des parentés entre les choses et des rapports entre les faits : ces relations sont aussi réelles, aussi directement observables, selon William James, que les choses et les faits eux-mêmes. Mais les relations sont flottantes et les choses sont fluides. Il y a loin de là à cet univers sec, que les philosophes composent avec des éléments bien découpés, bien arrangés, et où chaque partie n'est plus seulement reliée à une autre partie, comme nous le dit l'expérience, mais encore, comme le voudrait notre raison, coordonnée au Tout.

Le « pluralisme » de William James ne signifie guère autre chose. L'Antiquité s'était représenté un monde clos, arrêté, fini : c'est une hypothèse, qui répond à certaines exigences de notre raison. Les modernes pensent plutôt à un infini : c'est une autre hypothèse, qui satisfait à d'autres besoins de notre raison. Du point de vue où James se place, et qui est celui de l'expérience pure ou de l'« empirisme radical », la réalité n'apparaît plus comme finie ni comme infinie, mais simplement comme indéfinie. Elle coule, sans que nous puissions dire si c'est dans une direction unique, ni même si c'est toujours et partout la même rivière qui coule.

Notre raison est moins satisfaite. Elle se sent moins à son aise dans un monde où elle ne retrouve plus, comme dans un miroir, sa propre image. Et, sans aucun doute, l'importance de la raison humaine est diminuée. Mais combien l'importance de l'homme lui-même, – de l'homme tout entier, volonté et sensibilité autant qu'intelligence –, va s'en trouver accrue !

L'univers que notre raison conçoit est, en effet, un univers qui dépasse infiniment l'expérience humaine, le propre de la raison étant de prolonger les données de l'expérience, de les étendre par voie de généralisation, enfin de nous faire concevoir bien plus de choses que nous n'en apercevrons jamais. Dans un pareil univers, l'homme est censé faire peu de chose et occuper peu de place : ce qu'il accorde à son intelligence, il le retire à sa volonté. Surtout, ayant attribué à sa pensée le pouvoir de tout embrasser, il est obligé de se représenter toutes choses en termes de pensée : à ses aspirations, à ses désirs, à ses enthousiasmes il ne peut demander d'éclaircissement sur un monde où tout ce qui lui est accessible a été considéré par lui, d'avance, comme traduisible en idées pures. Sa sensibilité ne saurait éclairer son intelligence, dont il a fait la lumière même.

La plupart des philosophies rétrécissent donc notre expérience du côté sentiment et volonté, en même temps qu'elles la prolongent indéfiniment du côté pensée[2]. Ce que James nous demande, c'est de ne pas trop ajouter à l'expérience par des vues hypothétiques, c'est aussi de ne pas la mutiler dans ce qu'elle a de solide. Nous ne sommes tout à fait assurés que de ce que l'expérience nous donne ; mais nous devons accepter l'expérience intégralement, et nos sentiments en font partie au même titre que nos perceptions, au même titre par conséquent que les « choses ». Aux yeux de William James, l'homme tout entier compte.

Il compte même pour beaucoup dans un monde qui ne l'écrase plus de son immensité. On s'est étonné de l'importance que James attribue, dans un de ses livres*, à la curieuse théorie de Fechner, qui fait de la Terre un être indépendant, doué d'une âme divine. C'est qu'il voyait là un moyen commode de symboliser – peut-être même d'exprimer – sa propre pensée. Les choses et les faits dont se compose notre expérience constituent pour nous un monde *humain***, relié sans doute à d'autres,

---

* *A Pluralistic Universe*, London, 1909. Traduit en français, dans la « Bibliothèque de Philosophie scientifique », sous le titre de *Philosophie de l'expérience*.

** Très ingénieusement, M. André CHAUMEIX a signalé des ressemblances entre la personnalité de James et celle de Socrate (*Revue des Deux Mondes*, 15 octobre 1910). Le souci de ramener l'homme à la considération des choses humaines a lui-même quelque chose de socratique.

mais si éloigné d'eux et si près de nous que nous devons le considérer, dans la pratique, comme suffisant à l'homme et se suffisant à lui-même. Avec ces choses et ces événements nous faisons corps, – nous, c'est-à-dire tout ce que nous avons conscience d'être, tout ce que nous éprouvons. Les sentiments puissants qui agitent l'âme à certains moments privilégiés sont des forces aussi réelles que celles dont s'occupe le physicien ; l'homme ne les crée pas plus qu'il ne crée de la chaleur ou de la lumière. Nous baignons, d'après James, dans une atmosphère que traversent de grands courants spirituels. Si beaucoup d'entre nous se raidissent, d'autres se laissent porter. Et il est des âmes qui s'ouvrent toutes grandes au souffle bienfaisant. Celles-là sont les âmes mystiques. On sait avec quelle sympathie James les a étudiées. Quand parut son livre sur l'*Expérience religieuse*, beaucoup n'y virent qu'une série de descriptions très vivantes et d'analyses très pénétrantes, – une psychologie, disaient-ils, du sentiment religieux. Combien c'était se méprendre sur la pensée de l'auteur ! La vérité est que James se penchait sur l'âme mystique comme nous nous penchons dehors, un jour de printemps, pour sentir la caresse de la brise, ou comme, au bord de la mer, nous surveillons les allées et venues des barques et le gonflement de leurs voiles pour savoir d'où souffle le vent. Les âmes que remplit l'enthousiasme religieux sont véritablement soulevées et transportées : comment ne nous feraient-elles pas prendre sur le vif, ainsi que dans une expérience scientifique, la force qui transporte et qui soulève ? Là est sans doute l'origine, là est l'idée inspiratrice du « pragmatisme » de William James. Celles des vérités qu'il nous importe le plus de connaître sont, pour lui, des vérités qui ont été senties et vécues avant d'être pensées *.

---

* Dans la belle étude qu'il a consacrée à William JAMES (*Revue de métaphysique et de morale*, novembre 1910), M. Émile Boutroux a fait ressortir le sens tout particulier du verbe anglais *to experience*, « qui veut dire, non constater froidement une chose qui se passe en dehors de nous, mais éprouver, sentir en soi, vivre soi-même telle ou telle manière d'être... ».

De tout temps on a dit qu'il y a des vérités qui relèvent du sentiment autant que de la raison ; et de tout temps aussi on a dit qu'à côté des vérités que nous trouvons faites il en est d'autres que nous aidons à se faire, qui dépendent en partie de notre volonté. Mais il faut remarquer que, chez James, cette idée prend une force et une signification nouvelles. Elle s'épanouit, grâce à la conception de la réalité qui est propre à ce philosophe, en une théorie générale de la vérité.

Qu'est-ce qu'un jugement vrai ? Nous appelons vraie l'affirmation qui concorde avec la réalité. Mais en quoi peut consister cette concordance ? Nous aimons à y voir quelque chose comme la ressemblance du portrait au modèle : l'affirmation vraie serait celle qui *copierait* la réalité. Réfléchissons-y cependant : nous verrons que c'est seulement dans des cas rares, exceptionnels, que cette définition du vrai trouve son application. Ce qui est réel, c'est tel ou tel fait déterminé s'accomplissant en tel ou tel point de l'espace et du temps, c'est du singulier, c'est du changeant. Au contraire, la plupart de nos affirmations sont générales et impliquent une certaine stabilité de leur objet. Prenons une vérité aussi voisine que possible de l'expérience, celle-ci par exemple : « la chaleur dilate les corps ». De quoi pourrait-elle bien être la copie ? Il est possible, en un certain sens, de copier la dilatation d'un corps déterminé à des moments déterminés, en la photographiant dans ses diverses phases. Même, par métaphore, je puis encore dire que l'affirmation « cette barre de fer se dilate » est la copie de ce qui se passe quand j'assiste à la dilatation de la barre de fer. Mais une vérité qui s'applique à tous les corps, sans concerner spécialement aucun de ceux que j'ai vus, ne copie rien, ne reproduit rien. Nous voulons cependant qu'elle copie quelque chose, et, de tout temps, la philosophie a cherché à nous donner satisfaction sur ce point. Pour les philosophes anciens, il y avait, au-dessus du temps et de l'espace, un monde où siégeaient, de toute éternité, toutes les vérités possibles : les affirmations humaines étaient, pour eux, d'autant plus vraies qu'elles copiaient plus fidèlement ces vérités éternelles. Les modernes ont fait descendre la vérité du ciel sur la terre ; mais ils y voient encore quelque chose qui préexisterait à nos affirmations. La vérité serait déposée dans les choses et dans les faits : notre science irait l'y chercher, la tirerait de sa cachette, l'amènerait au grand jour. Une affirmation telle que « la chaleur dilate les corps » serait une loi qui gouverne les faits, qui trône, sinon au-dessus d'eux, du moins au milieu d'eux, une loi véritablement contenue dans notre expérience et que nous nous bornerions à en extraire. Même une philosophie comme celle de Kant, qui veut que toute vérité scientifique soit relative à l'esprit humain, considère les affirmations vraies comme données par avance dans l'expérience humaine : une fois cette expérience organisée par la pensée humaine en général, tout le travail de la science consisterait à percer l'enveloppe résistante des faits à l'intérieur desquels la vérité est logée, comme une noix dans sa coquille.

Cette conception de la vérité est naturelle à notre esprit et naturelle aussi à la philosophie, parce qu'il est naturel de se représenter la réalité comme un tout parfaitement cohérent et systématisé, que soutient une armature logique. Cette armature serait la vérité même ; notre science ne ferait que la retrouver. Mais l'expérience pure et simple ne nous dit rien de semblable, et James s'en tient à l'expérience. L'expérience nous présente un flux de phénomènes : si telle ou telle affirmation relative à l'un d'eux nous permet de maîtriser ceux qui le suivront ou même simplement de les prévoir, nous disons de cette affirmation qu'elle est vraie. Une proposition telle que « la chaleur dilate les corps », proposition suggérée par la vue de la dilatation d'un certain corps, fait que nous prévoyons comment d'autres corps se comporteront en présence de la chaleur ; elle nous aide à passer d'une expérience ancienne à des expériences nouvelles ; c'est un fil conducteur, rien de plus. La réalité coule ; nous coulons avec elle ; et nous appelons vraie toute affirmation qui, en nous dirigeant à travers la réalité mouvante, nous donne prise sur elle et nous place dans de meilleures conditions pour agir.

On voit la différence entre cette conception de la vérité et la conception traditionnelle. Nous définissons d'ordinaire le vrai par sa conformité à ce qui existe déjà ; James le définit par sa relation à ce qui n'existe pas encore. Le vrai, selon William James, ne copie pas quelque chose qui a été ou qui est : il annonce ce qui sera, ou plutôt il prépare notre action sur ce qui va être. La philosophie a une tendance naturelle à vouloir que la vérité regarde en arrière : pour James elle regarde en avant.

Plus précisément, les autres doctrines font de la vérité quelque chose d'antérieur à l'acte bien déterminé de l'homme qui la formule pour la première fois. Il a été le premier à la voir, disons-nous, mais elle l'attendait, comme l'Amérique attendait Christophe Colomb. Quelque chose la cachait à tous les regards et, pour ainsi dire, la couvrait : il l'a découverte. – Tout autre est la conception de William James. Il ne nie pas que la réalité soit indépendante, en grande partie au moins, de ce que nous disons ou pensons d'elle ; mais la vérité, qui ne peut s'attacher qu'à ce que nous affirmons de la réalité, lui paraît être créée par notre affirmation. Nous inventons la vérité pour utiliser la réalité, comme nous créons des dispositifs mécaniques pour utiliser les forces de la nature. On pourrait, ce me semble, résumer tout l'essentiel de la conception pragmatiste de la vérité dans une formule telle que celle-ci : *tandis que pour les autres doctrines une vérité nouvelle est une découverte, pour le pragmatisme c'est une invention**.

---

* Je ne suis pas sûr que James ait employé le mot « invention », ni qu'il ait explicitement comparé la vérité théorique & un dispositif mécanique ; mais je crois que ce rapprochement est conforme à l'esprit de la doctrine, et qu'il peut nous aider à comprendre le pragmatisme.

Il ne suit pas de là que la vérité soit arbitraire. Une invention mécanique ne vaut que par son utilité pratique. De même une affirmation, pour être vraie, doit accroître notre empire sur les choses. Elle n'en est pas moins la création d'un certain esprit individuel, et elle ne préexistait pas plus à l'effort de cet esprit que le phonographe, par exemple, ne préexistait à Edison. Sans doute l'inventeur du phonographe a dû étudier les propriétés du son, qui est une réalité. Mais son invention s'est surajoutée à cette réalité comme une chose absolument nouvelle, qui ne se serait peut-être jamais produite s'il n'avait pas existé. Ainsi une vérité, pour être viable, doit avoir sa racine dans des réalités ; mais ces réalités ne sont que le terrain sur lequel cette vérité pousse, et d'autres fleurs auraient aussi bien poussé là si le vent y avait apporté d'autres graines.

La vérité, d'après le pragmatisme, s'est donc faite peu à peu, grâce aux apports individuels d'un grand nombre d'inventeurs. Si ces inventeurs n'avaient pas existé, s'il y en avait eu d'autres à leur place, nous aurions eu un corps de vérités tout différent. La réalité fût évidemment restée ce qu'elle est, ou à peu près ; mais autres eussent été les routes que nous y aurions tracées pour la commodité de notre circulation. Et il ne s'agit pas seulement ici des vérités scientifiques. Nous ne pouvons construire une phrase, nous ne pouvons même plus aujourd'hui prononcer un mot, sans accepter certaines hypothèses qui ont été créées par nos ancêtres et qui auraient pu être très différentes de ce qu'elles sont. Quand je dis : « mon crayon vient de tomber sous la table », je n'énonce certes pas un fait d'expérience, car ce que la vue et le toucher me montrent, c'est simplement que ma main s'est ouverte et qu'elle a laissé échapper ce qu'elle tenait : le bébé attaché à sa chaise, qui voit tomber l'objet avec lequel il joue, ne se figure probablement pas que cet objet continue d'exister ; ou plutôt il n'a pas l'idée nette d'un « objet », c'est-à-dire de quelque chose qui subsiste, invariable et indépendant, à travers la diversité et la mobilité des apparences qui passent. Le premier qui s'avisa de croire à cette invariabilité et à cette indépendance fit une hypothèse : c'est cette hypothèse que nous adoptons couramment toutes les fois que nous employons un substantif, toutes les fois que nous parlons. Notre grammaire aurait été autre, autres eussent été les articulations de notre pensée, si l'humanité, au cours de son évolution, avait préféré adopter des hypothèses d'un autre genre.

La structure de notre esprit est donc en grande partie notre œuvre, ou tout au moins l'œuvre de quelques-uns d'entre nous. Là est, ce me semble, la thèse la plus importante du pragmatisme, encore qu'elle n'ait pas été explicitement dégagée. C'est par là que le pragmatisme continue le kantisme. Kant avait dit que la vérité dépend de la structure générale de l'esprit humain. Le pragmatisme ajoute, ou tout au moins implique, que la structure de l'esprit humain est l'effet de la libre initiative d'un certain nombre d'esprits individuels.

Cela ne veut pas dire, encore une fois, que la vérité dépende de chacun de nous : autant vaudrait croire que chacun de nous pouvait inventer le phonographe. Mais cela veut dire que, des diverses espèces de vérité, celle qui est le plus près de coïncider avec son objet n'est pas la vérité scientifique, ni la vérité de sens commun, ni, plus généralement, la vérité d'ordre intellectuel. Toute vérité est une route tracée à travers la réalité ; mais, parmi ces routes, il en est auxquelles nous aurions pu donner une direction très différente si notre attention s'était orientée dans un sens différent ou si nous avions visé un autre genre d'utilité ; il en est, au contraire, dont la direction est marquée par la réalité même : il en est qui correspondent, si l'on peut dire, à des courants de réalité. Sans doute celles-ci dépendent encore de nous dans une certaine mesure, car nous sommes libres de résister au courant ou de le suivre, et, même si nous le suivons, nous pouvons l'infléchir diversement, étant associés en même temps que soumis à la force qui s'y manifeste. Il n'en est pas moins vrai que ces courants ne sont pas créés par nous ; ils font partie intégrante de la réalité. Le pragmatisme aboutit ainsi à intervertir l'ordre dans lequel nous avons coutume de placer les diverses espèces de vérité. En dehors des vérités qui traduisent des sensations brutes, ce seraient les vérités de sentiment qui pousseraient dans la réalité les racines les plus profondes. Si nous convenons de dire que toute vérité est une invention, il faudra, je crois, pour rester fidèle à la pensée de William James, établir entre les vérités de sentiment et les vérités scientifiques le même genre de différence qu'entre le bateau à voiles, par exemple, et le bateau à vapeur : l'un et l'autre sont des inventions humaines ; mais le premier ne fait à l'artifice qu'une part légère, il prend la direction du vent et rend sensible aux yeux la force naturelle qu'il utilise ; dans le second, au contraire, c'est le mécanisme artificiel qui tient la plus grande place ; il recouvre la force qu'il met en jeu et lui assigne une direction que nous avons choisie nous-mêmes [3].

La définition que James donne de la vérité fait donc corps avec sa conception de la réalité. Si la réalité n'est pas cet univers économique et systématique que notre logique aime à se représenter, si elle n'est pas soutenue par une armature d'intellectualité, la vérité d'ordre intellectuel est une invention humaine qui a pour effet d'utiliser la réalité plutôt que de nous introduire en elle. Et si la réalité ne forme pas un ensemble, si elle est multiple et mobile, faite de courants qui s'entrecroisent, la vérité qui naît d'une prise de contact avec quelqu'un de ces courants, – vérité sentie avant d'être conçue, – est plus capable que la vérité simplement pensée de saisir et d'emmagasiner la réalité même.

C'est donc enfin à cette théorie de la réalité que devrait s'attaquer d'abord une critique du pragmatisme. On pourra élever des objections contre elle, – et nous ferions nous-mêmes, en ce qui la concerne, certaines réserves : personne n'en contestera la profondeur et l'originalité. Personne non plus, après avoir examiné de près la conception de la vérité qui s'y rattache, n'en méconnaîtra l'élévation morale. On a dit que le pragmatisme de James n'était qu'une forme du scepticisme, qu'il rabaissait la vérité, qu'il la subordonnait à l'utilité matérielle, qu'il déconseillait, qu'il décourageait la recherche scientifique désintéressée. Une telle interprétation ne viendra jamais à l'esprit de ceux qui liront attentivement l'œuvre. Et elle surprendra profondément ceux qui ont eu le bonheur de connaître l'homme. Nul n'aima la vérité d'un plus ardent amour. Nul ne la chercha avec plus de passion. Une immense inquiétude le soulevait ; et, de science en science, de l'anatomie et de la physiologie à la psychologie, de la psychologie à la philosophie, il allait, tendu sur les grands problèmes, insoucieux du reste, oublieux de lui-même. Toute sa vie il observa, il expérimenta, il médita. Et comme s'il n'eût pas assez fait, il rêvait encore, en s'endormant de son dernier sommeil, il rêvait d'expériences extraordinaires et d'efforts plus qu'humains par lesquels il pût continuer, jusque par-delà la mort, à travailler avec nous pour le plus grand bien de la science, pour la plus grande gloire de la vérité.

IX

LA VIE ET L'ŒUVRE DE RAVAISSON *

Jean-Gaspard-Félix Laché Ravaisson est né le 23 octobre 1813 à Namur, alors ville française, chef-lieu du département de Sambre-et-Meuse. Son père, trésorier-payeur dans cette ville, était originaire du Midi ; Ravaisson est le nom d'une petite terre située aux environs de Caylus, non loin de Montauban. L'enfant avait un an à peine quand les événements de 1814 forcèrent sa famille à quitter Namur. Peu de temps après, il perdait son père. Sa première éducation fut surveillée par sa mère, et aussi par son oncle maternel, Gaspard-Théodore Mollien, dont il prit plus tard le nom. Dans une lettre datée de 1821, Mollien écrit de son petit neveu, alors âgé de huit ans : « Félix est un Mathématicien complet, un antiquaire, un historien, tout enfin **. » Déjà se révélait chez

---

* Cette notice sur la vie et les œuvres de M. Félix Ravaisson-Mollien a paru dans les *Comptes rendus de l'Académie des Sciences morales et politiques*, 1904, t. 1, p. 686, après avoir été lue à cette Académie par l'auteur, qui succédait à Ravaisson. Elle a été rééditée comme introduction à Félix Ravaisson, *Testament et fragments*, volume publié en 1932 par Ch. DEVIVAISE. M. Jacques Chevalier, membre du Comité de publication de la collection où paraissait le volume, avait fait précéder la notice de ces mots : *L'auteur avait songé d'abord à y apporter quelques retouches. Puis il s'est décidé à rééditer ces pages telles qu'elles, bien qu'elles soient encore exposées, nous dit-il, au reproche qu'on lui fit alors d'avoir quelque peu « bergsonifié » Ravaisson. Mais c'était peut-être,* ajoute M. Bergson, *la seule manière de clarifier le sujet, en le prolongeant.*

** Nous empruntons ce détail, avec plusieurs autres, à la très intéressante notice que M. Louis Léger a lue à l'Académie des Inscriptions et Belles-Lettres, le 14 juin 1901.

Nous devons divers renseignements biographiques à l'obligeance des deux fils de M. Ravaisson : M. Louis Ravaisson-Mollien, bibliothécaire

l'enfant une qualité intellectuelle à laquelle devaient s'en joindre beaucoup d'autres, la facilité.

Il fit ses études au collège Rollin. Nous aurions voulu l'y suivre de classe en classe, mais les archives du Collège n'ont rien conservé de cette période. Les palmarès nous apprennent toutefois que le jeune Ravaisson entra en 1825 dans la classe de sixième, qu'il quitta le collège en 1832, et qu'il fut, d'un bout à l'autre de ses études, un élève brillant. Il remporta plusieurs prix au concours général, notamment, en 1832, le prix d'honneur de philosophie. Son professeur de philosophie fut M. Poret, un maître distingué, disciple des philosophes écossais dont il traduisit certains ouvrages, fort apprécié de M. Cousin, qui le prit pour suppléant à la Sorbonne. M. Ravaisson resta toujours attaché à son ancien maître. Nous avons pu lire, pieusement conservées dans la famille de M. Poret, quelques-unes des dissertations que l'élève Ravaisson composa dans la classe de philosophie* ; nous avons eu communication, à la Sorbonne, de la dissertation sur « la méthode en philosophie » qui obtint le prix d'honneur en 1832. Ce sont les travaux d'un écolier docile et intelligent, qui a suivi un cours bien fait. Ceux qui y chercheraient la marque propre de M. Ravaisson et les premiers indices d'une vocation philosophique naissante éprouveraient quelque désappointement. Tout nous porte à supposer que le jeune Ravaisson sortit du collège sans préférence arrêtée pour la philosophie, sans avoir aperçu clairement où était sa voie. Ce fut votre Académie qui la lui montra.

L'ordonnance royale du 26 octobre 1832 venait de rétablir l'Académie des Sciences morales et politiques. Sur la proposition de M. Cousin, l'Académie avait mis

---

à la bibliothèque Mazarine, et M. Charles Ravaisson-Mollien, conservateur adjoint au musée du Louvre.

* Nous devons cette communication, ainsi que plusieurs détails biographiques intéressants, aux deux petits-fils de M. Poret, eux aussi professeurs distingués de l'Université, MM. Henri et Marcel Bernès.

au concours l'étude de la *Métaphysique* d'Aristote. « Les concurrents, disait le programme, devront faire connaître cet ouvrage par une analyse étendue et en déterminer le plan, – en faire l'histoire, en signaler l'influence sur les systèmes ultérieurs –, rechercher et discuter la part d'erreur et la part de vérité qui s'y trouvent, quelles sont les idées qui en subsistent encore aujourd'hui et celles qui pourraient entrer utilement dans la philosophie de notre siècle. » C'est probablement sur le conseil de son ancien professeur de philosophie que M. Ravaisson se décida à concourir. On sait comment ce concours, le premier qui ait été ouvert par l'Académie reconstituée, donna les résultats les plus brillants, comment neuf mémoires furent présentés dont la plupart avaient quelque mérite et dont trois furent jugés supérieurs, comment l'Académie décerna le prix à M. Ravaisson et demanda au ministre de faire les fonds d'un prix supplémentaire pour le philosophe Michelet de Berlin, comment M. Ravaisson refondit son mémoire, l'étendit, l'élargit, l'approfondit, en fit un livre admirable. De l'*Essai sur la métaphysique d'Aristote* le premier volume parut dès 1837, le second ne fut publié que neuf ans plus tard. Deux autres volumes étaient annoncés, qui ne vinrent jamais ; mais, tel que nous l'avons, l'ouvrage est un exposé complet de la métaphysique d'Aristote et de l'influence qu'elle exerça sur la philosophie grecque.

Aristote, génie systématique entre tous, n'a point édifié un système. Il procède par analyse de concepts plutôt que par synthèse. Sa méthode consiste à prendre les idées emmagasinées dans le langage, à les redresser ou à les renouveler, à les circonscrire dans une définition, à en découper l'extension et la compréhension selon leurs articulations naturelles, à en pousser aussi loin que possible le développement. Encore est-il rare qu'il effectue ce développement tout d'un coup : il reviendra à plusieurs reprises, dans des traités différents, sur le même sujet, suivant à nouveau le même chemin, avançant toujours un peu plus loin. Quels sont les éléments impliqués dans la pensée ou dans l'existence ? Qu'est-ce que la matière, la forme, la causalité, le temps, le lieu, le mouvement ? Sur tous ces points, et sur cent autres encore, il a fouillé le sol ; de chacun d'eux il a fait partir une galerie souterraine qu'il a poussée en avant, comme l'ingénieur qui creuserait un tunnel immense en l'attaquant simultanément sur un grand nombre de points. Et, certes, nous sentons bien que les mesures ont été prises et les calculs effectués pour que tout se rejoignît ; mais la jonction n'est pas toujours faite, et souvent, entre des points qui nous paraissaient près de se toucher, alors que nous nous flattions de n'avoir à retirer que quelques pelletées de sable, nous rencontrons le tuf et le roc. M. Ravaisson ne s'arrêta devant aucun obstacle. La métaphysique qu'il nous expose à la fin de son premier volume, c'est la doctrine d'Aristote unifiée et réorganisée. Il nous l'expose dans une langue qu'il a créée pour elle, où la fluidité des images laisse transparaître l'idée nue, où les abstractions s'animent et vivent comme elles vécurent dans la pensée d'Aristote. On a pu contester l'exactitude matérielle de certaines de ses traductions ; on a élevé des doutes sur quelques-unes de ses interprétations ; surtout, on s'est demandé si le rôle de l'historien était bien de pousser l'unification d'une doctrine plus loin que ne l'a voulu faire le maître, et si, à réajuster si bien les pièces et à en serrer si fort l'engrenage, on ne risque pas de déformer quelques-unes d'entre elles. Il n'en est pas moins vrai que notre esprit réclame cette unification, que l'entreprise devait être tentée, et que nul, après M. Ravaisson, n'a osé la renouveler.

Le second volume de l'*Essai* est plus hardi encore. Dans la comparaison qu'il institue entre la doctrine d'Aristote et la pensée grecque en général, c'est l'âme[1] même de l'aristotélisme que M. Ravaisson cherche à dégager.

La philosophie grecque, dit-il, expliqua d'abord toutes choses par un élément matériel, l'eau, l'air, le feu, ou quelque matière indéfinie[2]. Dominée par la sensation, comme l'est au début l'intelligence humaine, elle ne connut pas d'autre intuition que l'intuition sensible, pas d'autre aspect des choses que leur matérialité. Vinrent alors les pythagoriciens et les platoniciens, qui montrèrent l'insuffisance des explications par la seule matière, et prirent pour principes les Nombres et les Idées [3]. Mais le progrès fut plus apparent que réel. Avec les nombres pythagoriciens, avec les idées platoniciennes, on est dans l'abstraction, et si savante que soit la manipulation à laquelle on soumet ces éléments, on reste dans l'abstrait. L'intelligence, émerveillée de la simplification qu'elle apporte à l'étude des choses en les groupant sous des idées générales, s'imagine sans doute pénétrer par elles jusqu'à la substance même dont les choses sont faites. À mesure qu'elle va plus loin dans la série des généralités, elle croit s'élever davantage dans l'échelle des réalités. Mais ce qu'elle prend pour une spiritualité plus haute n'est que la raréfaction croissante de l'air qu'elle respire. Elle ne voit pas que, plus une idée est générale, plus elle est abstraite et vide, et que d'abstraction en abstraction, de généralité en généralité, on s'achemine au pur néant. Autant eût valu s'en tenir aux données des sens, qui ne nous livraient sans doute qu'une partie de la réalité, mais qui nous laissaient du moins sur le terrain solide du réel. Il y aurait un tout autre parti à prendre. Ce serait de prolonger la vision de l'œil par une vision de l'esprit. Ce serait, sans quitter le domaine de l'intuition, c'est-à-dire des choses réelles, individuelles, concrètes, de chercher sous l'intuition sensible une intuition intellectuelle. Ce serait, par un puissant effort de vision mentale, de percer l'enveloppe matérielle des choses et d'aller lire la formule, invisible à l'œil, que déroule et manifeste leur matérialité. Alors apparaîtrait l'unité qui relie les êtres les uns aux autres, l'unité d'une pensée que nous voyons, de la matière brute à la plante, de la plante à l'animal, de l'animal à l'homme, se ramasser sur sa propre substance, jusqu'à ce que, de concentration en concentration, nous aboutissions à la pensée divine, qui pense toutes choses en se pensant elle-même. Telle fut la doctrine d'Aristote. Telle est la discipline intellectuelle dont il apporta la règle et l'exemple. En ce sens, Aristote est le fondateur de la métaphysique et l'initiateur d'une certaine méthode de penser qui est la philosophie même.

Grande et importante idée ! Sans doute on pourra contester, du point de vue historique, quelques-uns des développements que l'auteur lui donne. Peut-être M. Ravaisson regarde-t-il parfois Aristote à travers les Alexandrins[4], d'ailleurs si fortement teintés d'aristotélisme. Peut-être aussi a-t-il poussé un peu loin, au point de la convertir en une opposition radicale, la différence souvent légère et superficielle, pour ne pas dire verbale, qui sépare Aristote de Platon[5]. Mais si M. Ravaisson avait donné pleine satisfaction sur ces points aux historiens de la philosophie, nous y aurions perdu, sans doute, ce qu'il y a de plus original et de plus profond dans sa doctrine. Car l'opposition qu'il établit ici entre Platon et Aristote, c'est la distinction qu'il ne cessa de faire, pendant toute sa vie, entre la méthode philosophique qu'il tient pour définitive et celle qui n'en est, selon lui, que la contrefaçon. L'idée qu'il met au fond de l'aristotélisme est celle même qui a inspiré la plupart de ses méditations. À travers son œuvre entière résonne cette affirmation qu'au lieu de diluer sa pensée dans le général, le philosophe doit la concentrer sur l'individuel.

Soient, par exemple, toutes les nuances de l'arc-en-ciel, celles du violet et du bleu, celles du vert, du jaune et du rouge. Nous ne croyons pas trahir l'idée maîtresse de M. Ravaisson en disant qu'il y aurait deux manières de déterminer ce qu'elles ont de commun et par conséquent de philosopher sur elles. La première consisterait simplement à dire que ce sont des couleurs. L'idée abstraite et générale de couleur devient ainsi l'unité à laquelle la diversité des nuances se ramène. Mais cette idée générale de couleur, nous ne l'obtenons qu'en effaçant du rouge ce qui en fait du rouge, du bleu ce qui en fait du bleu, du vert ce qui en fait du vert ; nous ne pouvons la définir qu'en disant qu'elle ne représente ni du rouge, ni du bleu, ni du vert ; c'est une affirmation faite de négations, une forme circonscrivant du vide. Là s'en tient le philosophe qui reste dans l'abstrait. Par voie de généralisation croissante il croit s'acheminer à l'unification des choses : c'est qu'il procède par extinction graduelle de la lumière qui faisait ressortir les différences entre les teintes, et qu'il finit par les confondre ensemble dans une obscurité commune. Tout autre est la méthode d'unification vraie. Elle consisterait ici à prendre les mille nuances du bleu, du violet, du vert, du jaune, du rouge, et, en leur faisant traverser une lentille convergente, à les amener sur un même point. Alors apparaîtrait dans tout son éclat la pure lumière blanche, celle qui, aperçue ici-bas dans les nuances qui la dispersent, renfermait là-haut, dans son unité indivisée, la diversité indéfinie des rayons multicolores. Alors se révélerait aussi, jusque dans chaque nuance prise isolément, ce que l'œil n'y remarquait pas d'abord, la lumière blanche dont elle participe, l'éclairage commun d'où elle tire sa coloration propre. Tel est sans doute, d'après M. Ravaisson, le genre de vision que nous devons demander à la métaphysique. De la contemplation d'un marbre antique pourra jaillir, aux yeux du vrai philosophe, plus de vérité concentrée qu'il ne s'en trouve, à l'état diffus, dans tout un traité de philosophie. L'objet de la métaphysique est de ressaisir dans les existences individuelles, et de suivre jusqu'à la source d'où il émane, le rayon particulier qui, conférant à chacune d'elles sa nuance propre, la rattache par là à la lumière universelle [6].

Comment, à quel moment, sous quelles influences s'est formée dans l'esprit de M. Ravaisson la philosophie dont nous avons ici les premiers linéaments ? Nous n'en avons pas trouvé trace dans le mémoire que votre Académie couronna et dont le manuscrit est déposé à vos archives. Entre ce mémoire manuscrit et l'ouvrage publié il y a d'ailleurs un tel écart, une si singulière différence de fond et de forme, qu'on les croirait à peine du même auteur.

Dans le manuscrit, la *Métaphysique* d'Aristote est simplement analysée livre par livre ; il n'est pas question de reconstruire le système. Dans l'ouvrage publié, l'ancienne analyse, d'ailleurs remaniée, ne paraît avoir été conservée que pour servir de substruction à l'édifice cette fois reconstitué de la philosophie aristotélicienne. Dans le manuscrit, Aristote et Platon sont à peu près sur la même ligne. L'auteur estime qu'il faut faire à Platon sa part, à Aristote la sienne, et les fondre tous deux dans une philosophie qui les dépasse l'un et l'autre. Dans l'ouvrage publié, Aristote est nettement opposé à Platon, et sa doctrine nous est présentée comme la source où doit s'alimenter toute philosophie. Enfin, la forme du manuscrit est correcte, mais impersonnelle, au lieu que le livre nous parle déjà une langue originale, mélange d'images aux couleurs très vives et d'abstractions aux contours très nets, la langue d'un philosophe qui sut à la fois peindre et sculpter. Certes, le mémoire de 1835 méritait l'éloge que M. Cousin en fit dans son rapport et le prix que l'Académie lui décerna. Personne ne contestera que ce soit un travail fort bien fait. Mais ce n'est que du travail bien fait. L'auteur est resté extérieur à l'œuvre. Il étudie, analyse et commente Aristote avec sagacité : il ne lui réinsuffle pas la vie, sans doute parce qu'il n'a pas encore lui-même une vie intérieure assez intense. C'est de 1835 à 1837, dans les deux années qui s'écoulèrent entre la rédaction du mémoire et celle du premier volume, c'est surtout de 1837 à 1846, entre la publication du premier volume et celle du second, que M. Ravaisson prit conscience de ce qu'il était, et, pour ainsi dire, se révéla à lui-même.

Nombreuses furent sans doute les excitations extérieures qui contribuèrent ici au développement des énergies latentes et à l'éveil de la personnalité. Il ne faut pas oublier que la période qui va de 1830 à 1848 fut une période de vie intellectuelle intense. La Sorbonne vibrait encore de la parole des Guizot, des Cousin, des Villemain, des Geoffroy Saint-Hilaire ; Quinet et Michelet enseignaient au Collège de France. M. Ravaisson connut la plupart d'entre eux, surtout le dernier, auquel il servit pendant quelque temps de secrétaire. Dans une lettre inédite de Michelet à Jules Quicherat * se trouve cette phrase : « Je n'ai connu en France que quatre esprits critiques (peu de gens savent tout ce que contient ce mot) : Letronne, Burnouf, Ravaisson, et vous. » M. Ravaisson se trouva donc en relation avec des maîtres illustres, à un moment où le haut enseignement brillait d'un vif éclat. Il faut ajouter que cette même époque vit s'opérer un rapprochement entre hommes politiques, artistes, lettrés, savants, tous ceux enfin qui auraient pu constituer, dans une société à tendance déjà démocratique, une aristocratie de l'intelligence. Quelques salons privilégiés étaient le rendez-vous de cette élite. M. Ravaisson aimait le monde. Tout jeune, peu connu encore, il voyait, grâce à sa parenté avec l'ancien ministre Mollien, s'ouvrir devant lui bien des portes. Nous savons qu'il fréquenta chez la princesse Belgiojoso, où il dut rencontrer Mignet, Thiers, et surtout Alfred de Musset ; chez Mme Récamier, déjà âgée alors, mais gracieuse toujours, et groupant autour d'elle des hommes tels que Villemain, Ampère, Balzac, Lamartine : c'est dans le salon de Mme Récamier, sans doute, qu'il fit la connaissance de Chateaubriand. Un contact fréquent avec tant d'hommes supérieurs devait agir sur l'intelligence comme un stimulant.

Il faudrait tenir compte aussi d'un séjour de quelques semaines que M. Ravaisson fit en Allemagne, à Munich, auprès de Schelling. On trouve dans l'œuvre de M. Ravaisson plus d'une page qui pourrait se comparer, pour la direction de la pensée comme pour l'allure du style, à ce qui a été écrit de meilleur par le philosophe allemand. Encore ne faudrait-il pas exagérer l'influence de Schelling. Peut-être y eut-il moins influence qu'affinité naturelle, communauté d'inspiration et, si l'on peut

---

* Citée par M. Louis Leger.

parler ainsi, accord préétabli entre deux esprits qui planaient haut l'un et l'autre et se rencontraient sur certains sommets. D'ailleurs, la conversation fut assez difficile entre les deux philosophes, l'un connaissant mal le français et l'autre ne parlant guère davantage l'allemand.

Voyages, conversations, relations mondaines, tout cela dut éveiller la curiosité de M. Ravaisson et exciter aussi son esprit à se produire plus complètement au-dehors. Mais les causes qui l'amenèrent à se concentrer sur lui-même furent plus profondes.

En première ligne il faut placer un contact prolongé avec la philosophie d'Aristote. Déjà le mémoire couronné témoignait d'une étude serrée et pénétrante des textes. Mais, dans l'ouvrage publié, nous trouvons plus que la connaissance du texte, plus encore que l'intelligence de la doctrine : une adhésion du cœur en même temps que de l'esprit, quelque chose comme une imprégnation de l'âme entière. Il arrive que des hommes supérieurs se découvrent de mieux en mieux eux-mêmes à mesure qu'ils pénètrent plus avant dans l'intimité d'un maître préféré. Comme les grains éparpillés de la limaille de fer, sous l'influence du barreau aimanté, s'orientent vers les pôles et se disposent en courbes harmonieuses, ainsi, à l'appel du génie qu'elle aime, les virtualités qui sommeillaient çà et là dans une âme s'éveillent, se rejoignent, se concertent en vue d'une action commune. Or, c'est par cette concentration de toutes les puissances de l'esprit et du cœur sur un point unique que se constitue une personnalité.

Mais, à côté d'Aristote, une autre influence n'a cessé de s'exercer sur M. Ravaisson, l'accompagnant à travers la vie comme un démon familier.

Dès son enfance, M. Ravaisson avait manifesté des dispositions pour les arts en général, pour la peinture en particulier. Sa mère, artiste de talent, rêvait peut-être de faire de lui un artiste. Elle le mit entre les mains du peintre Broc, peut-être aussi du dessinateur Chassériau, qui fréquentait la maison. L'un et l'autre étaient des élèves de David. Si M. Ravaisson n'entendit pas la grande voix du maître, du moins put-il en recueillir l'écho. Ce ne fut pas par simple amusement qu'il apprit à peindre. À plusieurs reprises il exposa au Salon, sous le nom de Laché, des portraits qui furent remarqués. Il dessinait surtout, et ses dessins étaient d'une grâce exquise. Ingres lui disait : « Vous avez le charme. » À quel moment se manifesta sa prédilection pour la peinture italienne ? De bonne heure sans doute, car dès l'âge de seize ou dix-sept ans il exécutait des copies du Titien. Mais il ne paraît pas douteux que de la période comprise entre 1835 et 1845 date l'étude plus approfondie qu'il fit de l'art italien de la Renaissance. Et c'est à la même période qu'il faut faire remonter l'influence que prit et garda sur lui le maître qui ne cessa jamais d'être à ses yeux la personnification même de l'art, Léonard de Vinci.

Il y a, dans le *Traité de peinture* de Léonard de Vinci, une page que M. Ravaisson aimait à citer. C'est celle où il est dit que l'être vivant se caractérise par la ligne onduleuse ou serpentine, que chaque être a sa manière propre de serpenter, et que l'objet de l'art est de rendre ce serpentement individuel. « Le secret de l'art de dessiner est de découvrir dans chaque objet la manière particulière dont se dirige à travers toute son étendue, telle qu'une vague centrale qui se déploie en vagues superficielles, une certaine ligne flexueuse qui est comme son axe générateur*. » Cette ligne [7] peut d'ailleurs n'être aucune des lignes visibles de la figure. Elle n'est pas plus ici que là, mais elle donne la clef de tout. Elle est moins perçue par l'œil que pensée par l'esprit. « La peinture, disait Léonard de Vinci, est chose mentale. » Et il ajoutait que c'est l'âme qui a fait le corps à son image. L'œuvre entière du maître pourrait servir de commentaire à ce mot. Arrêtons-nous devant le portrait de Monna Lisa ou même devant celui de Lucrezia Crivelli : ne nous semble-t-il pas que les lignes visibles de la figure remontent vers un

---

* RAVAISSON, article « Dessin » du *Dictionnaire pédagogique*.

centre virtuel, situé derrière la toile, où se découvrirait tout d'un coup, ramassé en un seul mot, le secret que nous n'aurons jamais fini de lire phrase par phrase dans l'énigmatique physionomie ? C'est là que le peintre s'est placé. C'est en développant une vision mentale simple, concentrée en ce point, qu'il a retrouvé, trait pour trait, le modèle qu'il avait sous les yeux, reproduisant à sa manière l'effort générateur de la nature.

L'art du peintre ne consiste donc pas, pour Léonard de Vinci, à prendre par le menu chacun des traits du modèle pour les reporter sur la toile et en reproduire, portion par portion, la matérialité. Il ne consiste pas non plus à figurer je ne sais quel type impersonnel et abstrait, où le modèle qu'on voit et qu'on touche vient se dissoudre en une vague idéalité. L'art vrai vise à rendre l'individualité du modèle, et pour cela il va chercher derrière les lignes qu'on voit le mouvement que l'œil ne voit pas, derrière le mouvement lui-même quelque chose de plus secret encore, l'intention originelle, l'aspiration fondamentale de la personne, pensée simple qui équivaut à la richesse indéfinie des formes et des couleurs.

Comment ne pas être frappé de la ressemblance entre cette esthétique de Léonard de Vinci et la métaphysique d'Aristote telle que M. Ravaisson l'interprète ? Quand M. Ravaisson oppose Aristote aux physiciens, qui ne virent des choses que leur mécanisme matériel, et aux platoniciens, qui absorbèrent toute réalité dans des types généraux, quand il nous montre dans Aristote le maître qui chercha au fond des êtres individuels, par une intuition de l'esprit, la pensée caractéristique qui les anime, ne fait-il pas de l'aristotélisme la philosophie même de cet art que Léonard de Vinci conçoit et pratique, art qui ne souligne pas les contours matériels du modèle, qui ne les estompe pas davantage au profit d'un idéal abstrait, mais les concentre simplement autour de la pensée latente et de l'âme génératrice ? Toute la philosophie de M. Ravaisson dérive de cette idée que l'art est une métaphysique figurée, que la métaphysique est une réflexion sur l'art, et que c'est la même intuition, diversement utilisée, qui fait le philosophe profond et le grand artiste. M. Ravaisson prit possession de lui-même, il devint maître de sa pensée et de sa plume le jour où cette identité se révéla clairement à son esprit. L'identification se fit au moment où se rejoignirent en lui les deux courants distincts qui le portaient vers la philosophie et vers l'art. Et la jonction s'opéra quand lui parurent se pénétrer réciproquement et s'animer d'une vie commune les deux génies qui représentaient à ses yeux la philosophie dans ce qu'elle a de plus profond et l'art dans ce qu'il a de plus élevé, Aristote et Léonard de Vinci.

La thèse de doctorat que M. Ravaisson soutint vers cette époque (1838) est une première application de la méthode. Elle porte un titre modeste : *De l'habitude*. Mais c'est toute une philosophie de la nature que l'auteur y expose. Qu'est-ce que la nature ? Comment s'en représenter l'intérieur ? Que cache-t-elle sous la succession régulière des causes et des effets ? Cache-t-elle même quelque chose, ou ne se réduirait-elle pas, en somme, à un déploiement tout superficiel de mouvements qui s'engrènent mécaniquement les uns dans les autres ? Conformément à son principe, M. Ravaisson demande la solution de ce problème très général à une intuition très concrète, celle que nous avons de notre propre manière d'être quand nous contractons une habitude. Car l'habitude motrice, une fois prise, est un mécanisme, une série de mouvements qui se déterminent les uns les autres : elle est cette partie de nous qui est insérée dans la nature et qui coïncide avec la nature ; elle est la nature même. Or, notre expérience intérieure nous montre dans l'habitude une activité qui a passé, par degrés insensibles, de la conscience à l'inconscience et de la volonté à l'automatisme. N'est-ce pas alors sous cette forme, comme une conscience obscurcie et une volonté endormie, que nous devons nous représenter la nature ? L'habitude nous donne ainsi la vivante démonstration de cette vérité que le mécanisme ne se suffit pas à lui-même : il ne serait, pour ainsi dire, que le résidu fossilisé d'une activité spirituelle [8].

Ces idées, comme beaucoup de celles que nous devons à M. Ravaisson, sont devenues classiques. Elles ont si bien pénétré dans notre philosophie, toute une génération s'en est à tel point imprégnée, que nous avons quelque peine, aujourd'hui, à en reconstituer l'originalité. Elles frappèrent les contemporains. La thèse sur l'*Habitude*, comme d'ailleurs l'*Essai sur la métaphysique d'Aristote*, eut un retentissement de plus en plus profond dans le monde philosophique. L'auteur, tout jeune encore, était déjà un maître. Il paraissait désigné pour une chaire dans le haut enseignement, soit à la Sorbonne, soit au Collège de France, où il désira, où il faillit avoir la suppléance de Jouffroy. Sa carrière y était toute tracée. Il eût développé en termes précis, sur des points déterminés, les principes encore un peu flottants de sa philosophie. L'obligation d'exposer ses doctrines oralement, de les éprouver sur des problèmes variés, d'en faire des applications concrètes aux questions que posent la science et la vie, l'eût amené à descendre parfois des hauteurs où il aimait à se tenir. Autour de lui se fût empressée l'élite de notre jeunesse, toujours prête à s'enflammer pour de nobles idées exprimées dans un beau langage. Bientôt, sans doute, votre Académie lui eût ouvert ses portes. Une école se serait constituée, que ses origines aristotéliciennes n'auraient pas empêchée d'être très moderne, pas plus que ses sympathies pour l'art ne l'eussent éloignée de la science positive. Mais le sort en décida autrement. M. Ravaisson n'entra à l'Académie des Sciences morales que quarante ans plus tard, et il ne s'assit jamais dans une chaire de philosophie.

C'était en effet le temps où M. Cousin, du haut de son siège au Conseil royal, exerçait sur l'enseignement de la philosophie une autorité incontestée. Certes, il avait été le premier à encourager les débuts de M. Ravaisson. Avec son coup d'œil habituel, il avait vu ce que le mémoire présenté à l'Académie contenait de promesses. Plein d'estime pour le jeune philosophe, il l'admit pendant quelque temps à ces causeries philosophiques qui commençaient par de longues promenades au Luxembourg et qui s'achevaient, le soir, par un dîner dans un restaurant du voisinage, – éclectisme aimable qui prolongeait la discussion péripatéticienne en banquet platonicien. D'ailleurs, à regarder du dehors, tout semblait devoir rapprocher M. Ravaisson de M. Cousin. Les deux philosophes n'avaient-ils pas le même amour de la philosophie antique, la même aversion pour le sensualisme du XVIIIe siècle, le même respect pour la tradition des grands maîtres, le même souci de rajeunir cette philosophie traditionnelle, la même confiance dans l'observation intérieure, les mêmes vues générales sur la parenté du vrai et du beau, de la philosophie et de l'art ? Oui sans doute, mais ce qui fait l'accord de deux esprits, c'est moins la similitude des opinions qu'une certaine affinité de tempérament intellectuel.

Chez M. Cousin, la pensée était tendue tout entière vers la parole, et la parole vers l'action. Il avait besoin de dominer, de conquérir, d'organiser. De sa philosophie il disait volontiers « mon drapeau », des professeurs de philosophie « mon régiment » ; et il marchait en tête, ne négligeant pas de faire donner, à l'occasion, un coup de clairon sonore. Il n'était d'ailleurs poussé ni par la vanité, ni par l'ambition, mais par un sincère amour de la philosophie. Seulement il l'aimait à sa manière, en homme d'action. Il estimait que le moment était venu pour elle de faire quelque bruit dans le monde. Il la voulait puissante, s'emparant de l'enfant au collège, dirigeant l'homme à travers la vie, lui assurant dans les difficultés morales, sociales, politiques, une règle de conduite marquée exclusivement au sceau de la raison. À ce rêve, il donna un commencement de réalisation en installant solidement dans notre université une philosophie disciplinée : organisateur habile, politique avisé, causeur incomparable, professeur entraînant, auquel il n'a manqué peut-être, pour mériter plus pleinement le nom de philosophe, que de savoir supporter quelquefois le tête-à-tête avec sa propre pensée.

C'est aux pures idées que M. Ravaisson s'attachait. Il vivait pour elles, avec elles, dans un temple invisible où il les entourait d'une adoration silencieuse. On le sentait détaché du reste, et comme distrait des réalités de la vie. Toute sa personne respirait cette discrétion extrême qui est la suprême distinction. Sobre de gestes, peu prodigue de mots, glissant sur l'expression de l'idée, n'appuyant jamais, parlant bas, comme s'il eût craint d'effaroucher par trop de bruit les pensées ailées qui venaient se poser autour de lui, il estimait sans doute que, pour se faire entendre loin, il n'est pas nécessaire d'enfler beaucoup la voix quand on ne donne que des sons très purs. Jamais homme ne chercha moins que celui-là à agir sur d'autres hommes. Mais jamais esprit ne fut plus naturellement, plus tranquillement, plus invinciblement rebelle à l'autorité d'autrui. Il ne donnait pas de prise. Il échappait par son immatérialité. Il était de ceux qui n'offrent même pas assez de résistance pour qu'on puisse se flatter de les voir jamais céder. M. Cousin, s'il fit quelque tentative de ce côté, s'aperçut bien vite qu'il perdait son temps et sa peine.

Aussi ces deux esprits, après un contact où se révéla leur incompatibilité, s'écartèrent-ils naturellement l'un de l'autre. Quarante ans plus tard, âgé et gravement malade, sur le point de partir pour Cannes, où il allait mourir, M. Cousin manifesta le désir d'un rapprochement : à la gare de Lyon, devant le train prêt à s'ébranler, il tendit la main à M. Ravaisson ; on échangea des paroles émues. Il n'en est pas moins vrai que ce fut l'attitude de M. Cousin à son égard qui découragea M. Ravaisson de devenir, si l'on peut parler ainsi, un philosophe de profession, et qui le détermina à suivre une autre carrière.

M. de Salvandy, alors ministre de l'Instruction publique, connaissait M. Ravaisson personnellement. Il le prit pour chef de cabinet. Peu de temps après, il le chargea (pour la forme, car M. Ravaisson n'occupa jamais ce poste) d'un cours à la Faculté de Rennes. Enfin, en 1839, il lui confiait l'emploi nouvellement créé d'inspecteur des bibliothèques. M. Ravaisson se trouva ainsi engagé dans une voie assez différente de celle à laquelle il avait pensé. Il resta inspecteur des bibliothèques jusqu'au jour où il devint inspecteur général de l'Enseignement supérieur, c'est-à-dire pendant une quinzaine d'années. À plusieurs reprises, il publia des travaux importants sur le service dont il était chargé : en 1841, un *Rapport sur les bibliothèques des départements de l'Ouest*; en 1846, un *Catalogue des manuscrits de la bibliothèque de Laon*; en 1862, un *Rapport sur les archives de l'Empire et sur l'organisation de la Bibliothèque impériale*. Les recherches d'érudition l'avaient toujours attiré, et, d'autre part, la connaissance approfondie de l'Antiquité que révélait son *Essai sur la métaphysique d'Aristote* devait assez naturellement le désigner au choix de l'Académie des Inscriptions. Il fut élu membre de cette Académie en 1849, en remplacement de Letronne.

On ne peut se défendre d'un regret quand on pense que le philosophe qui avait produit si jeune, en si peu de temps, deux œuvres magistrales, resta ensuite vingt ans sans rien donner d'important à la philosophie : le beau mémoire sur le stoïcisme, lu à l'Académie des Inscriptions en 1849 et 1851, publié en 1857, a dû être composé avec des matériaux réunis pour l'*Essai sur la métaphysique d'Aristote*. Pendant ce long intervalle, M. Ravaisson cessa-t-il de philosopher ? Non, certes, mais il était de ceux qui ne se décident à écrire que lorsqu'ils y sont déterminés par quelque sollicitation extérieure ou par leurs occupations professionnelles. C'est pour un concours académique qu'il avait composé son *Essai*, pour son examen de doctorat la dissertation sur l'*Habitude*. Rien, dans ses nouvelles occupations, ne l'incitait à produire. Et peut-être n'aurait-il jamais formulé les conclusions où vingt nouvelles années de réflexion l'avaient conduit, s'il n'eût été invité officiellement à le faire.

Le gouvernement impérial avait décidé qu'on rédigerait, à l'occasion de l'Exposition de 1867, un ensemble de rapports sur le progrès des sciences, des lettres et des arts en France au XIXe siècle. M. Duruy était alors ministre de l'Instruction publique. Il connaissait bien M. Ravaisson, l'ayant eu pour condisciple au collège Rollin. Déjà, en 1863, lors du rétablissement de l'agrégation de philosophie, il avait confié à M. Ravaisson la présidence du jury. À qui allait-il demander le rapport sur les progrès de la philosophie ? Plus d'un philosophe éminent, occupant une chaire d'université, aurait pu prétendre à cet honneur. M. Duruy aima mieux s'adresser à M. Ravaisson, qui était un philosophe hors cadre. Et ce ministre, qui eut tant de bonnes inspirations pendant son trop court passage aux affaires, n'en eut jamais de meilleure que ce jour-là.

M. Ravaisson aurait pu se contenter de passer en revue les travaux des philosophes les plus renommés du siècle. On ne lui en demandait probablement pas davantage. Mais il comprit sa tâche autrement. Sans s'arrêter à l'opinion qui tient quelques penseurs pour dignes d'attention, les autres pour négligeables, il lut tout, en homme qui sait ce que peut la réflexion sincère et comment, par la seule force de cet instrument, les plus humbles ouvriers ont extrait du plus vil minerai quelques parcelles d'or. Ayant tout lu, il prit ensuite son élan pour tout dominer. Ce qu'il cherchait, c'était, à travers les hésitations et les détours d'une pensée qui n'a pas toujours eu pleine conscience de ce qu'elle voulait ni de ce qu'elle faisait, le point, situé peut-être loin dans l'avenir, où notre philosophie s'achemine.

Reprenant et élargissant l'idée maîtresse de son *Essai*, il distinguait deux manières de philosopher. La première procède par analyse ; elle résout les choses en leurs éléments inertes ; de simplification en simplification elle va à ce qu'il y a de plus abstrait et de plus vide. Peu importe d'ailleurs que ce travail d'abstraction soit effectué par un physicien qu'on appellera mécaniste ou par un logicien qui se dira idéaliste : dans les deux cas, c'est du matérialisme. L'autre méthode ne tient pas seulement compte des éléments, mais de leur ordre, de leur entente entre eux et de leur direction commune. Elle n'explique plus le vivant par le mort, mais, voyant partout la vie, c'est par leur aspiration à une forme de vie plus haute qu'elle définit les formes les plus élémentaires. Elle ne ramène plus le supérieur à l'inférieur, mais, au contraire, l'inférieur au supérieur. C'est, au sens propre du mot, le spiritualisme.

Maintenant, si l'on examine la philosophie française du XIXe siècle, non seulement chez les métaphysiciens, mais aussi chez les savants qui ont fait la philosophie de leur science, voici, d'après M. Ravaisson, ce qu'on trouve. Il n'est pas rare que l'esprit s'oriente d'abord dans la direction matérialiste et s'imagine même y persister. Tout naturellement il cherche une explication mécanique ou géométrique de ce qu'il voit. Mais l'habitude de s'en tenir là n'est qu'une survivance des siècles précédents. Elle date d'une époque où la science était presque exclusivement géométrie. Ce qui caractérise la science du XIXe siècle, l'entreprise nouvelle qu'elle a tentée, c'est l'étude approfondie des êtres vivants. Or, une fois sur ce terrain, on peut, si l'on veut, parler encore de pure mécanique ; on pense à autre chose.

Ouvrons le premier volume du *Cours de philosophie positive* d'Auguste Comte. Nous y lisons que les phénomènes observables chez les êtres vivants sont de même nature que les faits inorganiques. Huit ans après, dans le second volume, il s'exprime encore de même au sujet des végétaux, mais des végétaux seulement ; il met déjà à part la vie animale. Enfin, dans son dernier volume, c'est la totalité des phénomènes de la vie qu'il isole nettement des faits physiques et chimiques. Plus il considère les manifestations de la vie, plus il tend à établir entre les divers ordres de faits une distinction de rang ou de valeur, et non plus seulement de complication. Or, en suivant cette direction, c'est au spiritualisme qu'on aboutit.

Claude Bernard s'exprime d'abord comme si le jeu des forces mécaniques nous fournissait tous les éléments d'une explication universelle. Mais lorsque, sortant des généralités, il s'attache à décrire plus spécialement ces phénomènes de la vie sur lesquels ses travaux ont projeté une si grande lumière, il arrive à l'hypothèse d'une « idée directrice », et même « créatrice », qui serait la cause véritable de l'organisation [9].

La même tendance, le même progrès s'observent, selon M. Ravaisson, chez tous ceux, philosophes ou savants, qui approfondissent la nature de la vie. On peut prévoir que, plus les sciences de la vie se développeront, plus elles sentiront la nécessité de réintégrer la pensée au sein de la nature.

Sous quelle forme, et avec quel genre d'opération ? Si la vie est une création, nous devons nous la représenter par analogie avec les créations qu'il nous est donné d'observer, c'est-à-dire avec celles que nous accomplissons nous-mêmes. Or, dans la création artistique, par exemple, il semble que les matériaux de l'œuvre, paroles et images pour le poète, formes et couleurs pour le peintre, rythmes et accords pour le musicien, viennent se ranger spontanément sous l'idée qu'ils doivent exprimer, attirés, en quelque sorte, par le charme d'une idéalité supérieure. N'est-ce pas un mouvement analogue, n'est-ce pas aussi un état de fascination que nous devons attribuer aux éléments matériels quand ils s'organisent en êtres vivants ? Aux yeux de M. Ravaisson, la force originatrice de la vie était de la même nature que celle de la persuasion [10].

Mais d'où viennent les matériaux qui ont subi cet enchantement ? À cette question, la plus haute de toutes, M. Ravaisson répond en nous montrant dans la production originelle de la matière un mouvement inverse de celui qui s'accomplit quand la matière s'organise. Si l'organisation est comme un éveil de la matière, la matière ne peut être qu'un assoupissement de l'esprit. C'est le dernier degré, c'est l'ombre d'une existence qui s'est atténuée et, pour ainsi dire, vidée elle-même de son contenu. Si la matière est « la base de l'existence naturelle, base sur laquelle, par ce progrès continu qui est l'ordre de la nature, de degré en degré, de règne en règne, tout revient à l'unité de l'esprit », inversement nous devons nous représenter au début une *distension* d'esprit, une diffusion dans l'espace et le temps qui constitue la matérialité [11]. La Pensée infinie « a annulé quelque chose de la plénitude de son être, pour en tirer, par une espèce de réveil et de résurrection, tout ce qui existe ».

Telle est la doctrine exposée dans la dernière partie du *Rapport* [12]. L'univers visible nous y est présenté comme l'aspect extérieur d'une réalité qui, vue du dedans et saisie en elle-même, nous apparaîtrait comme un don gratuit, comme un grand acte de libéralité et d'amour [13]. Nulle analyse ne donnera une idée de ces admirables pages. Vingt générations d'élèves les ont sues par cœur. Elles ont été pour beaucoup dans l'influence que le *Rapport* exerça sur notre philosophie universitaire, influence dont on ne peut ni déterminer les limites précises, ni mesurer la profondeur, ni même décrire exactement la nature, pas plus qu'on ne saurait rendre l'inexprimable coloration que répand parfois sur toute une vie d'homme un grand enthousiasme de la première jeunesse. Nous sera-t-il permis d'ajouter qu'elles ont un peu éclipsé, par leur éblouissant éclat, l'idée la plus originale du livre ? Que l'étude approfondie des phénomènes de la vie doive amener la science positive à élargir ses cadres et à dépasser le pur mécanisme [14] où elle s'enferme depuis trois siècles, c'est une éventualité que nous commençons à envisager aujourd'hui, encore que la plupart se refusent à l'admettre. Mais, au temps où M. Ravaisson écrivait, il fallait un véritable effort de divination pour assigner ce terme à un mouvement d'idées qui paraissait aller en sens contraire.

Quels sont les faits, quelles sont les raisons qui amenèrent M. Ravaisson à juger que les phénomènes de la vie, au lieu de s'expliquer intégralement par les forces physiques et chimiques, pourraient au contraire jeter sur celles-ci quelque lumière ? Tous les éléments de la théorie se trouvent déjà dans l'*Essai sur la métaphysique d'Aristote* et dans la thèse sur l'*Habitude*. Mais sous la forme plus précise qu'elle revêt dans le *Rapport*, elle se rattache, croyons-nous, à certaines réflexions très spéciales que M. Ravaisson fit pendant cette période sur l'art, et en particulier sur un art dont il possédait à la fois la théorie et la pratique, l'art du dessin [15].

Le ministère de l'Instruction publique avait mis à l'étude, en 1852, la question de l'enseignement du dessin dans les lycées. Le 21 juin 1853, un arrêté chargeait une commission de présenter au ministre un projet d'organisation de cet enseignement. La commission comptait parmi ses membres Delacroix, Ingres et Flandrin ; elle était présidée par M. Ravaisson. C'est M. Ravaisson qui rédigea le rapport. Il avait fait prévaloir ses vues, et élaboré le règlement qu'un arrêté du 29 décembre 1853 rendit exécutoire dans les établissements de l'État. C'était une réforme radicale de la méthode usitée jusqu'alors pour l'enseignement du dessin. Les considérations théoriques qui avaient inspiré la réforme n'occupent qu'une petite place dans le rapport adressé au ministre. Mais M. Ravaisson les reprit plus tard et les exposa avec ampleur dans les deux articles *Art* et *Dessin* qu'il donna au *Dictionnaire pédagogique*. Écrits en 1882, alors que l'auteur était en pleine possession de sa philosophie, ces articles nous présentent les idées de M. Ravaisson, relatives au dessin, sous une forme métaphysique qu'elles n'avaient pas au début (comme on s'en convaincra sans peine en lisant le rapport de 1853). Du moins dégagent-ils avec précision la métaphysique latente que ces vues impliquaient dès l'origine. Ils nous montrent comment les idées directrices de la philosophie que nous venons de résumer se rattachaient, dans la pensée de M. Ravaisson, à un art qu'il n'avait jamais cessé de pratiquer. Et ils viennent aussi confirmer une loi que nous tenons pour générale, à savoir que les idées réellement viables, en philosophie, sont celles qui ont été vécues d'abord par leur auteur, – vécues, c'est-à-dire appliquées par lui, tous les jours, à un travail qu'il aime, et modelées par lui, à la longue, sur cette technique particulière.

La méthode qu'on pratiquait alors pour l'enseignement du dessin s'inspirait des idées de Pestalozzi. Dans les arts du dessin comme partout ailleurs, disait-on, il faut aller du simple au composé. L'élève s'exercera donc d'abord à tracer des lignes droites, puis des triangles, des rectangles, des carrés ; de là il passera au cercle. Plus tard il arrivera à dessiner les contours des formes vivantes : encore devra-t-il, autant que possible, donner pour substruction à son dessin des lignes droites et des courbes géométriques, soit en circonscrivant à son modèle (supposé plat) une figure rectiligne imaginaire sur laquelle il s'assurera des points de repère, soit en remplaçant provisoirement les courbes du modèle par des courbes géométriques, sur lesquelles il reviendra ensuite pour faire les retouches nécessaires.

Cette méthode, d'après M. Ravaisson, ne peut donner aucun résultat. En effet, ou bien on veut apprendre seulement à dessiner des figures géométriques, et alors autant vaut se servir des instruments appropriés et appliquer les règles que la géométrie fournit ; ou bien c'est l'art proprement dit qu'on prétend enseigner, mais alors l'expérience montre que l'application de procédés mécaniques à l'imitation des formes vivantes aboutit à les faire mal comprendre et mal reproduire. Ce qui importe ici avant tout, en effet, c'est le « bon jugement de l'œil ». L'élève qui commence par s'assurer des points de repère, qui les relie ensuite par un trait continu en s'inspirant autant que possible des courbes de la géométrie, n'apprend qu'à voir faux. Jamais il ne saisit le mouvement propre de la forme à dessiner. « L'esprit de la forme » lui échappe toujours. Tout autre est le résultat quand on commence par les courbes caractéristiques de la vie. Le plus simple sera ici, non pas ce qui se rapprochera le plus de la géométrie, mais ce qui parlera le mieux à l'intelligence, ce qu'il y aura de plus expressif : l'animal sera plus facile à comprendre que la plante, l'homme que l'animal, l'*Apollon du Belvédère* qu'un passant pris dans la rue. Commençons donc par faire dessiner à l'enfant les plus parfaites d'entre les figures humaines, les modèles fournis par la statuaire grecque. Si nous craignons pour lui les difficultés de la perspective, remplaçons d'abord les modèles par leur reproduction photographique. Nous verrons que le reste viendra par surcroît. En partant du géométrique, on peut aller aussi loin qu'on voudra dans le sens de la complication sans se rapprocher jamais des courbes par lesquelles s'exprime la vie. Au contraire, si l'on commence par ces courbes, on s'aperçoit, le jour où l'on aborde celles de la géométrie, qu'on les a déjà dans la main.

Nous voici donc en présence de la première des deux thèses développées dans le *Rapport sur la philosophie en France* : du mécanique on ne peut passer au vivant par voie de composition ; c'est bien plutôt la vie qui donnerait la clef du monde inorganisé [16]. Cette métaphysique est impliquée, pressentie et même sentie dans l'effort concret par lequel la main s'exerce à reproduire les mouvements caractéristiques des figures.

À son tour, la considération de ces mouvements, et du rapport qui les lie à la figure qu'ils tracent, donne un sens spécial à la seconde thèse de M. Ravaisson, aux vues qu'il développe sur l'origine des choses et sur l'acte de « condescendance », comme il dit, dont l'univers est la manifestation.

Si nous considérons, de notre point de vue, les choses de la nature, ce que nous trouvons de plus frappant en elles est leur beauté. Cette beauté va d'ailleurs en s'accentuant à mesure que la nature s'élève de l'inorganique à l'organisé, de la plante à l'animal, et de l'animal à l'homme. Donc, plus le travail de la nature est intense, plus l'œuvre produite est belle. C'est dire que, si la beauté nous livrait son secret, nous pénétrerions par elle dans l'intimité du travail de la nature. Mais nous le livrera-t-elle ? Peut-être, si nous considérons qu'elle n'est, elle-même, qu'un effet, et si nous remontons à la cause. La beauté appartient à la forme, et toute forme a son origine dans un mouvement qui la trace : la forme n'est que du mouvement enregistré. Or, si nous nous demandons quels sont les mouvements qui décrivent des formes *belles*, nous trouvons que ce sont les mouvements *gracieux* : la beauté, disait Léonard de Vinci, est de la grâce fixée. La question est alors de savoir en quoi consiste la grâce. Mais ce problème est plus aisé à résoudre, car dans tout ce qui est gracieux nous voyons, nous sentons, nous devinons une espèce d'abandon et comme une condescendance. Ainsi, pour celui qui contemple l'univers avec des yeux d'artiste, c'est la grâce qui se lit à travers la beauté, et c'est la bonté [17] qui transparaît sous la grâce. Toute chose manifeste, dans le mouvement que sa forme enregistre, la générosité infinie d'un principe qui se donne. Et ce n'est pas à tort qu'on appelle du même nom le charme qu'on voit au mouvement et l'acte de libéralité qui est caractéristique de la bonté divine : les deux sens du mot *grâce* n'en faisaient qu'un pour M. Ravaisson.

Il restait fidèle à sa méthode en cherchant les plus hautes vérités métaphysiques dans une vision concrète des choses, en passant, par transitions insensibles, de l'esthétique à la métaphysique et même à la théologie. Rien de plus instructif, à cet égard, que l'étude qu'il publia en 1887 dans la *Revue des Deux Mondes* sur la philosophie de Pascal. Ici la préoccupation est visible de relier le christianisme à la philosophie et à l'art antiques, sans méconnaître d'ailleurs ce que le christianisme a apporté de nouveau dans le monde. Cette préoccupation remplit toute la dernière partie de la vie de M. Ravaisson.

Dans cette dernière période, M. Ravaisson eut la satisfaction de voir ses idées se répandre, sa philosophie pénétrer dans l'enseignement, tout un mouvement se dessiner en faveur d'une doctrine qui faisait de l'activité spirituelle le fond même de la réalité. Le *Rapport* de 1867 avait déterminé un changement d'orientation dans la philosophie universitaire : à l'influence de Cousin succédait celle de Ravaisson. Comme l'a dit M. Boutroux dans les belles pages qu'il a consacrées à sa mémoire*, « M. Ravaisson ne chercha jamais l'influence, mais il finit par l'exercer à la manière du chant divin qui, selon la fable antique, amenait à se ranger d'eux-mêmes, en murailles et en tours, de dociles matériaux ». Président du jury d'agrégation[18], il apportait à ces fonctions une bienveillante impartialité, uniquement préoccupé de distinguer le talent et l'effort partout où ils se rencontraient. En 1880, votre Académie l'appelait à siéger parmi ses membres, en remplacement de M. Peisse. Une des premières lectures qu'il fit à votre Compagnie fut celle d'un important rapport sur le scepticisme, à l'occasion du concours où votre futur confrère M. Brochard remportait si brillamment le prix. En 1899, l'Académie des Inscriptions et Belles-Lettres célébrait le cinquantenaire de son élection. Lui, toujours jeune, toujours souriant, allait d'une Académie à l'autre, présentait ici un mémoire sur quelque point d'archéologie grecque, là des vues sur la morale ou l'éducation, présidait des distributions de prix où, sur un ton familier, il exprimait les vérités les plus abstraites sous la forme la plus aimable. Pendant ces trente dernières années de sa vie, M. Ravaisson ne cessa jamais de poursuivre le développement d'une pensée dont l'*Essai sur la métaphysique d'Aristote*, la thèse sur l'*Habitude* et le *Rapport* de 1867 avaient marqué les principales étapes. Mais ce nouvel effort, n'ayant pas abouti à une œuvre achevée, est moins connu. Les résultats qu'il en publiait étaient d'ailleurs de nature à surprendre un peu, je dirai presque à dérouter, ceux mêmes de ses disciples qui le suivaient avec le plus d'attention. C'étaient, d'abord, une série de mémoires et d'articles sur la *Vénus de Milo* ; beaucoup s'étonnaient de l'insistance avec laquelle il revenait sur un sujet aussi particulier. C'étaient aussi des travaux sur

---

* *Revue de métaphysique et de morale*, novembre 1900.

les monuments funéraires de l'Antiquité. C'étaient enfin des considérations sur les problèmes moraux ou pédagogiques qui se posent à l'heure actuelle. On pouvait ne pas apercevoir de lien entre des préoccupations aussi différentes. La vérité est que ses hypothèses sur les chefs-d'œuvre de la sculpture grecque, ses essais de reconstitution du groupe de Milo, ses interprétations des bas-reliefs funéraires, ses vues sur la morale et l'éducation, tout cela formait un ensemble bien cohérent, tout cela se rattachait, dans la pensée de M. Ravaisson, à un nouveau développement de sa doctrine métaphysique. De cette dernière philosophie nous trouvons une esquisse préliminaire dans un article intitulé *Métaphysique et morale* qui parut, en 1893, comme introduction à la revue de ce nom. Nous en aurions eu la formule définitive dans le livre que M. Ravaisson écrivait quand la mort est venue le surprendre. Les fragments de cet ouvrage, recueillis par des mains pieuses, ont été publiés sous le titre de *Testament philosophique*. Ils nous donnent sans doute une idée suffisante de ce qu'eût été le livre. Mais si nous voulons suivre la pensée de M. Ravaisson jusqu'à cette dernière étape, il faut que nous remontions en deçà de 1870, en deçà même du *Rapport* de 1867, et que nous nous transportions à l'époque où M. Ravaisson fut appelé à fixer son attention sur les œuvres de la statuaire antique.

Il y fut amené par ses considérations mêmes sur l'enseignement du dessin. Si l'étude du dessin doit commencer par l'imitation de la figure humaine, et aussi par la beauté dans ce qu'elle a de plus parfait, c'est à la statuaire antique qu'on devra demander des modèles, puisqu'elle a porté la figure humaine à son plus haut degré de perfection. D'ailleurs, pour épargner à l'enfant les difficultés de la perspective, on remplacera, disions-nous, les statues elles-mêmes par leurs reproductions photographiques. M. Ravaisson fut conduit ainsi à constituer d'abord une collection de photographies, puis, chose autrement importante, à faire exécuter des moulages des chefs-d'œuvre de l'art grec. Cette dernière collection, placée d'abord avec la collection Campana, est devenue le point de départ de la collection de plâtres antiques que M. Charles Ravaisson-Mollien a réunie au musée du Louvre. Par un progrès naturel, M. Ravaisson arriva alors à envisager les arts plastiques sous un nouvel aspect. Préoccupé surtout, jusque-là, de la peinture moderne, il fixait maintenant son attention sur la sculpture antique. Et, fidèle à l'idée qu'il faut connaître la technique d'un art pour en pénétrer l'esprit, il prenait l'ébauchoir, s'exerçait à modeler, arrivait, à force de travail, à une réelle habileté. L'occasion s'offrit bientôt à lui d'en faire profiter l'art, et même, par une transition insensible, la philosophie.

L'empereur Napoléon III, qui avait pu, à diverses reprises, et notamment lors de l'installation du musée Campana, apprécier personnellement la valeur de M. Ravaisson, l'appelait, en juin 1870, aux fonctions de conservateur des antiques et de la sculpture moderne au musée du Louvre. Quelques semaines après, la guerre éclatait, l'ennemi était sous les murs de Paris, le bombardement imminent, et M. Ravaisson, après avoir proposé à l'Académie des Inscriptions de lancer une protestation au monde civilisé contre les violences dont les trésors de l'art étaient menacés, s'occupait de faire transporter au fond d'un souterrain, pour les mettre à l'abri d'un incendie possible, les pièces les plus précieuses du musée des antiques. En déplaçant la *Vénus de Milo*, il s'aperçut que les deux blocs dont la statue est faite avaient été mal assemblés lors de l'installation primitive, et que des cales en bois, interposées entre eux, faussaient l'attitude originelle. Lui-même il détermina à nouveau les positions relatives des deux blocs ; lui-même il présida au redressement. Quelques années plus tard, c'est sur la *Victoire de Samothrace* qu'il exécutait un travail du même genre, mais plus important encore. Dans la restauration primitive de cette statue, il avait été impossible d'ajuster les ailes, que nous trouvons maintenant d'un si puissant effet. M. Ravaisson refit en plâtre un morceau manquant à droite ainsi que toute la partie gauche de la poitrine : dès lors les ailes retrouvaient leurs points d'attache, et la déesse apparaissait telle que nous la voyons aujourd'hui sur l'escalier du Louvre, corps sans bras, sans tête, où le seul gonflement de la draperie et des ailes qui se déploient rend visible à l'œil un souffle d'enthousiasme qui passe sur une âme.

Or, à mesure que M. Ravaisson entrait plus avant dans la familiarité de la statuaire antique, une idée se dessinait dans son esprit, qui s'appliquait à l'ensemble de la sculpture grecque, mais qui prenait sa signification la plus concrète pour l'œuvre sur laquelle les circonstances avaient plus particulièrement dirigé son attention, la *Vénus de Milo*.

Il lui apparaissait que la statuaire avait modelé, au temps de Phidias, de grandes et nobles figures, dont le type était allé ensuite en dégénérant, et que cette diminution devait tenir à l'altération qu'avait subie, en se vulgarisant, la conception classique de la divinité. « La Grèce, en ses premiers âges, adorait dans Vénus une déesse qu'elle appelait Uranie... La Vénus d'alors était la souveraine des mondes... C'était une Providence, toute puissance et toute bienveillance en même temps, dont l'attribut ordinaire était une colombe, signifiant que c'était par l'amour et la douceur qu'elle régnait... Ces vieilles conceptions s'altérèrent. Un législateur athénien, complaisant envers la foule, établit pour elle, à côté du culte de la Vénus céleste, celui d'une Vénus d'ordre inférieur, nommée la populaire. L'antique et sublime poème se changea par degrés en un roman tissé de frivoles aventures*. »

À ce poème antique la *Vénus de Milo* nous ramène. Œuvre de Lysippe ou d'un de ses élèves, cette Vénus n'est, d'après M. Ravaisson, que la variante d'une Vénus

---

* Mémoire lu à la séance publique des cinq Académies, le 25 octobre 1890.

de Phidias. Primitivement, elle n'était pas isolée ; elle faisait partie d'un groupe. C'est ce groupe que M. Ravaisson travailla si patiemment à reconstituer. À le voir modeler et remodeler les bras de la déesse, quelques-uns souriaient. Savaient-ils que ce que M. Ravaisson voulait reconquérir sur la matière rebelle, c'était l'âme même de la Grèce, et que le philosophe restait fidèle à l'esprit de sa doctrine en cherchant les aspirations fondamentales de l'Antiquité païenne non pas simplement dans les formules abstraites et générales de la philosophie, mais dans une figure concrète, celle même que sculpta, au plus beau temps d'Athènes, le plus grand des artistes visant à la plus haute expression possible de la beauté ?

Il ne nous appartient pas d'apprécier, du point de vue archéologique, les conclusions où M. Ravaisson aboutissait Qu'il nous suffise de dire qu'il plaçait à côté de la Vénus primitive un dieu qui devait être Mars, ou un héros qui pouvait être Thésée. D'induction en induction, il arrivait à voir dans ce groupe le symbole d'un triomphe de la persuasion sur la force brutale. C'est de cette victoire que la mythologie grecque nous chanterait l'épopée. L'adoration des héros n'aurait été que le culte reconnaissant voué par la Grèce à ceux qui, étant les plus forts, voulurent être les meilleurs, et n'usèrent de leur force que pour venir en aide à l'humanité souffrante. La religion des anciens serait ainsi un hommage rendu à la pitié. Au-dessus de tout, à l'origine même de tout, elle mettait la générosité, la magnanimité et, au sens le plus élevé du mot, l'amour [19].

Ainsi, par un détour singulier, la sculpture grecque ramenait M. Ravaisson à l'idée centrale de sa philosophie. N'avait-il pas dit, dans son *Rapport*, que l'univers est la manifestation d'un principe qui se donne par libéralité, condescendance et amour ? Mais cette idée, retrouvée chez les anciens, vue à travers la sculpture grecque, se dessinait maintenant dans son esprit sous une forme plus ample et plus simple. De cette forme nouvelle

M. Ravaisson n'a pu nous tracer qu'une esquisse inachevée. Mais son *Testament philosophique* en marque assez les grandes lignes.

Il disait maintenant qu'une grande philosophie était apparue dès l'aurore de la pensée humaine et s'était maintenue à travers les vicissitudes de l'histoire : la philosophie héroïque, celle des magnanimes, des forts, des généreux. Cette philosophie, avant même d'être pensée par des intelligences supérieures, avait été vécue par des cœurs d'élite. Elle fut, de tout temps, celle des âmes véritablement royales, nées pour le monde entier et non pour elles, restées fidèles à l'impulsion originaire, accordées à l'unisson de la note fondamentale de l'univers qui est une note de générosité et d'amour [20]. Ceux qui la pratiquèrent d'abord furent les héros que la Grèce adora. Ceux qui l'enseignèrent plus tard furent les penseurs qui, de Thalès à Socrate, de Socrate à Platon et à Aristote, d'Aristote à Descartes et à Leibniz, se continuent en une seule grande lignée. Tous, pressentant le christianisme ou le développant, ont pensé et pratiqué une philosophie qui tient tout entière dans un état d'âme ; et cet état d'âme est celui que notre Descartes a appelé du beau nom de « générosité ».

De ce nouveau point de vue, M. Ravaisson reprenait, dans son *Testament philosophique*, les principales thèses de son *Rapport.* Il les retrouvait chez les grands philosophes de tous les temps. Il les vérifiait sur des exemples. Il les animait d'un nouvel esprit en faisant une part plus large encore au sentiment dans la recherche du vrai et à l'enthousiasme dans la création du beau. Il insistait sur l'art qui est le plus élevé de tous, l'art même de la vie, celui qui façonne l'âme. Il le résumait dans le précepte de saint Augustin : « Aimez, et faites ce que vous voudrez. » Et il ajoutait que l'amour ainsi entendu est au fond de chacun de nous, qu'il est naturel, que nous n'avons pas à le créer, qu'il s'épanouit tout seul quand nous écartons l'obstacle que notre volonté lui oppose : l'adoration de nous-mêmes.

Il aurait voulu que tout notre système d'éducation tendît à laisser son libre essor au sentiment de la générosité. « Le mal dont nous souffrons, écrivait-il déjà en 1887, ne réside pas tant dans l'inégalité des conditions, quelquefois pourtant excessive, que dans les sentiments fâcheux qui s'y joignent... » « Le remède à ce mal doit être cherché principalement dans une réforme morale, qui établisse entre les classes l'harmonie et la sympathie réciproques, réforme qui est surtout une affaire d'éducation... » De la science livresque il faisait peu de cas. En quelques mots il traçait le programme d'une éducation vraiment libérale, c'est-à-dire destinée à développer la libéralité, à affranchir l'âme de toutes les servitudes, surtout de l'égoïsme, qui est la pire d'entre elles : « La société, disait-il, doit reposer sur la générosité, c'est-à-dire sur la disposition à se considérer comme de grande race, de race héroïque et même divine *. » « Les divisions sociales naissent de ce qu'il y a d'un côté des riches qui sont riches pour eux, et non plus pour la chose commune, de l'autre des pauvres qui, n'ayant plus à compter que sur eux-mêmes, ne considèrent dans les riches que des objets d'envie. » C'est des riches, c'est des classes supérieures qu'il dépendra de modifier l'état d'âme des classes ouvrières. « Le peuple, volontiers secourable, a conservé beaucoup, parmi ses misères et ses défauts, de ce désintéressement et de cette générosité qui furent des qualités des premiers âges... Qu'un signal parte des régions d'en haut pour indiquer au milieu de nos obscurités, le chemin à suivre afin de rétablir dans son ancien empire la magnanimité : de nulle part il n'y sera répondu plus vite que de la part du peuple. Le peuple, a dit Adam Smith, aime la vertu, tellement que rien ne l'entraîne comme l'austérité. »

En même temps qu'il présentait la générosité comme un sentiment naturel, où nous prenons conscience de la noblesse de notre origine, M. Ravaisson montrait dans

---

* *Revue bleue*, 23 avril 1887.

notre croyance à l'immortalité un pressentiment non moins naturel de notre destinée future. Il retrouvait, en effet, cette croyance à travers l'Antiquité classique. Il la lisait sur les stèles funéraires des Grecs, dans ces tableaux où, selon lui, le mort revient annoncer aux membres de sa famille, encore vivants, qu'il goûte une joie sans mélange dans le séjour des bienheureux. Il disait que le sentiment des anciens ne les avait pas trompés sur ce point, que nous retrouverons ailleurs ceux que nous avons chéris ici-bas, et que celui qui a aimé une fois aimera toujours. Il ajoutait que l'immortalité promise par la religion était une éternité de bonheur, qu'on ne pouvait pas, qu'on ne devait pas la concevoir autrement, ou bien alors que le dernier mot ne resterait pas à la générosité. « Au nom de la justice, écrivait-il*, une théologie étrangère à l'esprit de miséricorde qui est celui même du christianisme, abusant du nom d'éternité qui ne signifie souvent qu'une longue durée, condamne à des maux sans fin les pécheurs morts sans repentir, c'est-à-dire l'humanité presque entière. Comment comprendre alors ce que deviendrait la félicité d'un Dieu qui entendrait pendant l'éternité tant de voix gémissantes ?… On trouve dans le pays où naquit le christianisme une fable allégorique inspirée d'une tout autre pensée, la fable de l'Amour et de Psyché ou l'âme. L'Amour s'éprend de Psyché. Celle-ci se rend coupable, comme l'Ève de la Bible, d'une curiosité impie de savoir, autrement que par Dieu, discerner le bien du mal, et comme de nier ainsi la grâce divine. L'Amour lui impose des peines expiatoires, mais pour la rendre à nouveau digne de son choix, et il ne les lui impose pas sans regret. Un bas-relief le représente tenant d'une main un papillon (âme et papillon, symbole de résurrection, furent de tout temps synonymes) ; de l'autre il le brûle à la flamme de son flambeau ; mais il détourne la tête, comme plein de pitié. »

---

* Testament philosophique, p. 29 (*Revue de métaphysique et de morale*, janvier 1901).

Telles étaient les théories, et telles aussi les allégories, que M. Ravaisson notait dans les dernières pages de son *Testament philosophique*, peu de jours avant sa mort. C'est entre ces hautes pensées et ces gracieuses images, comme le long d'une allée bordée d'arbres superbes et de fleurs odoriférantes, qu'il chemina jusqu'au dernier moment, insoucieux de la nuit qui venait, uniquement préoccupé de bien regarder en face, au ras de l'horizon, le soleil qui laissait mieux voir sa forme dans l'adoucissement de sa lumière. Une courte maladie, qu'il négligea de soigner, l'emporta en quelques jours. Il s'éteignit, le 18 mai 1900, au milieu des siens, ayant conservé jusqu'au bout toute la lucidité de sa grande intelligence.

L'histoire de la philosophie nous fait surtout assister à l'effort sans cesse renouvelé d'une réflexion qui travaille à atténuer des difficultés, à résoudre des contradictions, à mesurer avec une approximation croissante une réalité incommensurable avec notre pensée. Mais de loin en loin surgit une âme qui paraît triompher de ces complications à force de simplicité, âme d'artiste ou de poète, restée près de son origine, réconciliant, dans une harmonie sensible au cœur, des termes peut-être irréconciliables pour l'intelligence. La langue qu'elle parle, quand elle emprunte la voix de la philosophie, n'est pas comprise de même par tout le monde. Les uns la jugent vague, et elle l'est dans ce qu'elle exprime. Les autres la sentent précise, parce qu'ils éprouvent tout ce qu'elle suggère. À beaucoup d'oreilles elle n'apporte que l'écho d'un passé disparu ; mais d'autres y entendent déjà, comme dans un rêve, le chant joyeux de l'avenir. L'œuvre de M. Ravaisson laissera derrière elle ces impressions très diverses, comme toute philosophie qui s'adresse au sentiment autant qu'à la raison. Que la forme en soit un peu vague, nul ne le contestera : c'est la forme d'un souffle ; mais le souffle vient de haut, et nette en est la direction. Qu'elle ait utilisé, dans plusieurs de ses parties, des matériaux anciens, fournis en particulier par la philosophie d'Aristote, M. Ravaisson aimait à le répéter : mais l'esprit qui la vivifie est un esprit nouveau, et l'avenir dira peut-être que l'idéal qu'elle proposait à notre science et à notre activité était, sur plus d'un point, en avance sur le nôtre. Quoi de plus hardi, quoi de plus nouveau que de venir annoncer aux physiciens que l'inerte s'expliquera par le vivant, aux biologistes que la vie ne se comprendra que par la pensée, aux philosophes que les généralités ne sont pas philosophiques, aux maîtres que le tout doit s'enseigner avant les éléments, aux écoliers qu'il faut commencer par la perfection, à l'homme, plus que jamais livré à l'égoïsme et à la haine, que le mobile naturel de l'homme est la générosité ?

NOTICE ET NOTES
DE L'« INTRODUCTION »

Notice

La Pensée et le Mouvant n'est pas un simple recueil d'articles et de conférences. Il faut noter en effet que Bergson a pris le soin d'y ajouter une longue introduction. Rédigée en 1922, elle occupe le tiers de l'ouvrage et fait ainsi de celui-ci une œuvre à part entière.

Cette introduction semble à la fois un appel et une mise au point. Tout d'abord, elle invite les philosophes à réformer leur pratique et à adopter une nouvelle méthode. Cette dernière n'est d'ailleurs rien d'autre que celle inventée par Bergson lui-même. Il la nomme « intuition » et la mobilise depuis toujours dans tous ses travaux.

Mais cette introduction est aussi la principale réponse de Bergson à ses adversaires les plus virulents. En 1907, le succès international de *L'Évolution créatrice* suscite de multiples réactions d'hostilité. Certains auteurs comme Julien Benda ou encore Bertrand Russell reprochent à ce livre de dévaloriser le discours scientifique et de condamner la philosophie à l'irrationalisme. Or, Bergson n'a cessé de s'appuyer explicitement sur les sciences pour élaborer sa propre réflexion. En outre, à ses yeux, les sciences n'ont jamais emporté une conception du réel que l'on pourrait assimiler à un ensemble de conventions, à une reconstruction humaine artificielle, ou encore à une représentation fictive vouée à favoriser l'action de l'homme sur son environnement – comme c'était pourtant le cas pour nombre de ses contemporains. Au contraire, les sciences accèdent selon lui au réel en tant que tel. Elles ne se contentent nullement de nous en présenter une image déformée. Aussi Bergson ne peut-il tolérer un tel contresens sur ses intentions ou sur le contenu de sa philosophie. « Comment quelques-uns ont-ils pu s'y tromper ? » s'étonne-t-il (« Introduction », Deuxième partie, *supra*, p. 130). C'est pourquoi il importe de commencer par saisir la place exacte qu'attribue la méthode intuitive au discours scientifique.

LA RÉFORME EMPIRIQUE DE LA PHILOSOPHIE : PRÉCISION ET FAITS

La Pensée et le Mouvant s'ouvre sur cette sentence célèbre : « Ce qui a le plus manqué à la philosophie, c'est la précision » (« Introduction », Première partie, *supra*, p. 45). Pourquoi la philosophie, et en particulier ce qu'il appelle « les systèmes philosophiques », paraissent-ils « imprécis » à Bergson ?

Pour lui, ces systèmes ont deux défauts majeurs. Premièrement, l'explication ou la description qu'ils proposent d'un objet d'étude peut valoir pour d'autres objets d'étude. Deuxièmement, l'objet d'étude pourrait recevoir d'autres explications.

Prenons pour exemple l'étude du corps humain et une explication scientifique quelconque, capable d'en décrire le fonctionnement. Notons que cette explication n'aurait rien de scientifique pour Bergson si elle s'appliquait aussi au corps d'un poisson. Elle resterait trop générale. Elle ne parviendrait pas à indiquer ce que le corps humain a de spécifique dans son fonctionnement. Cela ne signifie pas qu'une explication doit rendre compte de l'intégralité de la structure d'un objet d'étude ; elle ne peut simplement pas valoir à la fois pour un objet d'étude et pour un autre. Elle doit toujours tâcher de mettre en relief ce que cet objet a de particulier.

En ce sens, les systèmes philosophiques ont le tort de demeurer vagues. Leur conception du monde pourrait valoir pour notre monde et pour un monde bien différent de celui-ci : « vous verrez qu'[un système philosophique] s'appliquerait aussi bien à un monde où il n'y aurait pas de plantes ni d'animaux, rien que des hommes ; où les hommes se passeraient de boire et de manger ; où ils ne dormiraient, ne rêveraient ni ne divagueraient ; où ils naîtraient décrépits pour finir nourrissons ; où l'énergie remonterait la pente de la dégradation ; où tout irait à rebours et se tiendrait à l'envers » (*ibid.*).

Tel est au fond le reproche que Bergson adresse à Spinoza, Fichte, Hegel, Schelling, Schopenhauer et Nietzsche (*ibid.*, Deuxième partie, p. 89).

Cependant, les scientifiques peuvent tout à fait proposer plusieurs explications du corps humain qui ne valent que pour le corps humain. C'est pourquoi s'impose une confrontation entre ces différentes explications possibles. Il importe de chercher à toutes les invalider, à l'exception d'une seule. C'est de cette façon que nous finissons par nous faire une idée de plus en plus précise du corps humain.

L'idéal bergsonien de précision prescrit donc à la philosophie de respecter deux impératifs d'ordre épistémologique : toute explication ou description d'un objet d'étude ne doit valoir que pour celui-ci (*ibid.*, Première partie, p. 45) tout objet d'étude ne doit admettre qu'une seule explication (*ibid.*, p. 45-46).

Quels faits sommes-nous cependant censés expliquer et quels faits serviront à invalider telle ou telle explication ? En d'autres termes, quel est le matériau de la philosophie ? À partir de quoi pense-t-elle ? La grande nouveauté de *La Pensée et le Mouvant* réside dans cette thèse que Bergson n'avait pas encore énoncée dans ses précédents ouvrages et qui constitue une première réponse à ceux qui l'accusent d'irrationalisme : le matériau de la philosophie, c'est exclusivement la science. Il est très clair sur ce point : seuls les faits scientifiques sont dignes de la philosophie. L'« *Homo loquax* » (*ibid.*, Deuxième partie, p. 127) se croit savant en toutes choses. Et il ne se donne plus la peine d'étudier les faits récoltés par les sciences. Il ne se tient pas au courant des dernières avancées. Il se contente de combiner des opinions et de discuter d'idées préconçues véhiculées par le langage et la société dans laquelle il vit. Pour traiter de tel ou tel objet d'étude, le philosophe doit au contraire commencer par examiner ce qu'en disent les sciences de son temps – et accepter ainsi le caractère fluctuant des discours scientifique et philosophique. Toute plongée dans l'étude des faits scientifiques conduit déjà de « surprise en surprise » (*ibid.*, p. 126). Les préjugés s'effondrent. Les idées se renouvellent, se rafraîchissent. Un philosophe qui ne part pas des sciences est condamné pour Bergson au « vraisemblable » (*ibid.*), c'est-à-dire aux lieux communs.

Cette importance considérable conférée aux sciences dans la méthode intuitive se manifeste d'autant mieux lorsque Bergson soutient qu'un philosophe n'est plus tenu de « construire toute la philosophie » (*ibid.*, p. 110). Plus personne ne lui demande de résoudre tous les problèmes philosophiques ou de façonner à lui seul une image intégrale de l'univers. Il peut se cantonner à tel ou tel objet d'étude si cela se révèle indispensable, à telle ou telle partie du monde. En effet, les résultats scientifiques abondent. Un unique individu ne peut tout explorer. Se spécialiser, collaborer, telles sont les conséquences d'une méthode intuitive qui contraint le philosophe à l'analyse des faits scientifiques relatifs à son objet d'étude.

La réforme de la philosophie : idées générales, possible, durée

Le philosophe commence donc par l'examen des connaissances rationnelles. Comme n'importe quel scientifique, les faits positifs lui servent à élaborer et à éliminer des théories. Dès lors, en quoi l'activité philosophique se distingue-t-elle de l'activité scientifique ?

Nous savons que le philosophe ne pratique ni l'observation ni l'expérimentation, au sens scientifique de ces termes. Il ne constitue évidemment pas les faits ou les théories scientifiques. Il part d'un état de la connaissance scientifique qui le précède. Son activité se borne à lire des travaux scientifiques et à les commenter. Nous pourrions croire que, pour Bergson, la fonction du philosophe est de traiter ces divers résultats scientifiques afin de les unifier. La philosophie serait une activité de synthèse qui rassemblerait et organiserait les données éparpillées récoltées par les sciences.

Par exemple, un philosophe de la vie commencerait par étudier les différentes formes de vie que les biologistes décrivent. Il essaierait ensuite de mettre au jour une ressemblance entre toutes ces formes de vie, susceptible de le renseigner sur ce qu'est le vivant en général. Il aboutirait ainsi à une théorie générale du vivant. Il veillerait durant ce travail de synthèse à demeurer *précis* : il renoncerait à fabriquer une théorie du vivant qui pourrait tout aussi bien s'appliquer à du non-vivant ou à des formes de vie imaginaires trop éloignées des nôtres. En d'autres termes, il demeurerait suffisamment proche de la vie organique telle qu'elle se manifeste sur notre planète.

Bergson considère pourtant qu'une telle opération de synthèse des sciences d'une époque resterait encore une entreprise scientifique. Dès 1911, il explique en effet à ses interlocuteurs que nous pouvons, à la rigueur, appeler « philosophie » un tel effort de synthèse. « Mais cette philosophie-là est encore de la science, et celui qui la fait est encore un savant » (« L'Intuition philosophique », *supra*, p. 169). En d'autres termes, la science n'a pas besoin de la philosophie pour bâtir des théories générales. Il est vrai que l'exigence de précision, le recours aux faits objectifs, la constitution de théories générales inscrivent dans la méthode intuitive une dimension empirique et rationnelle. Ces procédés ne suffisent cependant pas pour différencier science et philosophie. Pour Bergson, cette dernière ne se distingue en droit de la première que parce qu'elle pense en durée.

Mouvement et changement en sciences

Depuis toujours, les sciences étudient des mouvements et des changements. La physique analyse les mouvements des astres, des particules, etc. La biologie observe les multiples transformations du vivant (phylogenèse et ontogenèse). Cependant, ces disciplines ne se contentent pas d'observer des variations de lieu (mouvement), de forme ou d'état (changement). Elles modélisent ces variations. Elles les décrivent à l'aide de graphiques, de schémas. Or, ces diverses modélisations ont entre elles un point commun : elles décomposent tout mouvement, tout changement en une suite d'étapes statiques. En d'autres termes et paradoxalement, elles retirent sa mobilité au mouvement et au changement.

« L'intelligence » désigne en particulier, sous la plume de Bergson, cette faculté qui permet à l'espèce humaine de figer le devenir. De cette façon, les êtres humains parviennent à percevoir des invariances, des répétitions, des relations de cause à effet. Les fluctuations constantes qui les entourent leur semblent moins instables. C'est pourquoi ils réussissent à se doter d'outils et à s'adapter à leur environnement. « Rien de plus naturel, si l'intelligence est destinée surtout à préparer et à éclairer notre action sur les choses. Notre action ne s'exerce commodément que sur des points fixes ; c'est donc la fixité que notre intelligence recherche » (« Introduction », Première partie, *supra*, p. 49).

Pour penser le mouvant, les scientifiques recourent à des représentations intellectuelles. C'est pour cette raison qu'ils l'immobilisent. Toutefois, ils n'en ont pas forcément conscience. Ils peuvent croire par exemple que sur une droite mathématique, les points successifs se succèdent effectivement, alors qu'en vérité ils se tiennent les uns à côté des autres. La relation gauche/droite figure en effet sur une courbe la relation avant/après. De cette façon, nous avons l'illusion que t_1 se situe avant t_2, ou que tel événement symbolisé se situe avant tel autre. Selon Bergson, l'activité scientifique ne se réduit donc pas à fixer le mouvant. Elle reste hantée par le mouvant qu'elle immobilise – sinon, personne ne parlerait de « mouvement » ou de « changement ». C'est pourquoi les scientifiques projettent sur leurs représentations intellectuelles leur expérience du mouvant et en viennent à croire que celles-ci ne retirent pas au mouvant sa mobilité. C'est ce que Bergson appelle le « mécanisme cinématographique » de l'intelligence (voir *L'Évolution créatrice, op. cit.*, p. 272 et 325).

Par conséquent, le philosophe n'a pas besoin de s'extraire des sciences pour renouer avec la mobilité. Il n'a pas besoin d'apporter aux sciences l'expérience non intellectuelle du mouvement ou du changement. Il la trouve déjà au sein de celles-ci, mais sous la forme d'une confusion entre elle et sa représentation intellectuelle. Sa tâche est donc de séparer l'expérience pure du mouvant et sa représentation scientifique et de chercher une manière de penser le mouvant qui ne l'immobilise pas. Le philosophe n'a donc jamais besoin de sortir des sciences pour penser le mouvant ; il peut au contraire *partir* d'elles, comme Bergson le soutient. Pour Paul-Antoine Miquel, la philosophie « complète » la science « dans tous les domaines, en précisant la nature des problèmes qu'elle pose, celle des objets qu'elle cherche à analyser, en la critiquant lorsque sa démarche introduit une distorsion entre les objets qu'elle modélise et les objets réels qu'elle vise, et en s'interrogeant sur la nature du monde de l'intérieur duquel la science observe tel ou tel type d'objet » (Paul-Antoine Miquel, *Bergson ou l'Imagination métaphysique*, Kimé, 2007, p. 40).

Les idées générales

Pour décrire ses objets, le scientifique ne dispose que du langage ordinaire et des mathématiques. Ces dernières, nous l'avons vu, fixent le mouvant. Or il en va de même pour le langage ordinaire. Lorsque nous nous exprimons, nous recourons en effet à des idées générales. Celles-ci consistent à caractériser un objet par la ressemblance apparente ou supposée qu'il partage avec d'autres (l'idée générale de « fleur », de « chaise », etc.). L'intelligence va donc focaliser son attention sur ce qui ne varie pas. Plusieurs moments successifs lui semblent alors la répétition d'un même moment. Elle observe toutefois des altérations : les moments ne sont pas entièrement identiques. Ces changements n'affectent pas pour elle l'objet observé : une fleur demeure une fleur tant qu'elle ressemble à l'image ordinaire que l'on se fait d'une fleur, même si elle se flétrit peu à peu. Tout objet se transforme au cours du temps, mais aux yeux de l'intelligence ces modifications restent superficielles, accidentelles, elles n'altèrent pas véritablement son identité : L'essence d'un objet n'est pour l'intelligence que cette ressemblance qu'elle perçoit comme immuable entre les différents moments de son existence. Pour l'intelligence, l'essence d'une chose n'évolue pas au cours du temps.

Dans la mesure où l'intelligence réduit un ensemble d'éléments à ce qu'ils ont en commun, elle devient incapable de les différencier. L'idée générale de « soldat » (*Essai sur les données immédiates de la conscience, op. cit.*, p. 108) offre le moyen de différencier un soldat de ce qui n'est pas un soldat. Mais elle ne permet pas de différencier les soldats entre eux. Pour y parvenir, l'intelligence recourt par conséquent à ce que Bergson appelle l'« espace ». Dans son imagination, elle confère à chaque soldat une position distincte. Autrement dit, pour différencier des éléments qu'elle conçoit comme parfaitement identiques, l'intelligence les projette dans un espace idéal. La différence spatiale est ainsi le corrélat de la ressemblance pure.

Bergson oppose à cette conception quantitative du même (ressemblance pure) et de l'autre (différence dans l'espace) une conception qualitative (*ibid.*, p. 140). Qu'est-ce qu'une ressemblance qualitative ? En quoi diffère-t-elle d'une ressemblance quantitative ? Pour faire comprendre sa conception qualitative du même et de l'autre, Bergson s'appuie souvent sur l'exemple de la couleur. Imaginons les diverses nuances d'une même couleur. Que remarque-t-on ? Chaque nuance ressemble aux autres tout en conservant en apparence sa spécificité. Autrement dit, dans ce cas précis, les nuances ne sont pas en apparence parfaitement identiques. Telle est la différence fondamentale entre le même qualitatif et le même quantitatif. Dès lors, comme la ressemblance n'est pas parfaite dans une conception qualitative, il est inutile de différencier les nuances dans l'espace. C'est parce que les éléments sont homogènes, c'est-à-dire parfaitement identiques en apparence, que nous devons leur conférer des positions distinctes dans l'espace pour pouvoir les différencier. Voilà pourquoi Bergson oppose les « multiples homogènes » aux « multiplicités hétérogènes » : les premières rendent identiques en apparence les éléments qui les composent, ce qui nous oblige à les répartir dans un espace idéal ; les secondes conservent les différences qualitatives entre les éléments, leur hétérogénéité, ce qui nous évite de recourir à l'espace.

Il existe donc des ressemblances intellectuelles qui rendent les éléments similaires et des ressemblances pensées « en durée » qui préservent leurs différences. Le réel ne contient que des ressemblances qualitatives auxquelles sont particulièrement sensibles les animaux (« Introduction », Deuxième partie, *infra*, p. 94-95). La science les modélise à l'aide d'idées générales de nature intellectuelle : « la pesanteur, la chaleur, l'électricité » (*ibid.*, p. 98). Cette opération homogénéise abusivement ces ressemblances qualitatives. Néanmoins, Bergson souligne qu'elle capte ainsi une ressemblance réelle. C'est la raison pour laquelle la science peut atteindre l'« absolu », même si elle intellectualise ses objets d'étude. Il suffit que les invariances qu'elle détecte et qu'elle se représente intellectuellement correspondent à des invariances qualitatives réelles.

Cependant, « l'immense majorité des idées générales sont celles que la société a préparées pour le langage en vue de la conversation et de l'action » (*ibid.*, p. 97). Elles demeurent commodes et artificielles. Leur tort n'est pas d'intellectualiser le réel, mais plutôt de nous habituer à ne brasser que des idées ordinaires.

La critique bergsonienne des idées générales s'appuie effectivement sur la différence entre la durée et l'espace, entre l'intuition et l'intelligence : elle distingue la ressemblance qualitative, « vitale » (*ibid.*, p. 99), de la ressemblance quantitative, « géométrique ». Il ne faut toutefois jamais perdre de vue que cette distinction ne disqualifie pas l'intelligence, laquelle peut penser le réel si elle s'en tient aux « généralités objectives » (*ibid.*,

p. 97). Or, précisément, cette thèse a été mal comprise. Nombreux sont ceux qui ont cru que la critique *formelle* (penser en durée plutôt qu'en espace) des idées générales condamnait toute approche intellectuelle. Ils en ont conclu que le bergsonisme discréditait l'intelligence et par voie de conséquence le discours scientifique. En vérité, dans *La Pensée et le Mouvant*, Bergson reproche plutôt aux idées générales de nous éloigner du domaine de l'expérience objective, des sciences. En ce sens, cette critique est plus *empirique* que *formelle*.

L'idée de possible et le concept de durée

La critique de l'idée de possible est en revanche proprement formelle. Dans cette longue introduction, elle justifie pleinement la différence entre la science et la philosophie.

Les scientifiques utilisent consciemment ou non la notion de possible. Par exemple, sur un graphique, un mouvement n'est qu'un des ensembles de points possibles. C'est pourquoi tous les mouvements sont toujours donnés d'avance avant même d'être effectués. Le mouvement réel n'est qu'une des trajectoires possibles contenues dans le graphique. *Le passage à l'existence d'un mouvement ne modifie donc rien au contenu de celui-ci*. De la même manière, une « symphonie » (« Introduction », Première partie, *infra*, p. 56) ne sera qu'un réarrangement de notes parmi l'ensemble des arrangements de notes possibles. En ce sens, toutes les symphonies sont déjà écrites. Dans une telle approche, tout ce qui se produit n'est que la réalisation d'une « possibilité » (*ibid.*). La forme d'un objet, le contenu d'une idée, l'apparence d'une émotion préexistent ainsi à leur apparition.

Bergson oppose à cette conception du devenir le concept de durée. Au même titre que les multiplicités homogènes employées par l'intelligence, la durée se compose d'éléments. Comme son nom l'indique, elle est même un *nombre d'unités de temps*. On omet souvent de préciser que le mot « nombre » a deux sens pour Bergson. La plupart du temps, il conserve une signification spatiale, intellectuelle. Or, « si l'on peut découper dans l'univers des systèmes pour lesquels le temps n'est qu'une abstraction, une relation, un nombre, l'univers lui-même est autre chose » (*ibid.*, p. 55). Il emploie donc plus rarement le terme « nombre » tel qu'il est pensé en durée, par opposition à la pensée spatiale qui, elle, « n'accepte pas l'idée d'une multiplicité indistincte et même indivisée, purement intensive ou qualitative, qui, tout en restant ce qu'elle est, comprendra un nombre indéfiniment croissant d'éléments » (*ibid.*, p. 61). Mais un tel nombre ne s'apparente pas à une quantité. Ses unités diffèrent même qualitativement les unes des autres. Elles ne sont pas homogènes, c'est-à-dire parfaitement identiques en apparence. Il est donc inutile de leur attribuer une position dans l'espace pour les différencier : leur apparence suffit. Elles peuvent « s'interpénétrer », c'est-à-dire occuper en même temps un même lieu, et se confondre sans avoir à fusionner. À la différence des unités d'une quantité, les unités qualitatives parviennent à être plusieurs en un même endroit. Lorsque deux unités sont parfaitement identiques en apparence, seule leur position dans l'espace permet de les différencier. Aussi ne sont-elles qu'une seule et même chose si elles occupent une même position. Il est dès lors impossible de considérer que plusieurs éléments d'une multiplicité homogène occupent une même place : les unités d'une quantité restent, pour cette raison, impénétrables. Les unités de la durée peuvent, quant à elles, s'interpénétrer. En d'autres termes, elles peuvent occuper en même temps un même lieu tout en demeurant plusieurs. De cette façon, elles se mêlent les unes aux autres et peuvent former des émotions, des sensations, *plus ou moins* intenses. Bergson est parvenu à créer ainsi un nombre en durée, un nombre dont les unités s'interpénètrent – conception impossible en mathématiques.

Il faut se souvenir qu'une description quantitative ou mathématique de l'intensité décompose l'émotion ou la sensation en une suite d'unités ou d'éléments nettement distincts. Ces unités et ces éléments sont tous homogènes. Parfaitement identiques, ils ne peuvent différer que par leur position. C'est pourquoi ils ne peuvent partager en même temps un même lieu. Or, notre expérience de l'intensité ne présente rien de tel. Elle nous semble au contraire essentiellement confuse : nous ne réussissons jamais à isoler clairement les éléments de notre expérience. Qui perçoit les trilliards de vibrations matérielles qui composent pourtant la sensation de « rouge » (*Matière et mémoire*, *op. cit.*, p. 255) ? La représentation intellectuelle de l'intensité reste donc trop artificielle. Elle fait comme si nos affects n'étaient pas confus, alors qu'ils le sont manifestement. Par conséquent, elle n'est pas capable de décrire adéquatement notre expérience vécue et plus précisément la formation au sein de celle-ci d'un nombre confus, d'une intensité.

Mais que se passe-t-il lorsque deux unités de temps s'interpénètrent ? Comme nous venons de l'indiquer, elles engendrent une impression globale et confuse. Retenons que cette impression engendrée par l'interpénétration diffère qualitativement des éléments qui la constituent : le tout ne se réduit pas à ses éléments. La réunion du bleu et du jaune produit du vert, mais le vert n'est pas une mosaïque de bleu et de jaune ; il n'est ni du bleu ni du jaune ; il est devenu *plus* que ses composants réunis.

De cette façon, Bergson peut opposer au concept de possible celui de durée, c'est-à-dire à l'*impénétrabilité* des éléments des multiplicités homogènes, l'*interpénétrabilité* des éléments des multiplicités hétérogènes. Lorsqu'une forme, c'est-à-dire un ensemble d'éléments hétérogènes, s'actualise, elle change ; elle ne passe pas à l'existence sans se modifier. L'idée de possibilité nous suggère qu'une forme s'actualise sans se modifier ou qu'une forme s'actualise en perdant une partie de son contenu. De cette façon, toute actualisation est une copie plus ou moins conforme d'un modèle original. Toute modification est alors nécessairement une erreur de reproduction. Le concept de durée enseigne au contraire qu'une forme change en s'actualisant. Le changement n'est plus obligatoirement un défaut. Grâce à la durée bergsonienne, la production de formes nouvelles, la création, se révèle pensable.

Science et métaphysique, matière et esprit

Cela ne signifie pas que l'idée de possible mérite d'être bannie. Les éléments de la durée peuvent s'interpénétrer plus ou moins. Les intervalles de temps de la matière physique s'effleurent à peine au niveau de leur extrémité. Ils sont continûment reliés puisque aucun vide ne les sépare. Ils demeurent, de fait, quasiment impénétrables (ne confondons pas chez Bergson continuité et pénétrabilité). Ils ne s'encastrent pas les uns dans les autres, comme c'est le cas dans une conscience qui les conserve et les organise entre eux. Ils forment une durée relâchée, *détendue*. La matière physique dispose donc d'une durée non créative, quasi impénétrable. C'est pour cette raison que le scientifique peut prédire son comportement.

La sensation se contente, quant à elle, de contracter simplement cette matière impénétrable : la sensation de rouge résulte de l'interpénétration des vibrations matérielles qui la composent. La sensation en tant que telle ne se réduit pas à ses éléments, mais elle ne fait qu'exprimer qualitativement une répétition. Leur devenir demeure donc parfaitement prévisible par les sciences. C'est pourquoi la sensation n'est jamais synonyme de création chez Bergson. De même, les idées ordinaires emmagasinées dans le langage ne sont que l'expression intellectuelle d'habitudes motrices relatives à telle ou telle société. Les sciences humaines au même titre que les sciences physiques ou biologiques ont précisément pour objet d'étude tout ce qui dans le comportement humain peut se décrire à l'aide de l'idée de possible. *Sensation et idées ordinaires ne sont que les manifestations conscientes d'une durée matérielle détendue.* En ce sens, ces sciences humaines se contentent d'étudier le fonctionnement de la matière inerte (physique ou biologique), même si elles s'en tiennent à l'étude des représentations ou des idées d'une société, d'un individu, etc.

La métaphysique ne se réserve donc nullement le domaine de la psyché humaine, mais celui de l'esprit, c'est-à-dire de tout ce qui est véritablement créatif dans l'être. Les sciences ne sont pas exclues de la psychologie, de la sociologie, etc., comme certains l'ont cru. Bergson ne prétend en aucun cas que tout est créatif et imprévisible dans le comportement humain. Il soutient seulement que ce dernier peut l'être. Les sciences étudient la dimension matérielle de l'être physique, biologique, psychique, sociologique, etc., c'est-à-dire tout ce qui se répète, tout ce qui peut se réduire à des actualisations de possibilités. La métaphysique se réserve quant à elle l'étude *précise* de ce qui, au cœur même des discours scientifiques, résiste à cette réduction.

	Problèmes principaux		Solutions principales
Partie I	Pourquoi avoir pensé en durée ?	1	Bergson rappelle succinctement le cheminement qui l'a conduit au concept de durée (p. 45-48). (Pour plus de détails sur ce cheminement, voir l'annexe à l'édition de l'*Essai sur les données immédiates de la conscience, op. cit.*, p. 249.)
		2	Le concept de durée permet de dépasser l'associationnisme qui réduit les états psychiques à des combinaisons, à des associations, d'idées ou de sentiments.

		L'associationnisme véhicule l'idée de possible. C'est pourquoi il ne peut penser la liberté humaine (p. 48-56).
	3	Le concept de durée permet de dépasser le déterminisme historique qui réduit toute pensée à une combinaison d'idées de son temps. En d'autres termes, le déterminisme historique véhicule lui aussi l'idée de possible. Aussi est-il incapable de penser la créativité dans l'histoire de l'humanité (p. 56-63).
	4	Le concept de durée permet de dépasser le kantisme qui a postulé que la pensée humaine ne pouvait être qu'intellectuelle. C'est pourquoi il a cru que toute connaissance n'était qu'une reconstruction artificielle du réel et que l'absolu échappait pour cette raison aussi bien aux sciences qu'à la métaphysique (p. 63-65).
Partie II Comment penser en durée ?	1	Réforme formelle (p. 67-113) : la science recourt aux multiplicités homogènes, à l'espace, à l'intelligence ; la philosophie doit quant à elle utiliser les multiplicités hétérogènes, la durée, l'intuition. C'est ainsi que la philosophie peut montrer que les sciences, au même titre que la métaphysique, atteignent l'absolu (p. 74-83 et 103-107).
	2	Réforme empirique (p. 113-133) : la philosophie doit toujours partir de l'étude des faits scientifiques et demeurer conforme à ceux-là. En outre, elle doit rester *précise*. Ces deux thèses sont déjà esquissées dans les pages précédentes (p. 68, 81, 83-85, 92-93 et 108-110).

Notes de l'« Introduction. Première partie »

1. Pour Bergson, la philosophie doit être précise. En résumé, elle doit présenter une conception de l'univers qui corresponde à celui-ci et à aucun autre. De la même manière, toute explication d'un objet d'étude doit correspondre à celui-ci et à aucun autre. Sinon, elle demeure trop vague. Pour un exposé détaillé de cette notion importante, voir Notice de l'« Introduction », *supra*, p. 314.

2. Herbert Spencer (1820-1903) est un philosophe anglais, penseur de l'évolution. Son ouvrage le plus célèbre reste *Les Premiers Principes* (1862), auquel Bergson fait allusion dans ce paragraphe. Il faudra attendre *L'Évolution créatrice* pour que Bergson aborde directement la philosophie de Spencer et s'en détache définitivement.

3. « Les idées dernières » est une expression tirée de l'ouvrage de Spencer. Dans ce dernier, celui-ci expose les idées dernières de la mécanique (idée de temps, d'espace et de force), c'est-à-dire les idées de base de la mécanique classique. Il faut se souvenir qu'au XIXe siècle les sciences physiques sont essentiellement dominées par la mécanique classique et l'électromagnétisme. En physique fondamentale, elles laisseront la place au siècle suivant à la théorie de la relativité et à la physique quantique.

4. Depuis cette phrase jusqu'à « [...] le temps est ce qui se fait, et même ce qui fait que tout se fait », Bergson rappelle ce qu'il a appris de Charles Renouvier : les moments viennent les uns après les autres (succession), et non tous d'un coup (simultanéité). Or, lorsque nous mesurons, nous faisons comme si les parties du temps étaient contemporaines les unes des autres pour pouvoir les comparer. Autrement dit, nous faisons comme si tout était simultané, comme si tout se produisait en même temps, comme si tout était déjà fait. Mais le temps réel se fait, il est même « ce qui fait que tout se fait », que tout n'est pas encore fait. Pour plus de détails ou pour un récit plus approfondi de la façon dont Bergson a inventé le concept de durée, voir « Bergson et l'invention de la durée », annexe à l'*Essai sur les données immédiates de la conscience*, *op. cit.*, p. 249.

5. Depuis cette phrase jusqu'à « [...] la même fatigue d'attendre », Bergson fait une allusion explicite au problème qui lui a permis de découvrir son concept de durée : l'expérience de pensée de l'accélération universelle. À titre de complément, ou pour un exposé plus détaillé de la manière dont Bergson a créé le concept de durée, voir annexe à l'*Essai sur les données immédiates de la conscience, op. cit.*, p. 249.

6. L'associationnisme est une théorie issue de la psychologie, en vogue à l'époque de Bergson. Elle est au centre de ses critiques dans l'*Essai sur les données immédiates de la conscience* et dans *Matière et mémoire*. L'associationnisme reconduit l'idée de possible que Bergson dénonce, dans la mesure où cette théorie réduit tout état psychique à une combinaison, à une association, d'idées ou de sentiments. Sur la critique bergsonienne de l'idée de possible, voir Notice de l'« Introduction », *supra*, p. 316.

7. Bergson veut dire ici que la durée n'est pas une unité ou une multiplicité au sens intellectuel de ces mots (sur la différence entre intelligence et pensée en durée, voir Notice de l'« Introduction », *supra*, p. 316). Rappelons que pour lire Bergson, il faut tenir compte du contexte d'écriture pour déterminer, à chaque fois, si telle ou telle notion est pensée intellectuellement ou en durée (voir sa seconde note de bas de page, p. 244).

8. Pour comprendre dans quelle mesure le langage ordinaire nous détourne de la durée, voir Notice de l'« Introduction », *supra*, p. 316.

9. Allusion de Bergson aux paradoxes de Zénon. Sur ce point, voir Notice de « La Perception du changement », *infra*, p. 368.

10. Le concept de possible est un concept clé de *La Pensée et le Mouvant*. Pour un exposé complet du concept de possible, voir Notice de l'« Introduction », *supra*, p. 316.

11. Nouvelle allusion à l'expérience de pensée de l'accélération universelle. Voir note 5, *supra*.

12. Pour Bergson, il existe au sein de la matière physique une durée minimale, un intervalle de temps irréductible, qui fait que la fonte du sucre ne pourra jamais être instantanée et devra durer au moins le temps de cet intervalle.

13. Pour Bergson, chaque événement matériel est pré-écrit, prévisible. Mais si on pouvait entendre tous les événements physiques qui se produisent en même temps, à chaque moment du déploiement de l'univers, alors on percevrait une impression

globale au contenu imprévisible, car elle ne se réduirait pas aux événements prévisibles qui la composent. En d'autres termes, l'univers matériel est une création et non une fabrication, du moins si on le considère dans son ensemble. Sur la notion de « fabrication » par opposition à celle de « création », voir Notice du « Possible et le Réel », *infra*, p. 346.

14. Pour un exposé complet de ce qu'est l'illusion rétrospective, voir Notice du « Possible et le Réel », *infra*, p. 346.

15. On nomme communément « moralistes » les écrivains qui s'attachent à dépeindre les mœurs de leur société (Montaigne, La Rochefoucauld, La Bruyère, La Fontaine…).

16. Référence au célèbre cycle romanesque de Proust. Rappelons que la belle-mère de Bergson était la cousine germaine de la mère de Proust. Il existe même une lettre de Bergson à Proust (*Mélanges*, éd. André Robinet, PUF, p. 1326) dans laquelle il le félicite pour son ouvrage.

17. Bergson reconnaît que la littérature a déjà réussi à penser en durée. Mais elle n'a pas donné les règles méthodologiques (« les conditions générales ») qui permettent de ne pas confondre une représentation spatiale et une pensée en durée.

18. Voir note 6, p. 327.

19. Auguste Comte souhaite affranchir les hommes de la métaphysique et de la religion par la science (« positivisme »). Spencer pense que Dieu reste, en lui-même, inconnaissable (« agnosticisme »).

20. Kant n'a jamais qualifié la connaissance humaine de « relative ». Mais l'emploi de ce terme se justifie. Retenons que, pour Bergson, la connaissance humaine chez Kant est relative au point de vue humain en général et non à tel ou tel groupe, ou à tel ou tel individu. Voir Notice de l'« Introduction à la métaphysique », *infra*, p. 378.

21. Formule de Kant. La « chose en soi », ou « noumène », désigne cette réalité inaccessible à l'homme.

22. Les *impedimenta* sont des entraves à une activité.

23. Allusions successives à trois de ces écrits : (1) l'*Essai sur les données immédiates de la conscience*, ouvrage dans lequel il s'intéresse à l'expérience vécue et à la psychologie ; (2) *Matière et mémoire*, livre dans lequel il s'attache à la relation entre corps et esprit, ainsi qu'aux rapports entre physiologie et psychologie ; (3) *L'Évolution créatrice*, œuvre dans laquelle il s'intéresse à la nature du vivant et à la biologie.

24. Le « prochain chapitre » est la seconde partie de l'« Introduction ».

25. Cette remarque ne concerne que la philosophie, c'est-à-dire l'étude de la dimension spirituelle, créatrice, du réel. La science reste précise, même si elle ne pense pas en durée. Pour plus de précisions, voir Notice de l'« Introduction », *supra*, p. 314.

Notes de l'« Introduction. Deuxième partie »

1. Effectivement, il faut attendre l'« Introduction à la métaphysique » (1903) pour que Bergson traite enfin de façon générale de la question de la méthode. Il a auparavant publié trois ouvrages : l'*Essai sur les données immédiates de la conscience* (1889), *Matière et mémoire* (1896), *Le Rire* (1900).

2. Bergson adresse une même critique à Schelling, Schopenhauer, Fichte, Hegel et Spinoza. Il leur reproche d'adopter une pensée systématique et imprécise. Voir Notice de l'« Introduction », *supra*, p. 314-315.

3. Allusions respectives à Spinoza, Fichte, Hegel, et Schopenhauer. Voir aussi p. 89.

4. Communément, le panthéisme est la thèse selon laquelle Dieu est en toute chose (dans les plantes, en nous, etc.). Dieu est immanent (intérieur) et non transcendant (extérieur) au monde. Dans ce passage, le panthéisme ne signifie pas que Dieu est en toute chose, mais que l'essence de Dieu est dans l'essence de chaque chose. Pourquoi Bergson soutient-il que les philosophies de Spinoza, Hegel et Fichte sont, en ce sens précis, panthéistes ? Il faut se souvenir qu'elles recourent, selon lui, à des idées générales pour penser l'essence d'une chose, c'est-à-dire ce qu'elle est. Par exemple, une « fleur », l'essence des fleurs, ou encore l'idée générale de fleur, est ce trait commun que toutes les variétés de fleurs partagent. Elle est ainsi l'essence de chaque essence particulière, de chaque variété. C'est pour cette raison que toute essence d'essences est contenue pour Bergson dans chaque essence particulière – elle est prélevée au sein de chaque

essence particulière. Aussi, toute essence d'essences est intérieure à chaque essence dont elle est l'essence. Pour le dire autrement, une idée générale est immanente à toutes les idées qui ne sont qu'une particularisation de cette idée – au même titre que chaque variété de fleur n'est qu'un cas particulier de « fleur ». Or, dans les philosophies de Spinoza, Hegel et Fichte, toutes les essences ou toutes les idées résultent d'un mouvement de particularisation – nous partons de l'idée générale de fleur qui génère ensuite toutes les variétés de fleur. Dieu, l'origine de toutes les essences, le moteur de ce mouvement, est par conséquent immanent à toutes les essences ou à toutes les idées qu'il engendre. Ces philosophies sont donc en toute logique panthéistes, même si elles ne l'admettent pas.

5. Bergson développe ici sa critique des systèmes philosophiques : recourir à des idées générales condamne la philosophie à l'imprécision. Dans chacun de ces systèmes, il importe en effet de découvrir l'idée des idées, l'essence des essences, le « concept des concepts ». Ce « principe » n'est en vérité qu'une idée générale. Nous partons à la recherche de la ressemblance que nous croyons percevoir entre toutes les choses. Aussi, nous n'avons plus besoin de nous intéresser aux particularités de chaque chose. Ce « principe » nous renseigne sur ce qu'est au final chaque chose. À quoi bon dès lors perdre son temps à étudier les caractéristiques de chaque chose, puisque l'essence de chacune a déjà été dévoilée ? Tout se passe comme si l'idée générale de fleur, par exemple, nous livrait déjà le contenu essentiel de toutes les variétés de fleur possibles. Il est donc inutile d'étudier chaque variété. L'idée générale de fleur, obtenue d'un coup, sans examen approfondi, nous suffit. Dans un système philosophique, il est donc inutile d'analyser le réel, de le sonder, de l'étudier, puisque ses différentes manifestations ne nous apprendront rien de plus sur son essence. À l'aide d'un unique « principe », d'un simple « concept des concepts », nous avons l'illusion de connaître « tout le réel et tout le possible », c'est-à-dire l'essence de tout ce qui existe actuellement ou se formera dans l'avenir. C'est pourquoi les systèmes philosophiques restent trop éloignés des particularités de notre univers et des faits scientifiques (voir Notice de l'« Introduction », *supra*, p. 314) : ils demeurent imprécis.

6. Bergson souligne une nouvelle fois le caractère imprécis des systèmes philosophiques. Voir note 1, p. 326.

7. L'intuition n'est évidemment pas une forme de télépathie. Nous ne pouvons pas connaître ce qu'une autre personne est en train de ressentir ou de penser. Mais nous pouvons nous représenter son vécu de deux façons. La première consiste à le penser intellectuellement. De cette façon, nous nous donnons le vécu d'autrui comme nous visualisons une droite géométrique : la droite est devant nos yeux et nous demeurons à côté d'elle. Nous ne coïncidons pas avec elle. Nous la contemplons du dehors. En d'autres termes, nous étudions le vécu d'autrui, et pour produire cette analyse nous commençons par faire comme si nous étions à l'extérieur de ce vécu. Dans cette perspective le sujet et l'objet de la connaissance demeurent extérieurs l'un à l'autre. Une seconde façon de procéder consiste à ne pas s'extérioriser du vécu d'autrui, à faire comme si nous étions en train de vivre ce qu'il est en train de vivre. Nous reproduisons alors le vécu d'autrui en nous comme si nous étions à sa place. L'intuition, la pensée en durée, est cet effort au sein duquel le sujet et l'objet de la connaissance sont intérieurs l'un à l'autre. Certes, cela ne suffit pas : nous pouvons avoir l'impression de vivre ce que vit autrui et nous tromper sur ce qu'il est en train de vivre réellement. Mais cet effort reste indispensable. Sans lui, nous nous représentons inadéquatement le vécu d'autrui. En effet, autrui comme toute conscience demeure toujours intérieur à son propre vécu : la distance introduite entre le sujet et l'objet est un artifice de notre intelligence.

8. *Endo* (à l'intérieur) ; *osmose* (mélange de deux choses). « L'endosmose psychologique » désigne ici le fait pour une conscience de se mêler au vécu d'une autre en le reproduisant (voir note précédente).

9. Harald Høffding (1843-1931) est un penseur danois, auteur d'ouvrages de philosophie et d'histoire de la philosophie. Dans son ouvrage sur Bergson (*La Philosophie de Bergson, exposé et critique*) paru en France en 1916, Høffding présente quatre définitions classiques de l'intuition et se demande laquelle de ces définitions correspond à celle de Bergson. Or, pour Bergson, aucune de ces définitions ne correspond à la sienne. Il le lui explique dans une lettre devenue célèbre (*Mélanges, op. cit.*, p. 1147-1149). On peut noter aussi que la méthode employée par Høffding pour comprendre un texte philosophique est très précisément celle que dénonce Bergson dans « L'Intuition philosophique ». Une interprétation ne peut

consister à réduire les thèses fondamentales d'un auteur à celles qu'on retrouve chez d'autres. De cette façon, on ne retient de ses thèses que ce qu'elles ont en commun avec d'autres thèses en apparence semblables. Pour plus de détails sur la méthode de lecture que préconise Bergson en philosophie, voir Présentation, « Penser en durée l'histoire de la philosophie », p. 28.

10. L'*Index Aristotelicus* est le cinquième tome de l'*Aristotelis Opera*. Ce dernier rassemble l'ensemble des textes grecs que l'on considérait comme étant véritablement de la main d'Aristote à l'époque de Bergson. Il est l'œuvre d'un philologiste prussien : August Immanuel Bekker (1785-1871).

11. Telle est la différence essentielle entre l'« Introduction à la métaphysique » de 1903 et ce texte de 1922. Voir sur ce point Notice de l'« Introduction à la métaphysique », *infra*, p. 378.

12. La science comme la philosophie peuvent accéder à l'absolu, c'est-à-dire au réel en tant que tel et non tel que nous nous le représentons ordinairement. Toute connaissance ne défigure pas toujours son objet d'étude pour Bergson. Toute connaissance n'introduit pas nécessairement un point de vue. Pour plus de détails, voir Notice de l'« Introduction », *supra*, p. 316.

13. Bergson reprend une célèbre opposition de Pascal (*Pensées*, Br. 1). Il en modifie délibérément le sens : « l'esprit de finesse » désigne ici l'intuition, alors que « l'esprit géométrique » désigne l'intelligence.

14. Allusion aux paradoxes de Zénon, et surtout aux antinomies issues de l'histoire de la philosophie que Bergson tente de dépasser dans ses livres successifs : déterminisme contre libre arbitre (*Essai sur les données immédiates de la conscience*), réalisme contre idéalisme (*Matière et mémoire*), mécanisme contre finalisme (*L'Évolution créatrice*). Chacune de ces oppositions est en effet une contradiction sur le plan logique : on ne peut soutenir à la fois que nous sommes libres et non libres, que nous accédons et n'accédons pas au réel, ou encore que le fonctionnement de la matière vivante est ou n'est pas orienté par un but, par une fin. La philosophie est pourtant contrainte de conserver ces contradictions pour Bergson, parce que chaque terme contient une thèse indispensable. Par exemple, si on adhère au déterminisme, alors nous devons supposer que tous nos comportements sont rigoureusement déterminés : nous ne

serions que des automates. Mais dès lors, il devient incompréhensible que nous ayons dans les faits l'impression d'être libres. Inversement, si on pense que la liberté consiste à faire le bon choix (libre arbitre), alors il faut bien que des raisons nous invitent à faire tel ou tel choix. Mais ces raisons déterminent alors notre choix, et nous redevenons des automates. Déterminisme et libre arbitre s'imposent à nous, sans possibilité de les concilier. En vérité, on peut dépasser cette contradiction en pensant en durée le problème de la liberté : des motifs pèsent sur notre décision (déterminisme), mais ils se pénètrent les uns les autres, et peuvent donc engendrer, par leur mélange, une solution inédite. En d'autres termes, nos déterminations sont la matière de tout acte de création, de toute liberté. La liberté n'est pas un choix entre des possibles préformés mais plutôt l'effort de création d'une nouvelle possibilité. (Pour un exposé plus complet de ce concept de création, voir Notice de l'« Introduction », *supra*, p. 316.) De cette façon, la pensée en durée de la liberté dépasse la contradiction entre le déterminisme et le libre arbitre en conservant deux thèses essentielles : (1) la liberté requiert un contenu (déterminisme), nous ne décidons pas au hasard ; (2) nous nous sentons libres (libre arbitre).

15. Il est fondamental de comprendre que pour Bergson les mathématiques sont une science des relations. Les éléments d'une multiplicité mathématique n'ont pas d'épaisseur. Ils sont semblables à des points dont la longueur, la surface ou le volume sont théoriquement nuls. Selon lui, les mathématiques ne se préoccupent plus depuis Leibniz d'ajouter des unités, des grandeurs non nulles. Elles tissent des relations (fonctions, etc.) entre des éléments de grandeur nulle. Il faut retenir que relier deux objets consiste pour Bergson à se désintéresser de la grandeur, de la durée, de la nature de chacun d'eux pour ne retenir que la relation de position qui les lie. De cette façon, l'essence de chaque objet devient inintéressante. La relation devient plus importante que le contenu des termes mis en relation. C'est pourquoi les mathématiques et les sciences physiques finissent par réduire les événements à des instants, les objets à des ensembles de points, etc. Pour plus de détails, voir annexe à l'*Essai sur les données immédiates de la conscience*, *op. cit.*, p. 249.

16. Ce passage constitue une réponse implicite au mathématicien Émile Borel (voir *Mélanges*, *op. cit.*, p. 753-758). Ce dernier

reproche à Bergson d'avoir soutenu que les mathématiques (plus précisément la géométrie) sont innées. Bergson n'a jamais défendu une telle thèse. Comme il l'écrit, il pense qu'il existe une tendance naturelle chez l'être humain à spatialiser. Celle-ci favorise l'action de l'homme sur son environnement. Elle peut aussi conduire à différentes formes de mathématiques, du moins si nous sommes capables de nous affranchir des contraintes de l'action vitale et de retirer de celle-ci toute forme de durée – ordinairement, l'intelligence conçoit des mixtes de durée et d'espace. La science mathématique n'est donc pas innée. Elle consiste plutôt à détourner une fonction vitale de son but (adapter l'homme) et de son contenu (mixte impur). De cette façon, elle devient une connaissance désintéressée et purement spatiale, au même titre que la philosophie devient une connaissance désintéressée de la durée pure, dans *L'Évolution créatrice*, par le détournement de la frange d'instinct résidant encore dans l'être humain.

17. Allusion à la philosophie de Kant que Bergson considère comme une forme de relativisme. Voir Notice de l'« Introduction à la métaphysique », *infra*, p. 378.

18. Allusion à l'article « Les temps fictifs et les temps réels », paru en 1924 (*Mélanges, op. cit.*, p. 1432-1449). Bergson rencontre Einstein en 1922. Les deux penseurs ont manifestement du mal à communiquer. Einstein estime que les vues de Bergson sont incorrectes sur le plan physique. En France, divers défenseurs d'Einstein (Becquerel, Metz) critiquent les thèses de Bergson durant les années qui suivent. Ce dernier sort alors de sa réserve habituelle et répond plusieurs fois, jugeant qu'il n'a pas été compris. Cette longue polémique l'use et il finit par suspendre la parution de *Durée et Simultanéité*, dont la dernière édition paraîtra en 1931.

19. En fonction de l'endroit où nous nous trouvons, un objet extérieur à nous peut nous sembler immobile ou en mouvement. Toutefois, nous supposons que cet objet ne peut dans la réalité être à la fois mobile et statique. Aussi, un de ces deux points de vue doit être le bon. La physique newtonienne postule qu'il existe effectivement un « système de référence » privilégié, un bon point de vue (l'éther), à partir duquel nous pouvons observer si l'objet extérieur à nous est réellement ou non en mouvement. Mais la physique relativiste rompt avec ce postulat. Il devient par conséquent impossible de considérer qu'il

existerait un bon point de vue, un système de référence universel. La disparition de ce système de référence a une conséquence philosophique importante que Bergson veut souligner dans cette longue note. Tant qu'il existe un système de référence universel, nous n'avons aucune raison en physique de ne pas croire qu'on peut observer la réalité en demeurant extérieur à elle, comme lorsque nous contemplons un paysage. Autrement dit, nous pouvons continuer à nous figurer l'univers matériel à partir d'un point de vue supposé universel. Il conserve ainsi une « figure ». En d'autres termes, le sujet (le physicien) et l'objet de la connaissance (le mouvement) peuvent rester séparés. Il n'est donc pas illégitime de penser que la réalité matérielle peut ressembler à un ensemble d'objets matériels, comme nous en percevons ordinairement. En effet, nous demeurons extérieurs aux objets de notre environnement. Notre corps ne se confond pas avec eux. Une certaine distance nous sépare. Mais cette représentation figurée du monde s'effondre avec la physique relativiste. Il devient théoriquement impossible de se figurer les choses puisque nous devons, pour les imaginer ou pour les voir, faire comme si nous étions extérieurs à elle. Or, cela revient à adopter un point de vue sur elles, un système de référence. Comme il n'existe en réalité aucun système de référence satisfaisant, toute représentation figurative de l'univers matériel est une illusion. C'est pourquoi, l'univers ne se compose plus de « choses » que nous pourrions nous figurer (comme lorsqu'on imagine des objets) mais de « relations ». Même si Newton se préoccupait plus de comprendre les relations de cause à effet entre les choses que les choses elles-mêmes, il pouvait encore se figurer un univers peuplé de choses. À partir d'Einstein, cette possibilité disparaît. Il ne reste plus que les relations (voir note 15, p. 333). Aussi, pour redonner une image aux objets, il importe de cesser de les penser comme si nous étions extérieurs à eux. Bergson soutient implicitement dans ce passage que la physique relativiste invite pour cette raison le philosophe à adopter une image intuitive, non newtonienne, de la réalité matérielle.

20. La sensation reste pensable chez Bergson par l'intelligence, car elle n'est que la synthèse d'éléments matériels. Voir Notice de l'« Introduction », *supra*, p. 316 et la note ci-après.

21. Allusion au dernier chapitre de *Matière et mémoire*. La sensation est de la matière physique contractée. Les diverses

vibrations de la lumière rouge sont réunies, condensées dans un acte de conscience. Elles s'y chevauchent et engendrent ainsi, par leur confusion, l'image visuelle de la couleur rouge, « la sensation de rouge » (*Matière et mémoire, op. cit.*, p. 255). Pour rejoindre la matière, l'esprit n'a qu'à relâcher cet acte de synthèse qui rend possible la perception du rouge, et retrouver ainsi le plan de la matière où les vibrations se succèdent sans se confondre, et sans être rassemblées dans un état de conscience. Ce relâchement n'existe, évidemment, qu'en théorie. Mais il permet de se faire une image de ce qu'est la matière.

22. La précision signifie qu'un objet d'étude n'admet qu'une seule explication et qu'une explication ne rend compte que de son objet d'étude. Pour un exposé complet de ce concept fondamental, voir Notice de l'« Introduction », *supra*, p. 314.

23. La certitude ne désigne pas chez Bergson une connaissance dont on ne peut douter. Elle désigne une connaissance fondée sur des faits scientifiquement avérés (voir Notice de l'« Introduction », *supra*, p. 314).

24. Ce paragraphe est un résumé d'une conférence parue dans *L'Énergie spirituelle* : « l'âme et le corps ». Bergson reproche ici à Platon d'avoir déduit d'un concept l'immortalité de l'âme. À ses yeux, il convient plutôt de s'appuyer sur l'étude des faits. C'est l'étude du cerveau qui doit nous inviter à supposer que l'âme survit au corps et non un raisonnement abstrait dépourvu de considérations empiriques. Voir Notice de l'« Introduction », *supra*, p. 314.

25. Bergson esquisse ici sa critique de « l'homme intelligent » (p. 125-127). Comme toute « science naissante », l'homme intelligent maîtrise ou révolutionne la connaissance d'un domaine particulier. Cependant, il croit qu'un tel succès l'autorise à parler de toute chose. Il devient « dogmatique », c'est-à-dire il ne se donne même plus la peine d'étudier de nouveaux faits, de se refaire étudiant. Il étend ses résultats à des domaines dans lesquels il n'est pas compétent. Cette critique de l'homme intelligent est une des idées directrices de la méthode bergsonienne. Voir Notice de l'« Introduction », *supra*, p. 314.

26. Voir note 5, p. 330.

27. Bergson ne veut pas dire qu'Aristote adhère au platonisme mais qu'il reproduit implicitement un certain platonisme dans la mesure où il cherche lui aussi à élaborer un système. Voir note 5, p. 330.

28. Allusion aux philosophes de la Renaissance : Descartes, Spinoza, Leibniz...

29. Allusion en particulier à Descartes, Leibniz et Pascal, qui furent effectivement mathématiciens et philosophes.

30. Voir p. 68.

31. Voir note 21, p. 328.

32. Voir note 5, p. 330.

33. Dès 1911 (voir *L'Énergie spirituelle, op. cit.*, p. 25) Bergson considère que les « grands hommes de bien » sont les individus les plus créatifs dans la mesure où ils créent des créateurs de créateurs. Autrement dit, grâce à eux, l'émotion créatrice peut se propager indéfiniment puisqu'ils engendrent des créateurs qui génèrent à leur tour des créateurs, et ainsi de suite. Ils émancipent ainsi l'humanité en la rendant de plus en plus créatrice. Cette perspective changera dans *Les Deux Sources de la morale et de la religion* (1932). La finalité de la Vie, le but poursuivi par les mystiques, n'est plus la création mais l'amour, l'amitié entre les consciences. Voir Notice de « La Vie et l'œuvre de Ravaisson », *infra*, p. 399.

34. Le philosophe ne se contente pas de combiner des thèses qu'il trouve toutes faites dans les idées de son temps. Bergson revient longuement dans « L'Intuition philosophique » sur cette conception de l'histoire de la philosophie. Il applique même cette conception à trois œuvres (celles de Bernard, James et Ravaisson) dans les derniers textes de *La Pensée et le Mouvant*.

35. Bergson ne veut nullement dire ici que pour résoudre un problème philosophique, il suffit d'en modifier le contenu. Naturellement, si on procédait ainsi, on ne résoudrait pas le problème, on se contenterait d'en changer. En vérité, il existe toujours au sein de l'énoncé d'un problème des termes qu'on souhaite conserver, car ils désignent des faits réels qu'on aimerait concilier. À côté de ces termes fondamentaux, on en trouve de nombreux autres. C'est sur ces derniers que la philosophie doit agir, pour repositionner le problème, et rendre les termes fondamentaux compatibles (pour des illustrations, voir notes 14, p. 332, et 57, p. 342).

36. Si la philosophie consiste à inventer des solutions à des problèmes philosophiques, alors la philosophie est à la fois une activité qui se conforme à un critère de vérité (la capacité ou non de résoudre des problèmes) et une activité de création. Bergson inscrit la théorie de la vérité dans une théorie de la vie,

c'est-à-dire que sa façon de concevoir la vérité est en conformité avec sa manière de concevoir le vivant (on doit à Arnaud François de l'avoir montré dans *Bergson, Nietzsche, Schopenhauer. Volonté et réalité, op. cit.*, p. 231-240).

37. « *Primum vivere, deinde philosophare* » est une vieille formule latine qui signifie « d'abord vivre, ensuite philosopher ». Bergson en détourne le sens. Elle ne veut pas dire ici que le philosophe devrait apprendre à gagner sa vie ou à vivre de multiples expériences avant de penser, mais que la pensée elle-même a été faite pour permettre aux hommes de satisfaire leurs besoins vitaux.

38. Allusion à un exemple de *Matière et mémoire, op. cit.*, p. 177.

39. Les trois groupes sont les suivants : ressemblance, identité, idées générales. La ressemblance est une pensée en durée de la ressemblance : elle souligne les ressemblances entre les éléments sans éliminer leur singularité. Chaque élément est comme la nuance d'une même couleur. L'identité consiste à réduire les éléments à un trait commun ou à un élément de référence. Ainsi, leur singularité est soit éliminée au profit d'un trait unique qu'ils présentent tous, soit minorée au profit d'une qualité de référence. L'idée générale est une identité. Cependant, à la différence de l'identité en sciences, elle ne provient pas de l'observation d'une régularité dans la réalité. Elle est une pure construction sociale, faite pour favoriser l'action groupée des hommes sur leur environnement. Elle épouse moins les articulations du réel, qu'elle ne le réarticule artificiellement selon les besoins de telle ou telle société. En résumé, la science recourt légitimement aux identités, la philosophie devrait recourir aux ressemblances, et le philosophe systématique et « l'homme intelligent » emploient, à tort, les idées générales. À titre de complément, voir Notice de l'« Introduction », *supra*, p. 316.

40. Le second groupe est ici celui de la ressemblance. Voir note précédente.

41. Conformément à *Matière et mémoire*, la sensation est une condensation de la réalité matérielle (voir note 21, p. 335). Elle n'altère pas le contenu de l'objet intérieur ou extérieur au corps qu'elle saisit. Elle se contente simplement d'en contracter les éléments. C'est pourquoi l'apparence que revêt une sensation dans une conscience dépend du type de régularité matérielle qu'elle perçoit. Par exemple, telle fréquence matérielle

donnera du rouge, telle autre du bleu. Aussi, même si les nuances d'une même sensation ne sont pas toutes identiques, on peut les penser comme des expressions d'une même régularité matérielle. C'est pourquoi le concept de vert est légitime pour décrire la réalité, même s'il efface les nuances qui se forment à la surface de la conscience. C'est pourquoi les concepts ou identités scientifiques peuvent exprimer quelque chose du réel, à la différence des idées générales qui mettent en relief des régularités qui n'existent pas dans la réalité. L'objectif de ce passage est de justifier la thèse selon laquelle la science a accès au réel en tant que tel, parce qu'elle part de l'observation de régularités vérifiées et non supposées, ou inventées. À titre de complément, voir Notice de l'« Introduction », *supra*, p. 316.

42. Allusion de Bergson à la théorie quantique. En théorie quantique, on ne peut prédire que tel phénomène se produira à un tel moment (déterminisme), mais simplement que tel phénomène a plus ou moins de chance de se produire à tel moment (indéterminisme). Cependant, on peut donner à l'avance tous les événements possibles, même si seulement une partie d'entre eux se produiront. Autrement dit, l'indéterminisme n'est qu'un déterminisme pour Bergson, dans l'exacte mesure où tous les événements possibles sont connus d'avance, déterminés dans leur contenu, au même titre que les grilles d'une loterie. Il n'y a pas de création dans l'univers quantique, c'est-à-dire d'apparition de formes imprévisibles, inédites, insoupçonnées, car dans un tel univers, tout n'est que réalisation de possibilités préformées. Voir Notice de l'« Introduction », *supra*, p. 316.

43. Dans ce paragraphe, Bergson reprend implicitement une notion de *Matière et mémoire* : le rythme. Qu'est-ce qu'un rythme ? Notre expérience vécue se compose d'une succession d'états de conscience. Chaque état dure un certain temps : il est un intervalle de temps. Tous les intervalles ont toujours la même longueur de temps, quel que soit l'être humain. C'est une caractéristique de notre espèce. La longueur de temps de chaque état de conscience définit le « rythme » de vie de la conscience d'une espèce. La question est alors la suivante : pourquoi une espèce a-t-elle tel rythme plutôt que tel autre ? Autrement dit, pourquoi ses états de conscience ont telle longueur de temps plutôt que telle autre ? Pour Bergson, la longueur de temps des états dépend de la vitesse d'action de

l'organisme vivant. Par exemple, si un organisme avait la possibilité d'agir sur deux vibrations successives de matière, la longueur de ses états diminuerait en conséquence. La longueur de ses états deviendrait sans doute aussi courte qu'une vibration de matière. Il verrait les vibrations les unes après les autres, comme nous percevons les foulées successives d'un coureur, puisque nous avons le moyen d'agir sur chacune.

44. Bergson reprend brièvement ici sa critique des idées négatives. Voir Notice du « Possible et le Réel », *infra*, p. 346.

45. Littéralement « un souffle de voix ». Cette expression latine est employée lorsqu'on souhaite tourner en dérision un propos, en indiquant que celui-ci est vide de sens, et se réduit aux sons qu'on entend. Bergson l'utilise à bon escient ici, puisqu'il explique que les termes « néant » et « désordre » ne désignent rien de cohérent, de sensé.

46. Bergson voit dans l'idée de désordre l'origine historique de la séparation entre le sujet et l'objet de la connaissance, qui empêche théoriquement toute forme de connaissance du réel. En effet, si la connaissance consiste à organiser des éléments supposés désordonnés, alors l'organisation est apportée aux éléments. Elle n'est pas découverte. Ils ne la possèdent pas. Celui qui connaît (le sujet) attribue un ordre à ce qu'il veut connaître (l'objet). Aussi, tout sujet de la connaissance modifie son objet d'étude lorsqu'il s'en saisit, en lui conférant un ordre. Dès lors, la métaphysique, c'est-à-dire la connaissance du réel tel qu'il est et non tel que nous l'organisons, se révèle impossible (scepticisme). De plus, l'image de la réalité que nous bâtissons scientifiquement devient relative aux moyens intellectuels dont nous disposons pour la connaître (criticisme kantien). Le réel est inaccessible (scepticisme) et la représentation que nous avons de lui n'est qu'une construction humaine (criticisme). Pour dépasser ces perspectives, il faut donc commencer par supprimer l'illusion qui les fonde : un acte de connaissance ne consiste pas à se couper de l'objet d'étude en lui introduisant un ordre qu'il n'a pas, mais à saisir au contraire l'ordre dont il est déjà le détenteur. En effet, tout objet réel possède toujours et déjà un ordre, puisque l'idée d'une absence d'ordre n'est qu'une pseudo-idée. Les thèses précédentes de Bergson sur la sensation servent à rappeler que la sensation est déjà l'observation d'un ordre dans la matière, de régularités, et non un matériau désordonné, qui n'exprime aucun ordre, et qu'il faudrait ordonner.

Contrairement aux kantiens, la connaissance scientifique n'a jamais été une construction pour Bergson, parce qu'elle se fonde pour lui sur l'observation de régularités qui existent dans la matière. Ces régularités ne sont pas introduites artificiellement par le sujet.

47. Bergson voit en particulier dans les travaux des psychologues tels que Pierre Janet, Eugène Minkowski, ou encore dans ceux de Freud (p. 118), des confirmations des thèses qu'il exprimait dans *Matière et mémoire*.

48. À titre d'exemple, mentionnons la controverse avec le mathématicien Émile Borel sur la nature des objets mathématiques, ou sur la relativité avec le physicien Jean Becquerel (Bergson, *Mélanges, op. cit.*, p. 753-758 et 1432).

49. Bergson fut historiquement un des premiers à soutenir qu'il existe deux types distincts de mémoire, au regard des données empiriques de son temps : une mémoire des événements, et une mémoire des habitudes motrices. Il est admis aujourd'hui que cette découverte est un apport de Bergson à la pensée scientifique, même si les scientifiques ne pensent pas que la mémoire des événements soit de nature spirituelle. Voir sur ce point les articles de deux scientifiques, Philippe Gallois et Jean Delacour, parus dans Philippe Gallois et Gérard Frozy (dir.), *Bergson et les neurosciences. Actes du colloque international de neuro-philosophie*, Institut Synthélabo, 1997, p. 13 et 26.

50. Pour un exposé détaillé de la méthode et pour une meilleure compréhension de ce passage, voir Notice de l'« Introduction », *supra*, p. 314.

51. Voir note 41, p. 338.

52. Allusion à la théorie de la relativité et à la théorie quantique qui remplacèrent la physique classique de Newton au début du XXe siècle.

53. Bergson reprend brièvement ici son analyse des aphasies, issue de *Matière et mémoire*, chap. II. Une aphasie est un trouble du langage : perte de la signification des mots, impossibilité de trouver les mots pour s'exprimer, etc.

54. La psychophysiologie désigne ici la discipline qui s'attache à la relation entre l'expérience vécue (pensée, émotion, etc.) et l'activité cérébrale ; on parlerait aujourd'hui de neurosciences. La psychopathologie est la discipline qui s'intéresse aux troubles du comportement. On parlerait aujourd'hui de psychiatrie.

55. Allusion sans doute de Bergson aux travaux d'Eugène Minkowski qui s'est inspiré de *Matière et mémoire* pour penser la schizophrénie.

56. Bergson pense que la mémoire enregistre tous les événements, sans exception. Les travaux de Freud tendent à montrer que des événements lointains et oubliés par l'individu continuent néanmoins d'exister et de produire des effets sur sa vie, sans qu'il en ait conscience. Par conséquent, ils démontrent que la mémoire humaine ne se réduit pas aux souvenirs dont on peut avoir conscience, qu'elle enveloppe à notre insu de nombreux souvenirs. La thèse bergsonienne d'une mémoire intégrale n'a donc rien d'absurde, puisque la psychopathologie montre que la mémoire contient beaucoup plus de souvenirs qu'on ne le croit. Il va de soi que plus le nombre de souvenirs retenus augmente, plus la mémoire donne l'impression de tout conserver. Pour Bergson, oublier ne signifie pas perdre ses souvenirs, mais ne pas parvenir à les réactualiser. Une liaison cérébrale ne détruit pas les souvenirs, elle détruit le schème moteur (voir note suivante), c'est-à-dire ce qui permettrait au souvenir passé de se raccrocher à l'expérience présente.

57. Bergson réexpose brièvement sa théorie de la perception pure, issue de *Matière et mémoire*, chap. I. En fonction de la position de notre corps par rapport à eux, les objets de notre perception changent. Mais les objets se meuvent aussi indépendamment de la position de notre corps : si un individu lance une flèche, peu importe ma position, la flèche ira se loger à tel ou tel endroit. Nous avons donc l'impression que les objets se meuvent par rapport à nous, et l'impression qu'ils demeurent indépendants de nous. L'idéalisme souligne la première impression, le réalisme la seconde. Le premier tente alors d'expliquer de quelle façon des objets qui se meuvent par rapport à nous peuvent donner l'impression de se mouvoir par rapport à eux-mêmes, et le second tente d'expliquer l'inverse. Selon Bergson, on ne peut déduire ces impressions centrées sur notre corps des impressions indépendantes, et réciproquement. Il importe que la perception dépende *et* ne dépende pas de nous. Comment concilier ces deux faits ? En résumé, pour Bergson, la perception entre en contact avec la matière réelle (réalisme), mais elle ne retient de cette matière que ce qui l'intéresse (idéalisme). On ne passe pas de la matière à la perception, de l'objet au sujet qui perçoit cet objet, en ajoutant quelque chose. C'est toute la

différence entre Kant et Bergson : pour Kant, le sujet altère l'objet car il lui apporte quelque chose (addition). Pour Bergson, le sujet ne dénature pas l'objet, il lui prélève simplement quelque chose (soustraction). Le rapport entre objet et sujet instauré par Kant est donc renversé par Bergson. Le sujet n'est plus ce qui introduit dans la matière des éléments pour la percevoir et qui la transforme. Au contraire, il laisse la matière intacte et se contente simplement d'en prélever une partie. Dès lors, la perception ne dépend pas de nous dans la mesure où elle ne modifie pas le contenu de la matière qu'elle saisit. Ainsi, les objets de la perception dépendent de nous (la perception ne retient du réel que ce qui l'intéresse) autant qu'ils ne dépendent pas de nous (la perception ne modifie pas le contenu de ce qu'elle prélève). L'opposition entre le réalisme et l'idéalisme est ainsi dépassée. L'esprit se contente simplement de synthétiser (voir note 41, p. 338), de condenser, cette matière physique soustraite à la réalité.

58. Bergson résume à l'aide de cette formule une des thèses fondamentales de sa théorie de la perception pure, élaborée dans *Matière et mémoire*. Tout le problème est de déterminer de quelle manière est perçu un point P, c'est-à-dire un objet physique extérieur à notre cerveau. Des rayons de lumière se réfléchissent sur le point P. Ils se dirigent vers notre pupille et entrent en contact avec notre appareil nerveux. Le point P devient alors conscient : nous le voyons, c'est-à-dire nous voyons l'objet qui se trouve en P (un arbre, un individu, etc.). Certains considèrent que l'image consciente du point P s'est formée dans le cerveau – c'est encore l'idée dominante en sciences de nos jours. Bergson considère que cette thèse est inutile. En effet, il est impossible de penser à un objet sans aussitôt en faire une image consciente. Comment penser ou définir le contenu d'un objet sans aussitôt en visualiser une partie ou la totalité ? La matière physique doit donc déjà être un ensemble d'images conscientes, puisqu'il est impossible de la penser autrement. Par conséquent, nous devons supposer que l'image du point P était déjà présente en P et qu'elle s'est formée en P et non dans notre cerveau. En vérité, sur le cerveau se réfléchissent constamment des images sonores, auditives, visuelles, etc. Certaines entrent en contact avec nos organes sensoriels. De cette façon, notre appareil nerveux filtre les images matérielles et soustrait à la réalité une partie d'elle-même (voir

note précédente). Notre système nerveux ne sert pas à produire des images perceptives pour Bergson mais plutôt à les filtrer.

59. Voir note 1, p. 326.

60. On ne trouve pas chez Bergson cette séparation entre nature et culture, qui deviendra fréquente en philosophie durant la seconde moitié du XXe siècle (Sartre, Foucault...). Il est naturel pour Bergson que l'homme ait une culture. Cela ne signifie pas que sa culture est innée, qu'elle est préformée dans ses gènes, mais qu'il a les moyens et le désir innés d'en constituer une. Aux yeux de Bergson, par la constitution d'une culture, une société humaine s'adapte en effet à son environnement.

61. Il ne faut jamais perdre de vue que pour Bergson le langage est au service de la société, et la société au service de la survie de l'espèce. Aussi, le « langage » et la « pensée » (intellectuelle) sont avant tout un moyen pour l'homme de confectionner des outils. Ces deux fonctions s'intéressent donc en premier lieu aux propriétés apparentes de la matière. C'est pourquoi le langage suit essentiellement la pente de la matérialité. La fonction fabricatrice du langage habitue les hommes à élaborer des concepts figés et homogènes. Ils sont faits pour comprendre les nombreuses régularités présentes dans la matière. En ce sens, le langage est d'« essence intellectuelle », c'est-à-dire voué à mettre en lumière le répétitif, le mécanique, le matériel, au même titre que l'intelligence.

62. Pour Bergson, la science moderne a opéré à la Renaissance une réforme profonde de la science antique en devenant expérimentale et mathématique. Elle est devenue ainsi plus précise, c'est-à-dire plus proche des faits, et plus capable de les décrire avec exactitude. Bergson souhaite une réforme similaire pour la philosophie, empirique et formelle. Platon et Aristote n'avaient aucune raison de le faire, car la science de leur temps ne l'exigeait pas. Mais depuis, la réforme de la science antique a eu lieu. Aussi, la philosophie doit adopter la méthode intuitive : étudier les faits, penser en durée. Voir Notice de l'« Introduction », *supra*, p. 313.

63. « L'homme intelligent » demeure le plus éloigné de la méthode préconisée par Bergson en philosophie. L'homme intelligent recourt en effet aux « idées générales » (note 25, p. 336 et 39, p. 338). Il est donc exemplairement celui qui ne réalise pas la réforme empirique (étude des faits scientifiques)

et formelle (penser en durée) de la philosophie que Bergson appelle de ses vœux (voir note précédente et surtout Notice de l'« Introduction », *supra*, p. 313).

64. L'art de la diction est un art qui consiste à suivre les articulations d'un texte. Bergson reformule ici, dans un nouveau contexte, le fond de sa critique des idées générales. Il ne faut pas diviser le texte comme bon nous semble, à l'instar des idées générales qui prêtent au réel des limites, des contours, qu'il ne possède pas (voir note 39, p. 338, et Notice de l'« Introduction », *supra*, p. 316).

65. Allusion aux idées générales.

66. Allusion aux trois pamphlets de Julien Benda, parus de 1912 à 1914, qui visent la philosophie de Bergson. Sans doute, Bergson devait voir en Benda un scientiste, c'est-à-dire un *homo loquax* qui loue les sciences sans vraiment les connaître, et critique sa philosophie sans vraiment la comprendre, à partir de préjugés qu'il trouve préformés dans le langage ordinaire (la confusion que souligne Bergson entre principe d'explication et maxime de conduite est sur ce point exemplaire, Benda opère manifestement pour lui des associations d'idées plutôt grossières).

67. Les ajouts relatifs aux « théories physiques actuelles » concernent la physique relativiste et quantique.

NOTICE ET NOTES DU « POSSIBLE ET LE RÉEL »

Notice

Lorsqu'il écrit, en 1930, « Le Possible et le Réel », Bergson pose principalement le problème philosophique suivant : en quoi l'idée de possible renferme-t-elle la même illusion que celles de néant et de désordre ? Rappelons que les idées de néant et de désordre apparaissent dans la philosophie bergsonienne, en 1907, dans *L'Évolution créatrice*, tandis que l'idée de possible est présente, dès 1889, dans l'*Essai sur les données immédiates de la conscience*. Il n'avait cependant pas encore démontré que l'idée de possible, au même titre que les précédentes, est une idée négative. « Le Possible et le Réel » lui permet enfin d'établir que ces trois idées véhiculent une même illusion, qui consiste à prendre le *plus* pour le *moins*.

Remarquons la place judicieuse accordée à ce texte, à la suite de son « Introduction ». C'est en effet avec lui que s'achève la critique de l'idée de possible, bien qu'elle soit à nouveau déployée sous différentes formes dans la suite du recueil. Ne nous étonnons pas de cette place privilégiée : si la critique des idées générales et celle de l'idée de possible constituent bien les deux lignes directrices de *La Pensée et le Mouvant*, la seconde précède la première en toute logique, puisque c'est à partir d'elle que la philosophie se distingue des sciences.

LES IDÉES NÉGATIVES DE NÉANT ET DE DÉSORDRE

Le néant est l'absence de toute vie et de toute matière. Rien n'existe dans le néant, pas même le temps ou l'espace. Par conséquent, il semble que nous passons du *moins* au *plus* lorsque nous passons du néant à l'être, c'est-à-dire d'une entité mystérieuse qui ne renferme rien à une entité dans laquelle des choses existent.

Mais peut-on déterminer ce qu'est le néant ? En vérité, nous ne pouvons dire que le néant est ceci ou cela, en quoi nous lui attribuerions un contenu. Or, par définition, le néant ne contient rien. C'est pourquoi nous ne pouvons le définir que négativement : nous pouvons exprimer ce qu'il n'est pas (définition négative) et non pas ce qu'il est (définition positive). En ce sens, il est une « idée négative » et non positive.

Dès lors, pour penser au néant, nous avons toujours besoin d'imaginer qu'il n'est pas ceci ou cela : il n'est pas du vivant, il n'est pas de la matière, il n'est pas de l'espace, il n'est pas du temps, etc. Nous ne pouvons penser au néant sans nous donner en même temps des choses qui existent : le vivant, la matière, l'espace, le temps, etc. Autrement dit, pour former l'idée de néant, nous devons d'abord embrasser par l'imaginaire tout ce qui existe (l'être), puis, par un acte de l'esprit, par un acte de négation, refuser à toutes ces choses l'existence. Le néant est l'idée que le vivant n'existe pas, que la matière n'existe pas, que l'espace n'existe pas, que le temps n'existe pas, bref, que tout ce qui existe n'existe pas.

Examiner dans le détail l'idée de néant nous permet de nous rendre compte de ce que nous ne passons donc pas du *moins* au *plus* lorsque nous passons du néant à l'être. En vérité, nous passons du *plus* au *moins*. Par définition, l'idée de néant contient déjà l'idée de l'être qu'il n'est pas. L'idée de néant n'est rien d'autre que celle de l'être à laquelle on apporte un acte de l'esprit qui nie cet être, qui lui refuse l'existence. Le néant comporte ainsi à la fois l'idée d'être et cet acte de négation. L'idée d'être quant à elle n'en comporte qu'une seule : l'idée d'être. C'est pourquoi lorsque nous passons du néant à l'être, nous n'avons pas besoin d'engendrer l'être, d'apporter l'être. Il est déjà là, contenu implicitement dans l'idée de néant. En vérité, nous nous contentons de soustraire à l'idée de néant son acte de négation. Ainsi passe-t-on du *plus* au *moins*, alors même que nous avons l'illusion du contraire. L'être ne provient pas du néant, puisque c'est le néant qui provient de l'être.

De la même manière, l'idée de désordre est bel et bien une idée négative. Tout possède un ordre. Même une chambre mal rangée respecte l'ordre des lois de la nature. Rien n'est sans ordre, rien n'est désordre. Le désordre n'est donc que l'absence de tel ou tel ordre. Une chambre en désordre n'est pas sans ordre : elle n'est simplement pas ordonnée comme nous le souhaiterions. Elle ne contient pas tel ordre. Elle n'est pas cet ordre que nous voudrions y voir. Aussi, elle nous semble sans ordre. Au même titre que l'idée de néant, l'idée de désordre comporte donc à la fois l'idée de l'ordre que nous aimerions constater et l'acte de négation par lequel nous observons que cet ordre n'est pas à l'endroit où nous l'espérions. L'idée de désordre contient donc *plus* que celle d'ordre. Nous n'apportons rien de *plus* à une chambre en désordre lorsque nous l'ordonnons. Nous passons simplement d'un ordre qui nous déplaît à un autre qui nous convient mieux. Nous avons l'illusion de passer du *moins* au *plus* parce que nous accordons plus d'importance à l'ordre désiré qu'à l'ordre observé. C'est pourquoi l'ordre observé nous paraît être sans ordre. Mais de toute évidence, l'ordre observé est un ordre et le passage de l'idée de désordre à celle d'ordre se fait pour cette raison par voie de soustraction : on retranche à l'idée de désordre son acte de négation.

L'IDÉE NÉGATIVE DE POSSIBLE

À la différence de l'idée de néant et de désordre, l'idée de possible n'est pas toujours une idée négative. Lorsqu'un scientifique prédit un événement, il ne se donne pas par avance le contenu de cet événement. Ce dernier est préformé. Lorsqu'il se produit, il se contente d'acquérir l'existence. Il passe ainsi du *moins* au *plus*, c'est-à-dire de l'état de pure possibilité à celui de réalité.

La matière peut en effet être comprise comme un ensemble de particules mises en relation. Certes, ces relations se modifient au cours du temps. Telle combinaison de particules remplace telle autre. Néanmoins, il ne peut se produire que telle ou telle combinaison possible. Si je connais les lois qui régissent notre univers matériel, je sais que telles ou telles combinaisons se produiront ou que telles ou telles combinaisons pourront se produire. Dans le premier cas, je connais par avance tous les événements futurs (ainsi fonctionne le déterminisme). Dans le second cas, je les connais tous mais je ne sais pas exactement lesquels se produiront. Je sais seulement que certains ont plus de chance de se produire que d'autres (ainsi raisonne le probabilisme). Mais peu importe, dans tous les cas, l'univers est préformé. Il n'est qu'un possible qui se réalise. *Dans une telle approche, il faut retenir que le passage à l'existence d'un possible ne modifie pas ce possible.* Au contraire, la prédiction déterministe ou probabiliste montre que la forme qui s'est réalisée était effectivement celle qui était contenue dans les diverses combinaisons possibles de particules élémentaires.

L'idée de possible s'applique donc à tous les phénomènes prévisibles. Elle est particulièrement utile pour concevoir des outils. Depuis *L'Évolution créatrice*, l'idée de possible est rattachée par Bergson à celle de « fabrication » (*L'Évolution créatrice, op. cit.*, p. 45). Nous percevons dans notre environnement des matériaux que nous combinons afin de constituer des outils. L'idée de possible a avant tout une fonction vitale. Elle nous permet de nous adapter à la dimension *matérielle* de notre environnement, c'est-à-dire à tout ce qui peut être prédit dans son fonctionnement.

Mais l'idée de possible devient une idée négative lorsqu'elle est élaborée à partir d'un événement qui s'est déjà produit. Elle consiste alors à partir d'un événement qui s'est déjà réalisé, puis à faire comme s'il n'existait pas encore. Il suffit d'en éparpiller le contenu dans le passé et de faire comme s'il n'était que la réunion de ces éléments dispersés. L'idée de possible dans ce cas comporte, au même titre que les autres idées négatives, à la fois l'être dont on souhaite expliquer l'apparition et l'acte par lequel on projette cet être dans le passé. « [...] le possible est l'effet combiné de la réalité une fois apparue et d'un dispositif qui la rejette en arrière » (« Le Possible et le Réel », *supra*, p. 146). Encore une fois, il s'agit pour l'intelligence d'expliquer la formation de quelque chose en faisant comme si cette chose était déjà formée avant même sa formation. Pour passer du possible à sa réalisation, nous passons alors du *plus* au *moins* : nous retirons à l'idée de tel ou tel possible l'acte par lequel nous projetons en arrière la réalité qu'il est censé expliquer et qu'il contient pourtant déjà, par définition.

Une pièce de Shakespeare (*ibid.*, p. 147) ne préexiste pas à sa réalisation. Elle n'est pas une *fabrication* (*ibid.*, p. 138), mais une *création*. Autrement dit, elle est *plus* que les éléments qu'elle synthétise (voir sur ce point la Notice de l'« Introduction », *supra*, p. 316). C'est pourquoi elle ne se réduit pas à un réarrangement d'éléments, à une simple combinaison d'idées ou d'affects. L'historien peut, il est vrai, adopter une démarche intellectuelle pour étudier une œuvre. Il ne faudrait surtout pas croire, comme ses détracteurs, que Bergson condamne toute approche intellectuelle de l'histoire. Mais il importe de compléter cette approche par une perspective philosophique. Sans cette dernière, l'histoire nous semble une suite de *fabrications* et non de *créations*. Par-dessus tout, une conception uniquement intellectuelle de l'histoire nous rend prisonnier d'une représentation fataliste de l'humanité : tout n'est que fabrication, actualisation de possibles, c'est-à-dire réalisation d'un plan déjà écrit. Une vision purement intellectuelle ne nous laisse entrevoir que les « nécessités naturelles » (« Le Possible et le Réel », *supra*, p. 150) qui pèsent sur notre liberté.

« Gardons-nous », conclut Bergson, d'ignorer la dimension éthique de cette réflexion sur le possible et le réel. Une pensée en durée, une pensée proprement philosophique, nous offre une tout autre perspective qu'une approche intellectuelle : elle nous met au contact des puissances de création qui traversent l'histoire des hommes et le vivant. En ce sens, elle nous communique cette force, cet élan créateur et libérateur. Cette conclusion solennelle, écrite en 1930, n'est pas sans renvoyer au contexte de l'entre-deux-guerres. L'action, l'engagement, la morale, l'éthique primaient alors la contemplation, le désintéressement, la spéculation, la connaissance. Elle annonce le prochain ouvrage de Bergson qui traitera directement, deux ans plus tard, d'éthique et de morale : *Les Deux Sources de la morale et de la religion*.

Problème principal		Résolution
En quoi l'idée de possible est-elle une idée négative, au même titre que les idées de néant et de désordre ?	1	Critique de l'idée de possible : celle-ci réduit le réel à une combinaison d'éléments, à une simple fabrication (p. 135-141). Elle nous rend insensible à toute forme de création.
	2	Critique des idées négatives : les idées de néant et de désordre sont des idées négatives car elles ne sont que la négation d'une idée : négation de l'être, négation de tel ou tel ordre (p. 141-144).

3 Négativité de l'idée de possible : l'idée de possible est elle aussi une idée négative car elle n'est que la projection dans le passé des éléments de l'être dont elle veut expliquer la fabrication (p. 144-150). Bergson conclut sur l'importance de cette analyse de l'idée de possible : elle nous apprend à ne plus croire que tout est joué d'avance (dernier paragraphe, p. 150-151).

Notes

1. Bergson oppose dans tout cet article, et dans toute *La Pensée et le Mouvant*, la réalisation en tant que création, à la réalisation en tant qu'actualisation de possibles. Cette opposition mérite donc d'être parfaitement comprise pour l'intelligence de cet article, et du recueil dans son ensemble. Pour la saisir dans le détail, voir Notice de l'« Introduction », *supra*, p. 316.
2. Bergson fait une allusion ici à ce qu'il a déjà écrit dans l'*Essai sur les données immédiates de la conscience* (*op. cit.*, p. 168-169). Délibérer pour une conscience ne consiste pas à choisir entre des motifs clairs et distincts. Une telle conception de la délibération, semblable à celle des associationnistes, évacue la pénétration continue entre les motifs, le caractère confus de toute délibération, et aboutit ainsi à une représentation spatiale et artificielle de celle-ci, où tous les éléments sont nettement distingués.
3. Depuis *Matière et mémoire*, la matière physique dure, elle forme une multiplicité d'éléments continument reliés. Dès lors, pourquoi Bergson n'accorde-t-il pas de la créativité à la matière ? Il importe de ne pas confondre chez Bergson continuité et pénétration. La pénétration ne se produit pas dans la matière : la pénétration fait coexister en un même moment (l'état de conscience) plusieurs moments, plusieurs éléments psychiques. C'est ce mélange qui produit l'impression globale inédite. Or, une telle coexistence productrice de nouveauté n'existe pas dans la matière inerte, où chaque moment, chaque ébranlement, ne coexiste qu'avec lui-même. En effet, deux intervalles matériels successifs s'interpénètrent à peine au niveau de

leurs extrémités. C'est pourquoi aucun vide ne les sépare. Bergson dit qu'ils sont continûment reliés. Toutefois, ils ne s'encastrent pas l'un dans l'autre, comme c'est le cas dans une interpénétration authentique. En ce sens, la durée matérielle est continue mais impénétrable.

4. L'imprévisibilité de la matière physique renvoie très clairement ici à la physique quantique, que Bergson connaît depuis 1904. Cependant, cette imprévisibilité ne remet pas en cause la thèse bergsonienne selon laquelle la création n'existe pas dans la matière. L'imprévisibilité quantique signifie simplement qu'on ne peut déterminer à l'avance si la matière physique va prendre tel ou tel état. Mais dans tous les cas, cet état sera l'un des états possibles que le physicien quantique prévoit. Il est donc préformé et sa réalisation n'apportera aucune forme nouvelle.

5. On trouve la notion d'Âme du monde dans le *Timée* de Platon et chez les stoïciens.

6. Bergson reprend presque mot pour mot sa formule de *L'Évolution créatrice* : « le temps est invention, ou il n'est rien du tout » (*op. cit.*, p. 341). En d'autres termes, seul ce qui est prévu d'avance, ce qui ne se renouvelle pas, ne requiert pas de temps pour se former. Le préformé est déjà formé. Il n'a donc pas besoin de temps pour se former. Le temps doit permettre l'émergence de formes non préformées (« le temps est invention »), ou il n'a aucun rôle à jouer (« ou il n'est rien du tout »).

7. Bergson laisse sous-entendre dans ce passage que sa première découverte serait la dimension fragmentée du temps de Spencer. Il aurait eu ainsi l'intuition d'un temps non fragmenté, continu (la durée) à travers le temps fragmenté de Spencer. Ce récit n'est pas conforme à ce qu'il écrit dans des textes où il évoque plus profondément l'origine de ses réflexions (sur ce point, voir annexe à l'*Essai sur les données immédiates de la conscience, op. cit.*, p. 249). Bergson n'a jamais eu de « vision » ou de « révélation » de la durée à travers ce qu'elle n'est pas. La durée résulte de la résolution d'un problème philosophique précis. En vérité, Bergson modifie ici en partie sa biographie dans le but de l'inclure plus simplement dans la continuité de son exposé.

8. L'intelligence sert à penser ce qui se calcule et se détermine à l'avance. Aussi, même si elle présente une image morcelée de la matière physique, même si elle en élimine l'activité et

la continuité interne, elle parvient à en comprendre le comportement. En effet, la durée de la matière, à la différence de la durée d'une conscience ou d'un esprit, est détendue : ses éléments se succèdent continument, mais ils ne se pénètrent pas. Aussi, il n'existe aucune réunion dans un acte de synthèse des éléments, aucune formation d'une impression globale inédite, c'est-à-dire aucune création de formes nouvelles. C'est pourquoi la matière inerte peut être comparée à une réalisation de formes prévisibles, semblables à celles qu'on trouve dans les modélisations mathématiques, même si elle n'est pas, en elle-même, similaire à un objet mathématique. L'intelligence est donc appropriée pour penser, non pas la durée de la matière, mais ce qui pourrait tout aussi bien ne pas durer dans cette matière, à savoir sa forme prévisible.

9. Bergson élimine certains problèmes en remettant en cause des parties de leur énoncé, c'est-à-dire de leur positionnement (voir *Essai sur les données immédiates de la conscience*, *op. cit.*, p. 105 ; *Matière et mémoire*, *op. cit.*, p. 56 ; *L'Évolution créatrice*, *op. cit.*, p. X, XI et 179 ; voir aussi Deleuze, *Le Bergsonisme*, *op. cit.*, p. 3-11). Cette démarche fait partie intégrante de sa méthode philosophique (voir notes 35, p. 337, et 36, p. 337).

10. En philosophie, par « théorie » de quelque chose, on désigne en général une explication qui rend compte de la genèse de quelque chose. Ici, une « théorie de l'être » expose la manière dont l'être (ce qui existe) naît. Une « théorie de la connaissance » rapporte la façon dont une connaissance quelconque apparaît à une conscience humaine. Il existe plusieurs théories de l'être, ou plusieurs théories de la connaissance, chacune proposant une explication différente.

11. Voir Notice, p. 346.
12. Voir note 45, p. 340.
13. Voir Notice, p. 346.
14. Voir *ibid*.
15. Bergson annonce l'objectif même de son article : démontrer que l'idée de possible renferme la même illusion que celles de néant et de désordre. L'idée de possible est présente dans *L'Évolution créatrice*, mais elle n'avait pas encore été rattachée à cette illusion. Le passage qui suit constitue donc un apport de *La Pensée et le Mouvant* à la philosophie de Bergson. Voir Notice du « Possible et le Réel », *supra*, p. 346.

16. Bergson fait une allusion à sa critique, dans son premier ouvrage, des partisans de la théorie du libre arbitre et des associationnistes (*Essai sur les données immédiates de la conscience*, *op. cit.*, p. 168 et 179). En résumé, il leur reproche de penser qu'être libre revient à faire le bon choix, comme si la délibération consistait à hésiter entre des possibles préformés. À titre de compléments, voir la note 14, p. 332, et Notice de l'« Introduction », *supra*, p. 316.

17. Cette formule résume la thèse fondamentale de Bergson sur la relation entre le possible et le réel. Voir Notice de l'« Introduction », *supra*, p. 316.

18. Les Anciens auraient plutôt pour Bergson une conception finaliste du cosmos (« des Idées qui leur servent de modèle »), et les Modernes une conception mécaniste (« l'éternité des Lois »). Dans le premier cas, le réel imite imparfaitement un modèle de référence. Le temps semble alors une constante imperfection. Il dégrade les Idées originales et immuables qui servent de modèle. Dans le second cas, le futur ne revêt aucune forme inédite. Il est préformé dans la situation présente et dans les Lois qui déterminent à l'avance l'évolution de cette situation. Dans cette perspective, le temps ne dégrade rien, à la différence du temps des Anciens, mais il se contente de dérouler une suite d'événements théoriquement prévisibles. Bergson en conclut donc que le temps, chez les Anciens comme chez les Modernes, se réduit à suivre, parfaitement (Modernes) ou non (Anciens), un plan préformé. Pour cette raison, le temps n'apporte rien de neuf. C'est pourquoi anciens et modernes ne peuvent théoriquement penser un temps créateur, c'est-à-dire admettre rationnellement l'existence de cette « création continue d'imprévisible nouveauté ».

19. Cette dimension éthique de la réflexion sur le possible et le réel, que Bergson évoque brièvement en conclusion, renvoie à ce qu'il a déjà écrit à la fin de *L'Évolution créatrice*, chap. III (voir aussi Notice du « Possible et le Réel », *supra*, p. 346).

NOTICE ET NOTES DE
« L'INTUITION PHILOSOPHIQUE »

Notice

« L'Intuition philosophique » est une conférence donnée quatre ans après la parution de *L'Évolution créatrice*. Il faut se souvenir que dans cet ouvrage sur l'évolution, Bergson soutient déjà que la philosophie est la discipline qui saisit la spiritualité du réel (*L'Évolution créatrice, op. cit.*, p. 200). La science quant à elle n'en capte que la matérialité. À partir de *L'Évolution créatrice*, la matière ne désigne plus uniquement la matière physique et l'esprit la conscience. Matière et esprit ne sont pas deux endroits distincts de l'être comme c'est le cas par exemple chez Descartes. Au contraire, il y a du matériel (répétitif) et du spirituel (créatif) en toute chose (voir sur ce point la Notice de l'« Introduction », *supra*, p. 316). Pour justifier sa thèse, Bergson montre que la science recourt à l'intelligence, tandis que la philosophie peut, elle, employer l'intuition : parce qu'elle pense en durée, cette dernière est capable, à la différence de la science, d'atteindre la dimension spirituelle du réel. Ne devrait-on pas, par conséquent, en conclure que la philosophie bergsonienne est l'unique philosophie envisageable ? N'est-elle pas en effet la seule à utiliser la méthode intuitive ? Toute philosophie non intuitive est-elle encore de la philosophie ? Tel est le problème légué par *L'Évolution créatrice*.

Si un bref passage de cet ouvrage affirme que les autres philosophies, bien qu'exprimées intellectuellement, se nourrissent aussi d'intuitions, Bergson n'explique ni ne développe davantage cette idée. On le voit ainsi affirmer mystérieusement qu'il existe chez Spinoza et Leibniz des intuitions qui « font craquer le système » (*L'Évolution créatrice, op. cit.*, p. 346). C'est pourquoi, tout comme « Le Possible et le Réel », « L'Intuition philosophique » prolonge des réflexions inabouties de *L'Évolution créatrice* : si le premier parachève sa critique de l'idée de possible, le second entend bien dénouer ce malentendu, qui voudrait que Bergson ait exclu de la philosophie tous les autres philosophes.

L'auteur de *L'Évolution créatrice* a inventé le concept de durée. La méthode intuitive met en jeu ce concept. Il va donc de soi que les autres philosophes n'ont pas procédé selon ses prescriptions. Toutefois, Bergson constate que toute philosophie est originellement nourrie par une intuition. Les philosophes ne s'intéressent pas à la dimension répétitive de l'être mais à sa dimension créative. Ils sont sensibles à certains aspects de celle-ci, sans forcément la percevoir dans son ensemble. Ils l'expriment inadéquatement à l'aide de l'intelligence, mais ils demeurent au contact d'une intuition originelle qui capte quelque chose de cette dimension spirituelle du réel. Afin d'éclairer son propos, Bergson va recourir à deux exemples : Spinoza et Berkeley.

Spinoza a eu, selon Bergson, l'intuition que toute conversion est une procession – en d'autres termes, chercher à connaître l'origine des choses revient déjà à réaliser le projet que cette origine porte en elle. Pour Spinoza, Dieu est volonté de connaissance. Aussi, vouloir connaître Dieu (conversion), c'est immédiatement adopter le dessein même de Dieu, c'est vouloir ce que veut Dieu, c'est agir conformément à ce qu'il désire (la procession). Nous retrouvons une idée similaire dans *L'Évolution créatrice* : toute intuition de l'élan vital à l'origine de la vie requiert de simuler en nous un acte de création. On ne peut donc saisir la nature même de cet élan (sur l'élan vital comme « volonté » de création, voir Arnaud François, *Bergson, Schopenhauer, Nietzsche. Volonté et réalité*, PUF, 2008) qui ne veut que créer (la conversion) sans devenir soi-même un tant soit peu créateur (procession). Il est vrai que du point de vue bergsonien, Spinoza n'a pas compris que l'être était plutôt volonté de création que volonté de connaissance. Il n'en demeure pas moins qu'il a su saisir un aspect de la dimension spirituelle du réel.

La philosophie de Berkeley, quant à elle, met en lumière, aux yeux de Bergson, un autre aspect de cette dimension. Toute science part de l'observation. Elle cherche à rendre compte des phénomènes que nous percevons. En ce sens, elle cherche ce que les formes apparentes de la matière physique, perçues à l'aide de nos cinq sens, ont en commun (étendue pour Descartes, force pour Newton, atome, etc.). Berkeley considère que ce commun n'est qu'une abstraction. Il souhaite en effet montrer que la matière n'est pas en elle-même ordonnée et qu'elle a donc été ordonnée par quelque chose d'extérieur à elle, à savoir Dieu. Il lui faut donc extraire de la matière l'ordre que la science y perçoit et faire plutôt de l'ordre matériel le résultat d'une activité divine d'ordonnancement : « la matière serait une langue que Dieu nous parle » ; Dieu manifeste sa présence en ordonnant la matière ; cette dernière nous renseigne donc sur l'existence de Dieu, du moins si nous ne considérons pas que l'ordre matériel est cet ordre indépendant de toute forme de volonté inventé par les sciences. Il est certain que Bergson ne considère nullement l'ordre matériel comme le fruit d'une activité divine. Mais pour lui, Berkeley a très bien compris que la science ou l'intelligence nous empêche de voir ce qui, dans l'être, ne se réduit pas à des mécanismes dépourvus de volonté.

En définitive, pour Bergson, tous les philosophes ont raison : il suffit pour s'en rendre compte de renouer avec leur intuition philosophique. Chacun capte un aspect de la spiritualité du réel. Cet aspect du réel ne disparaît jamais. Aussi une intuition philosophique s'exprime-t-elle avec le langage de son temps mais demeure, comme toute vérité, transhistorique. Celui qui réduit le discours d'un philosophe à une combinaison d'idées de son époque reste aveugle à la dimension spirituelle de la philosophie. Pour le déterminisme historique, toute pensée n'est que l'actualisation d'une possibilité contenue dans tel ou tel contexte. Il ne faut donc pas s'étonner de ce que, suivant cette logique, la vérité philosophique n'existe pas et que toute idée soit relative à un moment et à un lieu. Pour Bergson au contraire, les philosophes sont toujours dans le vrai et plus précisément dans tel ou tel aspect de la dimension spirituelle du réel. Leur erreur est uniquement d'exprimer cet aspect à l'aide de l'intelligence. La philosophie doit se réformer et adopter un mode d'expression qui lui convient mieux : l'intuition. Bergson ne dit pas encore explicitement qu'elle doit partir des faits scientifiques, comme ce sera le cas plus tard, dans son « Introduction ». Il indique cependant que la philosophie se moule sur les faits scientifiques, et les corrige parfois (« L'Intuition philosophique », *supra*, p. 171). Cette thèse annonce la réforme empirique qu'il exposera dans son « Introduction », onze ans plus tard. Toutefois, il considère encore vaguement, dans cette conférence, que le philosophe « part de l'unité », de la durée, alors qu'il part plus précisément de la durée présente au sein même des faits scientifiques à travers les difficultés que cette présence pose (voir sur ce point Notice de l'« Introduction », *supra*, p. 313). Mais somme toute, l'intuition devient cette discipline qui nous met au contact des puissances créatrices à l'œuvre au sein du vivant et de l'histoire des idées ; la seule discipline qui puisse nous transmettre la « joie ». La joie est le nom que Bergson donne au sentiment de créer. Toute création procure de la joie et toute joie est la manifestation d'un acte de création. Aussi, toute activité capable de renouer avec la dimension spirituelle est elle aussi source de joie, puisque pour comprendre cette dimension nous devons, selon lui, simuler un acte de création en nous-mêmes. Connaître intuitivement la spiritualité du réel nécessite de créer, de rejouer en nous des actes de création. C'est pourquoi la connaissance intuitive réalise le but poursuivi par cet élan vital à l'origine des êtres vivants. Ce dernier est en effet une volonté de création. Par conséquent, comme chez Spinoza, toute conversion est une procession, c'est-à-dire toute connaissance de Dieu (conversion) est déjà la réalisation de la volonté divine (procession), toute connaissance de l'élan vital consiste déjà à prolonger l'œuvre de cet élan.

Problème principal		Solution principale
Qu'est-ce que la philosophie ? Plus précisément, en quoi toute philosophie est bien une philosophie, y compris lorsqu'elle ne pense pas en durée ?	1	Théorie de l'histoire de la philosophie (pour un exposé plus détaillé de la façon dont Bergson conçoit l'étude d'un texte philosophique, voir Présentation, « Penser en durée l'histoire de la philosophie », p. 28) : l'historien de la philosophie doit renouer avec l'intuition philosophique de chaque auteur et dépasser le déterminisme historique (p. 153-168). L'intuition philosophique coïncide en effet avec un aspect de la dimension spirituelle du réel. La vérité en philosophie n'est donc pas relative à tel ou tel contexte.
	2	Théorie de la philosophie : la philosophie est par conséquent cette discipline qui s'attache à la dimension spirituelle du réel, alors que

la science s'attache à la dimension matérielle du réel (p. 168-175). Or tout philosophe déploie une intuition philosophique. Aussi, toute philosophie exprime intellectuellement (et inadéquatement) un aspect de la spiritualité du réel. En ce sens, toute philosophie est de la philosophie. De plus, toute étude ou pratique de la philosophie nous communique de la joie, puisqu'elle nous met au contact de la dimension spirituelle du réel.

NOTES

1. « Synthèse » est ici synonyme d'assemblage. Bergson reproche au déterminisme historique de faire comme si la réalisation d'une œuvre philosophique n'était que l'assemblage d'idées possibles, disponibles à l'époque de l'auteur (voir Notice de « L'Intuition philosophique », *supra*, p. 355).
2. Depuis *L'Évolution créatrice*, l'intelligence a, chez Bergson, une fonction vitale. Elle sert à confectionner des outils pour permettre à l'homme de survivre dans son environnement. Or une telle capacité suppose la possibilité de décomposer et recomposer des objets de notre entourage. Par conséquent, la fonction fabricatrice de notre intelligence nous invite à assimiler toute chose à une combinaison d'éléments, à un assemblage (voir Notice du « Possible et le Réel », *supra*, p. 346).
3. Pour Bergson, il existe trois choses distinctes : « l'intuition » qu'on souhaite communiquer, « l'image intermédiaire » qui sert à communiquer cette intuition mais qui n'y parvient jamais intégralement, les « abstractions » issues de l'intelligence qui servent à communiquer elles aussi l'intuition mais qui en modifient le contenu. L'image intermédiaire est incomplète, mais elle n'altère pas le contenu de l'intuition, à la différence des produits de l'intelligence qui la décompose, l'homogénéise, etc. Elle est aussi dotée d'une puissance de négation, c'est-à-dire d'une capacité à affirmer ce qu'elle n'est pas. Bergson va donner l'exemple par la suite de telles images et de telles abstractions chez Spinoza et Berkeley.

4. La différence entre « organisme » et « assemblage », ou entre « évolution » et « composition » recoupe celle entre « création » et « possible » (« fabrication »). Encore une fois, ce texte est incompréhensible si l'on n'a pas saisi l'opposition fondamentale de *La Pensée et le Mouvant*, à savoir l'opposition entre la création et le possible. Sur cette opposition, voir Notice de l'« Introduction », *supra*, p. 316.

5. L'*Éthique* est l'ouvrage le plus célèbre de Spinoza. « Substance », « Attribut », « Mode » y sont des notions fondamentales. L'*Éthique* est un des rares ouvrages de philosophie écrit comme on rédige une démonstration en géométrie. C'est pourquoi on a l'impression d'être face à « un cuirassé de type Dreadnought », c'est-à-dire face à une fabrication méticuleuse et imposante.

6. Les Alexandrins sont les membres de ce qu'on nomme aujourd'hui l'école d'Alexandrie. Constituée vers le Ve siècle, elle rassemble divers intellectuels ayant enseigné dans cette ville, et qui commentent essentiellement les textes de Platon et d'Aristote : Hermias, Jean Philopon, Olympiodore...

7. « Conversion » et « procession » sont des notions issues de la théologie. La conversion désigne ici le fait de chercher à connaître Dieu et la procession le fait de réaliser la volonté divine. Chez Spinoza, Dieu est volonté de connaissance. Aussi, toute volonté de connaître Dieu (conversion) est déjà une tentative de réaliser sa volonté (procession). En d'autres termes, toute conversion est une procession. À titre de complément, voir Notice de « L'Intuition philosophique », *supra*, p. 355.

8. Thèse étonnante qui s'oppose au déterminisme historique et surtout au concept de possible : l'œuvre n'est pas le langage de l'époque, c'est l'époque qui est le langage de l'œuvre. En d'autres termes, une œuvre philosophique véritable ne peut être réduite à une combinaison d'idées accessibles à telle ou telle époque. Elle se sert de ces idées, elle les interpénètre, pour tenter d'exprimer *plus* que ces idées. Elle cherche à formuler ainsi une intuition philosophique. Pour plus de détails, voir Notice de « L'Intuition philosophique », *supra*, p. 355.

9. Le spiritualisme (ou le volontarisme) est la thèse selon laquelle les êtres vivants sont animés, doués de volontés. Ils poursuivent en ce sens des objectifs, des fins (finalisme). Ils ne sont pas de simples automates (mécanisme) dépourvus d'intentions.

10. Les théologiens défenseurs du théisme voient dans la matière physique la preuve de l'existence de Dieu. En effet, depuis le XVIIe siècle, la physique mathématique a montré que la matière physique est rigoureusement ordonnée, prévisible. Un tel ordre pour un théiste comme Berkeley ne peut exister que si un esprit supérieur l'a engendré, au même titre qu'il existe pour toute horloge un horloger. Le théisme antérieur au XVIIe siècle repose sur l'idée inverse, issue de l'Antiquité : la matière est en elle-même désordonnée, informe. Il faut donc un esprit supérieur pour lui conférer un ordre, une forme.

11. Allusion aux penseurs chrétiens de l'Antiquité tardive et du Moyen Âge : saint Augustin, Thomas d'Aquin, Duns Scot...

12. Duns Scot (vers 1266-1308) est un moine franciscain célèbre, d'origine écossaise. Rappelons que durant le Moyen Âge, les intellectuels en Occident sont tous des membres de l'Église chrétienne. Elle seule finance et prend en charge l'éducation et la conservation du savoir. Le mécénat bourgeois (les Médicis...) et royal (François Ier...), qui permet progressivement aux intellectuels (Galilée...) de s'affranchir en partie de l'Église, ne se développe véritablement qu'à partir de la Renaissance.

13. Thomas Hobbes (1588-1979) est un célèbre philosophe anglais du XVIIe siècle. Son œuvre principale est le *Léviathan*.

14. L'occasionalisme est la doctrine qui affirme que les objets matériels ou les idées de l'homme ne sont que des causes « occasionnelles », locales, circonscrites, qui n'ont pas de réelle efficacité pour orienter le devenir de la matière ou de l'histoire humaine. Seul Dieu est la cause efficace de toute chose.

15. Nicolas Malebranche (1638-1715) est un philosophe et un théologien français du XVIIe siècle.

16. Le couple « idée/chose » recoupe celui que Bergson appelle dans l'*Essai sur les données immédiates de la conscience* (*op. cit.*, p. 113), « subjectif/objectif ». Une « chose » se compose d'éléments. En ce sens, nous ne percevons jamais l'essence d'une chose. Pour accéder à son essence, nous devons chercher à percevoir les éléments qui la composent. L'« idée » en revanche se présente telle qu'elle est. Son essence est dans la façon dont elle se présente à nous. Il est inutile de la sonder pour mettre à jour son essence. Elle n'est pas un réservoir de possibilités, c'est-à-dire d'éléments susceptibles de nous livrer son essence. Du moins, pour Bergson, son essence se présente

déjà dans l'image qu'elle nous présente, alors que dans une perspective objective l'essence est toujours au-delà de sa manifestation – ce qui repousse sans fin la possibilité de connaître l'essence des choses, puisqu'il y a toujours plus petit que l'élément auquel on pense.

17. Toute physique mathématique comme celle de Descartes suppose l'existence de ressemblances entre les éléments de nos perceptions, ou derrière eux. Ces ressemblances (atomes, forces, étendue, etc.) seraient le tissu véritable de la matière inerte, c'est-à-dire des objets que nous percevons. Pour Berkeley, selon Bergson, ces ressemblances ne sont que des abstractions, des fictions. La physique mathématique recompose artificiellement le monde à l'aide de symboles dépourvus de signification.

18. L'idéalisme consiste à soutenir que la matière est telle que nous la percevons. Selon Bergson, il semble absurde à Berkeley de réduire les éléments matériels à quelque chose qu'ils auraient en commun (étendue chez Descartes, force chez Newton, atome, etc.). En effet, Berkeley n'accepte pas la thèse selon laquelle les formes apparentes de la matière (toucher, vue, odorat, ouïe, goût) pourraient avoir un trait commun à partir duquel on pourrait toutes les recomposer. Il ne s'agit donc pas d'un idéalisme qui nie l'existence de la matière, mais d'un idéalisme qui refuse l'idée que la matière ait par elle-même une unité. Cet idéalisme ne peut donc se comprendre sans son nominalisme, car le nominalisme de Berkeley n'est rien d'autre que l'idée qu'on ne peut extraire certaines idées générales de la matière. Lorsqu'on cherche un point commun au son et à la vue, on ne fait qu'énoncer un mot vide de sens, parce que l'audition et la vision n'ont rien de semblable. Si on ignore par conséquent dans quelle mesure l'idéalisme de Berkeley est teinté de son nominalisme, et inversement, on en vient à croire que pour Berkeley la matière n'existe pas (idéalisme) et que les idées ne sont que des mots dépourvus de significations (nominalisme). Autrement dit, on considère encore que sa philosophie n'est qu'un « assemblage » de thèses de son époque. En vérité, l'idéalisme contient le nominalisme dans la mesure où il élimine de la matière toute unité cachée (essence ou lois), tout point commun susceptible d'en rendre compte, au nom du nominalisme. Et si le nominalisme se restreint à dénoncer non pas toutes mais certaines des idées générales, c'est précisément

parce qu'il contient l'idéalisme, parce qu'il a été fait pour éliminer de la matière toute unité cachée. Les thèses se contiennent donc l'une et l'autre. Pour le dire comme Bergson, elles « s'entrepénètrent » et forment un « organisme ». À titre de complément, voir note 22, p. 363.

19. Ouvrage célèbre de Berkeley paru en 1744.

20. Le théisme existe déjà en un autre sens chez Platon et les néoplatoniciens. En effet, pour Platon et ses héritiers, le monde des Idées (le Même) organise le divers (l'Autre) pour produire le monde apparent. Dans le *Timée*, le démiurge recourt aux Idées pour façonner le divers et engendrer notre univers. Nous retrouvons donc cette thèse théiste : l'origine du cosmos est une force organisatrice du chaos.

21. Voir p. 155.

22. Pour Bergson, nous ne pouvons pas nous contenter de soutenir que l'idéalisme et le nominalisme s'interpénètrent et constituent un « organisme ». Il faut remonter jusqu'à « l'âme » de l'œuvre. Pour lui, en effet, il existe chez Berkeley une unité plus profonde entre l'idéalisme et le nominalisme qui explique pour quelle raison ils s'entrepénètrent. Si la matière n'est qu'un ensemble d'idées sans unité cachée, sans principe explicatif qu'elle pourrait tirer d'elle-même, alors son ordre doit provenir d'un Dieu organisateur de la matière (théisme). Le spiritualisme, ou, si l'on préfère, la thèse selon laquelle il existe des mouvements volontaires, spontanés, qui ne s'expliquent pas mécaniquement, consiste donc à saisir dans quelle mesure cette matière passive, dépourvue de volonté, est néanmoins la preuve même d'une volonté extérieure à l'homme qui l'a ordonnée. La volonté humaine est donc séparée de la volonté divine par une matière qui cependant laisse entrevoir la volonté divine à condition de ne pas intégrer à cette matière son propre principe explicatif. Lorsqu'on apporte à l'intérieur de cette matière un principe explicatif, alors la matière s'obscurcit (p. 165). Elle n'est plus la marque de l'activité, de la volonté de Dieu. Elle s'explique d'elle-même. C'est pourquoi nous ne voyons plus Dieu à travers elle. Idéalisme, nominalisme, spiritualisme, théisme sont donc les thèses qui n'expriment en dernière instance qu'une seule et même thèse que Bergson résume à l'aide de cette « image médiatrice » : « la matière serait une langue que Dieu nous parle » (p. 165). Cette image résume l'intuition philosophique de Berkeley pour Bergson, sans la

donner complètement. Elle communique dynamiquement au lecteur la thèse selon laquelle la matière exprime par son ordre l'activité et la volonté divine, du moins si on ne cherche pas à rendre l'ordre matériel indépendant de toute volonté.

23. Voir note 8, p. 360.

24. Dans ce passage, Bergson ne rejette pas toute forme de synthèse des savoirs scientifiques. À partir de multiples connaissances, on peut essayer de dégager des ressemblances communes à plusieurs champs du savoir, et ainsi tirer des enseignements qui valent dans plusieurs domaines. On obtient ainsi une certaine synthèse de diverses connaissances. Ces synthèses ne réunissent pas l'ensemble des savoirs, mais une partie d'entre eux. Bergson reproche aux philosophes de penser que la philosophe a pour fonction d'opérer ce genre de généralisation, alors que c'est au scientifique de les réaliser selon lui (« [...] celui qui la fait est encore un savant »). Il lui semble absurde qu'un philosophe puisse se sentir plus compétent qu'un scientifique pour bâtir des théories générales, comme si le scientifique était incapable de généraliser, de synthétiser. La fonction de la philosophie ne peut donc être de confectionner, à partir des données scientifiques, des théories générales. C'est à la science que revient cette tâche.

25. Bergson reproche aux philosophes de bâtir des théories générales qui englobent plus de choses que n'en englobent les théories générales scientifiques. Il est contraire à sa méthode philosophique de procéder ainsi. Il faut s'en tenir aux généralités scientifiques. Sinon, on énonce des généralités « hypothétiques » qui ne se fondent sur aucun résultat scientifique. Voir Notice de l'« Introduction », *supra*, p. 313.

26. Ici, le terme de probabilité signifie simplement qu'une philosophie déconnectée des sciences en reste à des visions générales possibles, mais qui se valent toutes, qui demeurent uniquement hypothétiques, dans la mesure où elles sont invérifiables (voir les deux notes précédentes).

27. Bergson ne veut nullement dire que le critère de vérité de la philosophie est la conviction qu'elle tire d'une expérience profonde, d'une intuition. La philosophie n'est pas un acte de foi. Bergson signifie ici que l'intuition possède une force de persuasion qui peut se communiquer, lorsqu'elle entre en contact avec une réalité. Évidemment, cette puissance de persuasion ne

suffit en rien à démontrer la vérité d'une thèse philosophique. Elle n'est même pas nécessaire.

28. Le philosophe part d'une intuition originelle confuse qu'il tente de démêler (une « analyse » et non une « synthèse ») et d'exprimer à l'aide des idées et des sciences de son temps. Onze ans plus tard, dans la Deuxième partie de l'« Introduction », Bergson considère plutôt que le philosophe doit partir des sciences et des difficultés que ces dernières rencontrent dans l'étude exclusivement intellectuelle de leurs objets. Autrement dit, l'intuition originelle se manifeste à présent au cœur des thèses scientifiques. Dans « L'Intuition philosophique », on a encore le sentiment que l'intuition originelle pourrait se constituer ou se dévoiler extérieurement au discours scientifique. La vérification de cette intuition par l'étude des faits scientifiques ne viendrait que dans un second temps.

29. Thèse fondamentale de la philosophie de Bergson. L'intelligence a une fonction vitale : elle est faite pour comprendre la matière inerte et ses lois, afin de pouvoir élaborer des outils. La science n'est donc que le prolongement de l'activité vitale. Cependant, la science peut tout à fait devenir une activité désintéressée et capable d'accéder au réel en tant que tel (du moins à sa dimension matérielle). Voir notes 41, p. 338.

30. Francis Bacon (1561-1626) est un philosophe anglais du XVIIe siècle. Bergson fait allusion à son ouvrage principal, Le *Novum Organum*, dans lequel il écrit : « On ne triomphe de la nature qu'en lui obéissant » (livre II, aphorisme 3).

31. Bergson veut dire ici que la philosophie, à la différence de la science, n'a pas l'intuition de la dimension matérielle mais spirituelle du réel. Or cette dimension est création. Si le scientifique a tout intérêt à « obéir » pour « commander », c'est-à-dire à suivre respectueusement les lois rigides de la matière pour les détourner à son profit et construire des appareils technologiques de plus en plus perfectionnés, le philosophe, quant à lui, ne peut procéder ainsi. Il doit chercher à « sympathiser » avec la dimension spirituelle et créatrice de l'univers, autrement dit à faire comme s'il participait, en ami, avec les autres êtres vivants, à l'effort de création qui se produit dans l'Univers. Pour comprendre la création, le philosophe doit lui-même se faire créateur, simuler en lui des actes de création. Il n'obéit pas puisqu'il n'imite pas : il crée. Et il ne commande pas puisqu'il

n'essaie pas de contraindre la Vie à suivre un autre objectif que celui qu'elle poursuit, dans la mesure où il se rallie fraternellement à sa volonté de création.

32. La simplicité ne signifie nullement ici que la philosophie ne réclame aucun effort, et demeure une tâche aisée. La simplicité s'oppose à la complexité, comme l'analyse à la synthèse. Il ne s'agit pas pour Bergson de partir d'éléments pour tenter de les relier et recomposer ainsi une totalité (complexité), mais de partir d'une totalité, même confuse (intuition), pour l'analyser, et y démêler l'organisation qui la compose. L'esprit de simplicité part directement du tout, d'une dimension du réel, pour aller aux parties. L'esprit de complexité part des parties pour retrouver artificiellement le tout. Le premier se place immédiatement dans l'intuition. Le second tente illusoirement de la recomposer. Il faut noter que l'esprit de simplicité chez Bergson anime aussi bien les sciences que la philosophie.

33. Allusion de Bergson aux métaphysiques trop intellectualistes (Spinoza, Leibniz, Descartes) qui ne parviennent pas, pour cette raison même, à exprimer la dimension créatrice, vivante, mouvante, de la réalité (voir Notice de l'« Introduction », *supra*, p. 316), et au criticisme kantien qui, au nom du caractère artificiel de l'intelligence, renonce à accéder au réel en tant que tel. Voir Notice de l'« Introduction à la métaphysique », *infra*, p. 378.

34. Il importe de distinguer dans ce passage trois choses : la perception ordinaire fournie par « les sens et la conscience » ; la pensée en durée ; l'intelligence. Aux yeux de Bergson, la perception ordinaire présente un mixte confus et contradictoire entre durée et espace. La philosophie recourt d'abord à l'intelligence pour mettre fin à cette contradiction interne à toute perception ordinaire. Mais elle le fait au détriment de la dimension spirituelle, créatrice, du réel. Elle finit par s'en rendre compte implicitement avec Kant, selon Bergson. Mais, méconnaissant la pensée en durée, la philosophie renonce à penser le réel en deçà de la perception ordinaire et de l'intelligence. Elle abandonne la métaphysique, la connaissance du réel en tant que tel (ni ordinaire, ni intellectuel), au profit d'une philosophie qui se contente de montrer les limites de notre saisie intellectuelle de la réalité (ce que Bergson appelle la « Critique », ou le « criticisme »). À titre de complément, voir Notice de « La Perception du changement », *infra*, p. 368.

35. La philosophie nous met en contact avec la dimension spirituelle, créative, du réel (voir Notice de l'« Introduction », *supra*, p. 316). Or la joie chez Bergson est le sentiment qui est l'expression même de la création. Faire de la philosophie, renouer avec la dimension créative du réel, penser « *sub specie durationis* », ne peut donc que nous rendre joyeux.

NOTICE ET NOTES DE
« LA PERCEPTION
DU CHANGEMENT »

Notice

Comment la philosophie doit-elle penser ses objets d'études ? Quelle doit être la méthode de la philosophie ? Pour Bergson, la philosophie a toujours adopté une approche intellectuelle de ses objets d'étude. (On trouvera un exposé plus détaillé de la différence entre intuition et intelligence, durée et espace, dans la Notice de l'« Introduction », *supra*.) Au même titre que les sciences, la philosophie croit qu'un mouvement est le déplacement d'un objet au contenu immuable ou que le changement est une suite d'ajouts et de retraits d'éléments à un objet considéré comme un « support » invariable (« La Perception du changement », *supra*, p. 195). En d'autres termes, l'essence d'une chose, ce qu'elle est véritablement au plus profond d'elle-même, ne varierait jamais. Une bille en mouvement demeurerait la même « bille » quel que soit l'endroit où elle se trouve : personne ne considère que le lieu qu'elle occupe appartient à son essence et que par conséquent celle-ci s'est modifiée lorsque la bille a changé d'endroit. Il le faudrait pourtant, soutient Bergson. Le tort de la philosophie est d'avoir assimilé l'essence des choses à des entités immuables, c'est-à-dire d'avoir intellectualisé le mouvant. Elle devrait au contraire renouer avec le devenir, autrement dit penser en durée. Se pose alors la question de savoir pourquoi la philosophie a opté pour une approche intellectuelle de ses objets d'étude.

Dans *L'Évolution créatrice*, Bergson suppose que tout être humain est poussé par sa nature à intellectualiser le monde.

L'homme a besoin de fixer le devenir pour pouvoir agir sur ce qui se dérobe. La philosophie céderait à cette tendance vitale et naturelle. « La Perception du changement » apporte une toute nouvelle perspective sur cette question. L'approche intellectuelle devient une stratégie de résolution d'un problème philosophique issu de la perception du changement. Tous les jours, nous percevons des mouvements, des changements. Mais nous ne nous contentons pas d'assister à leur spectacle. Nous les décomposons afin de pouvoir favoriser notre action sur eux. La perception ordinaire mélange alors l'expérience du mouvant et une représentation intellectuelle de celui-ci.

Pour Bergson en revanche, les paradoxes de Zénon démontrent précisément ce fait : la perception ordinaire du mouvant est contradictoire. (Pour un exposé plus détaillé de la façon dont Bergson traite les paradoxes de Zénon, voir Présentation, « Les paradoxes de Zénon d'Élée et les illusions de la métaphysique », *supra*, p. 33.) Le mouvant semble donc impensable et nous sommes conduits à faire de la mobilité une illusion de nos sens. Il nous faudrait dès lors chercher l'essence des choses au-delà des apparences, dans l'immuable, dans l'intellect pur. Telle est, selon Bergson, la voie ouverte par Platon, plus que tout autre, et qui se refermera avec Kant, lequel démontre en effet que l'intelligence ne peut accéder au réel en tant que tel. Toute représentation intellectuelle du monde n'est qu'une reconstruction humaine. Toutefois, pour Kant, l'homme n'est capable que de « platoniser » (cette thèse est déjà présente dans l'« Introduction à la métaphysique », voir *infra*, p. 378), c'est-à-dire de penser intellectuellement ses objets d'étude. Aussi, la métaphysique, la connaissance du réel en tant que tel, devient impossible. Kant dévoile les limites de la connaissance intellectuelle tout en condamnant l'homme à intellectualiser son expérience. Bergson lui répond que l'homme peut aussi penser en durée, dépasser ainsi les limites de la connaissance intellectuelle et donc renouer avec le réel en tant que tel.

L'intellectualisme issu de la résolution imparfaite du problème du changement posé par les paradoxes de Zénon conduit la philosophie dans une double impasse : le réel en tant que tel devient inaccessible (comme chez Kant ; voir « La Perception du changement », *supra*, p. 187-188) ; les différentes philosophies sont conduites, par intellectualisme, à privilégier abusivement certains aspects de la réalité au détriment d'autres – elles en viennent alors à critiquer les défauts des pensées concurrentes sans voir les leurs, et se croient donc inconciliables (*ibid.*, p. 181-182 ; cette thèse renvoie à la critique récurrente des idées générales : voir Notice de l'« Introduction », *supra*, p. 316). Telles sont les deux raisons essentielles pour lesquelles la philosophie doit rompre avec sa méthode intellectuelle. Il importe de retenir que la méthode devient ici, pour la première fois, une stratégie de résolution alternative à un problème philosophique original.

La Pensée et le Mouvant rehausse donc, pour ainsi dire, les philosophies non intuitives : tandis que *L'Évolution créatrice* laissait entendre que ces dernières étaient simplement abusées par le sens commun, « L'Intuition philosophique » démontre qu'elles aussi sont fondées sur une intuition et sont par conséquent d'authentique philosophie. « La Perception du changement » établit à son tour qu'elles ne se sont pas contentées de céder à une tendance naturelle, mais qu'elles ont bel et bien choisi une stratégie de résolution – certes imparfaite – de leur problème. C'est pourquoi *La Pensée et le Mouvant* donne souvent l'impression d'être une extension, un prolongement, voire une annexe, de *L'Évolution créatrice* : tout se passe comme si ces deux livres n'en formaient qu'une seule et même œuvre.

Ajoutons que « La Perception du changement » apporte un élément nouveau : la dimension esthétique de l'intuition. Apprendre à penser en durée le changement nous offre la possibilité de dépasser les limites de notre perception ordinaire, comme le font les peintres Corot et Turner (« La Perception du changement », *supra*, p. 183). Nous pouvons ainsi mieux apprécier les mille nuances qui tissent notre expérience vécue et notre univers. Certes, cette esthétique, cette sensibilité au mouvant, affranchit la connaissance philosophique de certains faux problèmes que l'intelligence y dépose – le faux problème de la conservation du passé sert ici d'exemple principal. Surtout, elle nous encourage à supposer que de telles limitations de la connaissance philosophique peuvent toujours être dépassées.

Il s'agit pour Bergson de faire de cette esthétique un moteur pour la philosophie. Grâce à elle, la connaissance philosophique reprend une certaine assurance, parce qu'elle renoue enfin avec le mouvant et avec ses puissances de vie. La connaissance philosophique, par la méthode intuitive, nous donne au contraire l'accès à ces puissances de création prêtes à affronter tous les obstacles. Une telle méthode est résolument optimiste ;

elle se place dans le sens même de la vie, qui demeure une volonté inébranlable de création.

Problème principal	Solution principale
Quelle doit-être la méthode de la philosophie ou, plus précisément, pourquoi la philosophie devrait-elle penser en durée ?	*Première conférence : les limites de la méthode intellectuelle en philosophie* La philosophie est depuis son origine une tentative de résoudre *intellectuellement* le problème de la perception du changement. Elle aboutit pour cette raison à la démultiplication de doctrines inévitablement conflictuelles et à la thèse kantienne selon laquelle le réel en tant que tel est inaccessible (p. 177-190). *Deuxième conférence : changer de méthode et penser en durée* 1 Pour penser le mouvement et le changement, il importe de cesser de les décomposer en une suite d'étapes fixes, isolées les unes des autres par du vide (p. 190-198). 2 Intérêt spéculatif (p. 198-205) : penser en durée permet de montrer que certaines questions philosophiques sont des faux problèmes. Pour illustrer cette thèse, Bergson expose le faux problème de la conservation du passé. 3 Intérêt éthique (p. 206-207) : penser en durée rend notre perception plus sensible au mouvant (p. 206, voir aussi p. 182-186) et nous donne surtout plus de force pour penser, c'est-à-dire pour résoudre les difficultés théoriques que la philosophie rencontre sur son chemin (p. 206-207).

NOTES

1. Allusion de Bergson à John Alexander Stewart (1846-1933). Il est l'auteur de *Plato's Doctrine of Ideas* (Oxford, Clarendon Press, 1909).

2. Le « rationalisme intégral » désigne ici la pensée qui prétend comprendre le réel dans son ensemble, à l'aide de la seule intelligence. Le « pragmatisme » désigne ici la pensée qui voit,

dans les processus intellectuels, des abstractions qui ne permettent pas de saisir le réel en tant que tel. La vérité est (réalisme intégral) ou n'est pas (pragmatisme) accessible par la seule intelligence. Telles sont les « deux conceptions extrêmes de la nature de la vérité ».

3. Pour Bergson, les explications qui supposent l'existence d'objets échappant à notre perception (atomes, molécules, particules, forces, etc.) n'ont de valeur que si elles servent en dernière instance à expliquer les objets et les aspects de notre réalité perceptibles par nos sens, à l'aide ou non de divers appareils (microscopes, télescopes, etc.). De toute évidence, une théorie qui n'expliquerait aucun fait observable, mesurable (toute mesure étant toujours au final la perception d'une mesure, la saisie de l'effet perceptible d'une réalité sur un appareil de mesure), ne serait qu'une pure fiction.

4. Allusions respectives à Thalès (eau), Anaximène (air) et Héraclite (feu).

5. Allusion aux paradoxes de Zénon d'Élée démontrant, selon Bergson, les contradictions internes à toute perception ordinaire des changements qui se produisent dans notre environnement. Aussi, pour rester cohérente, la philosophie a choisi, selon Bergson, de renoncer au changement, et de voir dans ce qui ne change pas ce qu'est véritablement toute chose. Elle tient les apparences pour trompeuses car changeantes et donc contradictoires. Le réel se tient donc au-delà de tout changement, dans une essence immuable et éternelle. Voir Notice de « La Perception du changement », *supra*, p. 368.

6. Sur cette opposition sans fin, voir la conclusion de la Notice de « La Perception du changement », *supra*, p. 368.

7. « Perception naturelle » signifie ici perception ordinaire et « conception », intelligence. Voir note 34, p. 366.

8. Jean-Baptiste Camille Corot (1796-1875) est un peintre français de la première moitié du XIXe siècle.

9. Joseph Mallord William Turner (1775-1851) est un peintre anglais de la première moitié du XIXe siècle.

10. Corot et Turner peignent au premier abord des paysages de façon très classique : ils reproduisent la réalité telle que nous la voyons. Toutefois, ils laissent volontairement floues certaines zones très lumineuses du tableau, en particulier certains fonds. Or, nous ne percevons rien de tel. Pourtant, Bergson considère que chaque « vision brillante et évanouissante » que restitue

ainsi tel ou tel fond est un élément de notre réalité. Pour lui, notre perception contient en vérité ces luminosités vives et diffuses. Mais, dans notre perception ordinaire, elles se mélangent à d'autres moins vives, moins colorées. Aussi, nous ne les percevons plus, même si elles demeurent présentes, comme le bleu et le jaune s'effacent dans la couleur verte tout en continuant à l'habiter. Le peintre démêle, analyse, dilate sa perception. La toile laisse apparaître les éléments qui composent une totalité, sans recourir à des formes intellectuelles, sans séparer nettement les éléments, afin de ne pas décomposer, déchirer cette réalité diffuse, continue, vibrante et lumineuse.

11. *Dissolving views* désigne une image qui s'évanouit et laisse place à une autre image. Bergson fait une allusion à une célèbre invention de la première moitié du XIXe siècle : la lanterne à *dissolving views*, ou « fantascope », inventée par Étienne Gaspard Robert, surnommé « Robertson » (1764-1837), et capable de produire ce que nous appelons aujourd'hui le « fondu enchaîné ».

12. Voir note 57, p. 342.

13. Le cerveau sert à filtrer la réalité sans la déformer. Voir note 57, p. 342.

14. Bergson pense que cette déficience de la perception chez un artiste est innée et accidentelle. La vie n'a pas voulu qu'il y ait des artistes. C'est pourquoi on ne peut acquérir une vision artistique, alors qu'on peut apprendre à philosopher et à dépasser notre perception ordinaire. Comme Bergson l'écrit ensuite, à la différence de la pratique artistique, la philosophie s'adresse à tout le monde.

15. Voir note précédente.

16. Plotin est un célèbre philosophe grec de la fin de l'Antiquité (IIIe siècle).

17. Citation de la troisième *Ennéade* de Plotin (traité VIII, chap. IV).

18. Bergson oppose Corot et Turner à Plotin, à Platon et à tous les promoteurs d'une métaphysique intellectualiste, qui érigent en essence des réalités figées. Les artistes ressaisissent en effet le réel en deçà de la perception ordinaire. Ils renouent avec une forme de perception pure, débarrassée de toute forme d'intellectualité. Les philosophes grecs et leurs héritiers, quant à eux, tentent à tort de chercher le réel au-delà de la perception

ordinaire, dans l'immuable et l'intellect pur. C'est pourquoi ils « fuient » la perception. Voir note 34, p. 366.

19. Ouvrage le plus célèbre de Kant, paru en 1781.

20. Pour Bergson, Kant a compris que l'intelligence déforme le réel. L'erreur de Kant est à ses yeux d'avoir postulé que l'intelligence est le seul mode de connaissance possible et qu'il faut par conséquent renoncer à connaître le réel tel qu'il est.

21. Les adversaires de Kant sont ceux qui pensent que l'intelligence peut accéder au réel tel qu'il est, et produire ainsi une métaphysique. Comme Kant, ses adversaires ont le tort de fonder la connaissance philosophique uniquement sur l'intelligence (voir note précédente).

22. Il existe quatre arguments de Zénon relatifs au mouvement, que l'on trouve seulement dans la *Physique* d'Aristote, aux livres VI et VIII : « La Dichotomie », « L'Achille », « La Flèche », « Le Stade ». Bergson évoque plus ou moins longuement ces paradoxes dans chacun de ses ouvrages principaux : *Essai sur les données immédiates de la conscience* (*op. cit.*, p. 134), *Matière et mémoire* (*op. cit.*, p. 239-241), *L'Évolution créatrice* (*op. cit.*, p. 308-313), *Les Deux Sources de la morale et de la religion* (*op. cit.*, p. 114, 131, 149, 208). Dans *La Pensée et le Mouvant*, il se réfère essentiellement au plus célèbre de ces paradoxes : « L'Achille » (voir note 27, p. 375).

23. Bergson ne dit pas que pour Kant la connaissance est relative à tel individu, à telle société ou culture, mais relative au point de vue humain en général.

24. Pour Bergson, Zénon est l'auteur qui a convaincu les philosophes de se détourner du changement. Il a montré que notre perception ordinaire du changement est contradictoire. Les philosophes se sont alors tournés vers l'immuable, l'absence de changement, l'intellectuel. Il fallait penser le réel au-delà des contradictions de la perception ordinaire. Kant a mis à jour le caractère artificiel de ces constructions intellectuelles. Le réel ne peut donc ni s'appréhender par la perception ordinaire (Zénon), ni par l'intelligence (Kant). Pour rétablir l'accès au réel (la métaphysique), il importe de dépasser la perception ordinaire (mélange de durée et d'espace), et l'intelligence (l'espace pur), par la pensée en durée (la durée pure). À titre de complément, voir Notice de « La Perception du changement », *supra*, p. 368.

25. Il ne faudrait pas croire pour autant que tout mouvement est indivisible aux yeux de Bergson. Par exemple, le mouvement du cœur n'est pas un flux continu et uniforme. Chaque battement le divise. Chaque battement délimite un intervalle de temps. Ces divisions existent aux yeux de Bergson. Ce qui n'existe pas, ce sont les divisions que l'intelligence a le droit d'introduire à n'importe quel endroit de l'intervalle. Autrement dit, s'il ne se produit aucun battement, aucun acte réel, aucune « articulation », il n'existe aucune division réelle. Toute division est alors artificielle. C'est ce qui se passe entre A et B dans l'exemple que donne Bergson.

26. Voir note suivante.

27. Achille court après une tortue. Il doit commencer par franchir la distance qui le sépare de la tortue. Pendant ce temps, la tortue a le temps d'avancer un tant soit peu. C'est pourquoi il doit à nouveau traverser l'intervalle que vient de réaliser la tortue. Mais durant ce laps de temps, elle a l'occasion d'en parcourir un nouveau, et ainsi de suite. En définitive, la tortue fait un pas, puis Achille fait le pas que vient de faire la tortue. Durant ce temps, elle fait un nouveau pas, qu'Achille devra faire ensuite. Achille fait donc les mêmes pas que ceux de la tortue, avec un tour de retard. On pourrait objecter à Zénon qu'Achille ne court pas de cette façon. Cependant, Zénon a le droit théoriquement de le penser. En effet, la décomposition de la course d'Achille en pas d'Achille et la décomposition de la course d'Achille en pas de tortue sont égales sur un plan mathématique. De plus, sur un plan mathématique, Achille doit bel et bien passer par les endroits où passe la tortue. Zénon a donc le droit de remplacer la course d'Achille par celle de la tortue, avec un tour de retard. En théorie, sa course s'effectue aussi de cette manière. Le seul moyen de réfuter Zénon est de rejeter la possibilité de décomposer la course d'Achille comme bon nous semble. Mathématiquement, nous n'en n'avons pas le droit, puisque tout intervalle mathématique est divisible de n'importe quelle façon. En revanche, dans la durée, deux décompositions d'un même intervalle ne sont pas égales ou équivalentes. Les musiciens le savent bien : scander une même mélodie durant une même durée en noires ou en croches ne produit pas la même impression globale. Deux intervalles musicaux de même longueur ne sont pas égaux à l'écoute lorsqu'on les divise de différente manière. Ils n'ont pas la même saveur. Or la qualité

entre dans toute définition d'un intervalle de temps chez Bergson. Sans la qualité, sans l'hétérogénéité, les unités de temps de la durée deviendraient identiques et se distingueraient par leur position dans l'espace (voir Notice de l'« Introduction », *supra*, p. 316). Par conséquent, non seulement chaque pas d'Achille est indivisible, puisqu'il ne se produit aucun événement relatif à la course au sein d'un pas (voir note 25, p. 375), mais chaque pas d'Achille forme une qualité irréductible à une autre. Autrement dit, la course d'Achille possède ses propres articulations, et Zénon n'a pas le droit de la rendre égale ou équivalente à une autre, du moins si on pense la course d'Achille en durée et non dans l'espace.

28. Voir p. 191-192.

29. Cette thèse fut mal comprise, comme le rappelle la note ajoutée par Bergson en bas de page. Elle est pourtant fort simple. Lorsqu'un objet change d'endroit, ses positions spatiale et temporelle se modifient. Aux yeux de l'intelligence, ces variations n'affectent pas ce qu'est l'objet. Autrement dit, l'essence du mobile reste la même, quelle que soit sa position dans l'espace ou dans le temps. En ce sens, l'objet est un « mobile » : son essence est isolée de ses variations temporelles et spatiales. De la même manière, un objet ou un état peuvent changer d'apparence. Mais nous avons l'impression que c'est toujours le même objet ou le même état. Nous lui avons simplement ajouté ou retiré des éléments, comme des habits à un portemanteau. Ces additions ou retraits d'éléments n'ont pas altéré aux yeux de notre intelligence ce qu'il est. Tout se passe comme si l'objet n'était qu'un « support ». Il porte l'ensemble de ses variations, mais ses variations demeurent extérieures à ce qu'il est. Pour Bergson au contraire, l'objet n'est pas ce qui supporte ses variations. Il est ses variations temporelles, spatiales, qualitatives, etc. L'intelligence confond l'essence d'un objet et ce qui ne varie pas dans cet objet. Aussi, elle considère que toutes les variations d'un objet sont accidentelles et non essentielles. À titre de complément, voir Notice de l'« Introduction », *supra*, p. 316.

30. Allusion à *Matière et mémoire* (1896), chap. II. Dans l'*Essai sur les données immédiates de la conscience* (1889), la conscience n'occupe que le moment présent, de sorte que passé et présent partagent ce même moment, bien que le passé n'ait pas la même saveur, pour ainsi dire, que le présent. À partir de

Matière et mémoire, Bergson change de perspective : passé et présent n'occupent plus le même moment, c'est la conscience qui s'étale sur tous ces moments. Nous sommes dans notre passé et notre présent à la fois, comme si la conscience avait le don d'ubiquité temporelle. Le passé existe donc bel et bien à partir de *Matière et mémoire*, alors qu'il n'est qu'une qualité dans l'*Essai*.

31. *Ipso facto* : de ce fait même (peut être remplacé ici par « pour cette raison »).

32. Voir notes 57, p. 342, et 58, p. 343.

33. Allusion à *Matière et mémoire*, chap. II.

34. Voir note 14, p. 332.

35. Bergson présente ici la dimension esthétique de sa méthode philosophique. Pour plus de détails, voir Notice de « La Perception du changement », *supra*, p. 370.

36. Allusion de Bergson à la fin du chap. III de *L'Évolution créatrice*, où l'on peut lire que sa méthode philosophique confère « plus de goût pour agir et pour vivre » (*L'Évolution créatrice, op. cit.*, p. 271). Bergson présente ainsi la portée éthique de sa méthode. Voir Notice de « La Perception du changement », *supra*, p. 370.

37. Allusion de Bergson aux faux problèmes qui renvoient aux idées négatives de néant, de désordre et de possible : pourquoi y a-t-il quelque chose plutôt que rien (néant) ? Comment un ordre s'est constitué à partir d'un désordre (désordre) ? Comment retrouver dans le présent le futur, ou dans le passé le présent, qui y est déjà contenu à titre de possibilité (possible) ? Chacun à sa manière, ces faux problèmes voilent la dimension spirituelle, créatrice, joyeuse, du réel. C'est pourquoi ils entraînent un déficit de vitalité. Pour plus de détails, voir Notice du « Possible et le Réel », *supra*, p. 346.

38. Détournement de la formule de Spinoza dans l'*Éthique* : « *sub specie æternitatis* » (« sous l'apparence de l'éternité »). « *sub specie durationis* » signifie « sous l'apparence de la durée ».

39. Célèbre formule de saint Paul : « C'est en Lui [Dieu] que nous vivons, que nous nous mouvons, et que nous trouvons ce que nous sommes » (Actes des Apôtres, XVII, 28). Bergson la modifie en substituant à Dieu une « éternité de vie ».

NOTICE ET NOTES DE L'« INTRODUCTION À LA MÉTAPHYSIQUE »

Notice

L'« Introduction à la métaphysique » est aujourd'hui un des textes classiques de la philosophie. Premier écrit de Bergson sur la méthode, il a profondément marqué ses contemporains. Il y défend la thèse suivante : la pensée spatiale, qu'il nommera « intelligence » à partir de *L'Évolution créatrice*, ne permet en aucun cas d'accéder au réel en tant que tel ; elle défigure toujours et irrémédiablement son objet d'étude. Voilà pourquoi elle nous sépare inévitablement de l'absolu. Or, souvenons-nous que dans l'« Introduction » à *La Pensée et le Mouvant*, Bergson soutient précisément le contraire : la science accède à l'absolu, ou du moins à la dimension matérielle de l'absolu, au moyen de l'intelligence (voir Notice de l'« Introduction », *supra*, p. 313) et de l'étude des faits. Cette apparente contradiction s'efface si nous ne perdons pas de vue que l'« Introduction à la métaphysique », publiée en 1903, reste, avec le texte consacré à Ravaisson (1904), le seul article de *La Pensée et le Mouvant* à avoir été rédigé avant *L'Évolution créatrice* (1907).

Dans *Matière et mémoire* (1896), Bergson décrit en effet le fonctionnement de la psyché humaine uniquement à l'aide du concept de durée. Il n'existe encore aucune instance de l'appareil psychique qui soit susceptible de produire la pensée spatiale. Ce n'est qu'à partir de *L'Évolution créatrice* (c'est ce que montre Frédéric Worms dans *Bergson ou les Deux Sens de la vie*, PUF, 2004, p. 165) qu'il fait de celle-ci une authentique faculté de l'esprit humain, qu'il appelle « intelligence ». Cette capacité naturelle nous permet de percevoir les régularités, les relations de cause à effet, que notre environnement contient. De cette façon, elle nous permet d'élaborer des outils, c'est-à-dire de créer des manières originales de nous adapter à notre environnement. L'instinct reste enfermé dans telle ou telle stratégie : il demeure spécialisé. L'intelligence, au contraire, nous offre la possibilité de les démultiplier. Elle doit pouvoir accéder aux invariances qui existent réellement dans la matière physique et dans les organismes vivants. Elle doit nécessairement être sensible à la dimension matérielle, répétitive, mécanique, du réel.

Nous comprenons dès lors que si la pensée en durée peut être encore le seul mode de connaissance qui entre en contact avec l'absolu dans *Matière et mémoire*, elle ne peut plus l'être dans *L'Évolution créatrice*. De même, la science n'atteint pas l'absolu de la même manière dans l'« Introduction à la métaphysique » de 1903 et dans l'« Introduction » de 1922 (ce point a été mis en lumière par Paul-Antoine Miquel dans *Bergson ou l'Imagination métaphysique, op. cit.*, p. 90) : dans la première, elle pénètre d'abord dans l'absolu au moyen d'une intuition de la durée qu'elle se représente ensuite spatialement (« Introduction à la métaphysique », *supra*, p. 242-243 et 245) ; dans la seconde, elle accède à l'absolu grâce à la pensée spatiale, à l'intelligence elle-même.

Cette différence est décisive. Dans l'« Introduction à la métaphysique », la science peut encore être animée de n'importe quelle intuition de la durée ; à partir de *L'Évolution créatrice*, elle ne peut plus être animée que par une intuition de la durée matérielle. Elle n'a plus accès qu'à cette dimension de l'absolu, et ne peut se nourrir de sa dimension spirituelle, créative. Bergson prend acte de ce que la science demeure intéressée par le caractère répétitif du réel, à la différence de la philosophie qui se préoccupe plutôt de sa dimension non répétitive – c'est ce qu'il soutient explicitement dans « L'Intuition philosophique » et tente de démontrer dans les dernières études réunies dans *La Pensée et le Mouvant*, et qu'il consacre à l'œuvre de trois philosophes. « [...] nous avons été conduit, depuis l'époque où nous écrivions ces lignes, à restreindre le sens du mot "science", et à appeler plus particulièrement *scientifique* la connaissance de la matière inerte par l'intelligence pure » (« Introduction à la métaphysique », *supra*, note de bas de page, p. 246).

Précisons, afin de prévenir toute confusion, que cette réduction de la science à l'étude de la matière inerte n'exclut nullement la science des domaines de la psychologie, de la sociologie, etc. (Pour le comprendre, nous renvoyons à la Notice de l'« Introduction », *supra*, p. 316.)

Quel intérêt Bergson avait-il dès lors d'inclure dans *La Pensée et le Mouvant* l'« Introduction à la métaphysique » ? Il peut bien avoir dépassé depuis la manière dont ce texte concevait la relation entre pensée spatiale et pensée en durée, entre science et métaphysique, il n'en reste pas moins qu'il y expose une thèse essentielle à son œuvre : la connaissance humaine peut accéder au réel en tant que tel ; une « métaphysique » est donc possible. (Sur la façon dont Bergson pense pouvoir dépasser le kantisme, voir aussi Notice de « La Perception du changement », *supra*, p. 368 ; à titre de complément, voir Notice de l'« Introduction », *supra*, p. 313.)

Bergson s'en prend ici à la conception kantienne de la connaissance, qu'il juge relativiste, c'est-à-dire « relative » *au point de vue humain en général* et non à tel ou tel individu, à tel ou tel groupe social. Il faut se remémorer en effet que pour Kant, la connaissance humaine dépend de ce qu'il appelle la « subjectivité transcendantale » : l'homme ne peut connaître qu'intellectuellement, mais la connaissance spatiale, analytique, défigure inévitablement son objet d'étude. Il lui est impossible de percevoir le réel tel qu'il est, au-delà des apparences, et donc de construire une métaphysique. L'intelligence pouvant saisir les relations entre des objets matériels, des sensations ou des idées ordinaires (voir sur ce point Notice de l'« Introduction », *supra*, p. 316), elle ne permet pas de pénétrer dans le « fond » de la matière inerte. Elle comprend les *relations* entre les termes matériels, mais non la *nature* des termes matériels eux-mêmes, « l'intelligence étant sans doute faite avant tout pour manipuler la matière et par conséquent pour la connaître, mais n'ayant pas pour destination spéciale d'en toucher le fond » (« La Perception du changement », *supra*, note **, p. 244).

À cela, Bergson répond, dans son « Introduction à la métaphysique », que l'homme dispose d'un autre mode de connaissance : l'intuition, qui lui permet d'atteindre l'absolu. En accordant une place dans ce recueil à ce texte par ailleurs dépassé, il entend mettre en évidence un des enjeux majeurs de sa pensée : la restauration, contre Kant, de la métaphysique par la méthode intuitive.

Problème principal		Solution principale
	1	Il existe deux modes de connaissance : l'intuition et l'analyse. L'intuition ne déforme pas le contenu de son objet d'étude, à la différence de l'analyse (p. 209-213).
Pourquoi penser en durée permet-il de restaurer, contre Kant, la métaphysique ?	2	La métaphysique est impossible si on se contente de penser analytiquement. Mais elle le devient si on recourt à l'intuition (p. 213-239).
	3	La méthode intuitive, que Bergson expose plus précisément en neuf points (p. 239-254) permet donc de dépasser le kantisme (voir p. 243-250). Ce dernier considère en effet, selon Bergson, que la métaphysique est impossible car il réduit la connaissance humaine à la connaissance analytique.

Notes

1. Pour une clarification de la différence profonde entre l'« Introduction à la métaphysique » et les autres textes de *La Pensée et le Mouvant*, voir Notice de l'« Introduction à la métaphysique », *supra*, p. 378.
2. Chez Bergson, « absolu » est synonyme de « non relatif », et non de « certain ». Voir *ibid*.
3. Bergson reprend plus loin l'exemple de l'*Iliade* d'Homère. Voir p. 224.
4. En effet, pour Bergson, si la conscience se composait de moments successifs parfaitement identiques, elle deviendrait incapable de distinguer ces moments. Elle aurait l'impression de vivre un seul et même moment. Certes, elle pourrait leur conférer une position dans le temps ou dans l'espace pour ne pas les confondre. Mais si elle leur conférait une position dans le temps, elle ne pourrait plus se rappeler un souvenir : le souvenir étant uniquement différent du présent par sa position dans

le temps, en étant rappelé, il perdrait sa position, c'est-à-dire ce qui le caractérise. Et si le souvenir était caractérisé par sa position dans l'espace, alors tous les souvenirs coexisteraient avec le présent, et il n'y aurait plus aucune différence temporelle entre les souvenirs et le présent. Il faut donc, selon Bergson, que les moments de la conscience diffèrent par leur qualité temporelle, leur apparence, qu'ils ne soient pas tous identiques. En toute logique, c'est à ce prix qu'une conscience peut se souvenir et posséder une mémoire.

5. Le terme « inconscience » ne désigne pas ici l'inconscient au sens freudien ou bergsonien. Il renvoie plutôt à la conscience de la matière physique. La matière physique est une suite d'actes qui ne contiennent qu'eux-mêmes. Aussi, ces actes ne contiennent aucun acte antérieur, et par conséquent ils n'ont aucune mémoire. La matière inerte chez Bergson est une conscience quasi instantanée (une « inconscience »), qui se relance en permanence, oubliant à chaque instant le moment antérieur.

6. Voir note 39, p. 338.

7. Dans l'*Essai sur les données immédiates de la conscience* (1889), dans *Matière et mémoire* (1896), et dans cet article (1903), la fonction de la pensée spatiale reste sociale et langagière. C'est seulement dans *L'Évolution créatrice* (1907), soit quatre années après la parution de cet article (1903), qu'elle acquiert une fonction vitale : elle est au service de la survie de l'espèce.

8. Cette phrase résume à elle seule toute la critique bergsonienne du concept. Lorsque je parle d'un soldat, autrement dit lorsque je recours au concept de soldat pour parler de quelqu'un, je réduis cet individu à ce qu'il a en commun avec d'autres soldats. Si j'emploie d'autres concepts (grand, brun, aimable, etc.), je me contente simplement d'indiquer ce qu'il partage avec d'autres individus. Aussi, je ne peux jamais exprimer à l'aide de concepts ce qu'un individu ou une chose a de spécifique. Systématiquement, les concepts homogénéisent, c'est-à-dire rendent similaires à d'autres, les objets qu'ils désignent.

9. L'extension est l'ensemble des éléments que je peux désigner par un concept. Par exemple, l'ensemble des soldats, réels ou imaginaires, forment l'extension du concept de « soldat ». Au départ une « propriété spéciale », une simple ressemblance

entre deux éléments, s'apparente à la ressemblance que nous percevons entre deux nuances d'une même couleur. Elle n'est pas toujours identique. Elle varie en fonction des nuances, c'est-à-dire des formes singulières qu'elle prend (le bleu n'est jamais le même dans toutes ses nuances). Mais plus la propriété spéciale concerne un nombre important d'éléments, plus l'extension augmente, plus les singularités de chaque élément semblent s'effacer au profit d'une ressemblance qui gomme les nuances, qui ne varie plus, qui se fige. L'homogène succède ainsi à l'hétérogène. Le concept remplace la ressemblance (voir note 39, p. 338).

10. La réalité étant à la fois multiple et une pour Bergson, les partisans du multiple, et les défenseurs de l'un, trouveront toujours dans la réalité des faits et des raisons qui les justifient. Ils pourront ainsi s'affronter indéfiniment. Bergson va donner par la suite deux exemples (note 17, p. 384) : les empiristes (multiple), puis les rationalistes (un).

11. On trouve chez Bergson deux conceptions de l'un et du multiple : l'une quantitative et l'autre qualitative (pour plus de détails, voir Notice de l'« Introduction », *supra*, p. 316). La première les pense dans l'espace. Bergson parle alors de « concepts » d'un et de multiple. Dans cette perspective, les éléments sont parfaitement identiques (un) et se différencient par leur position dans un espace idéal (multiple). Par opposition, la seconde conception pense l'un et le multiple dans la durée. Bergson parle alors d'« images » de l'un et du multiple. Dans cette approche, les éléments se rassemblent (un) et diffèrent (multiple) comme les nuances d'une même couleur. Cette image nous permet donc de penser l'un et le multiple sans recourir à l'espace. À la différence du concept qui rend identique et sépare dans l'espace les éléments, elle ne modifie pas les éléments d'une durée. Toutefois, elle ne présente pas tout ce qu'est la durée. Par exemple, elle ne nous dit rien sur ses dimensions active, numérique, intensive, etc. Une image n'exprime qu'une dimension de notre intuition de la durée à la fois. Aussi, une image n'est pas l'intuition de ce qu'est la durée. Elle est le moyen par lequel on exprime une dimension de la durée, sans recourir aux concepts qui la dénatureraient.

12. Dans ce passage, des éléments prélevés sur une intuition originelle (sur une totalité) sont des « parties », si on pense pouvoir à partir d'eux reconstituer cette intuition, comme on recompose une illustration à l'aide des pièces d'un puzzle.

13. Chaque inclination, c'est-à-dire chaque intention, volonté, désir, envie, etc., est une tension vécue qui nous invite à nous orienter vers tel ou tel objet ou individu. Cependant, le psychologue ne retient le plus souvent de cette inclination que l'objet qu'elle poursuit. Il délaisse ainsi les singularités de chaque inclination, telles que nous les expérimentons, pour les réduire à la poursuite uniforme d'un but. Selon Bergson, la psychologie conceptualise à ce point le vécu de l'expérience humaine, qu'elle finit par oublier les nuances qui tissent ce vécu continument.

14. Hippolyte Taine (1828-1893) est un philosophe et historien français de la seconde moitié du XIXe siècle.

15. Stuart Mill (1806-1873) est un philosophe et économiste anglais du XIXe siècle.

16. Bergson a déjà mentionné l'exemple de l'*Iliade* d'Homère. Voir p. 212.

17. L'empiriste délaisse l'intuition du moi au profit des éléments qu'il a prélevés sur elle. Le rationaliste tente de recomposer le moi à l'aide de ces éléments. Par conséquent, les deux font la même erreur : ils omettent l'intuition originelle, soit pour la réduire à ses éléments (empirisme), soit pour essayer vainement de la reconstituer (rationalisme).

18. Je peux démêler une intuition, en extraire les éléments qui la forment. Mais je ne peux la reconstituer à partir de ses éléments, comme si elle n'était qu'une combinaison de ses éléments. Voir Notice de l'« Introduction », *supra*, p. 316.

19. Dans la vie ordinaire, nous recourons effectivement à des concepts. Si je parle de la table, de la chaise, du café, du métro, de la voiture, de la campagne, etc., tous ces termes sont des concepts. Ils servent à dénommer une propriété commune à plusieurs éléments. Par exemple, tous les morceaux de sucre d'une boîte ont chacun leur spécificité. Mais cette spécificité ne m'intéresse en rien dans la vie ordinaire. J'ignore leur singularité. Je les réduis à n'être que des « morceaux de sucre », c'est-à-dire des éléments appartenant à l'extension du concept de « morceau de sucre » (voir aussi notes 8, p. 382, et 9, p. 382).

20. Voir Notice « La Perception du changement », p. 368.

21. Voir note 9, p. 382.

22. Vers célèbre extrait de *Rolla* d'Alfred de Musset : « Ce n'était pas Rolla qui gouvernait sa vie/ C'étaient ses passions ;

– il les laissait aller/ Comme un pâtre assoupi regarde l'eau couler. »

23. Voir note 57, p. 342.

24. Comment faire coexister des moments successifs sans les rendre simultanés ? Question décisive à l'origine du concept de durée. Sur cette question, voir annexe à l'*Essai sur les données immédiates de la conscience, op. cit.*, p. 249.

25. Voir notes 14, p. 332, 57, p. 342 et 9, p. 353.

26. Effectivement, cette multiplicité analytique, spatiale, intellectuelle, ne peut comporter des nuances puisque tout élément est homogène à d'autres. De plus, cette multiplicité ne peut avoir des « degrés » au sens où Bergson l'entend, c'est-à-dire des degrés de tension et de détente. En effet, la tension n'est possible que si les éléments d'une multiplicité peuvent se pénétrer, occuper un même lieu, comme le bleu et le jaune dans le vert. Or une telle pénétrabilité est logiquement impossible dans une multiplicité spatiale. En effet, deux éléments se distinguent si et seulement s'ils occupent deux positions distinctes dans l'espace. Par conséquent, s'ils occupent un même endroit, s'ils se pénètrent, ils ne sont plus qu'une seule et même chose. Dans la durée, deux éléments peuvent se pénétrer sans être les mêmes choses : par exemple, le bleu et le jaune ne deviennent pas du vert, ils continuent à exister, à être du bleu et du jaune au sein du vert. Aussi, les éléments d'une durée peuvent être plus ou moins visibles au sein d'un même état de conscience. Ils peuvent plus ou moins se pénétrer. Dans la sensation de rouge, le degré de tension est important, puisque aucune des vibrations de lumière n'est visible. En revanche, dans une mélodie, le degré de tension entre les éléments est moins grand puisqu'on peut percevoir les notes au cœur de la mélodie. Ce type de subtilités est impensable dans une multiplicité spatiale. C'est pourquoi Bergson écrit que le concept de degré est intraduisible dans un langage ordinaire ou même mathématique.

27. Bergson veut dire ici que l'unité n'est pas un « support ». Voir note 29, p. 376.

28. Voir note 17, p. 384.

29. Bergson parle ici d'un même effort de dilatation pour rejoindre le « haut » ou le « bas ». Comment est-ce possible ? Dans *Matière et mémoire*, pour apparaître, un élément doit durer un temps minimal. Aussi, seul un certain nombre d'éléments peuvent devenir visibles à la surface d'un état de

conscience. En effet, un état de conscience délimite une durée maximale qui ne peut contenir à sa surface qu'un certain nombre de durées minimales. Si le nombre est trop grand, les durées se superposent, se pénètrent, se fondent les unes dans les autres, et deviennent invisibles, même si elles continuent à exister au sein de l'état de conscience, comme les trillions de vibrations de lumière au sein de la sensation de rouge. La dilatation consiste alors à augmenter la longueur maximale de l'état de conscience pour qu'un plus grand nombre d'éléments puissent devenir visibles. C'est de cette façon que le peintre procède par exemple (note 18, p. 373). Imaginons qu'on pousse plus loin encore l'effort de dilatation du peintre. On verra alors surgir les vibrations matérielles de lumière qui la composent. Naturellement, un tel effort est théorique. Il est impossible. Nous ne pouvons percevoir des vibrations aussi courtes. Toutefois, nous pouvons deviner que si nous prolongions cet effort de dilatation, nous atteindrions la matière. De cette façon, chaque vibration deviendrait visible au sein d'un état de conscience qui les embrasserait toutes (et qui n'existe pas dans la matière). En ce sens, un même effort de dilatation nous invite à penser des durées supérieures (la longueur maximale de temps de l'état de conscience du peintre semble pouvoir dépasser la nôtre) ou inférieures à la nôtre (la longueur de temps de chaque vibration est très inférieure à la nôtre).

30. Voir note 57, p. 342.

31. « Tendance » signifie ici « inclination ». L'inclination est une fin. Elle se caractérise par l'objectif qu'elle poursuit. Toutefois, il existe deux manières de penser une fin chez Bergson. La première consiste à réduire la fin à la poursuite d'un but figé. Il s'agit alors de se rapprocher d'une limite idéale. La seconde consiste plutôt à produire des ressemblances qualitatives. L'artiste ne cherche pas à produire tel bleu de référence, mais plutôt il réinvente sans cesse des nuances de bleu. Dans le premier cas, la fin est un processus d'uniformisation, de soumission à un plan préformé. Elle est pensée en espace ou intellectuellement. Dans le second cas, elle génère sans fin de la diversité, des nuances. Elle est créatrice. Elle est pensée en durée ou, si l'on préfère, intuitivement.

32. Pour des exemples de ces antinomies, voir les notes 14, p. 332 (libre arbitre contre déterminisme), 57, p. 342 (idéalisme contre réalisme) et 17, p. 384 (empirisme contre rationalisme).

33. Cette proposition vise essentiellement Kant et ses héritiers (voir note 24, p. 374).

34. Qu'est-ce qu'une « fluxion » chez Newton ? Newton est avec Leibniz l'inventeur du calcul infinitésimal. Ce type de calcul repose sur l'usage de quantités qui tendent vers 0. Pour faire simple, et pour en rester à ce que veut dire Bergson dans cette note, Newton a une vision plus dynamique de cette tension vers 0 que Leibniz. Le concept de fluxion (Newton) évoque plus l'image d'un intervalle diminuant, que celui d'infinitésimal (Leibniz) qui évoque plutôt l'image statique d'un intervalle plus petit que tout autre.

35. La « mathématique universelle » est la thèse selon laquelle tout ce qui existe est de forme mathématique. Bergson refuse pour la philosophie, comme pour la science, cette réduction de la réalité à sa modélisation mathématique.

36. Par « différenciations et intégrations qualitatives », Bergson veut dire qu'il faut penser le couple multiple (différenciation) et un (intégration) en durée. Voir note 11, p. 383.

37. Pour un exposé de cette différence décisive entre l'« Introduction à la métaphysique » et les autres textes de *La Pensée et le Mouvant*, voir Notice de l'« Introduction à la métaphysique », *supra*, p. 378.

38. Chez Bergson, « absolu » est synonyme de « non relatif », et non de « certain ». Voir Notice de l'« Introduction à la métaphysique », p. 378.

39. Plotin est un célèbre philosophe grec de la fin de l'Antiquité (IIIe siècle) que Bergson connaissait bien, puisqu'il a donné des cours sur celui-ci au Collège de France dès 1897.

40. Galilée (1564-1642) est un célèbre astronome italien du XVIIe siècle. Ses travaux sont effectivement à l'origine de la science moderne, fondée sur l'expérimentation et les mathématiques. Son rôle dans le développement de la physique mathématique en Occident fut décisif.

41. Voir notes 23, p. 374, et 24, p. 374, et Notice de l'« Introduction à la métaphysique », *supra*, p. 378.

42. Pour Bergson, Platon est celui qui a introduit en philosophie une approche purement intellectuelle du réel : pour dépasser les contradictions internes à la perception ordinaire du changement, il faudrait aller chercher le réel dans ce qui ne change pas. Bergson soutient au contraire que la pensée est capable de penser en durée et de débarrasser le changement des

contradictions qu'il possède effectivement, tant qu'on en reste du moins à une perception ordinaire de celui-ci. Voir note 5, p. 330.

43. « L'expérience intégrale » s'oppose ici à une pensée générale qui finit par se détourner de l'étude des faits parce qu'elle recourt à des généralités trop vagues (note 5, p. 330). À cette pensée générale, Bergson souhaite opposer une expérience (réforme empirique) intégrale (réforme formelle), c'est-à-dire une pensée fondée sur l'étude des faits (empirisme) et l'intégration des nuances (pensée en durée). Voir Notice de l'« Introduction », *supra*, p. 313.

NOTICE ET NOTES DE « LA PHILOSOPHIE DE CLAUDE BERNARD »

Notice

Ce discours prononcé en 1913 en l'honneur du biologiste Claude Bernard reste fondamental pour comprendre plus particulièrement ce que Bergson veut dire lorsqu'il explique que la philosophie doit partir de l'étude des faits. On pourrait croire au premier abord qu'un fait reste une simple observation. Dès lors, n'importe quelle perception, sensation ou impression est un fait. Il suffirait alors de prendre le temps de rassembler une grande masse de faits (d'analyser), puis de leur chercher une ressemblance, un comportement commun (de synthétiser), afin de dévoiler les lois générales qui régissent cette diversité apparente.

C'est cette approche que Bergson critique dans son hommage à Claude Bernard. Il s'appuie sur les écrits du grand scientifique pour rappeler à quel point celui-ci a affranchi les sciences et la philosophie de la thèse selon laquelle la science collecterait des données, puis tenterait d'en comprendre le fonctionnement. En vérité, aucune donnée, aucun fait, n'attend de recevoir son explication. Tout fait authentique indique déjà « une idée », c'est-à-dire son explication et celle d'autres faits. Pour Bergson, comme pour Claude Bernard, toute observation n'est pas un fait. Ne peut être appelée ainsi qu'une observation dont il est possible de tirer un savoir plus général sur elle-même et sur d'autres – ou, pour parler comme Bergson, dont on peut extraire une « signification », un « sens ». Un tel fait est alors dit « significatif » (« La Philosophie de Claude Bernard », *supra*, p. 257).

Toutefois, plusieurs faits peuvent parfois indiquer des explications diverses, et un même fait s'expliquer de différentes façons. C'est à ce stade que l'« expérience » ou l'expérimentation entre en jeu. Il importe d'observer ou de produire une situation dans laquelle on peut estimer la validité d'une hypothèse et en même temps invalider l'hypothèse adverse ou contraire. Les processus de contrôle permettent alors de réfuter certaines thèses, ou de les modifier en partie pour les rendre plus conformes aux idées issues de certains faits significatifs et confirmées par l'expérience (« Le fait, plus ou moins clairement aperçu, suggère l'idée d'une explication ; cette idée, le savant demande à l'expérience de la confirmer ; mais, tout le temps que son expérience dure, il doit se tenir prêt à abandonner son hypothèse ou à la remodeler sur les faits », *ibid.*, p. 256).

Il est remarquable que Bergson fasse de ce travail de vérification et d'invalidation des hypothèses la source même de l'évolution des idées en sciences (« La recherche scientifique est donc un dialogue entre l'esprit et la nature. La nature éveille notre curiosité ; nous lui posons des questions ; ses réponses donnent à l'entretien une tournure imprévue, provoquant des questions nouvelles auxquelles la nature réplique en suggérant de nouvelles idées, et ainsi de suite indéfiniment », *ibid.*, p. 256). L'« esprit de système » (*ibid.*, p. 262) refuse cette évolution. Il souhaite tout décrire ou tout expliquer d'un coup. En outre, il ignore que la science ne *découvre* pas des idées mais les *crée*. Si elle les découvrait, cela signifierait qu'elle les connaît déjà et qu'elle ne fait que les vérifier (*ibid.*, p. 260). Mais ce sont les idées ordinaires que nous connaissons déjà. (Bergson développera plus tard cette idée à travers sa critique de l'*homo loquax* ; voir Notice de l'« Introduction », *supra*, p. 316.) Les faits nous contraignent la plupart du temps à *créer* des idées, des explications. En sciences, les découvertes sont rares, et les inventions fréquentes, car nous ne vérifions qu'exceptionnellement ce que nous pensions trouver. Le contrôle des faits nous contraint plutôt à des hypothèses auxquelles personne n'avait songé. C'est pourquoi la science et la philosophie non systématique *créent* la vérité, mais ne la découvrent pas, et que le philosophe systématique se contente de *répéter* des idées ordinaires ou devenues ordinaires. En ce sens, la production scientifique et philosophique de vérités s'inscrit dans le mouvement même de l'élan vital dont proviennent toutes les espèces vivantes et qui est une volonté de création. La théorie de la vérité rejoint ici la théorie de la vie (voir Arnaud François, *Bergson, Schopenhauer, Nietzsche. Volonté et réalité, op. cit.*, p. 231-240).

Pour Bergson, la philosophie de Claude Bernard n'est pas une théorie sur le vivant qui nous expliquerait si le vivant est une machine (par le mécanisme) ou s'il est mû par une volonté (par le vitalisme). Elle est plutôt une théorie sur la vérité, sur la manière dont les sciences du vivant doivent bâtir leurs théories. Remarquons que cette épistémologie du vivant se nourrit d'une intuition de la *dimension spirituelle* et créative du réel, c'est-à-dire d'une authentique intuition philosophique (voir Notice de « L'Intuition philosophique », *supra*, p. 355), dans la mesure où elle considère la science comme une activité de création. À la suite de Spinoza et de Berkeley, Bergson dévoile donc l'intuition philosophique de la pensée de Claude Bernard. Ce texte applique une nouvelle fois la méthode intuitive à la compréhension d'une œuvre. Il illustre la manière originale dont Bergson lit et intègre les autres philosophies – au même titre que les deux textes suivants. Il prescrit surtout à la philosophie de suivre l'intuition directrice de Claude Bernard : ne pas être systématique mais empirique, évolutive et créatrice.

Problème principal

Quelle doit être la méthode de la philosophie ? Pourquoi la philosophie devrait-elle être non systématique et empiriste ?

Solution principale

1. La science ne *découvre* pas des idées, elle les *crée*. En effet, les expérimentations invalident le plus souvent les systèmes, les idées reçues, et contraignent le scientifique à inventer ses explications : les *faits significatifs* sont ainsi source de créations (p. 255-257).
2. La pensée de Claude Bernard est moins une pensée du vivant qu'une pensée de la façon dont les sciences doivent étudier le vivant. Elle doit nourrir la réflexion philosophique moins sur le plan théorique que sur le plan méthodologique (p. 257-260).
3. La philosophie devrait renoncer à élaborer des systèmes définitifs, et adopter l'empirisme créatif et évolutif de Claude Bernard (p. 260-263).

Notes

1. Claude Bernard (1813-1878) est un biologiste célèbre du XIXe siècle. À la suite de Magendie, il a appliqué avec succès à la biologie les méthodes expérimentales issues de la physique et de la chimie pour comprendre le fonctionnement des organismes vivants. Au lieu de se contenter d'une simple description anatomique d'un organisme, Bernard isole des organes, injecte des substances dans ceux-ci, observe les réactions, etc., comme le font le chimiste et le physicien dans leur laboratoire. De tels procédés vont révolutionner la physiologie. Son ouvrage sur la méthode expérimentale (1865) est encore aujourd'hui une référence. Toutefois, Bernard ne s'est pas contenté de reproduire la méthode expérimentale de la chimie ou de la physique. Il est aussi connu pour avoir nettement distingué sa méthode de celles dont il s'est inspiré. Bergson traite précisément de cette distinction dans sa conférence.

2. Tout le propos de Bergson dans cette conférence est contenu dans cette formule. Selon Bergson, Bernard ne soutient pas une thèse sur la nature du vivant, sur ce qu'est un organisme vivant. En ce sens, il ne propose en rien une « métaphysique de la vie », une métaphysique de l'organisme vivant. Bernard cherche tout à fait autre chose pour Bergson. Il souhaite mettre au jour les principes qui doivent permettre à la connaissance des organismes vivants de s'édifier sur des bases scientifiques. Bergson en retient essentiellement deux pour l'instant : premièrement, tout fonctionnement d'un organisme doit s'expliquer à l'aide de raisons physico-chimiques (inspiration de l'air par augmentation du volume des poumons, dissolution des aliments dans des substances, etc.), et non par l'intervention d'une force non physico-chimique (la volonté, etc.) ; deuxièmement, tout élément de l'organisme tire sa forme et son fonctionnement de la fonction qu'il occupe au sein de l'organisme (voir note suivante). Ces deux principes constituent des critères de vérité. Autrement dit, toute explication non physico-chimique, ou qui ne nous apprend rien sur le rôle d'un élément dans un organisme, est nécessairement fausse, non scientifique.

3. Qu'est-ce qu'une telle « idée organisatrice et créatrice » ? Illustrons-la. En roulant sur une pente, une pierre heurte une

autre pierre. Au regard des forces physiques en présence, je peux prévoir et décrire la trajectoire de la pierre heurtée. Toutefois, dans une telle explication, la forme de la pierre heurtée ne dépend pas de la trajectoire qu'elle réalise à la suite du choc. Le mouvement global, ou l'interaction entre les deux pierres, n'explique pas la forme de chaque pierre. Dans un moteur de voiture, la situation est fort différente. Chaque pièce tire sa forme de la fonction qu'elle occupe, c'est-à-dire du type d'interaction qu'elle a avec les autres pièces. Tout semble ordonné par une « idée organisatrice et créatrice », un plan d'ensemble (le plan du moteur), qui permet de comprendre pour quelle raison telle pièce a telle forme plutôt que telle autre. Pour Bernard, selon Bergson, telle est la différence radicale entre une explication en physique et en chimie (les pierres), et une explication en physiologie (le moteur). Voir aussi la note précédente.

4. Le « principe vital » est la thèse selon laquelle il existe dans l'organisme vivant une force non physico-chimique capable de s'opposer aux forces physico-chimiques. Une telle conception empêche le développement de la physiologie expérimentale pour Bernard. En effet, la méthode qu'il préconise repose sur l'expérimentation. Il s'agit pour lui d'appliquer une cause d'ordre physico-chimique (injection de produits, etc.) dans le but de provoquer artificiellement un effet dans l'organisme et d'en comprendre le fonctionnement. Une telle démarche suppose qu'un organisme vivant continuera à produire l'effet qu'on a observé en laboratoire, lorsqu'il rencontrera la même cause à l'extérieur du laboratoire, dans sa vie quotidienne. Dans les mêmes circonstances, la même cause doit donc toujours produire le même effet. Il ne faut surtout pas que « la même cause, opérant dans les mêmes conditions sur le même être vivant, ne [produise] pas toujours le même effet ». Autrement dit, il ne doit pas exister une force non physico-chimique dans l'être vivant, capable de contrarier l'effet de la cause découverte en laboratoire. Si une telle force existait, elle rendrait impossible toute physiologie expérimentale, puisqu'elle pourrait supprimer une relation de cause à effet découverte en laboratoire. Bernard rejette par conséquent l'idée d'une telle force, d'un tel « principe vital », dans le but de légitimer sa démarche expérimentale, et non de souscrire à telle ou telle conception du vivant.

5. François Magendie (1783-1855) est un médecin français de la première moitié du XIXᵉ siècle. Il est un des pionniers de la physiologie expérimentale. C'est lui qui a appris cette nouvelle approche à Claude Bernard.

6. Ce passage est à rapprocher de celui où Bergson parle dans son « Introduction », de « l'homme intelligent » (p. 125 ; voir aussi note 39, p. 338). Le scientifique doit demeurer à l'écoute des faits, et rester prêt à renoncer à ses plus profondes convictions sur la nature du vivant. C'est l'expérimentation qui, en dernière instance, valide et réfute, décide du vrai et du faux, et oblige de cette façon la science à rénover ses théories. C'est de cette façon que la science dépasse les lieux communs, invente de nouvelles perspectives, et va de « surprise en surprise » (p. 126).

7. Sur le rôle primordial des faits scientifiques, et de la critique de l'esprit de système chez Bergson, voir Notice de « La Philosophie de Claude Bernard », *supra*, p. 390.

NOTICE ET NOTES DE « SUR LE PRAGMATISME DE WILLIAM JAMES »

Notice

William James (1842-1910) est le célèbre inventeur du « pragmatisme ». Il reste l'une des figures les plus importantes de la psychologie et de la philosophie américaines. Comme Bergson le rappelle à la fin de son essai, le pragmatisme a souvent été considéré comme une philosophie qui déprécie les sciences et réduit la connaissance à un ensemble de thèses utiles, mais infondées. James a donc été victime du même genre d'accusations que celles auxquelles Bergson veut répondre dans *La Pensée et le Mouvant* (voir Notice de l'« Introduction », *supra*, p. 313). Comme James, Bergson a estimé que l'intelligence était faite pour agir et non pour connaître, et qu'à ce titre elle ne pouvait prétendre tout connaître, puisqu'elle ne demeure intéressée que par certains aspects de la réalité : elle ne retient du réel que ce qui favorise l'action sur un environnement donné. Défendre James revient à montrer qu'une pensée qui met en lumière la dimension pratique de l'intelligence et ses limites dans le domaine de la connaissance ne condamne pas pour autant la pensée humaine à la recherche du meilleur rendement (ainsi procède l'instrumentalisme) et à l'abandon de toute idée de vérité (à quoi aboutit le scepticisme ; voir « Sur le pragmatisme de William James », *supra*, p. 276). Bergson souhaite ainsi rendre justice à son ami disparu un an plus tôt, qui aura lutté avec lui pour la défense de cette conception *pragmatique* de l'intelligence, partagé les mêmes critiques et affronté parfois les mêmes adversaires (en particulier Russell).

Pour James, nous dit Bergson, la réalité est surabondante. Pour se repérer dans cet ensemble chaotique, l'intelligence commence par le simplifier, en énonçant, par exemple, la proposition : « La chaleur dilate les corps. » Celle-ci ne reproduit pas la réalité telle qu'elle est. Elle est moins une copie fidèle que la représentation très schématique d'une dilatation. En effet, nous n'observons pas que la chaleur dilate les corps mais que telle chaleur dilate tel corps dans telle ou telle circonstance. La réalité est toujours singulière, remplie de facteurs, de conditions. Nous n'en retenons qu'une partie : celle qui nous intéresse, celle qui nous permettra de reproduire l'effet escompté (*ibid.*, p. 270). Nous regarderons comme « vraie » la proposition « La chaleur dilate les corps », car elle nous permet de maîtriser le processus de dilatation d'un corps. Pour le pragmatisme est vraie toute thèse qui nous confère le moyen de nous orienter, de nous repérer, de prévoir, d'agir, au sein de cette réalité surabondante.

La vérité intellectuelle ou scientifique n'exprime donc qu'une mince partie de cette réalité surabondante. Elle ne cherche pas à copier cette réalité, à la connaître telle qu'elle est ; si elle le voulait, elle devrait commencer par cesser de simplifier cette réalité. En outre, aux yeux de James, elle apporte des éléments supplémentaires et fictifs. Toute vérité comporte une part importante d'idées ou d'éléments qui correspondent moins à ce qu'est la réalité qu'à ce que nous voulons qu'elle devienne. Le bateau à vapeur (*ibid.*, p. 275 ; voir aussi p. 269), par exemple, impose sa direction. Il la crée. Il ne la « découvre » pas. Il ne suit pas la direction du vent, c'est-à-dire une des directions que lui présente la réalité. Il apporte une nouvelle direction. En ce sens, toute vérité comporte des éléments artificiels. C'est pourquoi Bergson nous dit que James la considère comme une « invention ».

On pourrait craindre que cette conception de la vérité ne condamne l'intelligence à la recherche des inventions les plus efficaces (l'instrumentalisme) et à la méconnaissance de la réalité (le scepticisme). Bergson rappelle toutefois que chaque vérité contient une part plus ou moins importante de réalité, certes simplifiée, diminuée, mais non altérée : la chaleur dilate *réellement* les corps. Le pragmatisme n'est donc pas un scepticisme.

Bergson soutient par ailleurs qu'il existe chez James, à côté des vérités intellectuelles ou scientifiques, des vérités de sentiment (*ibid.*, p. 275). À l'instar du bateau à voile, ces dernières expriment des directions que semble prendre la réalité sous une forme plus dynamique, sentimentale, chaotique. En ce sens, elles sont plus proches de la réalité que la vérité intellectuelle. James n'est donc pas instrumentaliste, parce qu'il n'a pas réduit toute vérité à une invention utile. Il œuvre au contraire « pour la grande gloire de la vérité » (*ibid.*, p. 276) puisque en poursuivant ces vérités de sentiment il tend à renouer avec le réel tel qu'il est et non tel qu'il est perçu par l'intelligence.

Problème principal		**Solution principale**
En quoi le pragmatisme de Williams James n'est ni un scepticisme, ni un instrumentalisme ?		*Théorie de la réalité*
	1	La réalité est surabondante. L'intelligence en présente une image simplifiée, mais non déformée (p. 265-269).
		Théorie de la vérité
	2	Une vérité est moins une *reproduction* fidèle de la réalité qu'une simplification. De plus, elle sert à réorienter la réalité, à la modifier. En ce sens, elle est moins une *découverte* qu'une *invention*. La vérité se mesure donc par son efficacité (p. 270-272).
	3	Toute vérité intellectuelle authentique est l'œuvre d'un inventeur de génie et se révèle la source d'un progrès dans la mesure où elle renforce plus que d'autres notre emprise sur les choses. Elle se distingue ainsi d'une vérité ordinaire (p. 272-274).
	4	À côté des vérités intellectuelles, il existe des *vérités de sentiment* plus proches de la réalité. Ce sont elles que James recherche (p. 274-276).

Notes

1. William James (1842-1910) est un psychologue et un philosophe de la seconde moitié du XIXe siècle. Inventeur du « pragmatisme », il reste l'une des figures les plus importantes

de la philosophie américaine. Il a été le contemporain et l'ami de Bergson. Il existe de nombreuses correspondances entre James et Bergson (voir Bergson, *Mélanges*, éd. André Robinet, PUF, 1972, et *Correspondances*, éd. André Robinet, PUF, 2002).

2. Grâce à l'intelligence, nous percevons des relations de causes à effets. Dès lors, le comportement des objets ou des individus ne semble plus provenir de leur initiative, de leur volonté. Ils ressemblent à des automates. De plus, la science formule cette vision mécaniste du monde à l'aide de formes immuables, claires, mathématiques, étrangères à toute nuance (voir note 11, p. 383) ou confusion (voir note 26, p. 385). Aussi, la science présente une image du monde qui ne contient ni volonté, ni qualités sensibles. L'univers mécaniste semble sans vie, et insensible (voir sur ce point Présentation, p. 25, ainsi que l'ouvrage de Pierre Montebello, *L'Autre Métaphysique. Essai sur la philosophie de la nature. Ravaisson, Tarde, Nietzsche et Bergson*, Desclée de Brouwer, 2003). C'est pourquoi, selon Bergson, William James veut réhabiliter l'expérience de la « volonté » et du « sentiment » pour penser la réalité.

3. Pour comprendre ce texte sur James, il faut accorder une attention particulière à cet exemple du bateau à voile et du bateau à vapeur. L'un et l'autre sont des outils qui favorisent notre action. L'un et l'autre fondent leur fonctionnement sur des vérités, c'est-à-dire sur des régularités observées et supposées éternelles (voir note précédente). Mais le bateau à voile repose sur des vérités de forme plus sensible, plus proche de la mobilité du réel, que le bateau à vapeur, qui s'appuie sur des idées plus artificielles. Bergson semble retrouver chez James sa propre division entre intuition (le bateau à voile, les vérités de sentiment) et intelligence (le bateau à vapeur, les vérités scientifiques). Pour plus de détails, voir Notice de ce texte, *supra*, p. 395.

NOTICE ET NOTES DE
« LA VIE ET L'ŒUVRE
DE RAVAISSON »

Notice

En 1901, Bergson succède à Félix Ravaisson à l'Académie des sciences morales et politiques. Comme le veut la tradition, il rédige une notice sur la vie et l'œuvre de son prédécesseur, qui ne sera publiée que trois ans plus tard. Toutefois, ce texte ne constitue pas une simple formalité. Bergson décide en effet de le republier dans *La Pensée et le Mouvant*. Il contient donc quelques indications précieuses sur la méthode bergsonienne. Bergson s'attache en effet dans celui-ci à mettre en lumière l'intuition philosophique de Ravaisson, une intuition philosophique étant en quelque sorte l'idée directrice d'une œuvre que seule une pensée en durée peut ressaisir (voir Notice de « L'Intuition philosophique », *supra*, p. 355). Il passe en revue ses six principaux écrits et montre qu'une seule et même thèse s'y déploie.

Créer une œuvre ne consiste pas à combiner des éléments, à recomposer un ensemble, comme lorsque nous réunissons les pièces d'un puzzle. La pensée créatrice part au contraire d'une « force originatrice ». Cette unité se cristallise ensuite d'une certaine façon, par telle ou telle organisation d'éléments. Il ne faut donc pas aller des parties au tout, mais du tout aux parties. En outre, cette unité n'est pas une simple idée générale. Lorsque l'intelligence conçoit une idée générale, une force originatrice, elle la réduit à l'objectif qu'elle poursuit. De cette façon, tout tend à se rapprocher d'un modèle immuable. Or, la force originatrice chez Ravaisson n'est pas la poursuite d'un modèle uniforme. Elle consiste plutôt à produire de la diversité à partir d'une poussée directrice. Ainsi, la force originatrice de la couleur bleue n'est pas tel ou tel bleu vers lequel il faudrait tendre, mais celle qui engendre indéfiniment toutes les nuances de bleu. La force originatrice crée de la diversité et n'essaie pas de copier un modèle figé. Tel est le « spiritualisme » de Ravaisson, par opposition au « matérialisme » de ses adversaires, c'est-à-dire à la thèse selon laquelle la création, l'art, l'évolution des êtres vivants ne sont qu'une combinaison d'éléments (ce qu'elle est pour le mécanisme) ou la poursuite d'objectifs figés (ce qu'elle est pour le finalisme).

Bergson reprendra cette conception de la création dans bon nombre de textes (voir sur ce sujet le très intéressant article de Claude Marin, « Ravaisson et Bergson : la science du vivant », dans *Annales bergsoniennes III*, dir. Frédéric Worms, PUF, 2007, p. 377-392) et en particulier dans *L'Évolution créatrice*, qui est à plus d'un titre un ouvrage ravaissonien. Celle-ci conduit à repenser en durée la notion d'idée directrice ou, si l'on préfère, de production. Cette méthode permet de saisir que la source productive du vivant, l'élan vital, se réalise en se différenciant et non en combinant ou en faisant tendre les organismes vers des modèles idéaux de vivant. Cette force créative engendre de l'individuel et non du général, de l'hétérogénéité et non de l'homogénéité. « À travers son œuvre entière résonne cette affirmation qu'au lieu de diluer sa pensée dans le général, le philosophe doit la concentrer sur l'individuel » (« La Vie et l'œuvre de Ravaisson », *supra*, p. 282).

La dette de Bergson à l'égard de Ravaisson est donc considérable. Après lui, il fait de la création la finalité même du vivant et de l'existence : qu'est-ce que la « générosité », si ce n'est, pour un esprit, accorder toute son âme à la création par amour de la création ? Comme dans *L'Évolution créatrice*, l'idéal de société devient celui que poursuit la force à l'œuvre dans l'évolution des espèces, le développement d'une société de créateurs ou d'individus liés par l'amour de la création (voir le dernier paragraphe du troisième chapitre de *L'Évolution créatrice*, *op. cit.*, p. 271). Il faudra attendre *Les Deux Sources de la morale et de la religion* pour que Bergson abandonne cette perspective au profit d'une approche plus rousseauiste et fasse, pour le dire brièvement, de l'amitié entre les consciences la finalité de l'élan vital (voir Sébastien Miravete, « La signification bergsonienne de la vie : création ou amour, Spinoza ou Rousseau ? », dans Frédéric Worms (dir.), *Annales bergsoniennes VI*, 2013).

Problème principal		Solution principale
Quelle est l'intuition philosophique de Ravaisson ?	1	La force originatrice dans *L'Essai sur la métaphysique d'Aristote* (p. 277-286).
	2	La force originatrice dans l'article *Art et Dessin* (p. 286-289 et aussi 298-301).
	3	La force originatrice dans *De l'habitude* (p. 289-290).
	4	La force originatrice dans *Le Rapport* (p. 290-297).
	5	La force originatrice dans *La Vénus de Milo* (p. 301-306).
	6	La force originatrice dans *Le Testament philosophique* (p. 307-311).

NOTES

1. Ici, le terme « âme » a la même signification que celle qu'il revêtira sept ans plus tard dans « L'Intuition philosophique ». Voir Notice, *supra*, p. 355.
2. Allusions respectives à Thalès (eau), Anaximène (air), Héraclite (feu), et Anaximandre (l'indéfini).
3. Les pythagoriciens prirent pour principe les Nombres, les platoniciens prirent pour principe les Idées.
4. Voir note 6, p. 360.
5. Bergson ne s'accorde pas avec Ravaisson sur son interprétation d'Aristote. À la différence de ce dernier, il ne croit pas qu'Aristote ait pensé que l'unité des choses était semblable à une « lumière blanche » (voir note suivante) : comme Platon, il cherchait l'essence des choses dans l'immuabilité du concept (p. 88).
6. Chaque couleur est ici une nuance de la lumière blanche, comme chaque bleu est une nuance de la couleur bleue. Mais la lumière blanche n'est pas que cela. Elle est ce qui produit chaque nuance. La lumière blanche illustre dans ce passage une

ressemblance qualitative, une unité qualitative, mais aussi une unité génératrice, active, qui engendre les nuances. Dans cette conférence, Bergson ne cesse de montrer que Ravaisson pense toute ressemblance, toute unité, à partir de ce modèle. Rappelons que Bergson possède une conception similaire de l'un (notes 11, p. 383, et 31, p. 386), et que cette conception est décisive dans *La Pensée et le Mouvant*. Voir Notice de ce texte, *supra*, p. 399.

7. Pour Bergson, cette « ligne » est similaire à la « lumière blanche » (voir note précédente).

8. L'habitude chez Ravaisson, selon Bergson, est le reste d'une unité génératrice originelle qui a perdu toute sa capacité à produire de la nouveauté. Elle ressemble à une lumière blanche qui, relâchant son effort, se mettrait à engendrer les mêmes couleurs, sans apporter de nouvelles nuances. Comme chez Bergson dans *Matière et mémoire* ou *L'Évolution créatrice*, le mécanique ou le répétitif est du créatif sclérosé.

9. Bergson rapproche ici l'« idée directrice » (note 3, p. 392) de celle de principe vital (note 4, p. 393), pour tisser une relation entre l'idée directrice de Bernard, et l'unité génératrice de la vie de Ravaisson (notes 6, p. 401, et 11, p. 402). Notons cependant que Bergson oppose plutôt « idée directrice » et « principe vital » dans sa conférence sur Bernard.

10. « Idéalité supérieure », « force originatrice de la vie », « persuasion », sont encore une fois pensées selon le modèle de la lumière blanche (note 6, p. 401).

11. Bergson rapproche la conception ravaissonienne de l'origine de la matière, de la sienne. En effet, selon lui, la matière proviendrait d'une « distension » de l'unité génératrice chez Ravaisson. Or, dans *L'Évolution créatrice*, trois ans plus tard, la matière provient de la détente d'une supraconscience (à ne pas confondre avec « l'élan vital » qui n'apparaît qu'après la formation de la matière), c'est-à-dire d'une immense unité génératrice qui, en retombant, se répand et forme une étendue.

12. De nos jours, cette œuvre de Ravaisson porte le titre *La Philosophie en France au XIXe siècle*.

13. L'amour ici n'a pas le sens que lui conférera Bergson dans *Les Deux Sources de la morale et de la religion*. Il désigne dans ce passage un acte généreux car désintéressé. Pour Ravaisson, l'amour n'est pas une volonté de sympathiser avec toutes

les consciences mais de créer pour créer, par amour de la création. « L'harmonie entre les classes » ne sert qu'à unifier la société par les affects, afin de favoriser le développement de la créativité. Chacun contribue ainsi, à sa hauteur, à la création (créateurs, spectateurs, etc.). Bergson adhère encore à cette perspective dans *L'Évolution créatrice*, comme en témoigne la conclusion du chap. III (1907). Mais il l'abandonnera dans son ouvrage sur la religion (1932). Pour plus de détails, voir Notice de ce texte, *supra*, p. 399.

14. Le « pur mécanisme » désigne toute explication qui rejette tout concept de volonté (de « principe vital », note 4, p. 393), ou au moins de fin (« idée directrice » de Bernard, note 3, p. 392).

15. Dans toute sa conférence, Bergson cherche dans la biographie de Ravaisson l'origine de son concept principal d'unité génératrice (note 6, p. 401). Son idée est que ce concept lui a été inspiré par sa pratique du dessin, Ravaisson s'exerçant depuis son plus jeune âge, et montrant une certaine habileté dans ce domaine (p. 286-289).

16. Selon Bergson, pour Ravaisson, les « éléments » d'un organisme ne sont pas des « parties » (note 12, p. 383), Ravaisson rejoindrait ainsi une des thèses importantes de l'« Introduction à la métaphysique » de Bergson : « de l'intuition on peut passer à l'analyse, mais non pas de l'analyse à l'intuition » (p. 232).

17. La « bonté » est ici synonyme d'« abandon » au sens de désintéressement. La grâce est un sentiment qui exprime la générosité de l'art et du divin, c'est-à-dire leur volonté de créer par amour de la création, et non dans l'attente d'une récompense (« la générosité infinie d'un principe qui se donne »).

18. Ravaisson était le président du jury de Bergson lorsque ce dernier passa l'agrégation.

19. Voir note 13, p. 403.

20. « Amour » ne signifie pas ici « amour de son prochain » mais « amour désintéressé de la création ». Voir Notice de ce texte, *supra*, p. 399.

CHRONOLOGIE

	VIE ET ŒUVRE DE BERGSON	CONTEXTE HISTORIQUE ET INTELLECTUEL
1859	18 octobre : naissance à Paris d'Henri Bergson, d'un père d'origine juive polonaise, compositeur, et d'une mère juive anglaise. Bergson vit ses neuf premières années à Londres.	Charles Darwin, *De l'origine des espèces*.
1861		Henri Sumner Main, *Ancient Law*.
1862		Herbert Spencer, *Premiers Principes*.
1864		Numa Denis Fustel de Coulanges, *La Cité antique*.
1869	Bergson, dont les parents sont à Londres, vit seul à Paris où il est élève au lycée Bonaparte (futur lycée Condorcet) jusqu'en 1877.	
1870		2 septembre : effondrement de l'empire après la bataille de Sedan. 4 septembre : début de la IIIe République. Hippolyte Taine, *De l'intelligence*. Théodule Ribot, *La Psychologie anglaise contemporaine*.
1871		Thiers est élu chef du pouvoir exécutif. En mars, début de la Commune, qui s'achève en mai avec la Semaine sanglante (21-28 mai). Edward B. Tylor, *Primitive Culture*.
1873		Une coalition conservatrice impose les lois dites de l'Ordre moral. Démission de Thiers. Mac-Mahon est élu premier président de la IIIe République.

1877	Bergson reçoit le premier prix au concours général de mathématiques.	Mort de Claude Bernard.
1878	Bergson est reçu troisième à l'École normale supérieure (le premier de sa promotion est Jean Jaurès).	Alfred Espinas, *Les Sociétés animales*.
1879		Démission de Mac-Mahon. Jules Grévy est élu président de la République, et Gambetta devient président de la Chambre des députés. Consolidation définitive du régime républicain.
1880	5 novembre : il opte officiellement pour la nationalité française.	
1881	Bergson obtient l'agrégation de philosophie, la même année que Jaurès. Sujet de la leçon : « Quelle est la valeur de la psychologie actuelle ? »	Théodule Ribot, *Les Maladies de la mémoire*.
1882	Il occupe différents postes en province.	Lois Ferry sur l'enseignement laïc, gratuit et obligatoire. Vogue européenne des panoramas. Eadweard Muybridge présente à Paris ses décompositions photographiques du mouvement. Paul Bourget, *Essai de psychologie contemporaine*.
1883	Il est nommé à Clermont-Ferrand, où il enseignera au lycée et à l'université jusqu'en 1888.	
1884		Loi Waldeck-Rousseau autorisant les syndicats. Herbert Spencer, *Principes de sociologie*.
1889	Publication de sa thèse de doctorat, *Essai sur les données immédiates de la conscience*, soutenue l'année précédente avec sa thèse latine *Quid Aristoteles de loco senserit* (« La théorie aristotélicienne du lieu »).	Exposition universelle de Paris. Juillet : fondation de la IIe Internationale. Pierre Janet, *L'Automatisme psychologique*. Théodule Ribot, *Psychologie de l'attention*.

	VIE ET ŒUVRE DE BERGSON	CONTEXTE HISTORIQUE ET INTELLECTUEL
1890	Il est nommé professeur au lycée Henri-IV, où il restera jusqu'en 1898.	William James, *The Principles of Psychology* (*Principes de psychologie*). Ernest Renan, *L'Avenir de la science*. Gabriel Tarde, *Les Lois de l'imitation*. Première édition du *Rameau d'or* de James G. Frazer. Scandale de Panamá.
1892	Bergson se marie avec Louise Neuburger.	August Weismann, *Aufsätze über Vererbung und Verwandte biologische Fragen* (*Essai sur l'hérédité et la sélection naturelle*). Claude Monet, début de la série des *Cathédrales de Rouen*. Edmond Perrier, *Les Colonies animales et la formation des organismes*.
1893		Émile Durkheim, *De la division du travail social*.
1894	Naissance de sa fille Jeanne, sourde et muette.	Le capitaine Alfred Dreyfus est condamné en décembre pour espionnage. Dans les années qui suivent, le procès Dreyfus devient une affaire publique. Bergson ne prendra pas publiquement parti. Claude Debussy, première exécution du *Prélude à l'après-midi d'un faune*.
1895		Émile Durkheim, *Les Règles de la méthode sociologique*. H.G. Wells, *La Machine à explorer le temps*. 28 décembre : première projection des frères Lumière à Paris.
1896	*Matière et mémoire*.	Début de la parution de *L'Année sociologique*.

1898	Bergson est nommé maître de conférences à l'École normale supérieure, où il enseignera deux ans, et aura notamment pour élève Charles Péguy.	Émile Zola, « J'accuse », *L'Aurore*. Émile Durkheim, « Représentations individuelles et représentations collectives », *Revue de métaphysique et de morale*.
1899		Mort de Félix Faure, président de la République, remplacé par Émile Loubet. Publication de *L'Interprétation des rêves*, que Freud date de 1900. Marcel Mauss et Henri Hubert, « Essai sur la nature et la fonction du sacrifice », *L'Année sociologique*. Jean Jaurès, premiers fascicules de l'*Histoire socialiste de la Révolution française*.
1900	Bergson publie *Le Rire*. Il est élu au Collège de France (chaire de philosophie ancienne).	Exposition universelle de Paris (palais de l'Électricité). Loi établissant la liberté d'association.
1901	Il est élu à l'Académie des sciences morales et politiques.	Élie Halévy, *La Formation du radicalisme philosophique*. Henri Poincaré, *La Science et l'hypothèse*.
1902		William James, *The Varieties of Religious Experience* (*Les Formes multiples de l'expérience religieuse*). Début de la crise moderniste qui secoue l'Église catholique.
1903	Publication, dans la *Revue de métaphysique et de morale*, de l'« Introduction à la métaphysique », qui sera traduite dans plusieurs langues et marquera la naissance du « bergsonisme ».	Lucien Lévy-Bruhl, *La Morale et la science des mœurs*. Émile Durkheim et Marcel Mauss, « De quelques formes primitives de classification », *L'Année sociologique*. Marcel Mauss et Henri Hubert, « Esquisse d'une théorie générale de la magie », *L'Année sociologique*.
1904	Il succède au sociologue Gabriel Tarde au Collège de France (chaire de philosophie moderne).	Entente cordiale avec l'Angleterre. Jaurès fonde *L'Humanité*.
1905		Révolution russe de 1905.

	VIE ET ŒUVRE DE BERGSON	CONTEXTE HISTORIQUE ET INTELLECTUEL
1906		Fondation de la SFIO. Loi sur la séparation des Églises et de l'État. Émile Boutroux, *De la contingence des lois de la nature*. Théodule Ribot, *La Logique des sentiments*. William Bateson introduit le terme « génétique ». Dreyfus est réhabilité.
1907	Publication de *L'Évolution créatrice*, qui connaît un immense succès. Début de la gloire de Bergson (le Tout-Paris, dorénavant, se bousculera pour assister à ses cours au Collège de France), mais aussi de la « querelle du bergsonisme ».	William James, *Pragmatism* (*Le Pragmatisme*). L'encyclique « *Pascendi Dominici Gregis* » de Pie X condamne le modernisme.
1908		Émile Meyerson, *Identité et réalité*. Georges Sorel, *Réflexions sur la violence*.
1910		Mort de William James. Lucien Lévy-Bruhl, *Les Fonctions mentales dans les sociétés inférieures*. James G. Frazer, *Totemism and Exogamy*. *L'Esprit de la nouvelle Sorbonne*, pamphlet publié sous le nom d'Agathon, attaque Durkheim et loue Bergson. Charles Péguy, *Notre jeunesse*. Émile Durkheim, *Les Formes élémentaires de la vie religieuse*.
1912		Parution de plusieurs ouvrages consacrés à Bergson, dont *Une philosophie nouvelle. Henri Bergson*, d'Édouard

		Le Roy, et *Le Bergsonisme ou Une philosophie de la mobilité*, de Julien Benda.
Bertrand Russell, « The philosophy of Bergson », *The Monist*.
1913	Cours à l'université de Columbia, New York.	Début de la publication d'*À la recherche du temps perdu* de Marcel Proust.
Sigmund Freud, *Totem et tabou*.
Le Sacre du printemps, ballet d'Igor Stravinski, fait scandale à Paris.
Charles Péguy, *Ève*.
1914	Bergson est élu à l'Académie française. À cause de la guerre, il ne prononcera son discours de réception qu'en 1918.
Le 1er juin, ses principaux ouvrages, à l'exception du *Rire*, sont mis à l'Index par l'Église.
Il prononce et publie une série de discours de guerre.	31 juillet : assassinat de Jean Jaurès.
3 août : déclaration de guerre de l'Allemagne à la France.
Bertrand Russell, *Our Knowledge of the External World as a Field for Scientific Method in Philosophy* (*La Méthode scientifique en philosophie*).
Charles Péguy publie, dans *Les Cahiers de la quinzaine*, « Note sur M. Bergson et la philosophie bergsonienne ».
Il meurt au combat le 5 septembre.
1915		Albert Einstein formule la théorie de la relativité générale.
1916	Voyage à visée politique en Espagne.	
1917	Bergson entame ses missions diplomatiques, tenues secrètes, auprès du président Wilson, afin de convaincre les États-Unis d'entrer en guerre au côté de la France.	Février et octobre : première et seconde révolution russe. Le parti bolchevique prend le pouvoir. Lénine est à la tête du gouvernement des Commissaires du peuple.
Mort d'Émile Durkheim.

	VIE ET ŒUVRE DE BERGSON	CONTEXTE HISTORIQUE ET INTELLECTUEL
1918	Il est reçu officiellement à l'Académie française.	11 novembre : armistice. Victoire des Alliés et capitulation de l'Allemagne.
1919	Publication de *L'Énergie spirituelle*, recueil d'essais et de conférences. Il se retire de l'enseignement.	Février : début de la guerre russo-polonaise. Juin : signature du traité de Versailles.
1920	Conférence de Bergson au meeting philosophique d'Oxford.	Fondation de la Société des Nations (SDN). Arnold Van Gennep, *L'État actuel du problème totémique.* William Mac Dougall, *The Group Mind.* Albert Einstein obtient le prix Nobel de physique.
1921		Sigmund Freud, « Psychologie des foules et analyse du moi ».
1922	Il est nommé président de la Commission internationale de coopération intellectuelle (CICI), organisme de la SDN. *Durée et simultanéité.* 6 avril : rencontre avec Albert Einstein lors d'un débat organisé à la Société française de philosophie.	Avril : Staline est nommé secrétaire général du parti communiste en URSS. Juin : assassinat de Walther Rathenau, ministre des Affaires étrangères de la république de Weimar, par un groupe nationaliste. Novembre : Mussolini, président du Conseil, obtient les pleins pouvoirs. Lucien Lévy-Bruhl, *La Mentalité primitive.*
1924		Mort de Lénine. Émile Durkheim, *Sociologie et philosophie* (posthume). Jean Baruzi, *Saint Jean de la Croix et le problème de l'expérience mystique.* Marcel Mauss, « Appréciation sociologique du bolchévisme », *Revue de métaphysique et de morale.*
1925	Affaibli par des ennuis de santé qui ne le quitteront plus, il démissionne de la CICI.	Publication de *Mein Kampf*, de Hitler. Première formalisation de la mécanique quantique (Heisenberg/Schrödinger).

1927		Marcel Mauss, « Essai sur le don », *L'Année sociologique*. Julien Benda, *La Trahison des clercs*. Martin Heidegger, *Être et temps*.
1928	Bergson reçoit le prix Nobel de littérature au titre de l'année 1927.	
1929		24 octobre : Jeudi noir à Wall Street. Alfred North Whitehead, *Process and Reality*. Georges Politzer, *La Fin d'une parade philosophique : le bergsonisme*.
1930		Sigmund Freud, *Malaise dans la civilisation*.
1932	*Les Deux Sources de la morale et de la religion*.	8 novembre : élection du président Roosevelt aux États-Unis.
1933		30 janvier : Hitler est nommé chancelier de la république de Weimar.
1934	Publication de *La Pensée et le Mouvant*, nouveau recueil d'essais et de conférences, précédé d'une introduction inédite.	Début du « New Deal » aux États-Unis. Gaston Bachelard, *Le Nouvel Esprit scientifique*.
1935		L'Allemagne quitte la SDN. Edmund Husserl rédige *La Crise des sciences européennes et la phénoménologie transcendantale*.
1936	Bergson rédige son testament, dans lequel il formule son choix religieux, révélé à sa mort (« J'ai voulu rester parmi ceux qui seront demain des persécutés. Mais j'espère	3 mai : victoire du Front populaire en France. 4 juin : premier gouvernement Blum. Juillet : début de la guerre civile espagnole.

	VIE ET ŒUVRE DE BERGSON	CONTEXTE HISTORIQUE ET INTELLECTUEL
1938	qu'un prêtre catholique voudra bien [...] venir dire des prières à mes obsèques ».	12 mars : annexion de l'Autriche par l'Allemagne. 9-10 novembre : nuit de Cristal.
1939		1er septembre : les troupes allemandes envahissent la Pologne. 3 septembre : la France et l'Angleterre déclarent la guerre à l'Allemagne. Mort de Sigmund Freud.
1941	3 janvier : Bergson meurt à Paris d'un refroidissement pulmonaire. Peu avant, il s'était fait porter au commissariat de Passy pour y être recensé comme juif. Ses derniers mots sont célèbres : « Messieurs, il est cinq heures, le cours est terminé. »	

BIBLIOGRAPHIE

Œuvres de Bergson

Essai sur les données immédiates de la conscience, Alcan, 1889 ; rééd. Emmanuel Picavet, GF-Flammarion, 2013.
Matière et mémoire, Alcan, 1896 ; rééd. Denis Forest, GF-Flammarion, 2012.
Le Rire, Alcan, 1900 ; rééd. Daniel Grojnowski et Henri Scepi, GF-Flammarion, 2013.
L'Évolution créatrice, Alcan, 1907 ; rééd. Arnaud François, PUF, « Quadrige », 2013.
L'Énergie spirituelle, Alcan, 1919 ; rééd. Frédéric Worms, « Quadrige », PUF, 2009.
Durée et simultanéité, Alcan, 1922 ; rééd. Élie During, PUF, « Quadrige », 2009.
Les Deux Sources de la morale et de la religion, Alcan, 1932 ; rééd. Bruno Karsenti, GF-Flammarion, 2012.
La Pensée et le Mouvant, Alcan, 1934.
Mélanges, textes et correspondances, éd. André Robinet, PUF, 1972.
Correspondances, éd. André Robinet, PUF, 2002.

Études sur Bergson

Annales bergsoniennes, dir. Frédéric Worms, PUF, 2002-2013, t. I à VII.
AZOUVI, François, *La Gloire de Bergson*, Gallimard, 2007.
DELEUZE, Gilles, *Le Bergsonisme*, PUF, 2004.

DURING, Élie, *Bergson et Einstein : la querelle du temps*, PUF, 2012.
FRANÇOIS, Arnaud, *Bergson*, Ellipses, 2008.
FRANÇOIS, Arnaud, *Bergson, Schopenhauer, Nietzsche. Volonté et réalité*, PUF, 2009.
GODDARD, Jean-Christophe, *Mysticisme et folie. Essai sur la simplicité*, Desclée de Brouwer, « Philosophie », 2002.
JANKÉLÉVITCH, Vladimir, *Henri Bergson*, PUF, 2008.
KISUKIDI, Yala, *Bergson ou l'Humanité créatrice*, CNRS Éditions, « Phi. Pol. His. », 2013.
LAPOUJADE, David, *Puissances du temps*, Les Éditions de Minuit, 2010.
MIQUEL, Paul-Antoine, *Bergson ou l'Imagination métaphysique*, Kimé, 2007.
MIQUEL, Paul-Antoine, *Bergson dans le miroir des sciences*, Kimée, 2014.
MONTEBELLO, Pierre, *L'Autre Métaphysique. Essai sur la philosophie de la nature. Ravaisson, Tarde, Nietzsche et Bergson*, Desclée de Brouwer, 2003.
MONTEBELLO, Pierre, *Nature et subjectivité*, Millon, 2007.
RIQUIER, Camille, *Archéologie de Bergson*, PUF, 2009.
RIQUIER, Camille, et CARON, Maxence (dir.) *Bergson*, Cerf, « Les cahiers de la philosophie », 2012.
SITBON-PEILLON, Brigitte, *Religion, métaphysique et sociologie chez Bergson. Une expérience intégrale*, PUF, « Philosophie d'aujourd'hui », 2009.
SOULEZ, Philippe, et WORMS, Frédéric, *Henri Bergson*, Flammarion, « Grande biographie », 1998.
VIEILLARD-BARON, Jean-Louis, *Bergson*, PUF, « Que sais-je ? », 1991 ; rééd. 1993.
WATERLOT, Ghislain, *Bergson et la religion*, PUF, 2008.
WORMS, Frédéric, *Bergson ou les Deux Sens de la vie*, PUF, 2013.
ZANFI, Caterina, *Bergson et la philosophie allemande (1907-1932)*, Armand Colin, « Recherches », 2013.

LES CONTEMPORAINS DE BERGSON

BROGLIE, Louis DE, *La Physique nouvelle et les quanta*, Flammarion, 1937.

EINSTEIN, Albert, *La Théorie de la relativité restreinte et générale* [1916], trad. Maurice Solovine, Dunod, 2012.

HEIDEGGER, Martin, *Être et temps* [1927], trad. François Vezin, Gallimard, 1986.

HUSSERL, Edmund, *Idées directrices pour une phénoménologie pure et une philosophie phénoménologique* [1913], trad. Éliane Escoubas, PUF, « Épiméthée », 1993.

POINCARÉ, Henri, *La Science et l'hypothèse* [1902], éd. Jules Vuillemin, Flammarion, « Champs sciences », 2009.

PROUST, Marcel, *Le Temps retrouvé* [1927], éd. Bernard Brun, GF-Flammarion, 2011.

RUSSELL, Bertrand, *Mysticisme et logique* [1918], trad. Rémi Clot-Goudard, Max Kistler, Olivier Massin *et alii*, Vrin, 2007.

WORMS, Frédéric, *La Philosophie en France au XXe siècle. Moments*, Gallimard, « Folio essais », 2009.

TABLE

Note sur l'édition des œuvres de Bergson dans la collection GF 7
Présentation 9

LA PENSÉE ET LE MOUVANT

Avant-propos 43
    I. Introduction. Première partie 45
   II. Introduction. Deuxième partie 67
  III. Le Possible et le Réel 135
  IV. L'Intuition philosophique 153
   V. La Perception du changement 177
        Première conférence 177
        Deuxième conférence 190
  VI. Introduction à la métaphysique 209
 VII. La Philosophie de Claude Bernard 255
VIII. Sur le pragmatisme de William James. Vérité et réalité 265
  IX. La Vie et l'œuvre de Ravaisson 277

NOTICE ET NOTES
DE L'« INTRODUCTION »

Notice 313
Notes de l'« Introduction. Première partie » 326
Notes de l'« Introduction. Deuxième partie » 329

NOTICE ET NOTES
DU « POSSIBLE ET LE RÉEL »

Notice 346
Notes 351

NOTICE ET NOTES
DE « L'INTUITION PHILOSOPHIQUE »

Notice 355
Notes 359

NOTICE ET NOTES
DE « LA PERCEPTION
DU CHANGEMENT »

Notice 368
Notes 371

NOTICE ET NOTES
DE L'« INTRODUCTION
À LA MÉTAPHYSIQUE »

Notice 378
Notes 381

NOTICE ET NOTES
DE « LA PHILOSOPHIE
DE CLAUDE BERNARD »

Notice 389
Notes 392

NOTICE ET NOTES
DE « SUR LE PRAGMATISME
DE WILLIAM JAMES »

Notice 395
Notes 397

NOTICE ET NOTES
DE « LA VIE ET L'ŒUVRE DE RAVAISSON »

Notice 399
Notes 401

Chronologie 405
Bibliographie 415

Mise en page par Meta-systems
59100 Roubaix

N° d'édition : 623146-5
Dépôt légal : mars 2014
Imprimé en Espagne par Novoprint (Barcelone)
Achevé d'imprimer en septembre 2023